KB137786

마을교육공동체운동:
세계적 동향과 전망

마을교육공동체운동:
세계적 동향과 전망

초판 1쇄 발행 2019년 8월 15일
초판 2쇄 발행 2020년 4월 16일

지은이 심성보 외
펴낸이 김승희
펴낸곳 도서출판 살림터

기획 정광일
편집 조현주
북디자인 꼬리별

인쇄·제본 (주)현문
종이 월드페이퍼(주)

주소 서울시 양천구 목동동로 293, 22층 2215-1호
전화 02-3141-6553
팩스 02-3141-6555
출판등록 2008년 3월 18일 제313-1990-12호
이메일 gwang80@hanmail.net
블로그 http://blog.naver.com/dkffk1020

ISBN 979-11-5930-110-0 93370

*가격은 뒤표지에 있습니다.
*잘못된 책은 바꾸어 드립니다.

이 도서의 국립중앙도서관 출판예정도서목록(CIP)은 서지정보유통지원시스템 홈페이지(http://seoji.nl.go.kr)와 국가자료종합목록 구축시스템(http://kolis-net.nl.go.kr)에서 이용하실 수 있습니다.
(CIP제어번호: CIP2019029779)

마을교육공동체운동: 세계적 동향과 전망

심성보 · 김용련 · 강영택 · 김영철 · 이영란
박성희 · 정해진 · 하태욱 · 유성상 · 양병찬

살림터

머리글

학교현장에서 '마을과 함께'라는 목소리가 들리기 시작한다. 이는 결국 교육이 학교만의 과제가 아니라, 지역사회의 모든 영역이 함께 해결해야 할 과제라는 의미를 함축하고 있다. 원래 교육과 돌봄은 그 지역의 공동 과제였는데, 근대 학교의 등장과 함께 교육은 국가 책무로 이관되었고 지역과도 분리되었다. 더욱이 급속한 도시화로 마을공동체가 약화되었고, 학교는 학생들의 앎과 공동체적 삶을 통합시키지 못하고 있다. 이로 인해 지역과 학교 모두 여러 가지 교육문제들에 직면하고 있다. 이것은 결국 기획된 근대화로 이루어진, 즉 지역사회와는 멀리 떨어져 나온 근대적 학교교육의 모습만을 보아 왔기 때문이고, 그것이 교육자의 학교교육 시각을 형성해 왔기 때문일 것이다.

최근 위기에 직면한 한국 교육계에도 '마을교육공동체' 개념이 새로운 전략으로 제시되고 있다. 마을교육공동체운동에 대한 관심이 지역사회에서 활화산처럼 일어나고 있다. 지난 30여 년 동안 우리는 학교를 개혁하고자 하는 교육민주화운동, 참교육실천운동, 작은학교운동을 목격하였다. 이러한 학교개혁운동은 민중교육운동, 대안학교운동, 공동육아운동, 협조조합운동과 서로 자극을 주고받으면서 발전해 왔다. 특히 진보교육감의 대거 당선으로 학교개혁운동은 더욱 활성화되었다. 대안학교운동 → 혁신학교운동 → 혁신교육지구사업 → 마을교육공동체운동으로 이어지는 교육운동의 진화 과정은 사회 변화의 과정에 학교가 적극적으로 개입하는 대응 방식이다. 혁신학교가 학교 단위 공교육체제 내부의 변화와 혁신을 도모한다면, 마을교육공동체운동은 학교와 지역의 총체적 변화를 도모하는 것이라는 점에서 교육운동을 넘어선 사회운동적 의미도 지니고 있다. 지역사회를 중심으로 작은 학교를 살리려는 대안교육운동, 이 운동이 제도권으로 진입한 '혁신학교운동'이 어울려 새로운 사회로의 변화를 만들어 내고 있다. 마을교육공동체운동은 새로운 사회의 태동을 알리는 징후를 보여 준다. 지역사회를 재생하고자 하는 최근의 마을교육공동체운동은 이러한 시대적 흐름에 대한 응답이다.

이 책은 이러한 문제의식을 가지고 기획되었다.

심성보는 국가에 의해 정형화, 획일화된 학교가 불행히도 '관계적 공간'을 상실한 이전투구의 장으로 변하고 말았다고 주장한다. 이는 학교교육이 지역사회와 지나치게 분리되면서 발생한 관계의 단절 현상이기도 한데, 이를 극복하기 위해 '공동체로서의 학교'를 복원시키고자 한다. 오늘날 공공성을 상실한 신자유주의적 세계교육개혁은 공동체를 위험사회로 몰아가고 있다. 이에 대한 대응으로 지역공동체의 교육운동으로 '마을교육공동체운동'이 일어나고 있다.

김용련은 일본의 커뮤니티 스쿨이 학교와 지역사회의 연계를 통해 올바른 교육을 실천하고 있다는 점에서 한국의 마을교육공동체와 방향성이 유사하지만, 다소간의 차이를 보인다고 이야기한다. 지역사회를 기반으로 교육공동체를 만들고자 하는 일본의 커뮤니티 스쿨은 학교만을 위한 것도 아니고 지역만을 위한 것도 아닌 모두를 위한 공동체적 접근이라는 것이다. 이에 반해 한국의 마을교육공동체 실천은 아직까지 아이들만을 위한 교육적 실천에 머무르기 때문에 지역의 발전이나 상생이라는 포괄적 비전을 제시하지 못하는 실정이라고 본다.

강영택은 미국의 커뮤니티 스쿨을 학교와 지역사회가 다양한 방식으로 협력하여 학교만으로는 해결하기 어려웠던 교육적·사회적 문제를 해결하고자 시도하는 새로운 형태의 공립학교라고 본다. 커뮤니티 스쿨과 마을교육공동체 모두 학생들의 배움과 성장에 학교와 지역사회의 협력이 필요하다는 인식에서 생겨났다는 점은 공통적이지만, 한국의 마을교육공동체 정책은 학교에서 시작된 교육의 혁신을 지역사회로까지 확대하고자 하는 의도가 강하게 담겨 있다. 대다수 학생들에게 전인적 성장을 위한 다양한 교육적 기회를 제공하려면 학교를 넘어 마을기관들의 협조가 있어야 하므로, 커뮤니티 스쿨은 주로 사회적 소외 계층의 아동과 청소년들에게 관심이 있고, 학생뿐 아니라 그 가정에도 관심을 갖는다.

김영철은 캐나다의 센터형 마을교육공동체에서 시정부-학교-민간의 협력이 마을교육공동체의 건강성과 지속성을 유지하는 데 필수적이라고 본다. 기본적으로는 관과 학교가 지역사회의 학생들을 위한 배움과 학습이 지역 안에서 이루어질 수 있도록 하는 정책적 협력이 필요하며, 교육 및 복지가 병행되는 커뮤니티 센터의 정책적 지향에서 협력의 지혜를 얻을 수 있음을 보여 준다. 그런데 한국의 마을교육공동체는 아직 학교 전체와 마을 전체의 협력으로 디자인되거나 실천되지 못하고 있다면서, 마을교육공동체의 지속성과 발전을 위해 전문가와 지역 주민의 참여와 봉사가 필수적임을 역설한다.

이영란은 다자적 네트워킹이 다양한 차원의 의사소통과 정책적 협업을 통해 상호 보완적으로 이루어지고 상응될 때 비로소 구조화된다는 것을 프랑스 지역사회 교육네트워크를 통해 잘 보여 준다. 지역사회 다자적 네트워크는 관·민 기관의 업무 분담과 협조를 구조화시켜 관-민-

학-가정의 소통 장치를 활성화시키고, 이를 통해 교육 연계망 및 사회 연계망 기능을 강화하게 된다. 구체적으로는 학교, 시청, 지역사회개발팀, 민관기관 협회 등 거점 기관을 중심으로 교육네트워킹이 작동되고, 이는 교육정책과 지역사회개발정책, 사회복지정책이 상호 보완, 협력되는 일종의 '지역사회 공동 교육 프로젝트'의 모습을 갖추게 된다.

박성희는 독일 교육공동체의 특징이 전통적으로 국가의 책무성을 강조하며, 교육공동체를 구축해 가는 방법은 학교와 학부모가 파트너십에 기초한 협업을 통해 네트워크를 만들어 가는 것임을 보여 준다. 상생으로서의 학부모교육은 "강한 부모가 강한 아동을 키운다"는 표어 아래 모든 학부모가 성인교육의 대상이 된다. 교육공동체를 만들어 가는 학생들의 역할도 매우 중시된다. 교육공동체 형성을 위한 학부모 활동의 의의는 학교와의 협업에서 찾을 수 있다. 학교의 교육과정은 학교와 학부모의 협업으로 실시되며, 협동을 통한 상생은 학생, 교사, 학부모의 만남과 소통, 관계 맺기를 중시한다.

정해진은 덴마크의 지방자치정부에서 담당 부서를 따로 두고 운영 및 관리하고 있는 덴마크의 초등 방과후학교나 초등 방과후클럽, 청소년학교 등이 각 지역의 사정을 잘 아는 지역의 전문가들에 의해 실정에 맞고 필요한 교육을 가장 잘 실현하고 있다고 본다. 이는 지방의 교육청과 행정청이 분리되어 운영되는 우리나라의 실정과 근본적인 차이가 있다. 마을교육공동체는 기존에 마련된 제도와 방법을 하향식으로 내려 보내는 것이 아니라, 철저히 시민들의 삶에 뿌리박힌 풀뿌리 교육으로 실현되어야 한다. 따라서 마을교육공동체운동이 학교와 교육청의 단순한 업무가 아니라, 학부모와 아이들의 행복한 삶을 위해 꼭 필요한 교육이라는 점을 사회 구성원 모두가 인지하도록 돕기 위한 기초 작업이 필요하다.

하태욱은 영국 사례를 들여다볼 핵심적인 열쇳말로 '전환'과 '사회적 기업가 정신'을 잡았다. 대안교육의 지역공동체적 실험과 실천들 중에서 특별히 언급하고자 하는 흐름은 '전환교육'이다. 생태적 전환이자 사회적 전환으로서의 전환교육을 전 세계적인 생태마을운동, 전환마을운동, 퍼머컬처운동의 흐름으로 소개한다. 전환마을은 지역의 자급력을 높임으로써 화석연료의 한계와 환경문제, 경제적 의존성을 줄이고 지역을 새롭게 상상하고 새롭게 세우자는 풀뿌리 지역공동체운동이다. 이를 위해 개인적, 집단적, 지역사회 차원에서 돌봄의 문화를 강조한다. 실천적으로는 사회적기업가 정신과 직업세계의 재편, 재교육과 상호 지원의 관계망 형성을 통해 '재지역화' 수행을 이야기한다.

유성상은 개발도상국인 네팔, 방글라데시의 지역학습센터를 소개하면서 1970~1980년대 한국의 지역사회학교와 일면 유사한 특징이 있다고 본다. 개발도상국의 지역학습센터는 사회적 소외 계층의 교육 기회를 보장하는 방향으로 활동하고 있다. 개발도상국의 형식 교육 측면의 지원이 부족한 상황에서 지역사회의 자원을 토대로 교육 기회를 확대하고, 더불어 지역사회개발을 추동하려는 점이 그렇다. 개발도상국의 지역학습센터가 학교라는 이름보다는 '학습센터'라는 이름으로 불리는 데 비해, 동일한 기능을 가진 한국의 역사적 기관이 '학교'로 불렸던 것이 차이일 수 있다. 저자는 지역학습센터의 활동에 마을의 소외 계층을 불러 모으고, 이들의 교육적 기회를 보장하고 성장을 촉진하려는 태도가 마을교육공동체의 큰 틀 속에서 나타나기를 바란다.

양병찬은 우리 사회가 경쟁 교육, 사회 불평등 재생산 등의 교육 모순으로 고민하고 있는데, 이렇게 계속 갈 것인지 아니면 함께 배우는 공동체를 만들어 갈 것인지 선택의 기로에 서 있다고 주장한다. 그리고 이는 학교만의 과제가 아니라 사회적 과제이므로 어른들의 각성과 참여에서 시작될 것이라고 진단한다. 학교는 지역의 협조를 얻기 위해 지역과 함께 논의하고 대화하고 소통하는 관계 맺음에서 출발하며, 지역은 기본적으로 지역의 학교교육활동 지원이라는 측면에서 자신의 역할을 정리해 가야 한다. 이 과정이 주민들에게는 사회적 실천으로서의 학습과정으로 지역 스스로 자신들의 교육적 이상을 합의하고 내부의 교육력을 재구조화하는 교육개혁을 시도할 수 있는 조건을 만드는 것이다. 무엇보다 학교에서 시작된 교육혁신이 지역 주민의 참여와 학습을 통해서 지역사회 혁신으로 확장될 수 있도록 학교와 지역의 실질적인 협동이 시작되길 기대한다.

마을교육공동체 현상은 다분히 한국의 정치적·사회적 맥락에서 전개되고 있다. 그렇다고 해서 그것이 세계적 현상이나 한국의 과거와 현재와 분리되어 존재하는 것이 아님은 분명하다. 본 저술 역시 이러한 보편적인 맥락에서 한국 마을교육공동체의 위치를 확인하고자 하는 목적을 가지고 있다. 현재 한국의 마을교육공동체 사업은 방과후학교나 진로교육 정도로 제한하여 사용되는 경우가 많다. 그러나 이는 커뮤니티 스쿨(미국과 일본)을 비롯하여 커뮤니티 센터(캐나다), 교육복지(프랑스), 학부모교육(독일), 지역사회학습센터(제3세계), 전환(대안)교육(덴마크), 전환과 사회적기업가 정신(영국) 등 다양한 각국의 사례들에서 확인할 수 있듯이 다양한 주체들의 참여를 통한 교육 본연의 목적인 삶과 연결되어 있는 교육을 추구하는 것을 말하고 있다. 다시 말해 마을교육공동체란 학교와 지역을 서로 연결하여 아동·청소년뿐만 아니라 주민들의 성장과 지역의 발전을 도모하는 종합적인 연결체를 말하는 것이다.

지금 우리는 마을교육공동체운동에 대한 철학적, 사회학적 깊이를 더해 새로운 비전을 설립하고, 동시에 확고한 의지를 가지고 실천적 운동을 해야 한다. 그동안의 시민사회운동이 국가를 견제하고 감시하는 폭로 운동 중심이었다면, 이제 이를 지역사회의 민주적 주체를 세우는 마을교육공동체운동이 받쳐 주어야 한다. 앞으로 지역사회와 지방분권자치가 튼튼해져야 국가 발전이 가능하다는 세계사적 흐름을 포착해서, 이에 조응하는 마을교육공동체운동을 벌여 나가야 할 것이다. 마을교육공동체운동은 국가사회의 민주화를 넘어서 지역사회 민주화의 길로 나아가야 한다. 촛불혁명 이후 마을교육공동체운동이 전국에서 불길처럼 일어나고 있다. 이는 새로운 사회 출현을 예고하는 징후다.

『마을교육공동체운동: 세계적 동향과 전망』은 한국교육연구네트워크가 2019년 상반기에 개최한 학술대회 '마을교육공동체운동의 세계적 동향과 우리의 과제'를 바탕으로 엮은 책이다. 이 책이 마을교육공동체운동 과정에서 벌어지는 민·관·학의 미묘한 갈등을 해결하는 데 도움이 될 것이라 자부하며, 마을교육동체운동의 이론적·실천적 흐름 속에서 우리의 향방을 찾는 데 귀중한 자원이 되기를 바란다.

2019년 7월

한국교육연구네트워크 씀

차례

제1장

관계의 상실과 지속가능한 마을교육공동체의 요청

심성보(부산교육대학교 명예교수·마을교육공동체포럼 상임대표)

1. 근대교육의 이중성과 학교의 공동체성 상실

공동체를 만들려는 인류의 염원은 역사적 뿌리가 매우 깊다. 세계 어디에서나 인류가 지향하는 최종 목표는 공동체 사회를 건설하여 자유롭고 평등한 생활환경에서 인간성을 최대로 실현하는 것이었다. 공동체를 건설하여 인간에 의한 인간의 수탈이 없고, 인간의 공동 행복과 공동선을 추구할 수 있는 공동자치 생활의 세계를 출현시키는 것이었다. 현대의 사람들은 공동체와 마을을 잃어버리고 살아가는 불안한 삶을 물질적 풍요로움으로 보완하려고 애쓰지만, 애정과 헌신이 결여된 계약 관계로 이루어진 세상은 피로사회, 위험사회로 다가올 것임은 틀림없다. 최근 들어 이렇게 공동체와 마을을 강하게 호명하는 것은 그만큼 그 부재를 심각하게 느껴서일 것이다.

오늘날 공동체성이 결핍된 이 사회에서 위험을 가장 심각하게 경험하는 곳은 어디인가? 학교다. 학교는 두 겹의 고통 속에 놓여 있다. 학교의 공동체성 상실과 더불어 마을과의 단절이 심대하다. 학교 안으로는 학생과 교사, 학생과 학생, 교사와 교사 간에 견고하게 연결되어야 할 관계의 끈이 끊어져 있다. 우리 사회는 산업화, 도시화, 근대화를 통해 이룩한 공교육의 성과가 부메랑이 되어 삶의 위기를 마주하고 있다. 근대화로 경제성장의 결실은 거두었으나, 공동체는 붕괴했다.

근대성은 역사적으로 그 어두운 이면인 '식민성'을 감추어 왔고, 다양한 주체들을 통제하는 식민성을 내재화하는 과정을 밟아 왔다. 이처럼 근대성은 한편으로는 해방의 가능성을 보였지만, 다른 한편으로는 규제와 통제의 대상으로 전락될 식민화의 가능성을 내포하고 있었다. 근대성은 '기회'와 '위험'의 요소를 모두 안고 있듯이, 기술 역시 다중지능을 제창한 가드너가 말한 것처럼 과학기술이 희망이고 축복인 동시에 재앙이고 저주이기도 하다.Gardner, 2016: 62-85 기술을 이용해 천국을 건설할 수도 있지만, 지옥을 만들 수도 있는 것이다. 따라서 인류는 끊임없이 물질문명을 발전시켜 왔지만, 지구와 자연환경에 끼친 부정적 영향은 엄청나다. 이를 두고 유발 하라리는 『사피엔스』에서 현명한 선택을 할지의 여부는 우리 모두의 손에 달려 있다고 역설하였다.Harari, 2015: 11 불일치한 이중적 근대성, 즉 '기술의 근대성'과 '해방의 근대성'을 동시에 지니고 있는 것이다.

동시에 근대교육도 근대성의 불일치 성향을 동시에 내포하고 있다. 근대교육의 확대는 교육의 기회균등을 도모하는 공교육의 이상을 구현하고자 하였지만, 배반과 허약의 역사로 변해 갔다. 근대화의 물꼬를 튼 진보의 개척자로 여겨진 학교가 지금은 퇴보의 화신처럼 취급받고 있다. 일리치의 말대로 중세의 종교가 죽었듯이 근대의 발명품인 학교가 죽은 것이라고 볼 수 있다. 이것은 곧 공동체의 붕괴이며, 학교 공동체의 붕괴는 근대교육의 최대 한계이다.

이는 학교교육이 지역사회의 개혁을 포함한 사회개혁운동으로 연계되지 않을 때 직면하는 고립·분리의 한계이기도 하다. 이렇게 된 것은 근본적으로 소모적 입시교육, 계층상승의 도구화 같은 근대교육의 병폐 등 여러 가지 이유가 있겠지만, 학교교육의 출현과 발전 자체가 지역사회로부터 떨어져 나온 데서 비롯된 태생적 한계라고 할 수 있다. 산업화가 이루어지면서 농촌공동체였던 전통 마을은 해체되었고, 중심 생활 공간으로서 전통적 마을은 도시로 대체되었다. 도시는 산업화와 더불어 거대해졌지만, 삶의 공간으로서의 기능을 상실한 것이다. 그것은 곧 '공동체의 붕괴'나 '마을의 실종'을 가리킨다. 산업화, 도시화, 근대화를 통해 이룩한 공교육의 성과는 역설적으로 부메랑이 되어 아이들의 삶의 공간을 상실케 하였다. 이렇게 인간이 성장하는 장소이며 교육적 상호작용이 일어나는 지역사회가 공동체적 성격을 갖지 못하면, 아이들이 행복한 삶을 누리지 못할 것임은 명약관화하다.

그렇다고 이전의 공동체로 다시 돌아갈 수는 없는 노릇이다.[1] 그러면 앞으로의 공동체는 어떤 모습을 띨 것인가? 신자유주의 교육정책은 학생들을 공동체에 반하는 삶을 살도록 몰아넣고 있는 실정이다. 우리 사회는 지금 경쟁 교육, 사회 불평등 재생산 등의 교육 질곡으로 골머리를 앓고 있다. 이는 아이들의 비인간화와 함께 극단적 개인주의가 낳는 각종의 병리를 유발하고 있다. 국가에 의해 정형화되고 획일화된 학교는 불행하게도 '관계적 공간'을 상실한 이전투구의 장으로 변하고 말았다. 이런 결과는 학교교육이 지역사회와 지나치게 분리되면서 발생된 관계의 단절 현상이기도 하다. 그래서 이런 단절을 통합하고자 하는 방안으로 '공동체로서의 학교'에 대한 연구가 크게 늘어나고 있다. 우리의 학교현장에 '마을과 함께'라는 목소리가 들리고 있는 것도 이와 무관하지 않다. 학교 공동체의 붕괴에 대한 대응으로 가족에서 학교로, 학교에서 마을로 삶의 관심과 지평을 확장해야 한다는 목소리가 나오기 시작한 것이다. 우리는 지금처럼 경쟁하는 교육으로 계속 갈 것인지, 아니면 함께 배우는 공동체를 만들 것인지 선택의 기로에 서 있다. 이는 학교만의 과제가 아닌 사회적 과제이므로 어른들의 각성과 참여에서 시작될 것이다. 이런 문제의식을 가지고 지역공동체운동의 세계적 동향과 우리나라 마을교육공동체운동의 역사, 그리고 마을교육공동체운동의 성과와 과제를 살펴보고자 한다.

2. 지역공동체교육운동의 세계적 동향

오늘날 공공성을 상실한 신자유주의적 세계교육개혁은 공동체를 더욱 '위험사회'로 몰아가고 있다.[2] 이에 대한 대응으로서 지역공동체교육운동이 일어나고 있다. 지역공동체교육운동community education movement은 역사적으로 만들어진 특별한 사상의 구성물이다.Johnston, 2014: 13 "공동체가 없는 교육이란 존재할 수 없다No Education without community!" "학교는 고립된 섬이 아니다No School is an Island!" 이러한 공동체교육운동을 '지역사회 르네상스'라고 부르기도 한다.Coate, 2010 1960년대의 지배이데올로기가 집단주의라면, 1980년대의 이데올로기는 개인주의다. 그러다가 1980년대 말부터 '공동체주의communitarianism'가 부활하였다.[3] 오늘날 많은 공동체주의자들은 개인주의적 자유주의, 원자주의가 초래한 도덕적 공백 사태를 극복하는 대안으로 공동체의 현대적 복원을 꾀하고 있다.[4] 이러한 맥락에서 학생들과 지역사회가 원활한 연결망을 세우고 학교 담장을 넘어서고자 지역공동체교육운동이 일어나고 있다.

2000년대 들어 OECD는 '학교교육에 대한 미래 시나리오'를 현상유지형 학교, 학교 리모델링re-schooling, 탈학교형de-schooling으로 유형화하여 전망을 내놓았다. 이 시나리오는 학교가 사회 변화를 무시하고, 전통적인 관료적 학교체제를 고수하면 학교 붕괴와 교사의 대량 탈출이 나타날 것이라고 예측한다. 학교개혁 시나리오는 관료적 공장형 교육 독점

학교에서 스스로 생각하며 배우는 지역사회 학습 네트워크로의 변화를 제시하면서, 학교가 지역사회를 교육의 마당으로 바라보고, 학교를 돕는 공간으로 지역사회를 만들어 가는 '중핵 사회센터'가 되어야 한다는 것이다. Hargreaves, 2011: 274 학교를 지역사회의 중심에 두고 지식사회에서 학생이 잘 살 수 있고 생산적으로 일할 수 있는 사회적 자본을 개발할 갖가지 네트워크를 구축함과 동시에 사회적 관계망을 형성하는 공간으로 설정한다.

앤디 하그리브스A. Hargreaves와 데니스 셜리D. Shirley는 최근 앤서니 기든스의 제3의 길을 넘어 세계교육개혁을 위한 '제4의 길'[5]로서 '지역사회 조직화 운동'[6]의 활성화를 강조한다. Hargreaves & Shirley, 2015 학교는 자체 혁신을 넘어 더 넓은 세상으로 연결되어야 한다는 것이다. 개별 학교의 연대와 지역사회 조직화를 통해 교육의 변화와 학교의 혁신을 모색하고 있다.[7] 학생들과 지역사회와 원활한 연결망을 구축하고, 기존의 학교 담장을 넘어서고자 한다. 지역사회 조직화 운동은 위축된 민주주의를 복원하는 시도이자, 지역사회의 변화에 개입할 지역민의 힘과 시민적 역량을 높이려는 시도이다. Shirley, 1997 지역의 공적 영역은 저절로 주어지는 것이 아니라, 지역의 현안 문제를 공동으로 해결하기 위해 개인에게 공동의 이익을 달성하도록 하는 사회적 정치적 성취이다. Shirley, 2008: 89

지역공동체교육운동은 지역공동체학교community school 또는 마을학교village school의 건설로 나타나고 있다. 급격한 변화의 시대에 적절히 맞서려면 지역사회로부터 고립된 공간에서 지역사회 중심의 학교로 전환해야 한다. 학교는 지역사회의 일부로서 마을교육의 허브가 될 수도 있고, 촉진자가 될 수도 있다. 지역사회를 학교에 끌어들이는 방안으로는 성인에 대한 학교 개방, 지역의 교육 자원 활용, 지역사회의 구조와 문제 등을 다루는 교육과정 편성 등이 있다. 다시 말해, 마을학교가 관료적 학교체제의 붕괴, 가족해체, 지역사회의 파편화를 극복하기 위한 방파제로 기능하도록 한다.West-Burnham, Farrar & Otero, 2007: 6-7 왜냐하면 지역사회가 이와 같은 방식으로 재조직되지 않으면 바람직한 교육은 더 기대하기 어렵기 때문이다. 이는 지역사회와 공공 네트워크 전체가 합심하여 개혁에 앞장서는 것이다.

진보적 지역사회운동가들은 지역사회가 계급적 갈등의 장이 되고 있음을 드러내고, 지역공동체교육운동이 전체 사회의 변혁을 지향해야 한다고 역설한다. 지역공동체교육운동은 국가에 의한 복지 해결에 대한 새로운 각성으로서 정당성 및 배분의 위기, 온정적 시혜의 한계를 벗어나려고 한다.Allen & Martin, 1991: 2-3 어느 지역에서나 갈등은 대립 관계, 권력의 불평등한 분배, 지역사회 주민들의 저항적 표현에 의해 촉발되고 있다.Sanders, 1975: 269 사회적 관계에는 적대적인 부분이 있고, 그렇지 않은 부분이 있다. 인종, 노동의 분업에 따른 소득 차이, 성적 차별, 교육 기회 불평등, 노사대립 등이 대표적인 적대 관계이다. 이를 완전히 극복하려면 문자 그대로 인류의 이상인 '공동체적 사회'를 건설하는 데 목표를 두어야 가능하다.

한편, 지역공동체교육은 평생학습과 분명 유사한 성격을 띠고 있다. 위험사회의 평생학습은 모든 공간에서 나름의 방식으로 전개될 수 있도록 돕는 것, 각 지역의 차이가 차별·소외로 연결되지 않도록 하는 것이다. 지역공동체교육은 평생학습을 새롭게 하고 다양화하고 급진화하는 데 기여할 수 있다.Johnston, 2014: 12 지역공동체교육운동은 더욱 평등한 사회를 만들기 위해 불리한 처지에 있는 박탈된 개인 및 집단에게 비판적 지식을 제공하면서 사회의 불평등과 양극화에 도전하는 근본적 사회 변화를 시도한다.Jarvis, 2010; Field, 2011 지역공동체교육운동은 사회정의,

사회경제적 평등 및 참여 민주주의에 대한 헌신을 핵심 가치로 하는, 지역화에 초점을 맞춘 내용을 제공하는 사회정의 교육에 초점을 맞추고 있다.Johnston, 2014: 14 사회정의를 위한 학교교육은 교육의 공동체적 비전과 긴밀하게 연결되어 있다. 이러한 지역공동체교육운동은 높은 학업성취를 내는 것보다 아이들을 좋은 인성을 지닌 책임 있는 시민, 참여하고 연대하는 시민, 비판적이고 정의로운 시민으로 자라나게 하는 공동체 구현을 이상으로 한다.

지역공동체교육운동은 본질적으로 공간과 가치의 '재배치의 행위act of re-positioning'로서, 가장 힘이 약한 사람들의 입장에서 볼 때 어떤 제도와 정책, 실행에서 무엇이 중요하고 필요한지를 이해하는 가장 좋은 방법이기도 하다.Apple, 2006: 229 그것은 제도적 개혁 및 새로운 시민문화의 창조를 통한 지역사회의 재조직, 그리고 공해와 같은 공간적 또는 물리적 수준에서 지역사회 환경의 정화 또는 개선으로 나타날 수 있다. 지역공동체교육은 더 포용적인 민주주의와 그런 사회를 지향하는 방식으로 나아가야 한다. 그래야 지역공동체교육운동은 적극적 시민성[8]의 증진과 시민세력화의 핵심적 동력이 될 수 있다.Tett, 2010: 91 지역공동체교육운동은 적극적 시민성의 중요한 부분으로서 비판적 목소리를 낼 수 있는 장소와 공간을 제공함과 동시에, 보수적 교육제도를 비판적으로 이해하고, 거기에 저항운동의 역동적 이론을 결합한다는 면에서 정치적 성격을 띤다.

3. 우리나라 마을교육공동체운동의 역사

우리나라는 1960년대 이후 산업화에 따라 지역사회교육에 대한 관심이 부상되었다. 물적인 변화뿐 아니라 사람들의 태도 및 여러 가지 생활습관과 더불어 사상, 감정, 습관, 가치 기준도 바뀌었다. 이러한 변화에 맞서 사회적 통합과 협동을 지향하며 지역사회 주민들의 적응 능력을 배양하는 것이 지역사회교육의 과제였다. 그러나 당시의 교육은 학교 중심이었으므로 지역공동체교육이 크게 확대될 수는 없었다. 사실 1970~1980년대 우리 교육은 산업화 사회의 성장과 발전에 최적화된 인적 자원을 양산하기 위한 획일화·기계화된 산업 맞춤형 인간을 생산하는 지식공장이나 다름없었다. 이런 근대적 공장식 학교에서는 비판적 사고 능력을 상실한 채 체제와 자본에 순응하는 박제인간을 생산할 수밖에 없었다. 당시 국가 주도의 새마을운동도 이러한 차원에서 이루어졌다. 새마을운동은 정부나 지방행정기관에 의해 지시·하달되는 하향식의 지역사회개발에 머물렀다. 1990년대 후반부터는 계층상승의 사다리마저 치워져 교육 불평등은 더욱 심해졌다. 이로 인해 제도화된 교육의 장에서 소외된 집단을 대상으로 민중교육운동이 거세게 일어났다. 민중의 의식화 및 사회변혁을 추구하는 운동이 동시에 일어났다. 기존의 공교육을 넘어서고자 하는 대안학교운동도 활발하게 일어났다.

지난 30여 년 동안 학교개혁운동으로서 교육민주화운동, 참교육실천운동, 작은학교운동이 일어났다. 학교개혁운동은 민중교육운동, 대안학교운동, 공동육아운동, 협동조합운동과 함께 연동하여 발전해 왔다. 특히 진보 교육감의 대거 당선으로 학교개혁운동은 더욱 활성화되었다. 대안학교운동 → 혁신학교운동 → 혁신교육지구사업 → 마을교육공동체운동으로 이어지는 교육운동의 진화·발전 과정은 학교가 우리의 사회 발전에 적극적으로 개입하는 방식이라고 할 수 있다. 특히 지역사회를 중심으로 작은 학교를 살리는 대안교육운동, 그리고 이 운동이 제도권으로 진입한 '혁신학교운동'은 새로운 사회로의 태동을 알리는 징후를

보여 주는 것이라 평가할 수 있다.[9]

혁신학교운동은 학교 변화를 위한 민주적 접근이 핵심이다.

첫째, 이 운동은 의도치 않은 결과이지만, 경쟁 기반 교육과 신자유주의적 책무성 체제에 도전하는 진보적 접근을 촉진시킨 지역 정치와 글로벌 실천으로 탈중앙집권을 달성하였다.

둘째, 혁신학교의 교사들은 네 가지 핵심적 전략, 즉 학습공동체, 돌봄의 공동체, 민주적 공동체, 전문적 공동체를 특징으로 하는 민주주의적 접근을 개발·발전시켰다.

셋째, 혁신학교 교사들은 자신들의 새로운 실천과 우리가 믿는 동아시아 교육 유형 사이의 관계 속에서 새로운 실천을 시도하였다.Youl-Kwan Sung & Yoonmi Lee, 2018

학교 공동체school community는 공동의 의식, 소통, 포용성 등 공동체의 원리를 학교에 적용한 것이다. 학교를 전문적 학습공동체와 민주적 자치공동체로 전환하고, 지역사회와 긴밀히 잇고자 하였다. 서지오바니Sergiovanni1999가 학교란 학습공동체가 되어야 한다면서 성찰적 공동체, 발달적 공동체, 다양한 공동체, 대화적 공동체, 돌봄 공동체, 책임지는 공동체를 제시한 것과 맥락이 통한다.

혁신학교에서 시도한 교육혁신을 지역사회에서도 실현하고자 한 혁신교육지구 정책은 자연스럽게 마을교육공동체운동으로 발전했다. 현재 전국 226개 기초단체 중 100여 곳에서 혁신교육지구사업을 추진하고 있다.[10]

혁신교육지구사업은 첫째, 협력적 교육 거버넌스 체제의 모델을 제시하였고, 둘째, 학교의 고립과 폐쇄를 극복하고 지역과 연계한 학교 발전 모델을 제시하였고, 셋째, 지역 특성화를 통한 지역교육 발전 모델을 제시하였으며, 넷째, 질적 변화를 거듭하여 이제는 마을교육공동체 추진을 위한 대표적인 교육정책으로 자리 잡아 가고 있다.김용련, 2018 혁신교육지구사업을 통해 지역 주민은 민주시민으로서 주민자치의 실현에 한 발 더 가까이 다가가고 있다. 혁신교육지구사업의 궁극적인 목표는 공교육의 정상화와 마을교육생태계 구축을 목표로 하여 민·관·학 네트워크를 기반으로 거버넌스를 구축하는 것이다.

시청, 교육청, 교육지원청, 학교, 민간기업 등이 함께 마을공동체의 의미를 고민하고 상호 간의 연계 방식을 모색하고 다양한 실천을 함으로써 마을교육공동체 형성의 바탕이 되고 있다. 마을교육공동체의 유형은 혁신교육지구형(교육청과 지자체 협력을 통한 지원에 근거한 마을교육공동체 실천)과 풀뿌리 자생형(지역에 자생적으로 산재한 학교 밖 교육 실천으로 공적 지원을 받지 않거나 혹은 교육기관 외의 지원에 기반)[11]으로 나타나고 있다.김용련, 2018 모두 교육정책의 결정에서 지역사회 구성원의 교육 협의구조를 만들어 가는 교육 협치 체제의 등장은 지역사회의 의견을 억누른 채 국가/중앙권력이 독점하고 있는 교육 논의 구조의 한계를 극복하려는 교육운동이라고 할 수 있다. 이는 마을교육공동체가 단순히 학교개혁을 위한 부차적 수단이 아니라, 지역사회 교육개혁이어야 하는 까닭이기도 하다.

최근 교육 영역에서 작은 도서관 운동을 비롯하여 공동육아, 마을학교, 학습마을, 학습동아리 등 다양한 이름으로 주민들이 주체가 되어 지역의 교육적 영향력을 확장시키고 있다. 기존의 학교 역할을 확장하고자 하는 마을교육공동체운동은 학교가 양질의 보육, 부모 역할 지원, 지역사회와 협력, 성인교육과 가족학습, 조기 진단과 건강 및 돌봄, 학습 지원 등 다양한 역할을 하도록 요구받고 있다. 이렇게 보면 마을교육공동체 사업은 기존의 혁신학교 정책이 발전한 형태라고도 할 수 있다.[12] 혁신학교는 학교교육에 공동체의 성격과 마을의 개념을 통합하고자 했기 때문이다. 혁신학교운동이 학교 단위 공교육체제 내부의 변화와 혁신을 도모한다면, 마을교육공동체운동은 학교와 지역의 총체적 변화를 함께 도모한다는 점에서 교육운동을 넘어선 사회운동적 의미도 지니고 있다. 혁신학교운동이 공교육의 개혁 또는 학교교육의 개혁이라면, 혁신교육지구사업은 학교만의 변화가 한계가 있으므로 그것을 넘어서고자 하는 학교 밖의 변화를 시도하는 지역사회교육운동이다.

'마을교육공동체운동'은 혁신학교에서 한 걸음 더 나아가 학교와 지역사회가 협력하여 마을 전체를 교육공동체로 만들고자 한다. 마을교육공동체운동은 배움을 기반으로 돌봄, 생태, 자치가 살아 있는 공동체 이념을 지향한다. 혁신교육지구사업은 마을의 교육공동체를 구축하는 동시적 작업이기도 하다. 마을교육공동체를 위한 혁신교육지구사업은 무엇보다도 지역 차원에서 혁신교육의 철학과 지향점을 함께 공유하고 실천하려는 여러 가지 시도를 하고 있다. 마을교육공동체에서 말하는 '공동체' 이념은 학교와 마을의 분리, 학교와 교육청의 분리, 교육청과 지자체의 분리, 교사와 교사의 분리, 학생과 학부모의 분리 등을 넘어서 이를 통합적으로 연결 짓고자 하는 흐름이다. 마을교육공동체운동은 아동의 교육에 대한 학교 중심의 교육운동—한국의 혁신학교처럼—과 주민 자신들을 위한 평생학습 차원에서의 교육운동—지역사회교육운동—이 동시에 상승작용을 하는 운동으로 발전되고 있다. 이는 마을교육공동체운동의 최근 붕괴된 지역사회를 재생하고자 하는 시대적 흐름에 대한 응답이라고 할 수 있다. 마을교육공동체운동의 시대적 의미는 사회적 패러다임의 변화와 궤적을 같이하는 교육운동[13]이며, 지역의 사회적 자본을 쌓기 위한 공동체적 생태적 접근에 있다고 할 수 있다.김용련, 2018

혁신학교운동과 마을교육공동체운동 모두 우리 교육운동의 역사에서는 초유의 경험이며, 전방위적 협력 거버넌스 실천은 교육운동사 및 지역사회운동사에 역사상 최초의 실험이라고 할 수 있다. 세계적인 교육개혁의 권위자인 보스턴 칼리지의 하그리브스 교수는 한국 교사들과의 토론에서 "혁신학교는 기존 교육개혁의 실패 모델과 달리 본인이 저서에서 밝힌 제3의 길이나 제4의 길과 유사하고, 민주주의, 자율, 창의를 강조해 교육적 의미가 크며, 미래 사회의 학교 모형은 깊이 있는 철학에 기반을 둔 정책이 필요한데, 혁신학교가 그것의 한 모형을 보여 주고 있다"고 평가했다. 이렇게 평가된다면 마을교육공동체운동 또한 제4의 교육개혁 방향으로 '지역사회 조직화 운동'과 맥락이 닿아 있다고 할 수 있다.

4. 학교의 공동체성 복원과 마을교육공동체운동의 요청

우리 사회는 총체적으로 관계의 위기에 직면해 있다. 이러한 관계적 위기를 해결하기 위해서는 학교를 하나의 공동체로 만들어야 한다. 학교를 둘러싸고 있는 지역사회는 '관계적 공간'으로서 상호관계, 다중성, 개방성 등의 특징을 가져야 한다.Gulson, 2015 이러한 관계적 위기를 해결할 방안의 하나가 지역사회를 공동체로 변화시키는 '공간적 전환spatial turn'을 꾀하는 운동이다.Döring & Thielmann, 2015 공간적 전환은 어떤 일이 어떻게 왜 일어났는지 아는 데 지리학이 중요하다는 생각에 근거를 둔다.[14] 이 생각은 문화적, 경제적, 정치적 공간으로서 사회적 공간 관계를 구성하도록 확장될 수 있다. 사회적 관계와 물리적이고 은유적인 공간의 상호작용에 의해 구성되는 사회적 공간인 것이다.

그렇다면 학교 내에 '공동체'를 형성하는 일이 왜 그토록 중요할까? 공동체는 인간관계에 의해 정의되기 때문이다. 사람들과의 관계의 결과를 통해 공동체가 어떻게 변화하느냐는 긴요한 과제이다. 공동체는 경계/울타리를 갖고 있고 장소, 관심, 기능의 조합으로 이루어진다.Tett, 2010: 11 서로 공통점이 있으므로 다른 집단과 뚜렷이 구분된다. 경계는 육체, 종교, 언어에 따르거나, 관찰자들의 마음에 있다. 공동체 개념은 인간들의 집단으로서, 특정한 공간으로서, 공유된 활동으로서, 밀접한 관계로서, 감정으로서, 사실과 가치로서 다양한 위상을 갖는다.Clark, 1987: 53-60 공동체는 교사와 학생이 '나'의 집합체에서 집합적인 '우리'로 바뀌도록 돕고, 교사와 학생들에게 독특하고 지속적인 정체감, 소속감, 공간적인 공감대를 제공한다.Sergiovanni, 2004: 15[15] 공동체는 친밀감, 소속감, 의미감, 연대감 등을 품게 해 주는 장소이다. 공동체는 지리적 영역, 물리적 이웃, 또는 공동의 이익과 관련된 사람들의 집단과 관련이 있다. 학교는 공동체의 일부분으로서 공동체적 책임이 있다.West-Burnham & Farrar, 2007: 77

인류가 공동체인 학교를 만드는 이유는 사회가 지나치게 조직화되고 이익사회로 변질되는 것을 방지하기 위해서다. '공동체'에 교육이라는 의미를 붙이는 것은 결코 쓸모없는 일이 아니다. 교육이란 혁신을 통해 변화할 수 있다는 가치를 구현하지 않으면 안 되기 때문이다. 따라서 지역공동체교육운동은 '공동체community'에 대한 구체적 비전을 보여 주어야 하며, 이것이 실제로 도출한 도덕적 원칙을 추적할 수 있어야 한다.Fletcher, 1987: 35 이익사회(Gesellschaft/society, 상업적 관계가 지배하는 계약사회)가 공동체사회(Gemeinschaft/community, 개인의 유대로 묶인 공동사회)로 바뀐다는 것을 의미한다.[16] 모든 학습은 학교가 존재하고 있는 연계의 공동체, 장소의 공동체, 실천의 공동체 속에서 일어난다.Clark, 2010: 77-84

마을교육공동체에 대한 민과 관의 관심과 기대가 증폭되는 흐름 속에서 이제 학교와 지역으로부터 한국형 마을교육공동체의 큰 그림(상)을 그리기 위한 방향성이 제시되어야 할 시점에 도달하였다. 산발적 관심과 참여의 동력을 집중시키고 그 지속가능성을 담보해야 할 시점이다. 따라서 마을교육공동체운동이 지속가능성을 확보하려면 다음과 같은 지향성을 가져야 한다.

첫째, 마을교육공동체운동의 목표는 마을에서 시작된 작은 교육 프로그램의 경험이 단초가 되어 혁신교육지구사업을 통해 '학교 울타리'를 넘게 하는 것이다. 마을교육공동체운동은 마을과 학교의 담장을 없애는 것에서부터 시작한다. 공장과 학교와 가정을 분리시켰던 근대교육의 한계를 극복하고 다시 마을에서 아이들을 품어야 한다. 학교를 지역의 공동체로 만드는 길은 학교가 지역사회로 나와야 하고, 동시에 지역사회는 학교로 들어가서 서로 만나서 하나의 지역을 기반으로 한 교육공동체를 구축해야 한다. 학교를 '고립된 섬'이 아니라 '바다(지역공동체)에 둘러싸인 섬'으로 있게 해야 한다. 마을[17]은 '우리' 안에 머물 수 없다. 마을은 국가와 세계로 나아가야 한다. 가족과 국가를 넘어 지구와 생명, 생태의 관점으로 '우리'를 확장할 때에만 나와 너, 모두는 위험사회에서 살아갈 수 있다.구도완, 2018 우리의 이상적 학교는 '마을이 학교다'의 모습으로 나타나야 한다. 그것은 곧 학교와 지역이 '마을교육공동체'로 거듭나서 혁신교육의 품을 넓혀 가는 것이다.

둘째, 마을교육공동체의 미래적 의미로서 미래교육futures education[18]의 한 지향으로서의 마을교육공동체운동을 해야 한다. 학교의 울타리와 지역의 경계를 넘나드는 배움이 일어나야 한다.[19] 미래의 교육환경은 조직에서 네트워크로의 이동을 예고하고 있다. 따라서 미래학습은 배움의 네트워크를 확장하는 것이다. 인공지능 같은 기술 변화 및 사회경제적 변화와 관련된 미래 사회[20]의 예측에 대한 논의는 학교교육부터 평생교육에 이르기까지 미래교육이 지향해야 할 바에 대한 논의를 촉발시키고 있다.[21] 미래 학교체제는 교육활동에 해당되는 교육과정, 학습 방법, 평가와 지원 체제인 학교 운영 방식, 교사의 역할, 학습자들의 학습이 이루어지는 환경으로서의 교육공간으로 구성된다. 이제 (평생)학습사회[22]의 도래는 미래교육을 더욱 가속화시킬 것이다. 미래를 대비하는 역량[23] 교육을 위해 학교는 마을을 향해 문을 활짝 열어야 한다. 학생과 학부모, 지역 주민들은 학교와 지역이 당면한 문제를 바르게 인식하고 그 해결 역량을 길러야 한다. 이러한 역량을 토대로 장차 학교가 마을의 사회적·경제적·문화적 변화를 가져오는 사회운동의 중심 역할을 떠맡아야 한다. 먼저 지역 주민들이 앞장설 수 있었던 데는 이미 축적된 역량이 있었기 때문이다. 이를 위해 가까운 이웃 주민을 민주적 주체로 서게 하는 지역사회를 위한 임파워먼트empowerment 교육 역시 필요하다. 오늘날 학생들 사이에서 빈번하게 벌어지는 학교폭력 사태도 학교의 공동체성 상실과 함께 근본적으로는 지역사회의 실종과 무관하지 않다.

셋째, 마을공동체의 복원에는 학교를 둘러싼 건강한 교육생태계 복원이 필수다. 궁극적으로 교육과 마을공동체가 하나의 유기체적 관계를 맺게 되는 생태적 공동체로 변화되어야 한다. 마을교육공동체운동은 학교와 마을이 상생하는 교육생태계를 구축하는 활동이어야 한다. 아이들이 공동체적 배움과 실천을 통해 지역이나 마을을 하나의 생태적 공동체로 발전시키려면 기초학력 신장은 물론이고, 지역사회의 공동체적 가치와 문화 습득, 민주적 시민의식 함양 등을 포함하는 종합적 접근을 해야 한다.

넷째, 단순한 지식의 주입보다는 학생들로 하여금 자신들의 삶과 공동체를 비판적으로 성찰하도록 장려해야 한다. 지역사회는 그곳에서 살아갈 학생들에게 지역에 대한 이해뿐 아니라 지역에 대한 자긍심을 갖도록 교육한다. 지역공동체의 복원은 불합리와 부조리가 만연한 현실 정치의 틀과 제도를 변화시키며, 사람으로서 소외받지 않고 이웃과 함께 사는 사회를 만들어 보려는 지극히 인간적인 공동체적 시도이다. 아이들을 안전하게 키울 수 있는 마을, 구성원의 다양성이 존중되는 마을, 강도 높은 노동에 시달리던 노동자가 휴식하고 치유할 수 있는 마을, 아파트밖에는 기억하지 못하는 아이들과 만들어 가야 할 마을로 다시 태어나야 한다. 따라서 자신의 이익을 추구하는 것보다는 공동체 정신을 표현하도록 권장하여 행동으로 유도해야 한다. 노동자도, 이주민도, 장애인도, 청소년도 마을 회의에서 자기 목소리를 내고 이를 반영해 나가는 것이 진정한 마을교육공동체운동이 해야 할 일이다. 아이들을 깊은 잠에서 깨어나게 하고 싶다면, 땅과 사람, 돈까지도 상품으로 사고팔면서 막대한 부를 쌓아 가는 거대한 자본주의 시장 질서와는 다른 세상을 구상해야 한다.

다섯째, 마을교육공동체운동은 더 많은 민주주의를 확보하는 시민운동이고, 새로운 민주적 주체를 형성하는 미래 사회를 향한 지역공동체 운동이어야 한다. 그래야 마을에서 교육과 민주주의를 구현하고 공교육에 새로운 차원의 자유를 불어넣을 수 있다. 새로운 사회의 태동을 기도하는 지역공동체운동의 발흥에 조응하려면, 민주적 시민이 탄생해야 한다. 학교의 주체인 학생들의 시민적 성장 없이 혁신학교운동은 성공할 수 없다. 혁신학교운동의 활성화와 함께 마을교육공동체운동의 발흥은 학교의 주체 형성 운동에서 지역사회의 주체 형성으로 진화·발전하고 있음을 보여 준다. 무엇보다 학교를 둘러싸고 있는 지역사회 주민의 시민적 성장 없이 마을교육공동체운동이 성공할 수는 없다. 학교와 지역사회의 주체를 시민으로 성장시키는 민주시민교육이 중요한 이유가 여기에 있다. 학교가 위치한 지역사회가 변화하지 않으면 학교는 근본적으로 변화하지 않을 것이다. 법과 제도를 성장시키고 개혁하는 일은 시민적 성장 없이는 불가능하다. 시민들은 하늘에서 뚝 떨어지지 않으므로 반드시 교육을 통해 민주시민으로 재탄생되어야 한다. 지역 주민의 민주시민으로의 발전이 없는 학교만의 민주시민교육 프로그램은 반쪽 실험에 그칠 것이다.

여섯째, 봉사와 학습을 결합한 봉사학습service learning은 학생들과 지역사회 간의 원활한 연결망을 구축하고, 기존의 학교 벽을 허물어 가는 도전적 교육 실험으로서 학생들의 주체화에 도움을 줄 수 있다. 봉사학습은 학교gown와 지역사회town의 교량 역할을 하는 학교혁신의 가장 효과적 방안으로 등장하고 있다.Lisman, 1998: 41 봉사학습이 사회와 격리되거나 유리된 학교에서 길러진 학생들에게 사회현실 참여를 통해 시행착오를 배울 수 있는 기회를 제공하기 때문이다. 따라서 학교의 외부에 있는 세계(지역사회의 봉사활동)와 내부에 있는 세계(교과교육)의 교량을 놓는 봉사학습 실험이 활발하게 이루어지고 있다.Rimmerman, 2009 궁극에는 소극적 시민 양성을 위한 자원봉사활동(volunteering, 봉사정신과 이타심의 계발)에서 적극적 시민 양성을 위한 봉사학습활동(service learning, 사회 변화를 위한 체험학습의 일종)으로 나아가야 한다.Bamber, 2014: 115-117

5. 결론: 마을교육공동체운동의 성과와 과제

마을교육공동체운동은 아이들에게 자신의 삶의 터전, 이웃, 공동체를 위해 할 수 있는 일들을 고민하게 하고, 이러한 고민과 배움의 결과는 지역공동체의 지속가능한 발전을 위한 초석으로 이어진다. 마을을 터전으로 하는 마을교육공동체운동은 마을의 아이들이 더 건강하고 행복하게 성장하도록 마을공동체가 함께 고민하고 노력하는 일이다. 아이 하나를 키우기 위해서는 온 마을이 필요하며, 그렇게 자라난 아이가 다시 마을을 살린다. 이렇게 살아난 마을은 다시 다음 세대 아이를 키운다. 마을과 아이는 서로가 서로에게 힘이 되면서 살아간다. 학교는 그 자체가 공동체일 뿐만 아니라, 학생들 자신도 공동체를 변혁시키는 방향으로 교육받아야 한다. 우리의 학교와 마을은 미래를 향해 열려 있어야 한다. 그동안 학교 안에서 정규 교육과정에 제한하여 교육적 에너지를 올인했던 학교도 마을로 시선을 돌리고 주민들의 역량에 관심을 보이면서 새로운 모색을 시작해야 한다.

최근 여러 교육청에서 학교와 교육청-지자체와의 연계 사업으로 혁신교육지구사업을 도입해 기존의 지역교육운동과 관련된 용어들이 마을교육공동체운동으로 수렴되는 모습을 보이고 있다. 마을+교육+공동체가 결합된 마을교육공동체운동은 어디에 초점을 두느냐에 따라 그 성격도 달라진다. 마을교육공동체운동은 정치적·경제적·문화적 차원 등 다양한 측면에서 이루어지는 복합적 운동이다. 마을교육공동체의 활성화를 위해 마을교육공동체 형성을 위한 기반 구축[24]과 지역의 교육력[25]이 중요함을 알게 되었다. 이제 학교에서 지역까지, 교사로부터 지역 주민들에게로 마을교육공동체운동의 범위와 주체를 넓혀 나가야 한다.[26] 마을교육공동체운동에 대한 철학적·사회학적 깊이를 더해 새로운 비전을 수립하고, 동시에 확고한 의지를 가지고 실천을 전개해야 한다. 이를 위해 아동과 어른 할 것 없이 모두가 시민교육을 받아야 하고 학교생활과 마을 전체를 아우를 민주적 문화가 형성되어야 한다. 바로 이 지점이 민주시민교육을 통한 평생학습이 중요한 이유이다.

그동안의 시민사회운동이 독재시대 국가를 견제하고 감시하는 폭로

운동 중심이었다면, 이제는 지역사회의 민주적 주체를 세우는 마을교육공동체운동으로 뒷받침될 때, 국가의 발전이나 지역사회 발전으로 나아가게 될 것이다. 마을교육공동체운동이 발전되어야 원자력발전소 설치도 막을 수 있고, 특수학교 설립 반대를 외치는 반공동체적 운동도 막아 낼 수 있음을 유념해야 한다. 촛불시민혁명 이후 새로운 국면을 맞이한 한국 사회는 국가주의 패러다임에서 지역사회 패러다임으로 전환되는 시대정신의 도래를 기대하고 있다. 우리 사회는 지금 세계주의/보편주의, 국가주의/민족주의, 지역주의/풀뿌리민주주의라는 세 사조가 조합을 이루지 못한 채 각축을 벌이면서 불안한 긴장을 보이고 있는데, 이제 평형을 찾아야 할 시대를 맞이하고 있다. 민족국가nation-state는 세계주의globalism와 지역주의localism의 민주적 조정자 역할을 해야 한다. 이전에는 글로벌과 로컬의 결합인 '글로컬glocal'을 선호했으나 지금은 글로벌, 내셔널, 로컬의 결합으로 '글로네이컬glonacal'이라 불리고 있다. 글로벌과 로컬을 매개하는 권력의 중심에 있는 국가를 배제할 수 없기 때문이다. 사실 지역공동체에 대한 관심은 국가주의에 대한 대안으로 지역주의의 부상과 관련이 있다. 따라서 풀뿌리 결사체를 통한 지역공동체교육으로 나가는 길은 계속 열려 있고 육성되어야 한다.

이제 국가는 지역사회와 지방분권자치를 튼튼하게 하려는 세계적 흐름을 잘 포착하여 이에 조응하는 마을교육공동체운동을 벌여야 한다. 마을공동체의 민주적 주체를 확고하게 세우는 마을교육공동체운동이 국가와 시장에 대해 견제와 감시를 잘할 수 있는 성숙한 시민사회civil society[27] 건설의 선두주자가 되어야 한다. 마을교육공동체운동은 국가사회의 민주화를 넘어 지역사회의 민주화를 돕는 일에 새로운 열정을 쏟아야 한다. 이 운동은 지역사회의 주체를 형성하는 일이기도 하다. 혁신교육지구사업이 제대로 추진되고 있는지 여부에서 핵심 지점은 주체화와 네트워크 구축이다. 마을이 교육공동체가 되려면 마을 안의 다양한 교육 주체들이 연대해야 한다. 마을의 민주적 진지가 공고히 뿌리내리지 않으면 국가의 폭력이나 종편의 선동에 놀아나고 말 것이다. 권위주의 유령이 다시 살아나지 않도록 해야 한다. 지금 우리에게는 지역에 뿌리내리지 못한 우중愚衆을 민주적 공중公衆으로 변화시키는 지역공동체교육운동이 절실하다.

| 주석 |

1. 우리나라의 경우 기술의 근대성을 우선한 개화파와 영성의 근대화를 제창한 개벽파의 주장은 양극단을 보여 주는 것이다. 새가 좌우의 날개를 가지고 날 듯 우리에게는 과학기술교육과 인문교양교육이 동시에 추구되는 통섭교육이 필요하다.
2. 오늘날 공동체는 없고, 남는 것은 가족과 개인뿐이라며 개인의 사회나 개별화를 옹호하는 신자유주의자들(대처리즘 등)이 있다. 제3의 길을 제창하는 공동체주의자들은 이에 대해 반발한다. 좌우를 넘어선 제3의 길의 정치로서 지역사회운동은 공감을 가진 보수주의, 공동체주의 사고, 시민의 참여, 권한 이양, 지역사회의 조직화(정보기술사회의 도래)와 임파워먼트, 민주적 의사결정, 비상업적 가치(연대, 봉사, 협동) 등을 중시한다. 1990년대 영국의 토니 블레어 총리, 미국의 클린턴 대통령, 독일의 게르하르트 슈뢰더 총리가 표방했던 중도좌파 정치노선과 이념이다. 영국의 신노동당이란 기치 아래 이 노선을 대표했던 마르크스주의 사회계급에 기초한 정당정치 시대는 끝났다고 선언하며, 전임 보수당의 신자유주의 시장경제 정책을 계승하고 보다 유연해진 사회민주주의 정책으로 선회하였다.
3. 에치오니 A. Etzioni(1993) 등 공동체주의자들, 퍼트넘 R. Putnam(2000) 등 사회적 자본을 강조하는 학자들은 지나친 개인주의와 자기중심주의에 반발한다. 극단적 개인주의를 반대하는 에치오니는 자유주의와 달리 개인의 자유보다는 평등의 이념, 권리보다는 책임, 가치중립적 방임보다는 가치판단적 담론을 중시했다. 퍼트넘(1993)은 자발적 결사체가 더 효율적인 정부, 더 높은 수준의 경제적 발전, 그리고 더욱 충족된 시민성을 촉진할 수 있는 협동적 사회적 네트워크나 사회적 자본을 낳을 수 있다고 주장하였다. 퍼트넘은 시민사회를 더욱 광범위하게 지지하는 비영리단체의 역할에 관심을 가졌는데, 세계적으로 비영리단체의 시민 및 지역사회 봉사가 증대되었고, 이는 사회운동 및 사회적 자본이 밀접하게 연결되어 있다. 지역사회운동을 조직하는 사람에게는 사회적 네트워크가 가장 중요한 자원으로, 사회적 자본의 쇠퇴는 사회운동의 미래에 우울한 전망을 예상케 한다. 이와 같이 최근의 지역사회운동은 새로운 정체성을 형성하고 사회적 네트워크를 확장함으로써 사회적 자본을 창조하기도 한다.
4. 하지만 공동체는 때로는 억압적 기능을 갖기에 '엷은 공동체' 또는 '민주적 공동체주의'가 제창되기도 한다.
5. 교육개혁을 위한 제4의 길은 비전, 시민의 적극적 참여, 공적 투자, 기업의 사회적 책임, 변화의 파트너로서의 학생, 새로운 형태의 교수·학습, 그리고 촉매제로서 지속가능한 리더십, 책무성에 우선하는 책임감, 통합적인 네트워크, 다양성의

존중 등을 들 수 있다.
6. '지역사회 조직화 운동'은 의미 있는 개혁을 이끌어 내는 데에서 지역사회와 공적 네트워크 전체가 협력하여 지원하는 일이다. 첫째, 지역 주민의 필요와 기대를 존중하고 중시한다. 또 지역 주민의 자주성과 자발성을 촉진하고, 지역 발전 사업에 주민들이 적극 참여하게끔 분위기를 조성한다. 둘째, 지역의 사회적 자원을 개발하고 이를 지역 발전에 활용한다. 셋째, 지역사회의 연대성과 공동성을 강조하고, 지역사회의 조직화와 통합화를 추진한다(이규환, 1984: 17).
7. 지역사회 조직화를 통해 우리나라의 일제고사와 같은 표준화 반대 운동도 벌인다. 일종의 '테스트 통치(testcracy)'를 거부하는 것이라고 할 수 있다.
8. 적극적 시민성(active citizenship)은 더욱더 민주주의를 요구한다. 학습과정으로서 적극적 시민성은 학교든 지역사회든 적극적 시민성 프로젝트의 체험과 연관된 체험학습의 이념과 관련이 있다. 민주적이고 다원적인 시민사회에서 인권교육은 적극적인 시민성 형성에 핵심이다. 적극적 시민성을 기르는 시민교육은 생애의 전 기간에 걸쳐 이루어지는 평생학습의 과정으로서 사회 변화와 함께 그 내용과 방법을 끊임없이 개선해 가야 한다.
9. 혁신학교운동은 학교혁신의 모델 제시(혁신학교의 가능성), 교육개혁의 모델 제시(아래에서 위로, 옆에서 옆으로), 교육청의 변화(역할과 기능의 변화, 조직과 인사 혁신의 변화, 거버넌스와 네트워크, 교원 업무 경감에 대한 고민의 진화), 교육정책의 사각지대 발견(교사 학습공동체, 교직문화, 학교민주주의), 학생 중심의 정책 구현(9시 등교, 강제 보충 야자 폐지, 상벌점제 폐지, 자퇴숙려제, 학생인권조례), 교육 관점의 변화(진학〈진로, 성적〈성장, 학력〈역량, 개인-부담〈공-부담), 분권·자율·자치·지역(교육부를 향한 요구, 국가 수준의 학업성취도 평가, 누리교육과정, 법령 정비 요구, 특별교부금 축소, 사업 축소), 교육자치와 일반자치 통합의 단초(교육혁신지구, 마을교육공동체의 태동) 등을 중심으로 일어나고 있다.
10. 혁신교육지구사업의 성과는 인프라 구축 및 발굴, 일반자치와 교육자치의 벽이 허물어짐, 아이들과 교사의 성장, 시청 및 중간 조직의 노하우 구축, 감동 전략, 학부모 토대 구축 등이다.
11. 풀뿌리 자생형은 지역 공동육아 및 돌봄 활동, 대안학교 및 학교 밖 학교, 탈학교 청소년을 위한 교육 실천, 농촌 유학, 서당과 같은 지역교육활동 단체, 지역 도서관을 중심으로 하는 마을교육, 청소년복지/문화재단 및 단체들의 교육적 참여, 주민·학부모들의 지역교육(방과후)을 위한 협동조합 등이 있다.
12. 서울시교육청과 경기도교육청의 마을교육공동체 정책은 혁신학교 정책이나 혁신교육지구 정책의 연장선에서 이루어졌다.
13. 지역 균형 발전, 마을 만들기, 도시재생, 마을공동체, 사회적 경제, 협동조합, 공유경제, 골목길 자본론 등이 그 맥락을 같이한다.

14. 장소 기반 지역공동체교육(place-based community education)은 경쟁이 아닌 협동을 중시하고, 지역성·특정의 장소가 지닌 고유의 역사, 환경, 문화, 경제, 문학, 예술에 뿌리를 두고 있다(Guenewald & Smith, 2010).
15. 서지오바니는 공동체를 관계의 공동체, 장소의 공동체, 마음의 공동체, 기억의 공동체, 실천의 공동체로 나눈다.
16. 이러한 전환은 첫째, 지역 내에 다양한 공동체 모임들이 있다는 것, 둘째, 그 공동체들이 서로 연계하며 교류한다는 것, 셋째, 그 공동체들이 서로 지역 안에서 공동 유대감을 갖고 공동 목적으로 협력한다는 의미를 갖고 있다(오혁진, 2014: 92).
17. '마을'은 가장 작은 자치 단위이다. 마을은 스스로를 다스리기 위한 훈련과 학습이 일어나는 민주주의 현장이다.
18. 제4차 산업혁명과 함께 대두하기 시작한 '미래교육'은 현재의 교육 모순(주입식 교육, 관료적 교육행정, 학벌주의 등)의 척결을 건너뛰어서는 안 된다. '미래교육'은 온전한 인격, 시민성, 삶의 기술, 미래 사회에 필요한 역량 등을 기르는 교육의 위상을 가져야 한다.
19. 여기에서 배움은 민주시민교육, 진로교육, 창의적 체험활동, 동아리 활동 등 역량 중심 배움의 확장을 의미한다.
20. 우리나라 미래 사회의 변화 추세는 저출산 고령화 현상으로 인한 인구구조의 변화, 소득을 비롯한 사회 양극화 및 교육 불평등 심화, 기후변화에 따른 환경생태계의 위기, 세계화의 심화 등이다.
21. '미래교육'에 대한 전망은 다양하게 벌어지고 있어서 하나로 정리하기가 쉽지 않다. 대체로 우리 사회 일각에서는 IT 첨단 기기 활용 위주의 '기술 중심적인 미래교육', 일반적으로 알파고로 상징되는 인공지능과 제4차 산업혁명이 가져올 새로운 미래, 지금까지와는 전혀 다른 직업세계에 대비할 수 있는 미래 역량을 길러 주는 교육으로 정의된다. 어떤 사람에게는 한국 교육의 온갖 문제들을 극복하기 위한 새로운 교육이자 저마다의 소망이 담긴 교육이고, 일제강점기 식민교육의 잔재를 청산한 교육이기도 하고, 많은 교육자들이 새로운 교육·참교육·민주교육·인간교육·대안교육 등 갖가지 이름을 붙이며 실현하고자 했던 교육이라고 주장하기도 한다.
22. '학습사회'란 학교를 포함하여 다양한 경제적·사회적·문화적 삶에서도 보다 다양한 학습의 기회를 많이 제공하는 사회이다.
23. 역량(capacities)은 타고난 재능과 능력에 잠재된 것을 총괄하는 용어다. 재능과 능력이 현재 눈으로 확인된 것이라고 한다면, 역량은 눈으로 확인되지 않았지만 재능과 능력에 결부된 잠재성 같은 것이다. 역량이란 "이 사람이 무엇을 할 수 있고, 무엇이 될 수 있는가?"라는 물음에 대한 대답과 같다. 사람의 역량은 성

취할 수 있는 기능의 선택 가능한, 행동할 수 있는 기회의 집합이다(Nussbaum, 2017). 역량 문제는 철저히 자기 자신의 정체성 문제와 밀접하게 연관된다. 역량의 창조는 자기 자신의 형성, 자기 자신이 되어 가는 역사적 순간이다. 그런데 자기 정체성 확보 과정은 정치 참여와 밀접하게 연관되어 있다. 자기 정체성은 공적 정체성, 집단적 정체성과 떨어질 수 없다는 점에서 단순히 생계를 유지하는 경제적 보상으로는 해결할 수 없는 지점이 있다. 어떤 사람의 고유 역량을 가리키는 동시에 정치적·사회적·경제적 환경의 조합이 만들어 내는 실질적 자유(결합 역량)나 기회이기도 하다. 이러한 결합 역량은 고정적이지 않고 유동적이며 역동적인 내적 역량이기도 하다. 사회는 신체적·정서적 건강을 향상시키는 자원인 교육을 통해 시민이 내적 역량을 계발할 수 있도록 지원해야 한다. 역량은 개인의 것이다. 집단의 역량은 개인의 역량에서만 나온다.

24. 이를 위해 마을교육공동체의 개념 및 목표의 명확화, 혁신교육과 마을교육공동체 정책 간의 연계 구축, 마을교육공동체 거점 형성을 위한 공간 제공, 중간지원조직 수립, 학교와 마을교육공동체의 연계 강화가 필요하다.
25. 이를 위해서는 핵심 주체 발굴 및 육성, 지역 주민 조직화를 통한 마을교육공동체 주체 형성, 마을교육공동체 형성을 위한 풀뿌리 조직 양성, 지역 내 네트워크 활성화, 평생학습도시 인프라 활용 등이 필요하다.
26. 성공하는 마을교육공동체의 특성은 지방자치단체장의 의지, 거버넌스 구축, 시민사회의 지원, 깨어 있는 시민과 학부모의 존재, 혁신교육지원센터와 같은 중간 조직 활성화, 지자체 업무 담당자의 마인드 제고, 내부 학습과정과 주파수 맞추기, 교육지원청의 혁신 의지, 지원 조례 구축 등을 통한 제도 구축, 인프라 발굴 및 활용·구축, 교육과정 중심 지원, 원스톱 서비스, 학부모의 지원(내 아이〈우리 아이), 주체 간·기관 간·단체 간·학교 간 네트워크 구축 등이다. 동시에 다음과 같은 마을교육공동체운동의 과제도 마주하고 있다. 홍보를 통한 학교혁신 모델 알리기(연구, 도서, SNS 등), 시 중심의 혁신〉학교 중심의 혁신, 개인 간·학교 간 혁신 실천 수준의 편파 극복, 혁신 가치와 실천의 지속 가능성 확보(시청/교육지원청/학교), 기획 단위에 교사들의 적극적 결합(거버넌스), 학교 간 네트워크의 강화(개인과 개인, 공동체와 공동체, 주체와 주체, 학교와 학교), 체험 프로그램을 넘어 교육과정 재구성, 과감한 교육과정 편제의 실험(교과목 개설), 자율학교 재량권 확대, 지역교육과정, 학생 주도성 프로젝트 구현, 교육과정-수업-기록 일체화(학생부종합전형 위기 극복), 고교학점제 전면화 대비(캠퍼스형 고교 모델 구축), 지역형 임용 트랙(신규 교원, 마을교사제, 전문직원 등), 교육지원청 역할 강화 등이다(김성천, 2018).
27. 제3의 자율 영역인 시민사회가 공고화되려면 첫째, 국가와 시장을 감시하고 견제하는 자발적 결사체(voluntary association)가 활성화되어야 한다. 둘째 사회

적 규범으로 이루어진 좋은 사회(good society)가 활성화되어야 한다. 셋째, 공공 영역(public sphere)으로서 시민사회가 활성화되어야 한다(Edwards, 2011; 2018). 물론 시민사회의 세 유형은 상호 연계되어 있다.

| 참고 문헌 |

강영택(2017). 『마을을 품은 학교공동체』. 서울: 민들레.

구도완(2018). 『생태민주주의』. 대구: 한티재.

김성천(2018). 「교육이 도시를 바꾸는가?: 혁신교육, 오산교육으로 이야기하다」. 2018 오산혁신교육지구 토론회, 11/22.

김용련(2018). 「마을교육공동체의 지속가능한 발전 방안」. '마을교육공동체포럼(준)' 토론회, 10/20.

심성보(2018). 『한국 교육의 현실과 전망: 세계교육의 담론과 운동 그리고 민주시민 교육』. 서울: 살림터.

오혁진(2014). 『지역공동체와 평생교육』. 서울: 집문당.

이규환(1993). 「공동체의 이상과 지역사회교육운동과의 상응성: 미국, 영국, 독일을 중심으로」. 『한국 교육의 비판적 이해』. 서울: 한울아카데미.

Allen, G, & Martin, I.(Eds.)(1991). *Education and Community: The Politics of Practice*. London & New York: Cassell.

Bamber, P.(2014). Education for Citizenship: Different Dimensions. W. Bignold & L. Gayton, Eds. *Global Issues and Comparative Education*. LA: Sage.

Clark, D.(1987). The Concept of Community Education. G. Allen, Bastiani, J. I. Martin, & K. Richards, Eds. *Community Education: an Agenda for Educational Reform*. Milton Keynes: Open University Press.

Clark, P.(2010). Community Renaissance. M. Coates, Ed. *Shaping a New Educational Landscape: Exploring Possibilities for Education in the 21st Century*. London: Continuum.

Coate, M.(2010). Deckchairs on the Titanic. M. Coates, Ed. *Shaping a New Educational Landscape*. London: Continuum.

Döring, J. & Thielmann, T., 이기숙 옮김(2015). 『공간적 전회』. 서울: 심산.

Edwards, M., 서유경 옮김(2018). 『시민사회』. 서울: 명인문화사.

Edwards, M.(Ed.(2011). *The Oxford Handbook of Civil Society*. Oxford: Oxford University Press.

Field. J.(2011). Lifelong Learning and Community. P. Jarvis(Ed). *The Routledge International Handbook of Lifelong Learning*. London & New York:

Routledge.
Fletcher, C.(1987). The Meanings of 'Community' in Community Education. G. Allen, J. Bastiani, I. Martin & K. Richards, Eds. *Community Education: an Agenda for Educational Reform.* Milton Keynes: Open University Press.
Gardner, H., 류숙희 옮김(2016). 『인간은 어떻게 배우는가? 인지과학이 발견한 배움의 심리학』. 서울: 사회평론.
Guenewald, D. A. & Smith, G. A.(2010). *Place-Based Education in the Global Age: Local Diversity.* New York & London: Routledge.
Gulson, K. N.(2015). Relational Space and Educational Policy Analysis. K. N. Gulson, M. Clarke, & E. B. Petersen, Eds. *Education Policy and Contemporary Theory: Implications for Research.* Oxon: Routledge.
Hargreaves, A., 곽덕주 외 옮김(2011). 『지식사회와 학교교육: 불안정한 시대의 교육』. 서울: 학지사.
Hargreaves, A. & Shirley, D., 이찬승·홍완기 옮김(2015). 『학교교육 제4의 길(2)』. 서울: 21세기교육연구소.
Harari, Y. N., 조현욱 옮김(2015). 『사피엔스』. 파주: 김영사.
Jarvis, P.(2010). *Adult Education and Lifelong Learning: Theory and Practice.* London & New York: Routlege.
Johnston, R.(2014). Community Education and Lifelong Learning: Local Spice for Global Fare. J. Field & M. Leister, Eds. *Lifelong Learning: Education across the Lifespan.* Oxon: Routledge.
Rimmerman, C.(2009). *Service-Learning and the Liberal Arts.* Lanham: Lexington Books.
Lisman, C. D.(1998). *Toward a Civil Society: Civic Literacy and Service Learning.* Bergin & Garvey.
Nussbaum, M., 한상연 옮김(2017). 『역량의 창조: 인간다운 삶에는 무엇이 필요한가?』. 파주: 돌베개.
Sanders, I. T.(1975). *The Community.* New York: Ronald Press.
Sergionvanni, T., 주철안 옮김(2004). 『학교공동체 만들기』. 서울: 에듀케어.
Sergionvanni, T.(1999). The Story of Community. J. Retallick, Cocklin, & B. K. Coombe, Eds. *Learning Communities in Education: Issues, Strategies and Contexts.* London & New York: Routledge.
Shirley, D.(1997). *Community Organizing for Urban School Reform.* Austin: University of Texas Press.
Shirley, D.(2008). Community Organizing for Educational Change: Past

Illusions. C. Sugrue. Ed. Future Prospects. *The Future of Educational Perspectives.* London & New York: Routledge.

Tett, L.(2010). *Community Education, Learning and Development.* Edinburg: Dunedin.

West-Burnham, J. & Farrar, M.(2007). *Schools and Communities: Working Together to Transform Children's Lives.* London: Continuum.

Youl-Kwan, Sung & Yoonmi, Lee.(2018). Politics and the Practice of School Change: The Hyukshin School Movement in South Korea. *Curriculum Inquiry.* VOL. 48, NO. 2, 238-252.

제2장

일본의 커뮤니티 스쿨:

지역의 교육력과 학교[1]

김용련(한국외국어대학교 교수)

최근 한국 사회에서 부상하고 있는 마을교육공동체는 다양한 지향과 실천의 모습으로 전개되고 있다. 그중에서도 학교와 지역사회를 연계하고 이를 통한 지역 아동·청소년들의 전인적인 성장을 주도하는 것이 가장 중요한 목표 중 하나일 것이다. 이와 같은 흐름으로 일본에서도 커뮤니티 스쿨이라는 정책을 추진하고 있다. 한국 마을교육공동체의 현재 실천과 달리 일본의 커뮤니티 스쿨은 정부 주도의 정책이라는 점, 학교 교육력 강화뿐만 아니라 지역의 교육력 강화에 집중하고 있다는 점, 그리고 지역의 다양한 기관과 시설 또는 시민단체가 적극적으로 함께하고 있다는 점 등은 한국 마을교육공동체운동에 중요한 시사점을 제공하고 있다.

1. 일본 커뮤니티 스쿨의 개념

일본의 커뮤니티 스쿨은 2004년 「지방교육행정의 조직 및 운영에 관한 법률」(이하, 「지교행법地教行法」이라 줄임)」의 일부 개정으로 제도화된 학교 정책이다.나가하타, 2012 2018년 현재까지 지속적인 증가 추세를 보이고 있는 커뮤니티 스쿨은 법률상의 정식 명칭은 아니지만, 교육정책 및 실천에서 보편적으로 사용되고 있는 용어이다. 일본의 「지교행법」에는 "교육위원회는 그 소관에 속하는 학교 중 그 지정하는 학교(이하 이 조에서는 '지정학교'라고 한다)의 운영에 관해 협의하는 기관으로서, 지정학교별 학교운영협의회를 둘 수 있다"라고 되어 있다. 이 학교운영협의회를 설치하는 학교에 대해서, 각 교육위원회의 판단으로 '지역운영학교' 혹은 '커뮤니티 스쿨' 등의 이름으로 칭하고 있다.

한국의 마을교육공동체의 풀뿌리적 발현과 달리 일본의 커뮤니티 스쿨은 일본 문부과학성이 주도하는 핵심 교육정책으로 기획·운영되고 있다. 문부과학성이 커뮤니티 스쿨을 도입하면서 제시했던 목적은 "최근 공립학교에서는 보호자나 지역원(주민)의 다양한 의견을 정확하게 반영시키고, 지역에 열린, 신뢰받는 학교 만들기를 추진해 가는 것이 요구되고 있다. 학교운영협의회를 통해, 보호자(학부모)나 지역원(주민)이 일정한 권한과 책임을 갖고 학교 운영에 참가하는 것으로 지역의 교육적 니즈needs를 신속하고 정확히 학교 운영에 반영함과 동시에 학교·가정·지역사회가 하나가 되어 보다 좋은 교육의 실현에 대처"하는 것이다. 또한 "지역의 색깔을 살린 특색 있는 학교 만들기를 진행함으로써, 지역 전체의 활성화도 기대할 수 있다"라는 점을 제시하고 있다.문부과학성, 2005 한국과 마찬가지로 일본 사회에서도 학교에서 일어나는 다양한 교육문제를 해결하고 학교교육의 올바른 방향을 재설정하고자 하는 사회적·교육적 요구가 발생하였고, 커뮤니티 스쿨은 학교교육 운영에서 지역의 바람과 기대를 반영하고, 일상에서 지역과 학교의 연결을 통해 학생들의 배움을 지역으로 확산시키고자 하는 취지를 담고 있다.

위와 같은 교육 취지를 실현하기 위해 일본 문부과학성이 주도하는 커뮤니티 스쿨 운영의 방향은 크게 두 가지로 압축될 수 있다. 하나는 학교 행정을 위한 '학교운영협의회'의 상설화이다. 일본 커뮤니티 스쿨의 모태는 미국의 차터스쿨Charter Schools이다. 특히 차터스쿨의 학교운영위원회 제도를 도입하여, 학교장이나 교사와 같은 학교 내부 인사뿐만 아니라 지역 주민이나 전문가를 포함하는 학교운영협의회를 설치하고 이들의 권한과 역할을 확대하는 방식을 채택하였다. 또 하나는 지역교육력과의 연대이다. 지역의 교육 자원이 자연스럽게 학교로 들어올 수 있도록 학교 문호를 개방하고, 학생 교육에 대한 책임과 권한을 지역과 함께 공유하는 데 초점을 맞추고 있다.

커뮤니티 스쿨 운영을 통해 일본 교육은 크게 세 가지 효과를 기대하고 있다. 먼저, 아이들의 기초 학력 향상과 아울러 집단 따돌림, 부등교 등의 문제를 해결하고 학생들의 자주성을 함양한다는 것이다. 학생 발달에서 인지적 영역뿐만 아니라 정서적 영역에 대한 고민을 읽을 수 있는 부분이다. 두 번째는 학교효과이다. 학교 운영에서 지역 주민과의 공동 협력 체제를 구축하고, 교직원 의식의 공유와 네트워크를 지역과 함께 형성하는 데 그 목적이 있다. 이러한 지역의 네트워크와 협력을 통해 지역의 교육 요구를 학교교육에 반영할 수 있는 것이다. 세 번째는 지역 주민의 효과이다. 지역 주민(어른)들 간의 연결을 도모하고, 지역 만들기를 활성화하며, 학부모의 교육 의식을 향상시키는 것이 커뮤니티 스쿨의 목표 중 하나이다. 단순히 학교교육의 효과를 증대하는 것에 국한되는 것이 아니라 지역의 교육력을 향상시키고, 지역의 활성화를 도모하여 지역과 학교가 함께 성장할 수 있는 상생의 교육 실천을 추구하고 있다.

커뮤니티 스쿨 확대를 통해 민주적이고 효과적인 학교 운영을 도모함과 동시에 미래 사회에 대비한 새로운 인재 양성을 추구하고 있다. 일본 문부과학성 회의 자료를 통해 확인할 수 있는 바와 같이 커뮤니티 스쿨을 통해 일본 교육이 지향하는 21세기 인재상은 '매뉴얼에 의존하지 않는다, 실패를 두려워하지 않는다, 그리고 지시를 기다리지 않는다'라는 표현으로 정리될 수 있다.나가가와 타다노리, 2012 일본 교육이 이러한 미래 지향적 인재상을 추구하는 것은 역설적으로 현재 일본 청년들의 자화상, 다시 말해서 현실에 안주하고, 도전하지 않고, 순응적인 특성에 대한 반성에서 출발하는 것이다. 아울러 이러한 인재를 키우기 위하여 학교뿐만 아니라 지역의 교육력이 반드시 함께 성장해야 한다는 사회적·교육적 통찰을 바탕으로 하는 것이다.

2. 커뮤니티 스쿨 추진 과정 및 현황

1) 커뮤니티 스쿨의 법제화 과정

일본의 커뮤니티 스쿨 도입과 이를 법제화하는 배경과 그 경위를 1980년대부터 시작된 '열린 학교 만들기' 정책에서 찾는 견해가 있다. 나가하타 미노루, 2014 당시 정책 논의에서 이미 학교교육의 역할과 한계를 명확하게 인식하고, 공교육의 정상화를 위하여 가정이나 지역의 교육력 회복과 활성화를 도모하기 위한 노력이 전개된 것이다. 이러한 흐름이 1990년대의 교육개혁인 '21세기 새로운 시대에 대응하는 교육제도 개혁' 정책으로 이어져 가정과 지역이 연계하여 학교 경영 책임을 강화하는 방안을 제시하였고, 이러한 정책 흐름이 2000년대 이후 교육개혁의 방향에 영향을 주어 탄생한 것이 「교육개혁 국민회의 보고-교육을 바꾸는 17개 제안」이다.나가하타 미노루, 2014

「교육개혁 국민회의 보고」는 '인간성 풍부한 일본인을 육성한다', '한 사람 한 사람의 재능을 키우고, 창조성이 풍부한 인간을 육성한다' 등과 같은 핵심 영역을 포함하여 「교육진흥 기본계획과 교육기본법」에 따른 17개 제안을 제시하고 있다. 특히, 이 보고에서 제시된 '새로운 시대에 새로운 학교 만들기' 영역에서는 "지역의 독자적인 니즈needs를 기반으로, 지역이 운영에 참가하는 새로운 타입의 공립학교('커뮤니티 스쿨')를 시정촌(기초자치단체 규모의 지역)이 설치할 가능성을 검토한다"라고 제언한 바 있고, 이것이 커뮤니티 스쿨 법제화의 직접적인 계기가 되었다.교육개혁 국민회의, 2000

이 보고에서 제안된 커뮤니티 스쿨은 "시정촌이 교장을 모집함과 동시에, 유지들에 의한 제안을 시정촌이 심사하여 학교를 설치하는 것이다. 교장은 매니지먼트 팀을 임명하고, 교원채용권을 가진 학교 경영을 행한다. 학교 운영과 그 성과 체크는 시정촌이 학교별로 설치한 지역학교협의회가 정기적으로 행한다"고 되어 있다. 이 보고를 받은 문부과학성은 2001년, 「21세기 교육신생 플랜(레인보우 플랜)」을 발표한다. 이 플랜은 2001년을 '교육신생 원년'으로 보고, 신생 일본의 실현을 목표로 한 교육개혁 대처의 전체상을 나타내고 있으며, 주요 시책이나 과제 및 이들을 실행하기 위한 구체적인 타임 스케줄을 명확히 제시하고 있다.

이를 좀 더 구체적으로 살펴보면, 보고된 17개 정책 과제 중에서 '15. 새로운 타입의 학교(커뮤니티 스쿨 등)의 설치를 촉진한다'에서는 새로운 유형의 학교의 가능성이나 과제 등에 대해 검토하기 위해 모델 학교에 의한 실천 연구를 2002년도 예산에서 실시할 것을 명기하고 있다. 또한 2001년 12월에는 종합규제개혁회의가 「규제개혁의 추진에 관한 제1차 답신」을 내고, 6개의 중점 분야의 하나로 「교육」 항에서, 커뮤니티 스쿨 도입을 위한 법제도 정비에 대해 제언하고 있다.

이 답신에서는 새로운 유형의 공립학교인 '커뮤니티 스쿨(가칭)' 도입은 지역이나 보호자 대표를 포함한 '지역학교협의회(가칭)' 설치, 교직원 인사나 예산 용도의 결정, 교육과정, 교재 선정이나 반 편성의 결정 등

학교의 관리 운영에 대해 학교의 재량권을 확대한 것으로 보호자나 지역의 의향이 반영되어 독자성이 확보될 수 있는 법제도 정비의 검토가 필요하다는 비교적 상세한 제안을 제시하고 있다.

2002년 3월에는 「규제개혁 추진 3개년 계획(가정)」이 각의 결정(국무회의 의결에 해당)되어, 2002년 4월 문부과학성은 「새로운 유형의 학교 운영의 모습에 관한 실천 연구」에 착수하여, 「보호자나 지역 주민이 운영에 참가하는 새로운 유형의 학교 운영의 모습」에 대한 연구를 개시한다. 같은 해 12월에는 종합규제개혁 회의가 「규제개혁의 추진에 관한 제2차 답신」을 내고, 재차 커뮤니티 스쿨 도입을 위한 제도 정비 추진을 제언하게 된다.

2003년 3월에는 「규제개혁추진 3개년 계획(재개정)」이 각의 결정되었고, 이 각의 결정을 받아 문부과학 장관이 중앙교육심의회로 자문을 요청하여 「앞으로의 초등 중등 교육개혁의 추진 방책에 대해」가 실행되었다. 이 자문에 대해 2004년 3월에 중앙교육심의회는 「앞으로의 학교 관리 운영의 모습에 대해서」라는 답신 보고서를 제출하였다. 이 답신에서는 지역과의 연계 추진, 학교의 재량권 확대라는 시점에서, 지역이 운영에 참가하는 새로운 유형의 공립학교(지역운영학교)의 구체적인 모습이 제시되었다.

특히, 「제도화에 맞춘 기본적인 사고방식」에 대해 보호자나 지역 주민의 학교운영 참여를 제도적으로 보장하기 위해 지역운영학교의 운영에 대해 협의하는 조직(학교운영협의회)을 설치하는 것을 명기하고 있다. 학교운영협의회의 역할로는 교육과정 편성의 기본 방침, 예산 집행이나 인사 배치 등에 관한 기본 방침 등 학교의 기본적 방침을 결정하는 기능, 보호자나 지역의 니즈를 반영하는 기능, 학교의 활동 상황을 점검하는 기능을 요구하고 있다. 학교운영협의회는 교장이나 교직원의 인사에 대해서 임명권을 갖는 교육위원회에 대해 의견을 말하고, 교육위원회는 그 의견을 존중하고 인사를 행하는 것도 기재되어 있다. 이러한 경위를 거쳐 2004년 3월, 제159회 국회에 「지방교육행정의 조직 및 운영에 관한 법률(지교행법) 개정안」이 제출되어, 학교운영협의회를 설치할 수 있게 하는 법률이 같은 해 6월에 성립, 공포되어 9월부터 시행된 것이다.

이상, 1980년대 교육개혁의 동향에서 2004년 커뮤니티 스쿨 법제화까지의 정책 경위를 검토해 보았다. 이를 통해 분명해진 것은 커뮤니티 스쿨 법제화의 목적은 첫째, 가정이나 지역 주민의 교육 요구를 정확하게 반영시킨 학교 운영과 교육활동을 전개하고, 보호자나 지역 주민에게 신뢰받는 '열린 학교 만들기'를 추진하는 것이다. 둘째, 학교와 가정, 그리고 지역 주민이 하나가 되어 다음 세대의 주역인 아이들의 '살아갈 힘'을 육성함으로써 지역 특성에 맞는 독자적인 마을 만들기를 추진하는 것이다. 셋째, 학교·가정·지역 주민이 하나가 되어 만들어 가는 지역화된 교육을 통해 지역 활성화를 실현하는 것으로 요약될 수 있다.나가하타 미노루, 2014

■ 제3절 학교운영협의회

1. 교육위원회는 그 소관에 속한 학교 중 그 지정하는 학교(이하 이 조에서는 '지정학교'라고 한다)의 운영에 관해서 협의하는 기관으로 지정학교별 학교운영협의회를 둘 수 있다.

2. 학교운영협의회의 위원은, 해당 지정학교가 소재하는 지역의 주민, 해당 지정학교에 재적하는 학생, 아동 또는 유아의 보호자, 기타 교육위원회가 필요하다고 인정하는 자로, 교육위원회가 임명한다.

3. 지정학교 교장은 해당 지정학교의 운영에 관해서 교육과정의 편성 기타 교육위원회 규칙으로 정한 사항에 대해 기본적인 방침을 작성하고, 해당 지정학교의 학교운영협의회의 승인을 얻어야만 한다.

4. 학교운영협의회는 해당 지정학교의 운영에 관한 사항(차 항에 규정한 사항을 제외)에 대해, 교육위원회 또는 교장에 대해 의견을 말할 수 있다.

5. 학교운영협의회는 해당 지정학교의 교원의 채용, 기타 임용에 관한 사항에 대해 해당 교원의 임명권자에 대해 의견을 말할 수 있다. 이 경우에 있어 해당 교원이 현(縣)비 부담 교직원(제55조 제1항, 제58조 제1항 또는 제61조 제1항에 의한 시정촌 위원회가 그 임용에 관한 사무를 행한 직원을 제외)일 때는, 시정촌 교원회를 경유하도록 한다.

6. 지정학교 교원의 임명권자는 해당 교원의 임용에 대해서는 전 항의 규정에 의해 접수된 의견을 존중한다.

7. 교육위원회는 학교운영협의회의 운영이 현저히 적정함을 잃음에 따라, 해당 지정학교의 운영에 현저한 지장이 생기거나 또는 생길 염려가 있다고 보이는 경우, 그 지정을 취소해야만 한다.

8. 지정학교의 지정 및 지정의 취소의 절차, 지정의 기간, 학교운영협의회의 위원 임면의 절차 및 임기, 학교운영협의회의 의사 절차, 기타 학교운영협의회의 운영에 관해 필요한 사항에 대해서는 교육위원회 규칙으로 정한다.

2) 커뮤니티 스쿨 관련 법률

커뮤니티 스쿨 운영에 직접 관련되는 법률은 2004년에 개정된 「지방교육행정의 조직 및 운영에 관한 법률」이다. 이 법률에서 제시하고 있는 내용은 주로 커뮤니티 스쿨이 설치해야 할 학교운영협의회에 관련한 것으로, 그 설치 및 역할에 대한 규정을 담고 있다. 동 법률 제3절 제47조 5항은 다음과 같이 규정하고 있다.

이와 같이, 커뮤니티 스쿨과 관련한 법률은 주로 학교운영협의회의 설치 및 운영에 관련한 내용을 제시하고 있다. 학교운영협의회는 첫째, 학교장이 작성한 학교 운영의 기본적인 방침을 승인하는 권한을 가질 것, 둘째, 학교 운영 전반에 대해 교육위원회나 교장에게 의견을 말할 수 있을 것, 셋째, 해당 지정학교의 교직원 인사에 대해 지역 주민이나 보호자 등이 학교운영협의회를 통해 직접 임명권자에게 의견을 말할 수 있을 것 등을 포함하는 세 가지 기능과 권한을 규정하고 있다. 다만, 7항에서는 "학교운영협의회의 운영이 현저히 적정함을 잃게 되거나, 해당 지정학교의 운영에 현저한 지장이 생기거나 또는 생길 염려가 있다고 보이는 경우, 그 지정을 취소해야만 한다"라는 제한 규정을 제시하고 있다.

3) 전국 커뮤니티 스쿨 지정 현황

앞서 살펴보았듯이 커뮤니티 스쿨은 학교나 아이들을 둘러싼 과제뿐만 아니라 가정·지역사회가 안고 있는 과제를 지역 단위로 묶어 해결하고, 아이들의 건강한 성장과 질 높은 학교교육 실현을 도모하기 위해 지역의 교육적 역량을 학교 운영에 반영하는 '지역과 함께하는 학교' 만들기를 목표로 하고 있다. 이러한 커뮤니티 스쿨은 일본 전역에서 지속적으로 증가하고 있는 추세이며, 그 지정 현황 및 증가 추세를 살펴보면 다음과 같다.[2]

[표 1] 학교급별 커뮤니티 스쿨 지정 현황(2015년 현재)

종류별	지정학교 수	증가 수(전년도 대비)
유치원	95	1개원 증가
초등학교	1,564	324개교 증가
중학교	707	142개교 증가
고등학교	13	3개교 증가
특별지원학교	10	0개교 증가
합계	2,389	470개교 증가

언급한 바와 같이 일본에서 커뮤니티 스쿨로 지정된 학교는 전국적으로 꾸준히 증가하는 추세이다. 2014년 4월 1일 커뮤니티 스쿨로 지정된 학교는 전국 1,919개교, 2015년 4월 1일 현재에는 전년도보다 470개교가 증가하여 총 2,389개교가 커뮤니티 스쿨로 지정, 운영되고 있다. 커뮤니티 스쿨을 지정, 운영하고 있는 도도부현은 전국 총 47개 중 44도도부현에 이르며, 이는 전년 대비 2개의 현(도치기현栃木縣과 도야마현富山縣)이 증가된 규모이다.

지방자치단체별로 커뮤니티 스쿨 운영 현황을 살펴보면, 전국 5도현道縣 및 235개 시구정촌市区町村 교육위원회가 커뮤니티 스쿨 지정을 하고 있다. 또한 지역의 모든 초·중학교를 커뮤니티 스쿨로 지정하여 운영하고 있는 지방자치단체 교육위원회는 작년도 대비 24시구촌이 증가하여 2015년 현재는 79개의 시구정촌에 이르고 있다. 한편, 커뮤니티 스쿨로 지정된 것은 아니지만 이와 유사하게 지역과 학교의 연계를 도모하는 학교들이 최근 3년간 약 2,000개교로 증가하여 전국적으로 총 5,135개교에 이르고 있는 수준이다. 이처럼 커뮤니티 스쿨 증가뿐 아니라 지역주민이나 보호자 등이 학교 운영이나 교육활동에 대해 협의하고 의견을 나누는 장場이 늘어나고 있는 추세이다.

커뮤니티 스쿨 지정 및 운영에 관한 정책 목표는 '제2기 교육진흥

[표 2] 커뮤니티 스쿨 지정 현황 추이

기준일	지정학교 수	증가 수(전년대비)	학교 설치자 수	도도부현 수
2005년 4월 1일	17개교		6시구	4도부현
2006년 4월 1일	53개교	36개교 증가	1현 15시구촌	13도부현
2007년 4월 1일	197개교	144개교 증가	1현 41시구정촌	25도부현
2008년 4월 1일	341개교	144개교 증가	2현 63시구정촌	29도부현
2009년 4월 1일	475개교	134개교 증가	2현 72시구정촌	30도부현
2010년 4월 1일	629개교	154개교 증가	2현 82시구정촌	31도부현
2011년 4월 1일	789개교	160개교 증가	2현 99시구정촌	32도부현
2012년 4월 1일	1,183개교	394개교 증가	3현 122시구정촌	38도부현
2013년 4월 1일	1,570개교	387개교 증가	4도현 153시구정촌	42도부현
2014년 4월 1일	1,919개교	349개교 증가	4도현 187시구정촌	42도부현
2015년 4월 1일	2,389개교	470개교 증가	5도현 235시구정촌	44도부현

※ 증가 수는 2014년 4월 2일 이후에 커뮤니티 스쿨로 지정된 학교 등(491개교)에서 통폐합된 학교 등(21개교)을 줄인 수.
※ 학교 설치자 수의 5도현(홋카이도현, 지바현, 미에현, 고치현, 오이타현)은 도현립 고등학교를 지정.

기본계획(2013년 6월 14일 각의결정)'에서 제시한 바와 같이 전국 공립 초·중등학교의 10%(약 3,000개교)를 커뮤니티 스쿨로 만든다는 계획을 제시하고 있다. 또한 '교육재생 실행협의 제6차 제언(2015년 3월 4일)'에서 "국가는 '모든 학교가 커뮤니티 스쿨화로 대처하고, 지역과 상호 연계·협동한 활동을 전개하기 위해 발본적인 방책을 강구한다'는 것"을 제안하고 있다. 이에 따라, 중앙교육심의회로 학교와 지역의 연계·협동의 이상적인 모습에 대해 자문하고, 현재 앞으로의 커뮤니티 스쿨의 이상적인 모습이나 이에 입각한 종합적인 추진 방책 등에 대해 심의를 받고 있는 중이다. 문부과학성에서는 커뮤니티 스쿨의 보다 나은 추진을 위해 미도입 지역에 대한 지원을 강구함과 동시에, 전국 각지에서 설명회나 포럼을 개최하는 등 그 보급을 위해 다양한 방안을 실천하고 있다.

3. 지역교육력: 커뮤니티 스쿨의 역할

지금까지 일본 커뮤니티 스쿨의 개념, 법제화 과정, 지정 및 운영 현황을 통해 살펴보았듯이 커뮤니티 스쿨은 학교·가정·지역의 연계·협동을 기초로 하여 아동들의 보다 나은 성장과 발달을 실현시킴과 동시에 지역과 함께하는 학교 만들기를 통한 지역교육력 향상, 그리고 지역사회의 종합적인 활성화를 목표로 추진되는 대표적인 교육정책이다. 기존의 교육정책이 공교육 혁신 및 학교 운영 효율화를 목표로 해 왔던 제도적 노력과 달리 커뮤니티 스쿨 정책은 학교 내의 개혁뿐만 아니라 지역의 교육력 증대와 이를 통한 지역 활성화라는 지역공동체적 접근을 취하고 있는 것이 커다란 특징이다. 커뮤니티 스쿨을 통해 지역의 교육력을 향상시킬 수 있으며, 지역의 교육력을 바탕으로 학교교육이 정상적으로 운영될 수 있다는 점에서 지역교육력 향상은 커뮤니티 스쿨 정책의 추진 이유이자 목적인 셈이다.

현재 행정이나 교육현장 등에서 지역교육력이라는 말이 널리 사용되고 있으나, 지역교육력은 다양한 의미로 사용되고 있기 때문에 공통의 이해라고 보기에는 아직까지 어려운 상황이다. 하지만 일반적으로 사용되는 지역교육력의 의미는 학교-지역-가정의 역할을 제고하고 분담하기 위해 지역의 교육적 역량을 회복하고 학교교육, 지역교육, 가정교육의 연계가 확산되어야 한다는 교육적 필요와 인식에 기초하고 있다. 이러한 이유로 최근 지역의 교육력은 '살아가는 힘(삶의 역량)'이라는 관점에서 학생뿐만 아니라 지역 주민의 사회·근로체험, 지역 환경 활동, 지역사회 참여 활동 등의 교육 기회를 지역사회가 제공한다는 측면으로 이해되고 있다.정송근, 2014

그동안 정리되었던 지역교육력의 다양한 의미를 종합해 보면 다음과 같다. 지역교육력은 지역이 그곳에 살고 있는 아동의 인간 형성에 미치는 영향력이다. 또한 지역이 그곳에 살고 있는 아동과 주민들의 인격이나 사회화를 형성하는 힘을 의미하기도 한다. 지역사회는 강력한 교육력을 가지고 있다. 지역사회에 있는 산, 강, 들판과 같은 자연은 지역 아이들을 위한 놀이터이며, 지역사회에 내재한 제도, 문화, 풍습 등은 지역 주민들의 사회화를 돕는 사회적 기제였으며, 지역사회에 살고 있는 주민과 이웃들은 서로가 교사이자 관찰자로서 교육 역할을 수행하였다. 하지만 현대사회에서는 이러한 지역의 교육력이 점차 쇠퇴하고 학교가 지역 아동의 교육을 전적으로 책임지는 공식적 기관으로 자리매김하는 현상이 지속적으로 강화되었던 것이다. 이에 대해 주민 스스로가 인식한 지역 과제에 대해 그것들을 해결하고 지역의 가치를 창출해 내는 힘을 회복하고자 하는 움직임이 지역의 교육력 향상으로 나타나고 있다. 나가하타 미노루, 2015 이러한 관점에서 지역의 교육력이란 지역의 과제를 해결하기 위하여 지역의 새로운 가치를 창출하고 구성원들의 성장과 발달을 실현시키는 힘과 작용을 의미한다고 볼 수 있다.

지역의 교육력을 향상시키기 위한 제도적 노력의 일환으로 2005년 일본 중앙교육심의회는 「가정·지역교육력 향상에 관한 특별위원회」를 설치하여 운영하고 있다. 이 특별위원회에서 발간한 심의 경과 보고서에는 지역교육력의 범위, 목적, 역할 등이 제시되어 있다. 먼저 지역교육력에서 지역의 범위는 주민들 간의 소통(커뮤니케이션)의 총체로서 초등학교구를 기준으로 하고 있음을 밝히고 있다. 자녀를 같은 학교에 보내는 공간적인 폭에서 주민들 간의 긴밀한 소통이 이루어지기 때문에 학교구 정도를 지역 범위로 상정하고 있다. 이러한 관점에서 보자면 커뮤니티 스쿨과 지역의 교육력은 사실 같은 궤도 혹은 공간적 범주에서 작용하는 교육 실천이라고 볼 수 있는 것이다.

그리고 지역교육력의 목적은 주민들 간의 다양한 교류 및 상호작용에 의한 '정서 및 인성'의 육성을 지향하는 데 있다. 구성원들 간에 계층을 뛰어넘는 교류로 다양한 체험을 축적하고, 이를 통해 지역 구성원들의 정서와 인성의 올바른 육성을 추구하는 것이다. 이처럼 아동의 정서적·인성적 발달을 추구하는 바는 커뮤니티 스쿨의 목적과도 일치하는 부분이다. 지역의 교육력을 통해 학교교육이 온전해질 수 있는 것이고, 커뮤니티 스쿨은 학교와 지역의 연계를 통해 지역의 교육력과 지역의 활성화를 도모하는 하나의 축이 될 수 있는 것이다.

보고서에 나타난 지역교육력의 역할은 풍부한 생활체험, 사회체험, 자연체험 등과 관련한 교육 기회를 지역 아동과 주민에게 제공하는 것이다. 구성원들 간의 상호작용을 통해 공동체적 관계를 형성하고, 지역사회의 규칙과 규범을 습득하고, 지역의 특수성과 가치를 창출하는 것이다. 주민들의 살아가는 힘을 키우는 것이 목적이고, 이를 위한 지역화된 교육적 기회를 제공하는 것이 지역의 교육력과 직결된다. 따라서 커뮤니티 스쿨이 지향하는 학교와 지역의 연계, 그리고 이를 통한 아이들의 살아가는 힘을 배양하는 목적과 일치하게 된다.

또한 이 보고서는 지역의 교육력 향상을 위해 필요한 세 가지 조건을 제시하고 있다. 첫째는 지역 전체의 '아동 돌봄'에 대한 인식과 제도의 변화를 말하고 있다. '지역의 아동', '사회의 아동'을 돌보는 것 그리고 양육 가정을 지원하는 것을 지역의 명백한 책임으로 인식하는 것이 전제되어야 한다는 것이다. 둘째는 지역의 과제는 지역 자체의 힘으로 해결하려는 힘을 길러야 한다는 것이다. 이는 지역의 역량과 지역의 공생을 포함하는 전제 조건이다. 다시 말해서 지역의 교육력은 지역 주민이 지역 과제를 해결하기 위한 문제 해결 역량을 강화하는 것이며, 이를 통해서 결국 주민 모두가 더불어 잘 살아가는 공동체적 공생共生을 도모한다는 것이다. 세 번째는 가정과 지역의 효과적인 연계가 이루어져야 지역의 교육력이 증대된다는 것이다. 이는 공육共育에 관한 것으로 지역이 교육의 주체로 바로 서야 한다는 사회적 조건을 제시하는 것이다. 이처럼 학교와 지역의 연대, 지역사회에서 이루어지는 공육과 공생은 커뮤니티 스쿨의 실천과 정확히 부합하는 내용이자 지향점인 것이다.

4. 커뮤니티 스쿨 활동 사례 및 성과

1) 호후시 오미치 초등학교 및 오미치 중학교 사례

야마구치현山口縣 호후시防府市 교육위원회는 2012년도 모든 초중학교를 커뮤니티 스쿨로 지정하였다. 학교교육과에서 발행한 「커뮤니티 스쿨 설명자료」에는 앞으로 3년간의 커뮤니티 스쿨 발전 계획을 담고 있는데, 2012년도에는 학교운영협의회를 뿌리내리게 하기 위하여 지역에 적극적인 홍보와 정보 공유를 실시하고, 2013년도에는 지역의 교육 자원을 학교교육 및 지역사회 교육에 적극적으로 참여시키는 것, 그리고 2014년도에는 학교 운영의 질 향상을 도모하기 위하여 교육 평가 기능의 강화와 학교 운영 개선 등의 목표를 제시하고 있다. 다음은 그 대표적인 사례로서 오미치大道 초등학교와 오미치 중학교의 실천을 기술한 것이다.

오미치 중학교 지역은 호후시 남부의 국도 2호선, 산요山陽자동차 도로나 산요신칸센 등이 동서로 달리는 교통의 요지이다. 이전 국도에는 산요도山陽道의 고풍스러운 모습과 더불어 역사적인 유산도 많이 남아 있으며, 인구는 약 5,000명(2,500세대) 정도이고 이 중 아동은 오미치 중학교 138명, 오미치 초등학교 212명(2014년도) 정도이다. 학교가 위치한 지역에는 초등학교 1개교와 고등학교 2개교 및 단기대학(전문대)이 있고,

이전부터 보호자·지역 주민이 교육에 대한 관심이 높아, '지역의 아이들은 지역이 키운다'라는 풍토가 있어서 초·중학교 교육활동에 대한 지원과 협력 체제의 기초가 존재해 있었다. 또한 지역에는 오미치 지구의 진흥 발전을 도모할 목적으로 '오미치 지구 마을 만들기 추진협의회大道地区まちづくり推進協議会'(1996년 설치, 구성 단체 44)가 존재하고 있으며, 아이들의 성장이나 배움을 지원하는 활동에 대해서는 주로 오미치 지구 청소년육성협의회, 오미치 아동회 육성 연락협의회, 오미치 지구 민생아동위원협의회, 호후 교통안전협회 오미치 분회, 오미치 스포츠소년단, 오미치 지구 체육협회 등 6개의 단체가 아동 및 교육에 대한 적극적인 활동을 전개하고 있다.

오미치 초등학교·중학교의 지역과 연계한 주된 활동은, 내 고장 학습(중1), 직업체험학습(중2), 수업지원(음악, 가정, 체육), 커뮤니티 코너 개설, 초·중 합동 학교운영협의회 개최(8월), 초·중 합동 자원봉사활동(지역 청소·미화 10월), 오미치 축제(大道まつり 11월) 등이 열리고 있다.

호후시에서는 2012년도부터 학교운영협의회 연락협의회(교장·학교운영협의회 회장·위원, 사회교육지도원 등이 참가)를 개최하고, 중학교 구별로 블록 협의회를 실시하고 있다. 2013년 8월에 개최된 오미치 초등학교·중학교 합동 학교운영협의회에서는 오미치 지역에서 기르고 싶은 「지향하는 15세 상象에 대해서」를 테마로, 유치원·어린이집·초중학교·공민관 사회교육 지도원(코디네이터)에 의한 분과회협의·전체협의가 열려 지역 전체에서 목표를 확인 공유하고, 지역 전체에서 오미치 지구 아이들을 육성해 가는 활동을 추진하고 있다.

오미치 초등학교·오미치 중학교 합동 학교운영협의회는 [그림 1]에서 나타나듯이, 중학교 구區 전체에서 학생의 15년간의 성장을 지역이 하나가 되어 지켜보고, 지원하기 위한 '오미치 지역협육 네트워크'로 자리매

[그림 1] 오미치 지역협육 네트워크 조직도

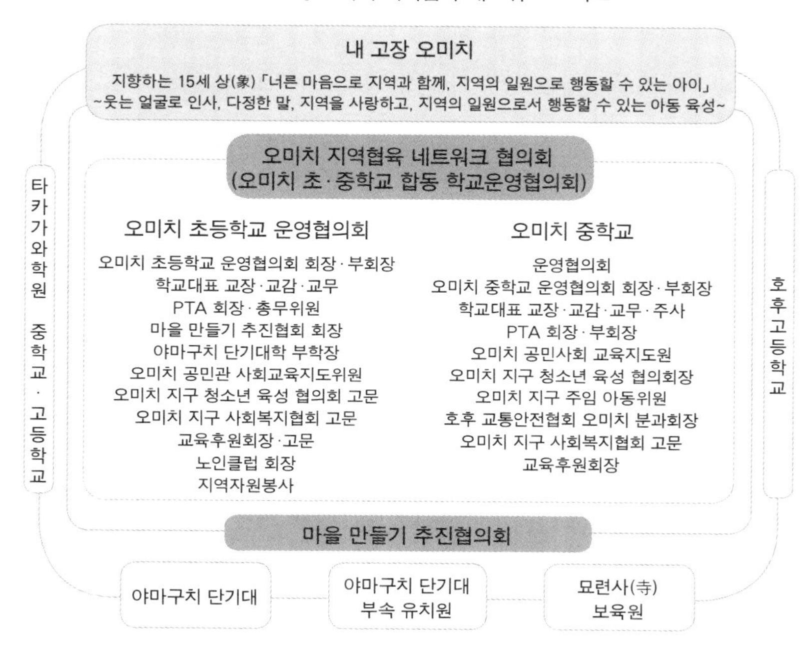

김하였다.

특징적인 활동으로는 학생과 보호자가 지역 협력을 얻어 담당 지구를 돌며 재생자원을 회수하는 리사이클 활동, 학생회를 중심으로 초·중학교의 합동 실행위원회가 기획하고 지역 협력을 얻으며 실시하는 초중 합동 청소 자원봉사, 수영기술 지도(체육)·유카타(일본 전통 복장) 입는 법·전통악기 연주(음악)·보충학습(이과·영어·수학) 등의 학습 지원 봉사활동 등을 수행하고 있다. 2012년도부터 본격적으로 실시된 학습 지원, 자원봉사, 수업 지원, 홍보 활동 지원(홈페이지·홍보지 작성)을 더욱 내실을 다져 지역 주민 학교 참관의 거점으로서 '커뮤니티 코너'의 효과적 활용을 도모하고 있다.

커뮤니티 스쿨의 학교·가정·지역의 연계에 대해 호후시 사회 교육위원의 회의 보고서에서는 학교·가정·지역의 연계 추진의 과제로 '실제 학교는 어떠한 지원이 필요하고, 지역은 이에 대해 무엇을 할 수 있는가 하는 점에서 서로의 이견이 있고, 서로의 생각을 조정할 코디네이터의 역할이 중요해지고 있다'는 점을 지적하고 있다. 이 보고서에서 제시된 자체 조사 결과에 따르면, 주민들은 '커뮤니티 스쿨이 학교·가정·지역의 관계를 돈독히 할 좋은 시스템이라고 생각한다. 특정인만 참가하는 것이 아니라 더 많은 사람들이 참가했으면 한다'라는 의견을 확인시켜 주고 있다. 또한 '게시판을 통해 초등학교·중학교 소식지를 보는 게 좋은 것 같다. 지켜봐 주는 사람들 덕에 안심하고 학교를 보낼 수 있다'라는 의견, '좀 더 학교·가정·지역이 연계하여 할 수 있는 교류를 늘렸으면 한다'와 같이 커뮤니티 스쿨 운영에 대한 주민들의 의식을 전하고 있다.

호후시 교육위원회는 커뮤니티 스쿨의 지속적인 발전을 도모하고, 학교·가정·지역의 연계를 강화하기 위하여 매력 있는 지역 행사 개최, 홍보의 활성화, 육아 상담·학습 기회 확대, 공민관과 지역단체와의 연계 및 협동, 인재은행의 조정, 공민관의 코디네이터 기능의 내실(직원의 적절한 배치 등)을 기하기 위한 지원책을 마련하고 있다. 이를 통해서 학교교육의 내실화를 위한 교육 요구와 지역의 교육 지원 활동을 연계시키려는 시도가 지속적으로 진행되고 있으며, 이러한 네트워크를 통해 지역의 인재를 육성하고 있는 것이다. 호후시 사례나 이후에 나올 슈난시의 사례에서 발견할 수 있는 일본 커뮤니티 스쿨의 특징 중 하나는 해당 지역의 초등학교와 중학교의 교육활동을 서로 연계하여 추진하고 있다는 점이다. 특히 호후시와 같은 작은 규모의 지역 교육위원회나 사회교육기관과 초·중학교를 하나의 시스템으로 연결하여 지역 아동들의 성장과 발달을 오랜 기간 관찰하고 지원하고 유지시킴으로써 학교교육의 질적 향상과 함께 지역의 활성화도 도모하고 있다.

2) 하기시 나츠칸 네트워크: 지역협육 네트워크

하기시 나츠칸 네트워크는 커뮤니티 스쿨의 운영에서 학교를 지원하는 지역의 교육네트워크이다. 지역사회를 기반으로 한 교육공동체 구축에 모범적인 사례로 시사하는 바가 크다. '지역협육 네트워크'는 야마구치현 독자의 명칭으로, 중학교 구역을 하나의 블록으로 어린이집, 유치원, 초등학교, 중학교의 15년간 아이들을 기르는 학교, 가정, 지역사회가 연계하여 키우는 네트워크를 말한다. 이는 지역에 존재하는 학교와 각종 교육 시설들이 서로 분절적으로 작용하는 것이 아니라 하나의 네트워크나 시스템으로 작동하기 때문에 일관되고 장기적인 교육 계획 및 실천이 가능하도록 만드는 공동체적 접근이라 할 수 있다.

하기 히가시 중학교 구역에는 2012년도부터 어린이집 5개, 유치원 2개, 초등학교 3개가 '수직' 연계와 경찰, 보호사, 퇴직 교장회, 주임아동위원 등 관계 기관과의 '수평' 연계를 도모하는 조직을 만들고 다양한 대처를 하고 있다. 이 지역에서는 이 같은 네트워크를 '나츠칸 네트워크'라고 부르고 있다.

'나츠칸 네트워크'는 상호 연계를 보다 깊이 하기 위해서 연간 2회 '나츠칸 네트워크 연락협의회'를 개최하고 있다. 처음 협의회에서는 '15년간의 아이들의 성장을 어떻게 지원해 갈 것인가'를 고민하고 협의하였다. 그리고 2014년의 공통 테마는 '스스로 배우는 아이'였다. 이 테마에 따라 3개의 초등학교 구역에서 어떠한 대처를 행해 갈 것인지 구체적인 항목을 열거하며 실천하고 있다. 특히, 초·중 연계는 학교교육에 일관성을 갖고 대처하는 것이 중요하다는 점에서 히가시 중학교에 초중 연계회의를 설치하고 '학력 향상', '학생 지도', '특별지원 교육·교육 상담'을 담당하는 3개 부회를 운영하고 있으며, 각 부회는 공통의 목적을 달성하기 위하여 다양한 활동을 전개하고 있다.

나츠칸 네트워크는 이러한 실천을 전개하면서 학생들의 15년 동안의 배움에 연계성을 담보하고 있는 것이다. 지역사회를 기반으로 하는 교육공동체를 만들기 위해서는 학교의 실천과 변화뿐 아니라 지역의 협력과 연대가 필요하다는 점에서 나츠칸 네트워크는 많은 것을 시사하고 있다. 한국은 그동안 혁신학교의 실천이 일부 초등학교를 중심으로 성공적인 성과를 나타내었지만, 중학교나 상급 학교와의 연계가 없었기 때문에 학생들이 진학을 하면서 혁신교육의 효과가 단절되는 상황을 경험하였다. 혁신학교를 벨트화하고자 했던 노력도 이러한 이유에서 비롯된 것이다.

[그림 2] 하기시 나츠칸 네트워크

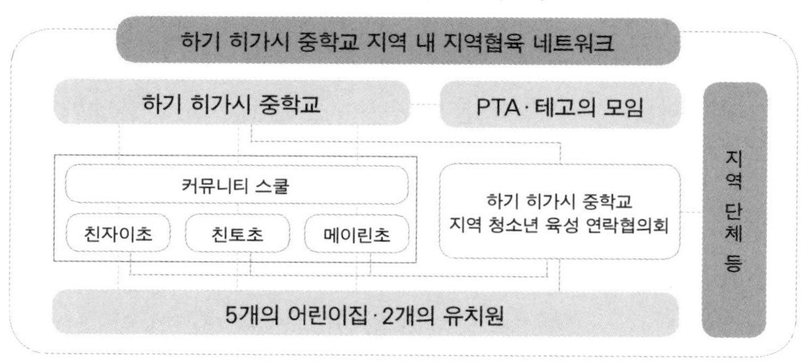

나츠칸 네트워크는 비단 학교급 간의 종적인 네트워크만이 아니라 지역사회와의 횡적인 연대를 보여 주는 좋은 사례이다. 지역사회를 기반으로 하는 교육공동체를 구축하기 위해서는 단지 단위 학교 안에서 이루어지는 변화만으로는 한계가 있다. 학교 간의 연대와 지역과의 연대가 필수적인 요소이다.

3) 일본 커뮤니티 스쿨의 성과와 과제

일본 커뮤니티 스쿨 지정 및 운영과 관련하여 이제는 10년의 경험이 쌓이면서 이에 대한 평가와 분석이 지역 및 국가 차원에서 이루어지고 있다. 이러한 평가 중에서 2013년 '커뮤니티 스쿨 추진에 관한 교육위원회 및 학교의 대체 성과 검증에 관한 조사연구 보고서'의 결과를 소개하면서 그동안 운영되어 왔던 커뮤니티 스쿨의 성과와 과제를 짚어 보고자 한다.

이 조사의 대상 집단에는 학교운영협의회 위원, 지정학교 및 미지정 학교의 교장, 교육위원회위원 등을 포함하고 있다. 지정학교 교장 조사의 대상 학교는 813학교(명)로 응답률 83.0%(675개교), 학교운영협의회 위원 조사의 대상 학교는 813개교(명)로 응답률 69.1%(562개교), 미지정 학교 교장 조사의 대상 학교는 1,152개교(명)로 응답률 70.1%(807개교), 그리고 국내 교육위원회 조사는 도도부현都道府縣·지정 도시를 포함한 모든 교육위원회 1,789곳을 대상으로 하였고 응답률은 62.9%(1,126개)였다.

먼저 커뮤니티 스쿨 운영에 대한 전반적인 만족도 조사에서 교육위원회, 학교운영협의회, 지정학교 교장 집단 순으로 긍정적인 평가를 내리고 있었다. [그림 3]에서 확인할 수 있듯이 교육위원회 위원 중 95%

[그림 3] 커뮤니티 스쿨 만족도

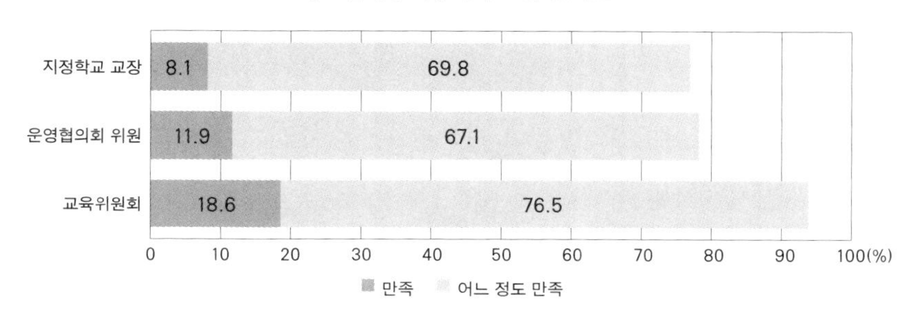

[그림 4] 커뮤니티 스쿨 성과에 대한 인식

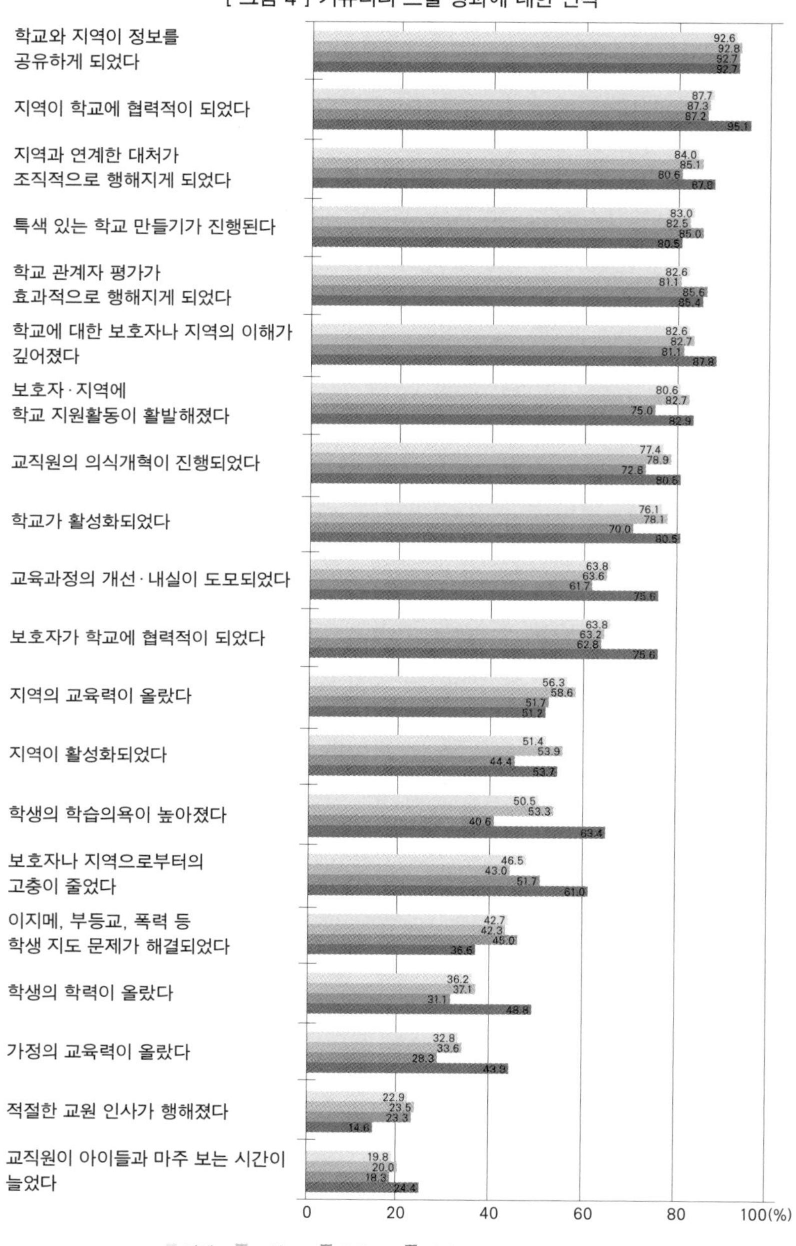

학교와 지역이 정보를 공유하게 되었다
92.6
92.8
92.7
92.7
지역이 학교에 협력적이 되었다
87.7
87.3
87.2
95.1
지역과 연계한 대처가 조직적으로 행해지게 되었다
84.0
85.1
80.6
87.8
특색 있는 학교 만들기가 진행된다
83.0
82.5
85.0
80.5
학교 관계자 평가가 효과적으로 행해지게 되었다
82.6
81.1
85.6
85.4
학교에 대한 보호자나 지역의 이해가 깊어졌다
82.6
82.7
81.1
87.8
보호자 · 지역에 학교 지원활동이 활발해졌다
80.6
82.7
75.0
82.9
교직원의 의식개혁이 진행되었다
77.4
78.9
72.8
80.6
학교가 활성화되었다
76.1
78.1
70.0
80.5
교육과정의 개선 · 내실이 도모되었다
63.8
63.6
61.7
75.6
보호자가 학교에 협력적이 되었다
63.8
63.2
62.8
75.6
지역의 교육력이 올랐다
56.3
58.6
51.7
51.2
지역이 활성화되었다
51.4
53.9
44.4
53.7
학생의 학습의욕이 높아졌다
50.5
53.3
40.6
63.4
보호자나 지역으로부터의 고충이 줄었다
46.5
43.0
51.7
61.0
이지메, 부등교, 폭력 등 학생 지도 문제가 해결되었다
42.7
42.3
45.0
36.6
학생의 학력이 올랐다
36.2
37.1
31.1
48.8
가정의 교육력이 올랐다
32.8
33.6
28.3
43.9
적절한 교원 인사가 행해졌다
22.9
23.5
23.3
14.6
교직원이 아이들과 마주 보는 시간이 늘었다
19.8
20.0
18.3
24.4
0
20
40
60
80
100(%)
전체
소학교
중학교
기타(유치원 · 특수학교 · 고등학교)

이상이 커뮤니티 스쿨 운영에 ‘만족’ 혹은 ‘어느 정도 만족’한다는 견해를 보였다. 커뮤니티 스쿨로 현재 지정되어 운영되고 있는 학교의 교장도 다른 집단에 비해 상대적으로 떨어지기는 하지만 전반적인 만족도가 80%에 이를 정도로 긍정적인 평가를 하고 있었다.

커뮤니티 스쿨 운영의 구체적인 영역에 대한 평가는 다음과 같다([그림 4]). 세부적인 항목에서 70% 이상의 응답자가 긍정적인 평가를 내린 항목은 커뮤니티 스쿨 운영의 성과라고 해석될 수 있으며, 구체적인 항목은 다음을 포함한다. 먼저 가장 긍정적으로 평가(92.6%)된 항목은 ‘학교와 지역이 정보를 공유하게 되었다’라는 영역이다. 학생의 발달, 학교교육 방침이나 방법, 평가 등이 가정과 공유되고, 지역의 교육 자원이 공유된 점에 대한 긍정적 평가를 하고 있는 것이다. 그리고 ‘지역이 학교에 협력적이 되었다’에 87.7%, ‘지역과 연계한 대처가 조직적으로 행해지게 되었다’라는 항목에 84.0%의 응답자가 긍정적 평가를 하였다. 이는 지역과 학교의 연대가 가시적인 성과를 나타내고 있음을 보여 주는 평가이다.

또한 ‘특색 있는 학교 만들기가 진행된다’라는 항목에 83.0%, ‘학교 관계자 평가가 효과적으로 행해질 수 있게 되었다’에 82.6%, ‘학교에 대한 보호자·지역의 이해가 깊어졌다’에 82.6%의 긍정적인 평가를 나타냈다. 이는 커뮤니티 스쿨을 통해 학교가 변화하는 모습에 대한 긍정적 평가라고 볼 수 있다. 그 밖에도 ‘보호자·지역에 의한 학교 지원 활동이 활발해졌다’에 80.6%, ‘교직원의 의식개혁이 진행되었다’에 77.4%, ‘학교가 활성화되었다’에 76.1%의 응답자들이 긍정적인 평가를 내리고 있었다. 이처럼 커뮤니티 스쿨을 통해 학교와 지역이 연대하는 부분, 학교가 변화하는 모습, 지역 아동을 위해 정보와 이해가 공유되는 공동체적 접근 등은 커뮤니티 스쿨의 성과로 평가되는 영역이다.

반면 본 조사를 통해 확인한 커뮤니티 스쿨의 부족하거나 개선이 요구되는 영역(긍정적 인식이 50% 이하인 영역)에는 다음의 항목이 포함된다. 먼저 '교직원이 아이들과 마주 보는 시간이 늘었다'는 항목에 대해서는 응답자의 20%가량만 긍정적으로 답하여 가장 저조한 평가를 받았다. 이는 커뮤니티 스쿨의 실천이 교사의 업무를 경감하고 교육에 몰두할 수 있는 시간적 여유를 확보하지 못하는 요인으로 작용하고 있다고 해석할 수 있는 부분이다. 그리고 '학생의 학력이 올랐다'는 항목에 대해서도 비교적 낮은 평가를 내리고 있다(37.1%). 커뮤니티 스쿨의 도입이 학력 향상을 직접적으로 목적한 것은 아니지만 교육 관계자들의 평가는 이 영역에 대해 부정적인 견해를 보이는 것이다. 그 밖에도 '이지메나 부등교 혹은 학교 폭력 같은 학교 문제가 해결되었다'는 항목과 '가정 교육력의 향상', '적절한 교원 인사' 등의 항목은 비교적 낮은 평가를 받았다. 설문조사를 통해 보여 준 커뮤니티 스쿨의 성과와 과제에 대한 평가는 사실 이와 유사한 다른 연구나 조사의 결과와 크게 다르지 않아 일본 커뮤니티 스쿨의 지속적인 발전과 확대를 위하여 중·장기적인 계획을 도출하는 데 유용한 정보를 제공하고 있다.

이러한 조사 결과와 문헌연구를 바탕으로 일본 커뮤니티 스쿨의 성과와 한계를 정리해 보면 다음과 같다. 먼저 커뮤니티 스쿨의 성과로서 첫째, 교육 목표·학교 경영 방침의 책정, 학교 평가 등에 지역 주민·보호자 참여로 지역에 열린 학교 운영이 실현되고 있다는 점이다. 학교교육의 정보가 공개되고 이를 통해 가정과 지역의 협력을 도모할 수 있는 기회를 확대해 나가고 있는 것이다. 둘째, 학교와 지역사회·보호자의 연계·협력에 기초하여 특색 있는 학교 만들기, 지역 특성과 요구에 부합하는 교육 실천, 그리고 지역의 교육 자원과 연계한 정의적 교육의 질적 내실화 등이 커뮤니티 스쿨 도입으로 이루어진 성과라고 할 수 있다. 셋째, 학교 교직원, 보호자, 지역 주민의 신뢰 관계가 돈독해지고, 지역·가정·학교의 연계·협동의 구조를 통해 지역교육력이 강화되고, 이를 통해 지역 과제 해결 및 지역 전체의 활성화에 공헌하는 '지역과 함께하는 학교 만들기'가 진행되고 있다는 점이 커뮤니티 스쿨의 성과이다.

한편 커뮤니티 스쿨의 지속가능한 발전을 위하여 해결해야 할 과제로는 첫째, 교직원·지역·보호자의 커뮤니티 스쿨에 대한 낮은 이해·관심을 끌어올리는 것이다. 커뮤니티 스쿨에 대한 올바른 이해가 바탕이 되어야 적극적인 참여와 지속적인 발전을 도모할 수 있기 때문이다. 둘째로, 학교운영협의회 위원이나 학교 지원을 위한 자원봉사자, 지역교육 코디네이터 등 지역 협육을 위한 인재 확보가 좀 더 적극적으로 이루어져야 한다는 점이다. 아직도 학교운영협의회가 형식적 기구나 유명무실한 역할을 수행하는 경향이 있다. 더구나 지역의 인적 자원을 개발하고 이를 학교교육과 매칭시키기 위한 코디네이터의 육성은 시급한 문제이다. 셋째, 행정 영역의 관리직이나 담당 직원, 핵심 지역 주민, 그리고 학교 교사들의 활동 부담이 너무 크기 때문에 이에 대한 경감책이 필요하다. 설문 결과에서도 알 수 있듯이 담당 교사나 일부 참여자들에게 부과되는 과업이 과중하기 때문에 아이들을 위한 다양하고 창의적인 교육활동을 전개하는 데 한계를 보이고 있다. 넷째, 커뮤니티 스쿨이나 지역의 교육력을 향상시키기 위해 지역의 참여자나 다양한 활동과 프로그램에 투입되는 재정 지원이 충분하지 않다. 커뮤니티 스쿨 활동이 원활히 운영되기 위해서는 행·재정적 지원이 보다 확충되어야 할 것이다.

5. 한국의 마을교육공동체에 대한 시사점

일본의 커뮤니티 스쿨은 학교와 지역사회의 연계를 통해 아이들의 올바른 교육을 실천하고 있다는 점에서 한국의 마을교육공동체와 유사한 방향성을 가지고 있다. 하지만 구체적으로 살펴보면 다양한 면에서 다소간의 차이를 발견할 수 있는데, 여기에서 한국의 마을교육공동체가 지속적으로 발전하기 위한 중요한 시사점을 찾을 수 있다.

첫째, 일본 커뮤니티 스쿨은 일본 교육이 안고 있는 다양한 현안을 해결하기 위해 문부과학성이 주도하고 지역의 자치단체가 참여하는 하나의 교육정책이다. 정책 추진에 수반되는 다양한 제도적, 법적, 행정적 지원 및 기반을 통해 일반 공립학교의 일부를 커뮤니티 스쿨로 지정하고 이를 육성하는 방식으로 사업을 운영하고 있다. 따라서 중앙의 문부과학성이나 지역의 교육위원회와 같이 정책 주체들의 영향력, 의지, 추진 방법 등이 커뮤니티 스쿨 사업의 성공을 결정하는 중요한 요소라고 볼 수 있다. 반면에 한국의 마을교육공동체는 일부 현장 및 지역의 교육자 혹은 실천가들의 자발적 움직임과 참여에서 시작된 풀뿌리적 실천의 과정을 거쳐 오늘에 이르고 있다. 일부 대안학교와 혁신학교를 중심으로 아이들의 온전한 배움을 위하여 지역과 학교가 만나고, 이를 통해 새로운 교육 실천과 지역 학습 환경을 조성해 나가면서 '지역사회를 기반으로 하는 교육공동체'라는 개념이 점차 확산된 것이다.

이러한 풀뿌리적 실천이 제도권 교육의 정책과 만나게 된 계기는 경기도교육청에서 최초로 시도한 혁신교육지구사업이라고 볼 수 있다.김용련 외, 2014 이 사업을 통해 일반자치와 교육자치가 협력하는 계기를 만들었고, 사업의 성공적인 운영이 지역사회의 참여와 협력을 도모하면서 비로소 마을교육공동체 구축이라는 정책 목표를 지향하게 되었다. 물론 아직까지는 일부 교육자치단체에 머무는 수준이며 더구나 교육부의 체계적인 접근이 이루어지지 않는 상황이지만, 일본의 커뮤니티 스쿨 사업에서 알 수 있듯이 앞으로 한국의 마을교육공동체 또한 민·관·학의 연계가 전개될 것으로 보인다. 어찌 되었든 두 나라의 차이에서 두드러진 특징 중 하나는 일본의 커뮤니티 스쿨은 정부 주도이고, 한국의 마을교육공동체는 아직까지 풀뿌리 실천에 근거하고 있다는 점이다. 이러한 관점에서 일본의 커뮤니티 스쿨이 시사하는 바는 마을교육공동체의 실천이 우리의 교육 문화와 상이한 일본의 정부 주도형 정책과 똑같은 모습을 취해야 할 필요는 없지만, 한국의 마을교육공동체가 지속가능한 발전을 도모하고 공동체 참여 주체들의 자발성과 자생성을 확보하기 위해서 어느 시점에서는 좀 더 체계적인 지원과 협력을 필요로 한다는 점이고, 이를 위한 제도적 혹은 정책적 차원의 접근이 강구되어야 한다는 점이다.

둘째, 앞서 제시한 바와 같이 일본은 커뮤니티 스쿨 운영을 통해 크게 세 가지 효과 중 하나, 즉 지역의 아이들을 교육시키기 위하여 학부모나 주민의 인식을 고취시키고 지역 환경을 개선하여 지역교육력을 향상시키고자 한다. 이와 같이 일본 커뮤니티 스쿨이 지향하는 바에는 아이들, 학교, 지역이 모두 포함된다. 그야말로 지역사회에 기반을 둔 교육공동체를 만드는 것으로, 학교만을 위한 것도 아니고 지역만을 위한 것도 아닌 모두를 위한 공동체적 접근이라고 볼 수 있다. 이에 반해 한국의 마을교육공동체 실천은 아직까지 아이들만을 위한 교육적 실천에 머무르기 때문에 지역의 발전이나 상생이라는 포괄적 비전을 제시하지 못하고 있는 실정이다. 마을교육공동체가 좀 더 거시적이고 확산적인 모습을 갖추기 위해서는 많은 교육 주체들이 공감하고 공유할 수 있는 비전이 필요하다.

이러한 비전을 설정할 때 우리가 고려해야 하는 것은 아이들, 학교, 그리고 지역사회가 모두 포함되어야 한다는 점이다. 아이들만을 위한 교육 실천으로 한국의 마을교육공동체 움직임을 지속시킬 수는 없다. 지역과 주민공동체의 생태적 건강함 없이 아이들이 올바르게 성장하길 바라는 것은 모순이기 때문이다. 모두가 함께하는 교육, 지역을 위한 교육, 공동체를 위한 교육을 통해서 아이들도 행복하고 건강하게 자랄 수 있는 것이다. 이러한 관점에서 지역의 창생을 도모하는 일본 커뮤니티 스쿨의 목표가 우리에게 시사하는 바는 우리의 실천이 학교와 아이들에게만 집중하는 것이 아니라 지역의 역량을 강화하고 발전시키는 것으로 전환되어야 하고, 이를 위해서 지역공동체의 유기적 상생을 위한 명료한 비전과 목표가 수립되어야 한다는 것이다.

셋째, 일본의 커뮤니티 스쿨 정책에서 이를 위한 제도적 지원은 주로 커뮤니티 스쿨로 지정된 학교에 집중된다. 하지만 학교와 지역사회를 연결하는 사회적인 장치는 이러한 제도적 지원뿐만 아니라 지역사회에 기반을 둔 다양한 시설과 기관 그리고 단체들에 의해 운영된다. 다시 말해서 각 지역사회에서 활발하게 활동하고 있는 공민관, 교육 NPO, 아동관, 체육시설 등 다양한 지역사회 시설과 기관이 학교와 지역사회를 연계하고 학교 밖에서 이루어지는 공동체 교육을 주도한다. 이에 비해서 한국의 마을교육공동체는 학교와 지역사회의 연계나 학교 밖 교육활동을 주도할 만한 사회적인 장치가 현격히 부족한 편이다.

마을교육공동체가 지속적으로 발전하기 위해서는 기존의 방식대로 지역 실천가나 교육운동가들의 희생과 헌신에 의지할 수만은 없다. 좀 더 체계적인 운영과 지원을 위한 사회적 시설이나 조직이 마련되어야 한다. 최근에는 혁신교육지구사업을 통해서나 지자체의 교육 지원을 바탕으로 교육공동체 지원센터가 설립되고 있는 추세이지만 아직까지 활성화된 단계라고 볼 수는 없다. 또한 하나의 지원센터로 집중되는 마을교육공동체는 구성원들의 참여도와 자생성에서 지극히 제한적이라는 한계를 경험하고 있다. 마을교육공동체의 지속가능성을 높이기 위해서는 지역의 다양한 시설이나 기관, 단체들을 육성하고 이들의 활동을 지원하는 체계가 구축되어야 할 것이다.

넷째, 일본이 커뮤니티 스쿨 정책을 통해 이루고자 하는 지역의 교육력은 지역의 대상화를 뛰어넘어 지역 주민의 주체화를 강화하는 것이다. 다시 말해서 지역 아이들의 교육을 위하여 지역사회를 단순히 대상화·수단화시키는 측면이 아니라, 지역의 주민들도 교육적 소양을 배양하고 삶의 역량을 고취시키는 데 커뮤니티 스쿨이 기여하고 있는 것이다. 커뮤니티 스쿨에서 말하는 지역의 교육력이란 '지역과 학교가 함께'라는 쌍방향적 인식을 기반으로 하는 경향이 있는Shimokawa & Shizuya, 2014 반면, 한국의 마을교육공동체에서 지역의 교육력이란 '아이들 배움을 위한 지역의 교육 자원화'라는 일방적 인식이 자리 잡고 있는 것이 현실이다. 한국의 마을교육공동체도 이제는 지역사회의 교육 자원화 수준을 넘어서 주민들의 역량 강화를 통해 교육 주체로 역할을 할 수 있는 마을교육공동체의 자생성과 선순환적인 모습을 그려 나가야 한다.

다섯째, 일본 커뮤니티 스쿨에서 운영하는 지역사회 기반 공동체 교육 프로그램은 그렇게 다양하거나 역동적이지 않다. 예를 들면 방과 후의 체육활동이나 보충학습을 위한 토요학교 등이 흔히 볼 수 있는 교육활동이다. 일본에서는 지역사회에 있는 교육 NPO나 공민관, 박물관, 문화체육 시설 등에서 이미 많은 교육 프로그램이 설치·운영되고 있기 때문에 학교가 새로이 교육 프로그램을 신설할 필요가 없다는 점을 간과해서는 안 된다. 학교 밖 교육활동과 프로그램은 지역사회의 다양한 교육기관에서 그 책임과 역할을 맡고 있는 것이다.

그런데 한국의 마을교육공동체에서 학교 밖 교육활동과 교육 프로그램을 만들고 운영하는 책임은 여전히 교사들의 몫인 경우가 많다. 학교의 교사가 학교 밖 교육활동을 기획하고 운영하는 데 소진되면, 오히려 학교의 교육과정을 재구성하고 운영하는 역할에 미진할 수밖에 없다. 따라서 학교 안과 밖에서 이루어지는 지역사회 기반 공동체 교육 프로그램 및 활동을 기획하고 운영하는 데 좀 더 효율적인 학교와 지역의 연계와 협력이 필요한 시점이다.

| 주석 |

1. 이 글은 "김영철 외(2016), 「마을교육공동체 해외 사례 조사와 정책 방향 연구」(경기도교육연구원)" 중 필자의 집필 부분의 일부를 발췌하여 재구조화한 것임.
2. 이하는 2015년 4월 1일 현재 문부과학성이 확인한 커뮤니티 스쿨 지정 현황에 관련한 자료이며, 문부과학성 홈페이지 http://www.mext.go.jp/a_menu/shotou/community/shitei/detail/1358535.htm에서 2016년 7월 19일 검색된 내용을 재정리한 것임.

| 참고 문헌 |

김용련(2015).「지역사회 기반 교육공동체 구축 원리에 대한 탐색적 접근: 복잡성 과학, 사회적 자본, 교육거버넌스 원리 적용을 중심으로」.『교육행정학연구』 33(2).

김용련(2016).「교육공동체 운영을 위한 생태학적 접근」. 마을교육공동체 전국 교원 모임 자료집. 경기마을교육공동체 준비위원회.

나가가와 타다노리(2012). 커뮤니티 스쿨 실시를 위한 자료.

나가하타 미노루(2014).「커뮤니티 스쿨의 추진에 관한 연구(1): 커뮤니티 스쿨의 도입 정책 경위」.

나가하타 미노루(2015).「커뮤니티 스쿨의 추진에 관한 연구(2): 커뮤니티 스쿨의 과제와 전망」.

일본 교육개혁 국민회의(2000).「교육개혁 국민회의 보고-교육을 바꾸는 17개 제안」.

일본 문부과학성(2005).『커뮤니티 스쿨 설치 지침서』.

일본 중앙교육심의회 가정·지역교육력 향상에 관한 특별위원회(2006).「심의경과 보고서」.

정송근(2014).「일본 정부의 지역교육력 정책」. 2014년도 한국일본교육학회 추계 학술대회 발표 자료집-일본의 학교교육 지원 '지역교육력'의 실제.

제3장

미국 마을교육공동체의 현황에 대한 고찰: 커뮤니티 스쿨을 중심으로

강영택(우석대학교 교수)

마을교육공동체라는 말은 여전히 우리에게 친숙하지 않은 단어이다. 이것을 마을, 교육, 공동체와 같이 끊어서 보면 세 단어 모두 친근하고 반가운 말들이 된다. 우리에게 따뜻함과 그리움을 불러일으키는 단어들이 뭉쳐서 한 단어를 이루었으니 이를 누가 싫어하겠는가? 그래서인지 마을교육공동체라는 말은 그 개념에 대한 합의가 아직 덜 이루어진 상태이지만 빈번하게 사용되고 있다. 더구나 마을교육공동체를 논의한 책들이 벌써 여러 권 출간되기도 하였다.강영택, 2017; 김혜영, 2017; 박주희 외, 2015; 서용선 외, 2016 최근 들어 마을교육공동체에 대한 관심이 증가하는 것은 단순히 이 말이 갖는 긍정적 이미지 때문만은 아닐 것이다. 마을교육공동체에 대한 높은 관심은 아마 현대 학교와 사회가 처해 있는 위기 상황과 관계된 것으로 보인다. 학교가 마을과 더불어 교육공동체를 이루는 마을교육공동체의 개념과 달리 학교는 오랫동안 지역사회로부터 유리된 채 고립된 섬으로 존재해 왔다. 그래서 학교는 학교 밖에서 형성되는 학생들의 정체감과 문제들을 충분히 이해하지 못했다. 학교가 학생들의 필요를 충족시키지도, 그들의 문제점들을 해결하지도 못하니 해마다 수만 명의 학생들이 학교를 떠나는 것이다. 이는 현 학교체제의 한계를 단적으로 보여 주는 증거이기도 하다. 이뿐 아니라 지역사회와 분리된 학교는 현대사회에서 점차 증대하는 지역 주민들의 학습에 대한 욕구에

민감하게 반응하지도 못했다. 그 결과 학교가 도움이 필요할 때 지역사회로부터 적절한 도움을 받기가 어려웠다.

이와 같이 현대 학교체제의 한계를 극복하려면 학교가 마을을 향해 문을 열고 적극적으로 마을과 협력을 해야 한다. 학교를 연다는 것은 학습 공간이 학교에서 마을로 확대되는 것이요, 학습 시간이 학교 수업 시간에서 24시간 삶의 매 순간으로 확대된다는 의미이다. 나아가 가르침과 배움의 주체가 확대되고 교과서 중심의 배움에서 삶 중심의 배움으로 배움의 의미가 변화하는 것을 뜻하기도 한다. 학교가 문을 열고 마을과 긴밀한 관계를 가지려면 먼저 그 필요성을 충분히 인식하고 체계적인 협력관계를 구축하기 위한 방안을 모색해야 한다. 이러한 상황에서 학생을 중심으로 학교와 마을의 협력과 유기적 관계를 중시하는 마을교육공동체 개념이 등장한 것은 필연적이라고 할 것이다.

그래서인지 근자에는 우리나라뿐 아니라 일본, 미국, 영국, 네덜란드, 독일, 핀란드 등 여러 선진국에서도 미래를 대비하는 새로운 학교 형태로서 마을교육공동체를 강조하고 있다. 특히 영국은 2005년 이후 전국의 모든 학교들이 마을교육공동체와 유사한 개념인 '확장된 학교extended schools' 정책[1]을 실시하여 학생, 가정, 지역사회의 다양한 필요에 적극적으로 대응하고 있다.Heers, et al., 2016 영국은 학교 전체를 마을교육공동체로 변화시키려 노력을 하는 반면 미국, 일본, 네덜란드 등에서는 일부 학교들이 지역사회와 긴밀한 관계를 갖는 커뮤니티 스쿨community school로 지정받아 마을과 도움을 주고받으며 마을의 특성을 반영한 교육을 실시하고자 한다.[2]

이 장에서는 마을교육공동체의 역사가 오래되었고, 그 개념이 널리 정착되어 있는 미국의 사례를 조사하여 소개하고자 한다. 미국에서 마을교육공동체의 개념은 우리나라와 달리 많은 미국인들에게 매우 친숙하고 일상적인 것이다. 다시 말하면 미국 학교의 역사 초기부터 학교와 지역사회는 상호 긴밀한 관계를 가지고 있었고, 그래서 양자가 서로 협력하는 일들이 특별하게 간주되지 않았다.김현준, 2017 그러므로 여기서 논의되는 미국의 마을교육공동체 사례가 곧바로 우리나라에 적용되기는 어려울 것이다. 양국의 학교 역사와 사회문화적 환경의 차이를 감안하여 각 나라의 마을교육공동체를 이해하는 것이 필요하다.

미국의 마을교육공동체 현황을 논의하면서 초점을 커뮤니티 스쿨community school에 두고자 한다. 이는 마을교육공동체의 본질인 학교, 가정, 지역사회의 상호 협력이 일반 학교에서도 비교적 지속적으로 이루어져 온 미국의 상황에서 이 모든 경우를 논의에 포함하면 그 범주가 너무 넓어지게 된다. 커뮤니티 스쿨은 학교와 지역사회가 다양한 방식으로 협력하여 학교만으로는 해결하기 어려웠던 교육적, 사회적 문제를 해결하고자 시도하는 새로운 형태의 공립학교이다. 이는 최근 교육개혁을 위한 미국의 정책들 가운데 중요한 위치를 차지하고 있다. 오랜 역사 가운데 다양한 모형들을 시도하고 있는 미국의 커뮤니티 스쿨에 대한 올바른 이해는 최근 마을교육공동체를 시작하고 있는 우리나라의 학교들에 많은 시사점을 제공하리라 생각된다.

1. 커뮤니티 스쿨의 발생 배경

미국에서 학교가 지역사회에 다양한 필요들을 제공하는 사회적 기관으로서의 역할을 요구받게 된 역사적 배경은 19세기로 거슬러 올라간다. 미국 공립학교의 초기 형태라 할 수 있는 보통학교common school 운동이 시작된 19세기 초반부터 학교는 당시 사회의 중요한 이슈였던 범죄와 가난 같은 사회적 문제들을 해결하도록 요구받았다. 학교의 사회적 기능에 대한 강조는 19세기 후반에 들어서 더욱 강화되었다. 이러한 학교의 기능을 잘 나타내는 말이 당시 사용되기 시작한 '사회적 기관social center으로서의 학교'라는 표현이다.Spring, 2005; 206-207 19세기 후반 미국은 동남부 유럽에서 많은 이민자들이 들어오면서 도시지역이 급격히 확대되었다. 그 결과 여러 도시들에서 많은 사회문제가 발생하기 시작했다. 도시의 비위생적인 환경으로 인한 질병과 가난, 범죄 문제가 증가했다. 도시화의 확대는 공동체의식의 상실을 가져왔고, 그로 인해 도시민들은 소외감의 고통을 겪어야 했다. 이런 상황에서 도시의 여러 문제점들을 예방하고 해결할 수 있는 곳으로 학교가 거론된 것이다. 학교는 도심지의 학생과 주민들에게 취미, 건강, 교육과 같은 사회적 서비스를 제공하고 바람직한 규범을 가르치도록 요구받았다. 이러한 일들을 효과적으로 수행하기 위해 학교는 커뮤니티 센터를 설립하기도 하고 교내에 식당, 운동장, 강당 등의 시설을 만들어 지역 주민들이 활용할 수 있도록 했다.Spring, 2005

이 시기에 공립학교가 지역 주민들을 위해 사회적 서비스를 제공하는 사회적 기관의 역할을 해야 한다고 주장한 대표적 인물이 존 듀이John Dewey이다.Dewey, 1902 그는 학교를 사회의 문제점들을 해결하고 사회적 서비스를 제공하는 사회의 중요한 기관으로 보았다. 그리고 지역사회의 중요한 기관으로서 학교는 도시산업 사회의 심각한 문제인 공동체의식 결핍과 소외 문제를 해결할 수 있어야 한다고 주장했다. 이러한 관점에서 미국의 학교들은 지역 주민들에게 예술이나 취미 활동을 위한 공간을 제공하고, 정치적 토론의 장이 됨으로써 주민들 사이에 공동체의식을 재정립하려는 노력을 기울였다.Dewey, 1902; Spring, 2005

1890년대 미국에서는 시민들에게 사회적 서비스를 제공하는 사회적 기관이 전국적으로 급속도로 성장, 발전하였다. 뉴욕에서는 사회적 기관들이 방과 후 레크리에이션 활동들을 조직화하였다. 시카고에서는 사회적 기관들이 공원 내에 있는 실내 경기장에 자리 잡았고, 그곳에서 주민들은 오케스트라, 합창단 같은 다양한 활동들에 참여하였다. 공원의 실내 경기장은 지역사회 주민들에게 공동체의식을 형성하게 하는 역할도 수행하였다. 학교는 지역 주민들의 정치적 참여를 촉진시키는 역할을 수행하기도 했다. 1914년의 한 조사에 따르면 그해 지방 선거 기간 동안에 그 지역의 학교 건물에서 142회의 정치 관련 회의가 열렸다고 한다. 1920년의 한 조사는 전국의 788개 교육구 가운데 667개의 교육구(School district, 학구)에서 학교를 사회적 기관으로 사용하고 있다고 보고했다.Spring, 2005: 222 그래서 당시 학교는 사회적 기관으로서의 역할을 효과적으로 수행하기 위해 학교 건물의 구조를 변경하고, 학교 내 시설을 주민들이 이용하기에 편리하도록 재정비하였다.

이처럼 19세기부터 강조되었던 사회적 기관으로서의 학교의 정체성이 20세기에 들어서 커뮤니티 스쿨이라는 구체적인 학교 형태로 나타나기 시작했다. 1930년대에는 미시간주 플린트시에서 찰스 스튜어트 모토Charles Stewart Mott 재단의 지원으로 시작된 지역사회community 교육을 위한 공식적 운동이 전국적인 반향을 불러일으켰다. 그 운동이 추구했던 교육은 오늘날 커뮤니티 스쿨 교육과 매우 유사한 성격을 띠었다. 그 목적은 학교를 지역사회의 사회적, 교육적, 여가생활의 중심지로 만들고, 아이들뿐 아니라 성인들도 학교에서 이루어지는 평생교육에 참여시키는 것이었다.Blank et al., 2003 1970년대에 「커뮤니티 스쿨 법령」과 「커뮤니티 스쿨과 종합 커뮤니티 교육 법령」이 국회를 통과하여 국회가 지역사회교육 운동을 위해 종잣돈seed money을 제공하였다. 이는 커뮤니티 스쿨을 위한 연방정부의 지원을 알리는 중요한 신호이기도 했다. 1980년대 후반기 이후로는 지방과 주정부의 지원과 다양한 재단의 지원이 이어져 커뮤니티 스쿨 수가 크게 증가하였고, 다양한 새로운 모델의 커뮤니티 스쿨들이 생겨났다. 새로운 커뮤니티 스쿨의 등장은 여러 가지 혁신을 가져왔는데, 예를 들면 가족지원센터, 초기 아동과 방과후학교 프로그램, 보건과 정신건강 서비스, 기업과 시민단체와의 협력, 커뮤니티 센터로서 학교시설을 이용하기 등이 있다.Blank et al., 2003

오늘날 미국의 커뮤니티 스쿨들은 다양한 모형을 띠고 있다. 등대학교Beacon Schools, 돌봄공동체Caring Communities, 어린이 지원 사회 커뮤니티 스쿨The Children's Aid Society Community Schools, 학교 안 커뮤니티Communities in Schools, 건강한 시작Healthy Start, 21세기학교Schools of the 21st Century, 대학 지원 커뮤니티 스쿨University Assisted Community Schools), 서필라델피아 개선단West Philadelphia Improvement Corps 등은 대표적인 커뮤니티 스쿨의 모형들이다. 이러한 시작과 함께 미국의 유수한 대학들이 커뮤니티 스쿨과 관련한 연구를 적극적으로 수행하여 정책 제안을 하였다. 예일Yale, 뉴욕New York, 존스홉킨스Johns Hopkins, 포드햄Fordham 등의 대학교들이 이러한 일들을 위한 센터들을 만들어 학교와 지역사회의 협력에 대한 연구를 수행하였다. 미국 전역의 커뮤니티 스쿨들, 학교와 협력하는 지역사회의 기관들, 다양한 모델 조직들이 커뮤니티 스쿨 연합회Coalition for Community Schools의 회원이 되어 협력 체제를 구축하고 있다.

1998년에는 커뮤니티 스쿨들이 '21세기 커뮤니티 학습센터 프로그램'을 통해서 연방정부로부터 중요한 공적 재정 지원을 받았다. 연방정부는 지역사회 교육 전략에 기초해서 커뮤니티 스쿨을 통해 지역의 방과후 프로그램의 개발을 촉진하고자 하였다. 연방정부의 적지 않은 재정 지원(2002년에 10억 달러)은 커뮤니티 스쿨 운동을 활성화시켰고, 공교육에서 지역사회의 역할을 강화하는 데 도움을 주었다. 2002년의 「아동낙오방지법No Child Left Behind Act」 통과는 연방정부가 모든 어린이의 교육적 성공에 헌신하는 중요한 계기가 되었다. 그 법령은 커뮤니티 스쿨이 강조하는 필수적인 요소들을 내포하고 있다. 학부모 참여, 방과후학교 프로그램, 폭력예방, 봉사학습, 공적 서비스와 사적 서비스의 조정과 통합 등과 같은 바람직한 요소들을 가진 커뮤니티 스쿨 운동은 미국 사회에서 낙오하는 어린이가 생기지 않도록 하는 데 기여하고 있다.Blank et al., 2003

미국의 커뮤니티 스쿨과 직접 관련된 법령은 여러 개가 있다. 그중에서 현재의 커뮤니티 스쿨과 관계 깊은 두 개의 최근 법령을 토대로 법령에 나타난 커뮤니티 스쿨의 성격을 살펴보고자 한다. 그것은 「2014년 종합 서비스 커뮤니티 스쿨 법령H.R. 5168 -Full-Service Community Schools Act of 2014」과 「2015년 커뮤니티 스쿨 지원 법령H.R. 718 -Supporting Community Schools Act of 2015」이다.

「2014년 종합 서비스 커뮤니티 스쿨 법령」은 '종합 서비스 커뮤니티 스쿨Full-Service Community Schools'의 정의를 다음과 같이 내리고 있다.

> 종합 서비스 커뮤니티 스쿨은 지역사회에 기반을 둔 조직들과 공공기관 및 민간 파트너들을 통해 제공되는 교육과 발달 서비스, 가정, 건강, 기타 종합적인 서비스를 조정하고 통합하기 위하여 지역사회에 기반을 두고 노력하는 공립초중등학교이며, 또한 수업 전후와 주말을 포함한 학기 중과 방학 동안에도 학생, 가족, 지역사회에게 그러한 서비스를 제공하는 공립초중등학교이다.HR 5168 IH

「2014년 종합 서비스 커뮤니티 스쿨 법령」은 연방의 교육부로 하여금 공립초중등학교가 종합 서비스 커뮤니티 스쿨로 기능하도록 돕기 위해 하나 이상의 지역교육기관 및 지역사회에 기반을 둔 비영리 단체, 기타 공공 또는 민간 기관으로 구성된 컨소시엄에 재정 지원을 하도록 했다. 그리고 종합 서비스 커뮤니티 스쿨의 프로그램 개발을 지원하기 위해 구성된 주정부 협력체에 보조금을 주는 것을 허용하도록 했다.

이 법령은 다음의 열 가지를 목표로 한다.[HR 5168 IH] 이는 커뮤니티 스쿨 정책이 무엇을 하도록 의도되었는지를 잘 보여 준다.

(1) 학생들이 대학을 졸업하고 직업을 준비할 수 있도록 그들을 지원함으로써 학습과 성장을 증진시킨다.
(2) 종합 서비스 커뮤니티 스쿨의 계획, 실시, 운영을 위해 지원을 제공한다.
(3) 어린이와 가족을 위해 특히 가난한 시골 학교를 포함하여 가난한 지역의 학교에 출석하는 학생들을 위해 서비스의 접근성과 효과성, 조정과 통합의 질을 향상시킨다.
(4) 교육자들과 학교 교직원들이 학업적 성취와 기타 다른 교육 성과를 향상하기 위한 노력을 더 잘 수행할 수 있도록 지원한다.
(5) 아동들에게 매일 학습과정에 참여하는 학교에 갈 준비를 위해 신체적, 사회적, 정서적 안녕을 갖게 한다.
(6) 아동들의 교육에 가족과 지역사회가 참여하도록 촉진한다.
(7) 아동과 가족들에게 제공되는 연방, 주, 지방, 민간 부분의 자원들을 보다 효율적으로 사용하도록 한다.
(8) 지역사회에 기반을 둔 조직, 비영리조직NPO, 주정부, 지방정부가 운영하는 프로그램과 서비스의 조정과 통합을 촉진한다.

(9) 학생들을 그들의 지역사회에 인적 자원으로 참여시킨다.

(10) 종합 서비스 커뮤니티 스쿨의 발전과 운영을 위해 기업체와 다른 지역사회 조직들을 파트너로서 참여시킨다.

커뮤니티 스쿨 관련 또 다른 최근의 법령인 「2015년 커뮤니티 스쿨 지원 법령」에서는 커뮤니티 스쿨의 정의를 길게 내리고 있는데, 이를 요약하면 다음과 같다. 커뮤니티 스쿨이란 "학생들의 학업과 건강의 필요 그리고 발달의 문제를 진술하고 이를 해결하기 위해 지역사회에 기반을 둔 공공 및 민간 기관들과 파트너십을 가지는 동시에 관련된 지역사회 서비스들을 제공하는 지역사회의 주요 센터로서 역할을 수행하는 공립초중등학교"를 일컫는다.Summary: HR 718 이 법령의 목적은 분명한 연구 결과에 근거한 커뮤니티 스쿨 모델을 만들어 운영하기 위해 필요한 자금, 융통성, 지원을 주정부와 지역 교육기관들에 제공하기 위한 것이다. 이러한 지원은 지역교육기관들과 지역사회 파트너들이 그들의 자원을 활용하여 커뮤니티 스쿨 설립을 도우며, 학생들로 하여금 대학 진학이나 취업을 준비시키고 시민정신을 배양하도록 돕는다. 또한 이 지원은 분명한 성과를 내는 파트너십의 형성, 지속, 확장을 위한 자금을 제공하기 위한 것이기도 하다. 여기서 지역사회 파트너들은 공공 및 민간기관들, 지역을 기반으로 하는 조직들, 지방정부, 대학, 가정, 가족지원조직, 방과후 프로그램 제공자, 방학 중 프로그램 제공자, 박물관, 도서관, 기타 문화적 기관들과 시민조직 등을 포함한다.HR 718 IH Sec.3

이 법령은 지역교육기관들LEAs이 그동안 불이익을 당한 소외 아동의 학업성취도 향상을 위한 법률인 타이틀 I Title I 을 근거로 하는 자금을 커뮤니티 스쿨을 위해 일하는 커뮤니티 스쿨 코디네이터를 위한 비용으로 사용하는 것을 허용하고 있다. 그런데 학교가 그러한 지원을 받으려면 학생들의 학업성취도 향상과 학생들의 성취도 격차 해소 그리고 학생들의 출석률과 졸업률 증가에 성공적으로 영향을 주었다는 사실이 연구에 의해 입증되어야 한다.Summary: HR 718

위에 제시한 커뮤니티 스쿨 관련 법령들에 따르면, 커뮤니티 스쿨 정책은 학생들의 전인적 성장에 관심을 두는데 그중에서도 특히 사회적 취약 아동의 학업 성장에 초점을 두고 있다. 이를 위해 학교는 지역사회의 다양한 기관들과 효과적인 파트너십을 형성할 것을 요구한다. 파트너십은 일차적으로 학생들에게 서비스를 제공하기 위한 것이지만 이와 함께 학교는 파트너십을 활용하여 지역 주민들을 위한 사회적 센터로서의 역할을 하도록 요구받는다. 이러한 일이 잘 이루어지도록 하기 위해 필요한 자금을 연방정부가 제공하겠다는 것이다.

2. 커뮤니티 스쿨의 운영 내용

미국 커뮤니티 스쿨 연합 모임인 커뮤니티 스쿨 연합Coalition for Community Schools, CCS에 따르면, 여기에는 미국의 5,000개 커뮤니티 스쿨들이 소속해 있다고 한다. 커뮤니티 스쿨 연합은 커뮤니티 스쿨을 "학교와 학생의 가정과 지역사회를 연결하는 협력관계이자 장소"로 간단하게 정의하고, "학업, 청소년 개발, 가족 지원, 건강 및 사회적 서비스, 지역사회개발" 등에 초점을 두는 학교라 하였다. 그런데 커뮤니티 스쿨은 학교가 위치한 지역사회의 개별적인 요구에 대응하여 형성되기 때문에 일률적으로 학교의 특성을 말하기는 어렵다. 즉, 학교마다 지역에 따라 독특한 성격을 지니고 있고 활동들도 다른 경우가 많다. 그럼에도 불구하고 커뮤니티 스쿨은 대개 저소득층 동네와 가정에서 자라난 어린이들에게 보다 나은 교육을 제공하려는 경향이 강하다. 낮은 사회경제적 배경을 가진 가정의 자녀들은 학습의 어려움, 행동의 문제, 폭력, 약물 등 다양한 문제에 노출되기 쉽다. 이러한 문제들은 학교가 홀로 해결하기 어렵고 지역사회와 긴밀한 협력 체계를 갖추어야만 한다. 그래서 학교는 지역의 보건사회봉사 기관, 가족지원센터, 청소년 개발 조직, 대학, 마을의 단체, 기업, 시민단체, 종교단체 등과 파트너십을 형성하여 각자의 역할을 수행하면서 협력하고 있다. 이러한 협력을 통해 먼저 학생의 학습을 개선시키고, 나아가 가정을 더 튼튼하게 하고, 최종적으로 마을을 더 건강하게 만들고자 하는 것이 커뮤니티 스쿨이 대체적으로 지향하는 바이다.

커뮤니티 스쿨의 학부모와 마을 주민들은 학교에서 하는 학생 지도에 협조할 뿐 아니라 그들 자신도 학교에서 지식과 기술을 배우고 개발하려는 노력을 한다. 그들은 커뮤니티 스쿨에서 시행하는 문해교실, 성인 및 부모교육, 고용을 위한 훈련, 가족 지원, 리더십 개발 등의 교육활동에 참여한다.Blank et al., 2003 커뮤니티 스쿨들은 지역과 운영 모형에 따라 다양한 활동들을 하는데, 대개 다음 세 가지 범주로 나눌 수 있다.Heers, et al., 2016

첫째는 학교와 외부 기관들 간의 긴밀한 협력에 관한 활동들이다. 커뮤니티 스쿨은 상호 지원하는 지역사회의 여러 기관들과 다른 학교들의 네트워크의 한 부분으로 존재한다. 그리고 지역의 요구에 근거하여 커뮤니티 스쿨은 복지, 건강 지원, 방과후 돌봄, 교육활동과 여가활동, 문화와 스포츠 활동 등과 같은 다양한 서비스들을 제공한다. 이를 위해 커뮤니티 스쿨은 유치원, 초등, 중등학교가 상호 협력하고, 이 프로그램에 참여하는 타 지역 주민들과도 협력이 이루어진다.

둘째는 학부모의 학교교육 참여와 관계하는 활동들이다. 아동의 학업적, 정서적, 사회적 발달에 부모의 역할은 매우 중요하다. 그래서 커뮤니티 스쿨은 무엇보다 학부모를 학생들의 교육에 참여시키기 위해 다양한 노력을 기울인다. 먼저 학부모가 자원봉사자로서 혹은 학교 활동에 참여하기 위해 학교에 자주 나오도록 요청한다. 교사가 가정방문을 통해 학부모와 대화를 갖는 것도 한 방법이다. 또한 학부모가 집에서 자녀들과 학업에 대해 대화를 나누도록 하는 것, 학부모와 교사 모임에 참여시키는 것도 필요하다. 이러한 다양한 활동들을 통해 학부모와 학교 사이에 의사소통이 빈번해지면 양자 간에 신뢰관계가 형성된다. 신뢰감은 학부모가 자녀의 학교에 대해 긍정적인 태도를 갖게 하는데, 이는 자녀 교육에 큰 도움이 된다.Heers, et al., 2016: 7-8

셋째는 학생들에게 다양한 비교과 활동의 기회를 제공한다. 연구 결과에 따르면, 낮은 사회경제적 가정 배경의 아동들은 상대적으로 비교과 활동에 참여하는 기회가 적다고 한다. 그들에게 비교과 활동의 기회가 주어지면 그들은 새로운 경험으로 인해 다른 학생들보다 더 많은 배움을 얻는다고 한다. 그러므로 커뮤니티 스쿨은 특별히 낮은 사회경제적 가정 배경을 가진 학생들에게 중산층의 학생들과 유사한 경험을 할 수 있도록 다양한 비교과 활동을 만들어 제공하려고 노력한다. 이들 학교에서 하는 비교과 활동들은 스포츠, 예술 연주, 저널리즘, 직업 클럽, 개인교습, 멘토링, 기술, 시민운동 참여, 건강 육성 활동 등이다. 이러한 부가적인 활동들은 확장된 학교 시간에 주로 이루어진다.

3. 커뮤니티 스쿨의 조직구조 및 재정 현황

커뮤니티 스쿨의 조직구조는 학교와 지역에 따라 다양하지만 공통점은 협력적 리더십 구조를 갖는다는 점이다. 이는 커뮤니티 스쿨이 일반적으로 공적 영역의 기관들과 민간 영역 단체들의 협업으로 이루어진다는 사실과 관계한다. 협력적 리더십 구조의 형태는 커뮤니티 스쿨이 그 지역에서 초기에 어떻게 시작되었는지에 따라 달라진다. 어떤 지역에서는 교육구로부터 커뮤니티 스쿨의 필요성이 제기되어 시작되었고, 또 어떤 지역에서는 지방정부로부터 커뮤니티 스쿨이 동기화되어 시작되기도 하였다. 공공기관에 의해 시작된 경우 외에도 민간재단, 비영리조직, 기업, 자선단체 등으로부터 큰 영향을 받아 학교를 시작한 지역들도 있다. 이처럼 학교의 시작이 누구의 주도에 의해 이루어졌는지에 따라 커뮤니티 스쿨의 리더십 구조는 차이가 난다. 그러한 차이에도 불구하고 대부분 커뮤니티 스쿨의 주도적인 기관들은 커뮤니티 스쿨의 다양한 과업을 성공적으로 수행하기 위해서 협력적 리더십 구조를 개발하도록 요구받는다. 협력적 구조의 운영 틀framework은 대개 다음과 같이 세 가지 차원의 구조를 갖는다.Blank, et al., 2010: 11-12

첫째는 학교현장 차원의 구조이다. 커뮤니티 스쿨의 파트너들은 학교현장의 일상적인 일들을 효과적으로 수행하고 정책에 대해 피드백할 수 있는 선도적 기관을 선정하게 된다. 선도적 기관은 지방정부, 비영리조직, 대학, 학교 등이 그 역할을 하는 경우가 많다. 현장 차원에서는 핵심역할을 하는 선도적 기관과 함께 학교 교직원, 학부모, 현장 코디네이터 등이 리더십을 구성하게 된다.

둘째는 지역사회 차원의 구조이다. 여기서는 커뮤니티 스쿨의 업무 수행에 대한 관리와 감독, 학교가 필요로 하는 자원 제공, 커뮤니티 관련된 정책개발 등의 일을 하게 된다. 지역사회 차원에서는 지방정부, 교육구, 공공기관, 대학, 비영리단체, 종교기관 같은 지역의 기관 등이 리더십을 구성하게 된다.

셋째는 학교현장과 지역사회 사이에 존재하는 중간 조직이다. 이는 커뮤니티 스쿨의 다차원적 구조에서 가장 핵심적인 역할을 한다. 커뮤니티 스쿨의 중간 조직은 현장과 지역사회 사이에서 쌍방적 의사소통을 원활하게 해야 하며, 학교현장과 지역사회 양쪽의 기능들을 연결시킬 뿐 아니라 발전시키도록 돕는 역할을 수행해야 한다. 중간 조직의 역할은 교육구, 지방정부, 비영리단체, 재단, 지역의 대학 등이 수행할 수 있다.

커뮤니티 스쿨의 리더십 구조는 학교의 재정 문제와 관련이 있다. 커뮤니티 스쿨에 대한 재정 지원은 주로 연방정부, 주정부, 시, 교육구 등의 공적 자금 지원에 의존한다. 그러나 지역에 따라서는 커뮤니티 스쿨이 위치한 지역사회의 다양한 민간 기관들과 재단의 지원이 활발하게 이루어지는 경우도 있다. 재정 지원 규모는 학교에서 시행하는 프로그램에 따라 달라진다. 커뮤니티 스쿨 연합회의 2010년 분석 자료에 따르면 미국 커뮤니티 스쿨의 재원은 교육구(26%), 연방정부(20%), 주정부(14%), 시(12%), 카운티(3%) 순으로 공적 재정 지원이 이루어졌다.[Blank et. al., 2010: 9] 이러한 공적 재정 지원 외에 민간재단(13%), 지역의 물품 지원이나 자원봉사 같은 유사 지원(6%), 지역사회의 조직(4%), 기업(2.5%) 등 다양한 민간 차원의 재정 지원도 전체 재원의 25%가량을 차지했다. 그러나 지역과 학교의 상황에 따라 커뮤니티 스쿨에 대한 재정 지원의 주체들이 달라진다.

커뮤니티 스쿨의 재정 중 지출 부분을 보면 학생들의 학습 지원, 건강 서비스, 가족 지원, 성인교육, 사무실 비용 등에 주로 사용되고 있다. 구체적으로 보면, 재정 지출의 57%는 학업의 내실화, 방과후활동, 여름학습 프로그램, 조기 어린이 프로그램, 봉사학습과 시민참여, 생활기술, 운동, 레크리에이션 등을 통한 학습을 지원하는 데 사용되었다. 재정의 19%는 신체적·정신적 건강 서비스를 위해 사용되었다. 이 중에는 건강과 관련해 장애를 조사하여 아이들이 이에 대해 배울 수 있도록 하는 데 사용되기도 했다. 재정의 12% 정도는 가정과 성인교육을 위해 지원하고 이민자들을 위한 서비스 제공에 지출했다. 나머지 12%는 현장 사무실 비용으로 사용되었는데, 여기에는 코디네이터, 개인교습, 인턴, 멘토, 자원봉사자 등 커뮤니티 스쿨을 위해 일을 하는 이들의 임금이 포함된다.H.R. 718-114th Congress 앞에서 설명한 커뮤니티 스쿨의 예산 재원과 예산의 사용 용도를 그림으로 나타내면 다음과 같다.

[그림 1] 커뮤니티 스쿨의 예산 재원

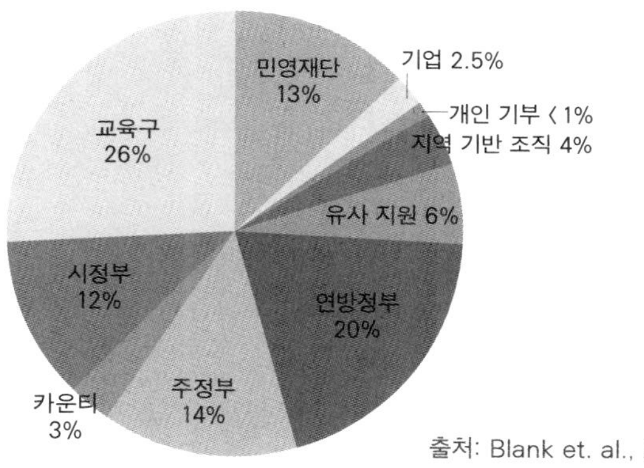

민영재단 13%
기업 2.5%
개인 기부 < 1%
지역 기반 조직 4%
유사 지원 6%
연방정부 20%
주정부 14%
카운티 3%
시정부 12%
교육구 26%

출처: Blank et. al., 2010: iv.

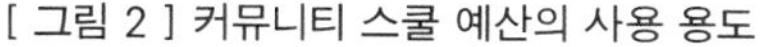
[그림 2] 커뮤니티 스쿨 예산의 사용 용도

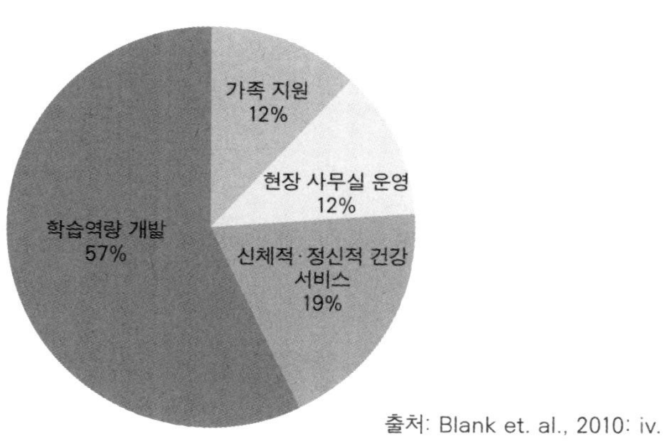

출처: Blank et. al., 2010: iv.

4. 커뮤니티 스쿨 정책의 성과와 과제

커뮤니티 스쿨의 성과를 논하려면 커뮤니티 스쿨이 추구하는 목표를 분명하게 해야 한다. 커뮤니티 스쿨의 성과 달성 여부는 커뮤니티 스쿨의 목표를 기준으로 검토해야 하기 때문이다. 여러 문서들에서 커뮤니티 스쿨의 목표를 다양한 방식으로 제시하고 있는데, 가장 정리가 잘된 것은 커뮤니티 스쿨 연합회 홈페이지의 다섯 가지 영역으로 구분한 다음과 같은 설명이다.http://www.communityschools.org/assets/1/Page/partnershipsforexcellence.pdf

첫째, 양질의 교육: 커뮤니티 스쿨은 높은 수준의 교육과정과 교수 방법을 통해 모든 아동들이 지역사회의 교육 자원들을 효과적으로 사용하여 목표로 하는 학업 기준에 아동 모두가 도달할 수 있도록 한다.

둘째, 청소년 개발: 커뮤니티 스쿨은 청소년들이 그들의 재능을 개발하고 타인과의 긍정적인 관계를 형성하여 지역사회에서 봉사하는 삶을 살도록 한다.

셋째, 가정 지원: 커뮤니티 스쿨은 가정지원센터, 아동발달 프로그램, 건강 및 사회적 서비스 등의 활동을 통해 가정생활이 더욱 건강하고 풍요롭게 영위되도록 돕는다.

넷째, 가정과 지역사회의 참여: 가족 구성원과 지역 주민들이 학교와 지역사회의 활동들을 설계하고 지원하고 관찰하는 일들에 적극적으로 참여한다.

다섯째, 지역사회의 개발: 커뮤니티 스쿨의 모든 참여자들은 주위 지역사회의 사회적 네트워크, 경제적 활성화, 물리적 인프라를 강화하는 데 초점을 맞춘다.

커뮤니티 스쿨의 성과에 대한 평가 연구는 여러 차례 이루어졌다.Blank, et al., 2003; Heers et, al,. 2016; Whalen, 2007 여기서는 히어스Heers와 그의 동료들이 수행한 연구를 토대로 하고, 다른 연구들을 참조하여 수정 보완하는 방식으로 커뮤니티 스쿨의 성과를 제시하겠다. 히어스와 동료들의 연구는 최근에 수행된 것으로 지금까지 이루어진 연구들을 종합하여 커뮤니티 스쿨의 성과를 체계적으로 분석한 논문이다. 성과가 다양하게 나타나지만 여기서는 커뮤니티 스쿨을 구성하는 네 그룹을 중심으로 성과들을 제시하고자 한다.Heers et al., 2016

첫째, 커뮤니티 스쿨이 학생에 미치는 영향은 다양하게 나타났다. 먼저 학생들의 학업성취에 긍정적인 영향을 미친다. 커뮤니티 스쿨의 주요 활동인 비교과 활동 기회 제공이나 학부모 참여, 지역사회의 다양한 기관들과의 협력 등은 학생들의 학업에 도움을 주는 것으로 나타났다.Heers et al., 2016 미국 커뮤니티 스쿨 가운데 가장 활발한 시카고 커뮤니티 스쿨의 성과에 대한 평가를 연구한 웰른Whalen2007에 따르면 시카고 공립학교 가운데 커뮤니티 스쿨로 운영하는 학교 학생들의 수학, 과학 과목 성적이 향상되었다고 한다. 커뮤니티 스쿨 운영이 오래되고 활동이 활성화될수록 성적의 향상은 더욱 분명해진다고 보았다. 또 커뮤니티 스쿨의 영향은 학업성취뿐 아니라 학생들의 신체적 건강이나 정서적 안정감과 사회적 관계 등에도 긍정적으로 미치는 것으로 나타났다. 구체적으로 커뮤니티 스쿨 학생들의 출석률, 진급률, 졸업률은 높아졌고, 문제행동의 수와 중퇴율은 낮아졌다.

둘째, 가정에도 중요한 영향을 미쳤다. 커뮤니티 스쿨 학생 가족들은 교사들과의 의사소통이 빈번하게 일어나고, 학교교육에 대한 참여가 적극적이 되어 학교에 대한 신뢰와 안정감이 높아짐을 보여 주었다. 또한 학부모들은 아동의 발달에 대한 이해가 높아지고 자녀들의 학습에 대해 더 강한 책임감을 갖는 것으로 나타났다.

셋째, 학교의 개선에 영향을 미쳤다. 커뮤니티 스쿨은 더 강한 교사-학부모 관계를 갖게 되고, 학교환경이 더 체계적이 되고, 지역사회의 지원을 누리게 됨으로써 학교가 목표로 하는 바를 효과적으로 달성할 수 있다. 그리고 지역사회와 관련된 내용의 PBLproject based learning 수업과 같은 창의적인 수업이 증가한다. 특히 커뮤니티 스쿨이 낮은 사회경제적 배경을 가진 학생들과 배움에 어려움을 겪는 학생들에게 더 효과적인 결과를 가져오기도 한다.Blank, et al., 2003

넷째, 지역사회에 미치는 영향이다. 커뮤니티 스쿨을 통해 학생들은 지역사회에 대한 이해가 증진되고, 학생과 주민 사이의 신뢰감이 향상된다. 커뮤니티 스쿨은 학교를 개방하여 학교 건물의 사용이 활성화되고, 마을의 안전감과 안정감이 높아지며, 마을에 대한 자부심이 고양된다. 이처럼 커뮤니티 스쿨은 마을의 공동체성을 강화하여 마을에 활력을 불어넣는 역할을 수행한다.

이상의 커뮤니티 스쿨의 성과는 앞에서 제시했던 다섯 가지 목표-양질의 교육, 청소년 개발, 가정 지원, 가정과 지역사회의 참여, 지역사회 개발-에 어느 정도 부응한다. 특히 학생들에게 양질의 교육 기회를 제공하여 전인적 성장을 이루는 데 기여하고, 가정과 지역사회의 참여를 증진시킨 면에서는 분명한 근거들이 있다고 할 것이다. 다만 지역사회의 개발에 대해서는 간접적인 영향관계가 나타나지만 개발에 영향을 준 구체적인 근거는 부족하다.

커뮤니티 스쿨이 이상과 같은 중요한 성과들을 산출하고 있지만 동시에 여러 가지 한계점도 있다. 이에 대한 바른 이해와 분석은 우리나라에서 마을교육공동체 정책을 시행하는 데 시행착오를 최소화할 수 있는 길이 될 것이다. 연구에 따르면 다음의 여섯 가지 요소가 앞으로 보완해야 할 과제로 제시되고 있다.Blank, et al., 2010; Heers et al., 2016

첫째, 커뮤니티 스쿨의 시행 내용에 대한 사항들이 법률, 규칙, 지침 등에 더욱 구체적이고 명확하게 제시되어야 한다. 또한 커뮤니티 스쿨에 대한 지원 방안도 보다 분명하게 규정될 필요가 있다.

둘째, 커뮤니티 스쿨의 일을 전담하는 현장 코디네이터들을 채용 운영하는 자금을 지속적으로 확보하는 방안이 마련되어야 한다.

셋째, 커뮤니티 스쿨과 외부 기관의 협력관계에서 책임을 어떻게 공유하고 분담할 것인지에 대해 분명한 이해가 필요하다. 기관에 따라 아동과 교육을 보는 관점이 다르기 때문에 이에 대한 논의가 필요하다.

넷째, 교육적 자원들을 활용하고 조정할 뿐 아니라 예산을 사업 성과에 부합하게 사용하도록 관리하는 중간 조직을 설립해야 한다. 그리고 그 조직이 과업을 수행하는 것을 체계적으로 지원할 시스템이 필요하다.

다섯째, 연방정부, 주정부, 지역사회, 교육구 차원에서 커뮤니티 스쿨을 지원하는데, 이 기관들 사이에서 조정이 잘 이루어져야 한다.

여섯째, 학교, 연방 차원의 기관, 주 차원의 기관 등에서 지역사회의 파트너들과 함께 일하는 사람들이 커뮤니티 스쿨이 어떻게 작동하고, 그 정책이 학교를 어떻게 지원하는지에 대해 배울 수 있는 전문성 개발 프로그램이나 연수기관이 마련되어야 한다.

5. 커뮤니티 스쿨의 지역 사례: 오리건주 멀트노마 카운티 커뮤니티 스쿨

미국 오리건주에 있는 멀트노마Multnomah 카운티는 포틀랜드Portland

시가 포함되어 있으며, 75만 명의 인구가 살고 있다. 1990년대 후반부터 멀트노마 카운티 주민들과 지도자들은 예산의 축소, 인종 간 학업 성취의 차이 심화, 빈곤의 증대, 주택의 부족, 방치되는 어린이들의 증가, 언어와 문화의 다양성 증대 등에 어떻게 대응할지 고민하게 되었다. 그들은 지역 아동의 수학 정도가 미래의 빈곤을 예측하는 지표가 된다고 판단하고, 가난 문제를 해결하려면 교육에 새롭게 접근해야 한다고 보았다. 그래서 그 지역에서 선출된 지도자들이 리더십을 발휘하여 학교를 지원하기 위한 전략을 세웠다. 목표는 두 가지였다. 첫째는 교육과 학교의 성공을 지원하는 것이고, 둘째는 학교를 기반으로 한 서비스 전달 체계를 개발함으로써 학생과 가정을 위한 자원 전달 방식을 개선하는 것이다. 이를 수행하기 위해 다양한 관계자들로 구성된 위원회가 소집되어 1년의 논의와 연구 끝에 '종합 서비스 커뮤니티 스쿨full service community school' 전략을 수립하였다.

1999년 가을에는 이 지역의 특성을 살려 '학교와 이웃의 연합Schools Uniting Neighborhoods, SUN 커뮤니티 스쿨' 제도를 처음으로 시행하였다. SUN 커뮤니티 스쿨은 학교와 지역사회의 다양한 파트너들, 즉 도서관, 공원, 커뮤니티 센터, 지역 교회, 기업, 건강 클리닉 등을 연결시켜 아이들의 교육적 성공과 가족들의 안정을 성취하고자 하였다. SUN 커뮤니티 스쿨에는 오리건주의 멀트노마 카운티 전체가 포함되고, 6개의 주요 교육구와 85개의 학교가 운영되고 있다. SUN 커뮤니티 스쿨의 기획과 거버넌스에는 교육 관련 기관과 휴먼 서비스, 건강, 주택, 평등, 고용 관련 기관들이 참여하고 있다. 커뮤니티 스쿨을 지원하기 위해 SUN Service System이라는 확대된 네트워크가 만들어져 있다.

SUN 커뮤니티 스쿨 모델의 특징은 다섯 가지로 제시할 수 있다.Hall, 2012: 16

첫째, 현장 매니저(다른 지역에서는 코디네이터resource coordinator라 한다)의 역할을 매우 중시하였다. 현장 매니저들은 학교에서의 서비스들을 중재·조정하고, 학교와 가정, 지역사회 사이의 협력 체제의 개발을 지원하였다. 그들은 지역사회의 자원들(공적 자원부터 이웃들의 자원봉사까지)을 학교에 효과적인 방식으로 제공하도록 활동하여 중요한 영향을 미쳤다.

둘째, 청소년과 성인들에게 학업과 기술의 개발에서부터 건강과 사회적·정신적 건강 서비스, 여가 서비스 등 다양한 서비스와 프로그램들이 제공된다.

셋째, 제공되는 서비스들은 청소년, 가정, 지역사회의 참여라는 맥락 안에서 기획, 시행되었다. 참여란 단순히 지역사회에 제공되는 서비스 활동을 이용하는 것을 넘어 SUN과 협력을 이루기 위한 관계를 형성하거나 이와 관련된 일을 하는 것을 말한다.

넷째, 교육구와 학교의 지원, 특히 학교장의 지원이 커뮤니티 스쿨의 교육적 성공을 이루고 학교개혁에 영향을 주는 주요 요인임을 강조한다.

다섯째, SUN 학교들은 긴밀한 협력을 형성하는 데 매우 중요한 요인을 가지고 있다. 그것은 공유된 리더십과 책무성이다. 교장과 현장 매니저들은 리더십을 공유하는데, 교장들은 매니저들을 교감assistant principal이라 부르기도 한다. 다양한 기관의 관계자들이 커뮤니티 스쿨의 기획과정에 참여하고, 여기에서 이들은 공유된 리더십을 발휘한다.

SUN 커뮤니티 스쿨은 유치원생부터 고등학생까지 모든 학생들에게 초점을 두고 학생들과 가족들의 필요를 채우기 위해 지역사회의 자원을 조직하여 사회적 서비스와 교육적 기회를 적절하게 제공하고자 한다. SUN 커뮤니티 스쿨은 평일 학교의 문을 일찍 열어 학생들이 학교에서 아침을 먹을 수 있도록 하고, 숙제를 하거나 기술 향상 활동들을 하게 한다. 학교 활동 시간에 커뮤니티 스쿨 관리자는 학교 직원이나 마을의 파트너들과 함께 일을 하면서 학생과 가정의 필요가 무엇인지 파악하고, 위기의 학생과 가정을 도울 수 있는 파트너십을 개발하기 위해 노력한다. 학생의 가족과 마을 주민들은 학교에 와서 자문회의나 리더십 활동에 참여하고, 부모교실, 건강 지원, 음식, 의복, 빈곤 퇴치, 정신건강, 그 외 다양한 사회적 서비스를 제공받는다. 방과 후에도 학교는 학생들에게 정규 학교 수업을 보완할 수 있도록 교과학습이나 여가활동의 기회를 제공한다. 학생들은 학교에서 저녁을 먹고 체육활동에 참여하기도 한다. 저녁이 되면 학교는 지역의 사회적 기관으로서의 역할을 수행한다. 지역의 어른들과 청소년들에게 다양한 교육 프로그램과 여가 활동을 제공하고, 지역사회의 프로젝트와 주민들의 회의를 위한 공간을 제공한다.

이러한 SUN 커뮤니티 스쿨의 다양한 활동들은 학교의 상황에 따라 다르게 이루어지는데, 대개 다섯 가지 범주로 나눌 수 있다. 이 활동들을 제시하면 다음과 같다.The Popular Center for Democracy, et al., 2016: 44-46

첫째, SUN 커뮤니티 스쿨은 학교와 지역사회의 관계에서 조정 역할을 한다. 커뮤니티 스쿨의 현장 매니저(코디네이터)들은 학교와 가정이 가난과 안전의 문제를 잘 다룰 수 있도록 돕는 서비스 제공자들을 학교와 가정에 연결시키는 역할을 한다. 그들은 소수인종이나 다문화 가정의 필요를 위해 그들의 공동체나 그 공동체가 만든 조직을 헌신적으로 돕는다. 커뮤니티 스쿨들이 소속된 SUN Service System은 재정의 3분의 2를 다문화 가정의 필요를 고려하여 문화적으로 특성화된 서비스를 제공하는 데 할당하고 있다.

둘째, SUN 커뮤니티 스쿨은 학생들을 대할 때 학생들의 다양한 문화를 고려한 접근 방식을 실시하고 있다. SUN 학교들은 다양한 학생들의 문화에 호응하는 방안을 수행하는 방법으로 '긍정적 행동 처치와 지지 Positive Behavioral Interventions and Supports, PBIS'나 '회복적 정의 실천' 등과 같은 방법을 사용하였다. SUN 학교들이 있는 6개의 교육구들은 학생 징계에서 인종적 불균형 문제를 중요하게 보았다. 포틀랜드 공립학교들은 소수인종 학생의 정학과 퇴교 비율이 높은 학교들에 '회복적 실천과 지지'를 수행하기 위해 많은 노력을 기울였다. SUN은 모든 지역의 파트너들이 긍정적인 징계 방식을 아는 데 필요한 기술을 갖도록 노력하고 있다. 현장 코디네이터들도 PBIS, 회복적 정의, 그리고 학교 차원의 다른 방법을 훈련시키는 데 스태프로 참여하고 있다.

셋째, 학부모 참여를 새롭게 재구성하였다. 학부모 참여의 개념을 현실적으로 새롭게 개념화하고 커뮤니티 스쿨의 자문팀을 꾸렸다. 자문팀은 지역 중심에서 학부모 중심 팀으로 전환하였다. 그래서 학부모들이 리더십과 의사결정 능력을 개발할 수 있도록 하였다. SUN 스태프들은 교육구 담당자, 현장 코디네이터, 교장들과 파트너십을 이루어 가정 참여에 관한 연수 세션을 갖기도 했다. 학부모들의 목소리를 듣기 위해 어떤 학교는 부모들을 학교에 초청하여 그들이 이야기하고 서로를 알아가도록 하는 시간을 보냈다. 그들의 반응을 참고하여 교장은 자기 집에서 부모들을 위한 여름 리더십 훈련을 주최하였다. 부모들은 최근의 이민자들인 라티노 부모들이 참석하는 것을 환영하고, 그들이 자녀들을 잘 돌보도록 도와줌으로써 학교생활에 영향을 주기 시작하였다.

넷째, 교육과정을 강화하였다. 빈곤율이 높은 학교의 학생들에게는 좋은 교육환경과 학업성취를 위한 지원이 필요하다. SUN 학교들은 정규 시간에는 AP 과목이나 우등 과목을 갖기 어려운 청소년들에게 방과후 학교 시간을 활용해 그러한 과목들을 제공한다. 뿐만 아니라 방과후학교에서는 문화적 관련성이 깊은 교육과정을 운영하려고 한다. SUN 커뮤니티 스쿨은 교육적 평등을 이루기 위한 실천으로서 학생들의 인종이나 성에 주목하고 그들의 참여와 활동 결과에 대한 자료를 모은다.

다섯째, 학업에 대한 지원과 리더십 개발에 힘썼다. 예를 들어, 프랭클린Franklin SUN 커뮤니티 스쿨은 튜터링 센터, 제조업 진출을 위한 준비, 청소년 리더십 활동 등과 같은 폭넓은 확장된 교육 기회를 학생들에게 제공하고 있다. 학교는 유색인종 학생들이 AP 코스나 기타 우수한 수업에 등록하지 않고 성공적이지도 못함을 보고, 그들을 격려하고 우수한 수업을 성공적으로 이수하도록 동료 멘토들을 형성해 주었다. 이러한 노력으로 프랭클린 학교는 포틀랜드 공립학교에서 가장 우수한 학교로 평가받고 있다.

SUN 커뮤니티 스쿨의 조직 구조는 미국의 커뮤니티 스쿨이 일반적으로 갖는 협력적 리더십 구조의 특성을 잘 보여 준다. SUN 커뮤니티 스쿨은 포틀랜드시, 멀트노마 카운티, 6개의 지역 교육구, 오리건주, 그리고 다양한 비영리 조직 등이 협력하고 애니 케이시Annie Casey 재단으로부터 재정 지원을 받아 시작되었다. 여기서 멀트노마 카운티가 SUN 커뮤니티 스쿨들을 하나로 연결하는 중간지원조직 역할을 수행하고 있다. 지역사회 차원에서는 SUN 커뮤니티 스쿨 조정위원회가 구성되어 있는데, 카운티 의장commission이 위원장이 되고 시의 대표들, 참여 학교들, 지역의 비영리 조직 등이 위원으로 참가한다. 학교현장에서 중요한 역할을 하는 코디네이터는 카운티와 포틀랜드시가 채용, 지원하고 있다.

SUN 커뮤니티 스쿨에 소요되는 예산은 주로 카운티와 시에서 지원하고 있다. 10개의 학교들은 연방정부 재원인 '21st CCLC(21st Century

Community Learning Centers)'로부터 주요 재정을 지원받았고, 6개의 학교는 시 재원인 포틀랜드시 '어린이 할당Children's Levy'으로부터 재정 지원을 받았다. SUN 학교들은 대부분 주요 재원을 보완하기 위해 연방 정부 재원인 Title I을 활용하고 있다.

커뮤니티 스쿨 연합회CCS의 최근 연구에 따르면, SUN 커뮤니티 스쿨은 다음과 같은 구체적인 성과를 얻고 있다고 한다.The Popular Center for Democracy, et al., 2016

첫째, 교육의 평등성은 SUN 커뮤니티 스쿨이 추구하는 가장 중요한 목표이다. 85개의 SUN 커뮤니티 스쿨들은 매년 5만 4,000명 이상의 학생들을 가르치고 있고, 그중 2만 4,000명의 아동과 청소년들이 커뮤니티 스쿨의 방과후활동에 참여하고 있다. SUN 커뮤니티 스쿨은 가난한 가정이나 유색인종, 이민자 가정, 난민 가정의 자녀들을 교육의 주 대상으로 삼고 있다. 2013~2014년에는 커뮤니티 스쿨에 참가한 학생의 72% 정도가 유색인종이나 다문화 가정 아동이었다. 이처럼 교육 취약 학생들에게 다양한 교육적 기회를 제공함으로써 교육 평등성에 이바지했다고 할 수 있다.

둘째, 커뮤니티 스쿨은 학생들의 만성적인 결석률을 낮추는 데 기여하였다. 2010~2011학년에 이 지역 학생들의 평균 결석률이 17%였는데, 3년 후인 2013~2014학년에는 9.2%로 낮아졌다. 46%가 감소한 셈이다.

셋째, 고등학교의 경우 커뮤니티 스쿨은 학생들의 졸업률을 상승시켰다. 지난 3년간 졸업률이 9~15% 증가했다. 실례를 들면, 이 지역의 커뮤니티 스쿨인 파크로스Parkross 고등학교는 졸업률이 65%(2010~2011년)에서 78%(2013~2014년)로 증가했고, 제퍼슨Jefferson 고등학교는 55%(2010~2011년)에서 66%(2013~2014년)로 증가했다.

6. 미국 커뮤니티 스쿨이 우리나라 마을교육공동체에 주는 시사점

지금까지 미국 커뮤니티 스쿨의 발생 배경, 운영 내용, 성과 등을 살펴보았다. 여기서는 미국의 커뮤니티 스쿨을 우리나라 마을교육공동체와 비교하면서 그 유사성과 차이점을 살펴보고, 이를 바탕으로 우리나라 마을교육공동체가 커뮤니티 스쿨로부터 배울 수 있는 교훈들을 찾아보고자 한다. 이를 위해 커뮤니티 스쿨과 마을교육공동체의 발생 배경, 목적, 활동 내용, 운영조직, 지속가능성 여부 등을 비교를 위한 준거틀로 삼고자 한다.

먼저 발생 배경과 관련해서는 커뮤니티 스쿨과 마을교육공동체 간 다소 차이가 있음을 알 수 있다. 커뮤니티 스쿨과 마을교육공동체 모두 학생들의 배움과 성장을 위해서 학교와 지역사회의 협력이 필요하다는 인식에서 생겨났다는 점은 공통적이다. 그러나 발생의 동기나 발전과정에서 일정한 차이를 보인다. 마을교육공동체 정책은 학교에서 시작된 교육의 혁신을 지역사회로까지 확대하고자 하는 의도가 강하게 담겨 있다. 대다수 학생들에게 전인적 성장을 위한 다양한 교육적 기회를 제공하기 위해서는 학교를 넘어 마을기관들의 협조가 있어야 한다는 것이다. 반면 커뮤니티 스쿨은 학교만으로는 해결하기 어려운 교육적 문제들이 증가하여 지역사회의 전문 기관이나 정부의 도움을 받을 수밖에 없는 상황이 도래하였고, 이에 대응하여 생겨난 제도이다. 그러므로 커뮤니티 스쿨은 주로 사회적 소외 계층의 아동과 청소년들에게 많은 관심이 있고, 학생뿐 아니라 그 가정에도 관심을 갖는다. 그리고 이에 더하여 학교가 사회의 문제들을 해결하는 데 기여하는 사회적 기관으로서 역할을 해 온 미국의 오랜 전통이 커뮤니티 스쿨의 발생 배경으로 작용하기도 한다.

이러한 발생 배경의 차이는 두 정책 간 목적과 활동 내용에서도 차이를 가져온다. 마을교육공동체의 목적은 학생들을 위한 건강한 학습생태계를 조성하는 일이다. 그래서 학생들이 학교에서뿐 아니라 마을에서도 다양한 교육적 기회를 갖도록 의도하고 있다. 커뮤니티 스쿨 역시 그러한 목적을 갖는다. 그러나 커뮤니티 스쿨이 추구하는 학습생태계의 범위는 더욱 넓다. 즉, 학생들과 학부모와 지역 주민들의 학습과 성장을 위해 교육적 환경을 만들고, 지역사회의 필요들을 해결하기 위해 사회적 환경을 만들고자 한다. 이를 간단하게 말하면, 커뮤니티 스쿨은 학생들을 포함한 마을 주민들의 건강한 삶을 위한 건전한 마을생태계 형성을 목적으로 한다고 할 수 있다. 이를 위해 커뮤니티 스쿨은 학교를 수업시간 외에는 지역에 개방하며 지역기관과 협력하여 돌봄, 건강 지원, 학습지도, 여가활동, 문화와 스포츠, 폭력 예방, 알코올 중독 상담, 법률 상담 등 다양한 교육적, 사회적 지원 프로그램들을 운영한다.

정책의 운영 방식은 그것의 지속가능성 여부를 결정하게 하는 중요한 요소이다. 마을교육공동체와 커뮤니티 스쿨은 민·관·학 협력으로 운영된다는 점에서 닮았다. 마을교육공동체가 중요한 의미를 갖는 것은 지금까지 우리나라에서 성공적으로 경험하지 못했던 민·관·학 협력의 거버넌스를 구축하여 운영하고 있다는 점이다. 지역사회에 뿌리내린 시민단체들이 해 오던 청소년 관련 일들을 학교 교사들이 관심을 갖게 되었고, 교육청에서 이를 지원하는 형태가 되어 상호 협력의 관계가 형성하게 된 것이다. 지역에 따라 주도하는 집단이 다르긴 하지만 협치協治 가능성을 보여 주는 것은 사실이다. 커뮤니티 스쿨 역시 유사한 운영 방식을 취하고 있다. 연방정부, 주정부, 지역교육청 등이 재정을 지원하고 지역을 기반으로 하는 기관과 단체가 운영에 참가하고 때로는 기업도 참여하여 학교와 함께 다양한 교육적, 사회적 지원 프로그램을 지역 주민에게 제공한다. 민·관·학 거버넌스를 구축하여 지역의 상황에 따라 효과적으로 프로그램을 진행한다. 운영 방식에서 중요한 차이점은 커뮤니티 스쿨에는 코디네이터가 학교와 지역사회를 연결하고 프로그램을 운영하는 데 결정적인 역할을 한다는 점이다. 그리고 코디네이터는 학교가 아닌 지역의 기관에서 고용을 하기 때문에 학교가 예산 부담을 갖지 않아도 된다.

대개 정책이나 사업의 지속성 여부는 현장 사람들의 주체성과 자발성 여부와 관계가 깊다. 그런 면에서 보면 마을교육공동체나 커뮤니티 스쿨 모두 위험성과 가능성 둘 다 가지고 있다. 마을교육공동체와 커뮤니티 스쿨은 미국 연방정부와 경기도와 서울의 교육청 등과 같이 공공기관에서 의도적으로 시행하는 정책이다. 그러므로 이들은 다른 정책과 같이 관료적인 성격으로 톱다운top-down 방식으로 시행되기도 한다. 혹은 정부가 제공하는 재정을 중심으로 사업이 진행될 수도 있다. 그럴 경우 이 정책들은 오래가지 못하고 정부의 강한 의지나 재정 지원이 끝이 나면 자연스럽게 소멸될 것이다. 그러나 학교 교사와 지역의 단체와 기관들이 주체적으로 마을공동체운동을 해 가는 데 정부가 단지 지원의 역할을 하는 것이라면 이 사업은 지속가능하리라 본다. 그런데 두 경우를 비교하면 미국의 커뮤니티 스쿨이 우리의 마을교육공동체보다는 지속적으로 성장할 가능성이 높다. 미국의 많은 지역에서 지역사회를 기반으로 하는 다양한 조직들이 활발하게 마을공동체운동을 하고 있고, 학교를 지역의 사회적 기관으로 보는 인식이 깊이 뿌리내려 있기 때문이다. 그러므로 우리나라도 마을교육공동체 사업의 지속적이고 성공적인 수행을 위해서는 현장의 조직들이 활성화되고 현장 활동가와 교원의 역량을 강화하기 위한 노력이 필요하다.

위에서 언급한 커뮤니티 스쿨과 마을교육공동체의 유사성과 차이점을 염두에 두면서 커뮤니티 스쿨이 마을교육공동체에 주는 시사점을 찾아보면 다음과 같다.

첫째, 효과적인 민·관·학 협력 구조를 만드는 일이 정책 시행의 성공 요인임을 알 수 있다. 커뮤니티 스쿨 정책은 연방정부, 주정부, 교육청 등의 재정 지원하에 지역의 민간단체와 학교 교직원들이 협력하여 학생과 주민들을 위한 교육 프로그램을 개발하여 운영한다. 정부와 교육청은 지역공동체에 대한 지속적인 관심을 갖고 재정 지원을 계속하고, 지역의 기관과 단체는 지역 주민의 필요에 부합하는 프로그램을 기획하고 개발하며, 학교 교원을 포함한 활동가들이 프로그램을 실제 운영하는 등 상호 협력 체제를 구축해야 한다. 그리고 이들 삼자 간에는 정기적인 모임을 통해 협력 활동들을 평가, 점검할 필요가 있다.

둘째, 학교와 지역사회를 연결하는 중간 조직이나 코디네이터Resource Coordinator의 역할이 중요하다. 커뮤니티 스쿨이 성공적으로 역할을 수행하는 곳은 코디네이터가 기능을 잘하기 때문이다. 학교 교원은 각자의 과업이 있어 다른 업무를 부담스러워한다. 지역 단체 활동가도 바쁘기는 마찬가지다. 그러므로 학교와 지역을 연계하고 적절한 프로그램을 개발하고 관리하는 전담 인력인 코디네이터가 필요하다. 코디네이터에게는 일정한 권한을 부여하여 교장이나 지역 단체의 실무 대표자와 함께 커뮤니티 스쿨의 리더십을 형성하는 주체가 되게 해야 한다. 그리고 코디네이터를 고용하는 데 필요한 비용을 학교에 부담시키지 말고 미국처럼 지역의 재단이나 기업으로부터 모금을 하거나 정부로부터 지원금을 받도록 해야 한다.

셋째, 마을교육공동체와 관련된 분야에 대한 연구와 실천이 더욱 광범위하게 진행되고 체계화되어야 한다. 미국에서 커뮤니티 스쿨과 관련된 분야인 '학교, 가정, 지역사회의 연계와 협력'이라는 주제는 연구자와 활동가들이 오랫동안 관심을 갖고 연구하며 실천해 왔다. 존스홉킨스를 비롯한 여러 대학교에 이 주제와 관련된 센터들이 설치되어 연구와 정책 제언을 하고 있다. 또한 학교 안 커뮤니티Communities in Schools, 돌봄 공동체Caring Communities 등의 다양한 커뮤니티 스쿨 단체들이 있어 각 학교는 각자의 상황에 맞는 커뮤니티 스쿨 모형을 채택하게 된다. 이에 비해 우리나라에서는 마을교육공동체와 관련된 분야에 대한 연구가 아직은 미약하다. 그리고 마을교육공동체에 대한 관심을 전 사회적으로 확대하기 위한 노력이 있어야 하고, 마을교육공동체의 다양한 실천들을 체계화하여 몇 가지 모형으로 만드는 작업이 필요하다.

넷째, 정책 시행이 지속되기 위한 중요한 요인 중 하나는 재정의 안정적 확보이다. 미국에서도 커뮤니티 스쿨의 재정은 어려움에 처해 있다. 그럼에도 불구하고 미국에서 커뮤니티 스쿨이 지속적으로 증가하는 것은 다양한 방식으로 재정을 확보하기 때문이다. 먼저 커뮤니티 스쿨이 사회적 취약 아동에 관심을 가져 연방정부의 재정 지원을 받을 수 있게 되었다. 그리고 민간 재단이나 지역사회 조직들과 기업으로부터 적지 않은 금액(전체 재정의 20%)을 받고 있다. 또한 물품 지원이나 자원봉사 같은 유사 지원이 전체 재원의 6%나 차지한다. 이에 비해 마을교육공동체는 한시적으로 지원되는 지자체와 교육청의 예산에 의존하는 경향이 있다. 이러한 재정은 지속되기 어렵기 때문에 마을교육공동체 주체들은 공적 지원에만 의존하기보다는 자립적인 재정 구조를 만들기 위한 노력이 필요하다. 특별히 지역사회의 물적 인적 자원들을 발굴하여 교육기부 형태로 마을공동체를 위해 기여하는 체제를 만들 필요가 있다.

이상적인 공동체 형성은 인류의 오랜 염원이었다. 마을교육공동체는 쉽지 않은 공동체의 한 형태이다. 근대적, 관료적 성격이 강한 학교조직과 공동체성을 잃어 가고 있는 현대적 마을이 상호 협력을 통해 교육공동체를 이룬다는 것은 비현실적인 발상처럼 보인다. 그럼에도 불구하고 미국을 비롯한 서구 국가들과 일본, 우리나라에서 적지 않은 사람들이 마을교육공동체를 형성하기 위해 부단히 노력해 왔다. 이들은 이것이 우리의 학교와 사회의 미래를 대비하는 중대한 과업이라고 믿었다. 마을교육공동체의 모토와도 같은 '한 아이를 키우는 데 온 마을이 필요하다'는 말은 아프리카의 오래된 격언이다. 이는 마을교육공동체를 이루어 가는 일이 미래를 향한 염원이면서 동시에 우리의 과거 역사로부터 얻는 지혜이기도 하다는 사실을 보여 준다. 우리가 잊지 말아야 할 것은 '오래된 미래'인 마을교육공동체의 뿌리에는 마을의 아이들이 모두 우리의 아이라는 애정과 아이들의 배움과 성장은 삶의 온 영역에서 이루어진다는 신념이 있어야 한다는 점이다.

| 주석 |

1. 영국은 2005년 '확장된 학교(Extended School: Access to opportunities and services for all)' 정책 백서를 발표하였다. 기존의 학교 역할을 확장하고자 하는 이 정책은 학교가 양질의 보육, 부모 역할 지원, 지역사회와 협력, 성인교육과 가족학습, 조기 진단과 건강 및 돌봄, 학습 지원 등의 다양한 역할을 하도록 요구하고 있다(심성보, 2015: 18-19).

| 참고 문헌 |

강영택(2017). 『마을을 품은 학교공동체』. 서울: 민들레

김영철·강영택·김용련·조용순·이병곤(2016). 『마을교육공동체 해외사례 조사와 정책 방향 연구』. 경기도교육연구원.

김용련(2016). 「일본의 커뮤니티 스쿨이 주는 마을교육공동체에 대한 시사점」. 세미나 자료.

김현준(2017). 「미국의 마을교육공동체 실시 현황」. 교육정책네트워크 정보센터. 한국교육개발원.

김혜영(2017). 『업무명: 마을교육공동체』. 서울: 좋은교사.

박주희·서용선·주수원·홍섭근·황현정(2015). 『학교협동조합, 현장체험학습과 마을교육공동체를 잇다』. 서울: 살림터.

서용선 외(2016). 『마을교육공동체란 무엇인가?』. 서울: 살림터

심성보(2015). 『서구 지역사회교육운동의 동향과 마을교육공동체운동의 과제』. 흥사단 2015 교육시민포럼 자료집.

Blank, M., Melaville, A., & Shah, B.(2003). Making the Difference: Research and Practice in Community Schools. ERIC Number: ED477535

Blank, M., Berg, Amy., & Melaville, A.(2006). Growing Community Schools: The Role of Cross-Boundary Leadership. Coalition for Community Schools. ERIC Number: ED491689.

Blank, M., Jacobson, R., Melaville, A., & Pearson, S.(2010) Financing Community Schools: Leveraging Resources to Support Student Success. Coalition for Community Schools. ERIC Number: ED515222 Coalition for Community Schools.

Dewey. I.(1902). The school as social centre. *The Elementary School Teacher*, 3(2), 73-86.

Dryfoos, J.(2002). Full-service community schools: Creating new institutions. *Phi Delta Kappan* 83(5), 393-399.

Hall, D.(2012). Schools united neighborhoods: Community schools anchoring local change. *Community Investments*, 24(2), 14-18.

Heers, M, Klaveren, C, Groot, W, Brink, H.(2016) Community Schools: What We Know and What Need to Know. 2016 AERA.

H. R. 5168–Full-Service Community Schools Act of 2014.
H. R. 718–Supporting Community Schools Act of 2015.
Spring, J.(2005). *The American School: 1642~2004*. New York: Mc Graw Hill.
The Popular Center for Democracy, Coalition for Community Schools, and Southern Education Foundation (2016). Community Schools: Transforming Struggling Schools into Thriving Schools.
Whalen, S.(2007). Three Years into Chicago's Community Schools Initiative (CSI): Progress, Challenges, and Lessons Learned. UIC Community Schools Evaluation Project.

http://www.communityschools.org/assets/1/Page/partnershipsforexcellence.pdf Community Schools: Partnership for Excellence 자료집.

제4장

마을교육공동체 캐나다 사례 연구: 지역 주민과 함께하는 센터형 마을교육공동체 - Glen Cairn Community Resource Centre를 중심으로[1]

김영철(NCC교육위원회 위원장 · 경기도교육청시민감사관)

1. 서론

캐나다의 마을교육공동체를 다루면서 캐나다 센터형 마을교육공동체의 대표적 모델이라 할 수 있는 정부 주도의 멀티 기능적 지역 복지 모델인 커뮤니티 센터Community Centre와 민간 중심의 지역교육 모델인 커뮤니티 리소스 센터Community Resource Centre 사례를 다루어 보고자 한다.

캐나다에도 일반적으로 커뮤니티 스쿨community school이라 말하는 학교 중심 모형의 마을교육공동체도 있다. 그런데 굳이 센터형 마을교육공동체를 다루고자 하는 이유는 최근의 마을교육공동체 논의의 변화와 관련되어 있다. 최근 마을교육공동체 논의의 핵심적 화두는 학교 중심에서 마을 중심으로 변화·발전해야 한다는 것이다. 이를 달리 표현하면 그동안 마을교육공동체에 대한 정의를 "마을을 통한 교육, 마을에 관한 교육, 마을을 위한 교육"을 행하는 것이라 했을 때[2], 학교 중심은 '마을을 통한 교육'과 '마을에 관한 교육'에 중점을 두는 것이고, 지역 중심은 '마을을 위한 교육'이라고 할 수 있다. 그런 면에서 캐나다의 커뮤니티 센터와 커뮤니티 리소스 센터는 대표적인 마을을 위한 복지와 교육의 복합 모델이다. 특히 구체적인 사례로 발표하는 '글렌 케언 커뮤니티 리소스 센터'는 민간 주도형 지역교육 모델로서 지역에서 각각의 프로그램을 운영하던 교육 및 봉사단체들이 활동의 효율성과 통일성을 추구하며 설립한 연합 센터형 지역교육 모델이다. 민간 주도로 운영되며, 지역의 상황과 지역민의 필요에 귀를 기울이며 지역민 중심의 교육 및 봉사를 제공하며, 지역민의 건강한 삶을 돕는 것을 목적으로 한다는 의미에서 마을교육공동체의 전형적 모델이 될 수 있다.

또 하나 캐나다 사례에서 센터형 마을교육공동체를 제시하는 것은 다른 나라 사례에서 커뮤니티 스쿨을 중심으로 한 학교 중심형 모델을 많이 다루기 때문에 중복을 피하고, 또 다른 유형의 마을교육공동체 해외 사례를 살펴보고자 하기 위함도 있다.

2. 캐나다의 센터형 마을교육공동체

1) 캐나다의 다문화주의와 교육

캐나다는 10개의 주Provinces와 3개의 준주Territories로 구성된 연방정부를 중심으로 각 주가 정치, 경제, 행정, 교육의 자치권을 가지고 통일성과 함께 주별 특별성과 자치성을 추구하는 정치 체계를 이루고 있다. 세계에서 두 번째로 넓은 땅에 약 3,600만 명의 인구로 20세기 중반부터 이민정책을 통해서 현재 약 200여 개국의 이민자들이 함께 살고 있다.

캐나다는 연방정부의 정책으로 다문화중심주의Multicultural Mosaic를 지향하며, 이민자들이 출신 국가의 문화를 계승하도록 협력함은 물론, 타 문화와 화합된 문화적 유산을 계승하도록 유도한다. 이를 통해 글로벌 가족으로서의 공동체의식이 국가 안에서뿐만 아니라, 세계 공동체를 지향한다. 특히 기독교 중심이지만 세계 대부분의 종교가 자율적으로 활동하고 있다. 또한 다문화주의 속에서 캐나다가 추구하는 국가의 통일성을 함께 유지하는 문화 활동 및 정책을 주요 지향점으로 삼고 있다.

교육적으로 캐나다의 정치적·문화적 중심점들이 그대로 적용되고 있다. 영어와 프랑스어를 공식 언어로 사용하지만, 다민족 국가의 상황에 맞게 중학교 과정부터 제2외국어를 채택하며, 지역의 다양한 문화 및 학습 단체를 통해 이민자 2, 3세대들을 위한 모국어 학습이 각 교육청의 지원으로 이루어지고 있다. 캐나다의 교육 시스템은 이러한 국가의 정책이 잘 나타나 있다. 각 주의 정부가 교육부를 구성하여 교육정책을 집행하는데, 이는 각 주의 인종적·문화적·종교적 구성이 다르기 때문에 각 주마다 각각의 환경에 맞게 교육을 감당한다. 각 주의 교육부는 전체적인 교육 목표와 학업성취 목표를 정하고, 커리큘럼을 계발 지원하고, 재정 지원과 관리 기능을 통해 주 내의 학령 연령의 학생들이 법적인 보호 아래서 교육받을 수 있도록 지원, 감독한다.

2) 온타리오주: 정치-문화적 특징과 교육

캐나다 연방 내 온타리오주는 캐나다 경제, 문화, 교육의 중심지로서 캐나다 전체 인구의 약 40%, 경제의 약 35%를 책임지고 있다. 약 200개국의 이민자들이 원주민, 초기 정착민과 함께 각각의 문화를 규격화된 캐나다의 질서 안에서 살아간다. 경제적인 중심 도시인 토론토와 정치적인 중심지인 수도 오타와가 온타리오주에 속해 있으며, 다문화와 세계화가 공존하는 문화, 정치, 경제적 환경에서 온타리오 교육청을 중심으로 한 교육정책은 캐나다 전체의 교육정책 수립과 실행에 많은 영향을 준다.[3] 온타리오주는 캐나다의 영어권 주들을 정치, 경제, 문화적으로 선도하며, 글로벌한 이슈들의 교육정책화에도 가장 선도적이고 진보적인 입장을 추구한다. 특히 환경, 인권, 정치 및 소수자 인권 문제들에 대해서 열린 교육정책을 펴는데, 이는 캐나다와 온타리오주의 문화적 상황이 배경이 된다.

온타리오주는 주정부 산하의 교육부Ministry of Education가 교육정책을 총괄하며, 산하의 각 도시, 지역의 교육청City School District이 있고, 지역의 교육청 관할로 초등학교Elementary, 중학교Middle School or Jr. High School, 고등학교High School or Secondary School 들이 자리 잡고 있다. 각 지역의 교육청은 하나가 아니라 총 4개의 교육청이 각각 독립적인 자율권과 재정권을 갖고 있다. 예를 들어 온타리오주의 가장 큰 도시인 토론토시는 첫째, 영어를 사용하는 공교육 교육청Toronto District School Board, 프랑스어를 사용하는 공교육 교육청Toronto French School(영어권 공교육청과 협력체), 영어를 사용하는 가톨릭 학교교육청Toronto Catholic District School Board, 프랑스어를 사용하는 가톨릭 학교교육청Toronto Catholic French School(영어권 가톨릭 학교교육청과 협력)으로 구성되어 있다. 각 교육청은 독립적인 기관으로 소속된 학교들과 학생들을 관리-교육하는 법적 책임을 지며, 각각의 특생에 맞게—영어, 프랑스어, 종교 일반, 가톨릭—자율성을 가지고 학교를 운영한다. 이 4개의 교육 시스템은 온타리오의 공교육이다.토론토 교육부 온라인 자료. Ontario Ministry of Education

단체 및 종교기관에서 운영하는 사립학교들도 재정 지원을 하지 않는 것 외에는 동일한 권한과 책임을 지고 있다. 각 교육청은 정규 학교교육만을 담당하지는 않는다. 교육청은 일부 학교 혹은 단체에서 실시되는 외국어 교육Second Mother Language 프로그램을 지원하고, 이민자들을 위해 실시하는 ESLEnglish as Second Language 교육을 지원하고, 커뮤니티 리소스 센터 등 지역의 교육기관들과 연관되어 예산 및 프로그램을 공유한다. 또한 교육청 산하 일부 학교들은 여름방학 기간 '여름학교

Summer School'를 개설해 부족한 학업을 돕거나 문화, 체육, 음악 등 예체능 교육 프로그램을 실시하고 있다.

공교육 체계와는 별도로 온타리오주의 인종적·문화적 특징으로 인해 학교 외적인 교육이 활발히 이루어지고 있다. 비공식 교육기관으로 다문화주의를 지향하고, 동시에 문화와 정치적 통일성을 유지하기 위한 교육이 각 지역에서 국가의 지원 혹은 자생적인 단체들에 의해 진행되고 있다. 특히 이민자들이나 저소득층, 한부모 가족 등 국가와 사회의 도움이 필요한 계층들을 위한 지역사회의 교육 프로그램들이 진행 중이다. 연방정부나 시정부 관할은 아니지만, 정부기관 및 교육기관과의 지원과 협력관계 속에서 각 지역의 주민들, 특히 어린이와 청소년에게 다양한 교육적 기회를 제공하는 기관들이 활동하고 있다. 이러한 프로그램들은 정부기관의 일부 지원과 개인 및 지역 단체들의 지원에 의해 민간-자율성을 중심으로 운영되는 것이 일반적이다. 지역에서 자발적으로 또한 협력관계로 진행되는 지역교육공동체 프로그램들이 경기도 마을교육공동체운동에 시사점을 줄 것이다.

3. 캐나다의 센터형 마을교육공동체

캐나다의 커뮤니티 센터와 커뮤니티 리소스 센터는 캐나다 사회에서 지역의 교육-복지를 감당하는 멀티 센터형 지역 기관이다. 시가 주도하고 운영하는 정부 주도의 멀티 기능적 교육-복지 센터인 커뮤니티 센터와 민간이 주도하는 지역교육공동체 모델로서 커뮤니티 리소스 센터는 각각의 설립 목적과 배경은 다르지만, 유아부터 노인에 이르기까지 시민의 건강한 삶을 제공하고 균형 잡힌 미래의 개인 및 지역공동체를 건설하기 위한 목적으로 설립 운영되고 있다.

1) 커뮤니티 센터(Community Centre)의 설립과 운영

1950년대 이후 캐나다 정부는 이민의 문호를 대폭 개방하여 다양한 인종들이 캐나다에서 새로운 삶을 영위하도록 정책을 추진했다. 넓은 국토에 비해 적은 인구가 국가 성장에 장애가 되었고, 넓은 미개척지를 경제적인 용도로 사용하기 위해 본격적인 준비를 시작한 것이다. 아시아, 유럽, 아프리카, 중남미 지역에서 수많은 이민자들이 거주를 시작하자, 새로운 땅과 새로운 문화에서 다른 문화 전통을 가진 사람들이 함께 건강하고 안전한 삶을 살 수 있는 사회 시스템이 필요해졌고, 이를 위해 캐나다 연방정부와 각 주정부들은 정책을 정비해 나갔다. 교육, 의료, 정착 서비스 등과 함께 대표적으로 커뮤니티 센터Community Centre or Community Civic Centre가 그 예이다.

커뮤니티 센터는 1900년대 영국에서 처음 시작되었다.[4] 공립학교 시스템이 완전히 구축되기 이전에 지역의 어린이들에게 교육적인 봉사를 제공하고 일부 성인들의 교육을 담당했다. 후에 미국과 캐나다에서도 비슷한 역할을 하였고, 1960년대 이후 캐나다에서는 국민의 복지적인 측면에서 급격하게 증가했다.

커뮤니티 센터는 시정부 주도의 멀티 기능적 지역교육 및 복지공동체 기관이다. 기본적으로 독립된 큰 건물 공간에서 유아부터 초등학생 연령까지는 재능 발달을 돕는 예술, 음악, 실생활(요리, 예절, 마음 수련) 등 다양한 프로그램이 각 센터의 상황에 맞게 개설되어 있으며, 방과후 교실 등 어린이, 청소년들을 위한 사회성과 특기, 취미 등을 통해 건강한 학교생활을 돕는 프로그램들이 진행된다. 성인과 노년층을 위한 각종 생활체육 및 교제할 수 있는 프로그램들도 제공된다. 각 센터는 기본적으로 모든 연령을 위한 수영, 스케이트, 피트니스, 요가, 에어로빅 등의 공통된 프로그램을 기본적으로 운영하며, 여가와 재능 발달을 위한 프로그램들이 균형적으로 운영된다. 또한 방학 기간에는 학생들을 위한 1주, 2주 단위의 체육과 재능교육이 접합된 프로그램을 운영하는데, 이는 연중 상시 운영된다.

커뮤니티 센터의 운영 및 재정적 책임은 각 도시의 시정부가 맡는다. 대부분의 시민들을 수용하는 것을 목표로 운영되며, 시민들이 가장 가깝고 친숙하게 참가할 수 있는 구조로 운영된다. 하지만 재정적 책임을 시가 맡기 때문에 시의 재정 상태에 따라서 센터의 수 및 프로그램 운영에 차이가 있다. 모든 프로그램 참여에는 비용이 요구되는데, 사설 기관에 비해서는 매우 저렴하다. 저소득 및 노년층은 염가 혹은 무료로 이용할 수 있으며, 특히 수영과 스케이트는 일정한 시간에 누구에게나 개방되는 프로그램을 운영한다.

커뮤니티 센터는 초기에는 정부 주도형 교육 모델적 기능이 있었지만, 현재는 종합 복지 시스템으로 작동되며, 2014년 기준으로 인구 약 280만 명의 토론토시에 약 152개의 커뮤티니 센터가 운영 중이며, 계속 증설되고 있다.[5]

2) 커뮤니티 리소스 센터(Community Resource Centre) 설립과 운영

정부의 손길과 지원이 미치지 못하는 영역과 사람들에 대한 민간인들의 활동이 자발적인 단체의 조직과 봉사를 중심으로 나타나기 시작했다. 많은 개별 단체들이 독립적으로 부분적인 연합을 통해서 활동하는데, 그중 대표적인 단체가 커뮤니티 리소스 센터이다.

커뮤니티 리소스 센터는 1970년대부터 자생적으로 설립되었다. 몇 개의 지역 봉사단체들이 연합하여 보다 효율적인 지역 봉사 및 활동을 위한 연합으로 시작되었다. 유아, 어린이, 청소년, 장년, 노년, 장애인의 교육과 삶을 돌보는 활동들, 행정적인 지원과 음식 지원, 의류 및 생활 지원을 하던 단체들이 연합하면서 자생적인 민간단체들로 시작되었다. 기본적인 커뮤니티 리소스 센터의 목적은 지역공동체를 위해 각 개인과 가정을 돕고, 건강한 삶을 유지함과 동시에 미래 발전적인 동력을 갖도록 다양한 노력으로 돕는 것을 목적으로 한다.[6] 지역의 상황(도시, 농촌, 도농 지역)과 인구 분포, 경제적인 상황에 따라서 활동과 프로그램의 내용과 방향은 조금씩 차이가 있다.

커뮤니티 리소스 센터는 자생적인 조직으로 시작되었기 때문에 지금도 민간 주도형 교육공동체이다. 재원은 주정부와 시정부가 일정 보조하며, 여러 회사와 종교기관, 단체들에서 후원하는 재정을 기반으로 한다. 독립적인 의사결정은 센터의 스태프, 지역 대표, 주민 대표들로 이루어진 협의회에서 이루어지며, 프로그램의 진행과 센터의 운영 및 감독에 대한 것도 자체적으로 이루어진다. 현재 온타리오주에 총 27개의 커뮤니티 리소스 센터가 운영 중이며, 캐나다 전역에 약 58개의 센터가 운영된다. 지역적인 상황에 의해 과거에 운영되다가 폐쇄된 곳도 있다.

[표 1] 캐나다의 센터형 마을교육공동체

구분	커뮤니티 센터 (community centre)	커뮤니티 리소스 센터 (community resource centre)
설립 시기	1900년대 영국	1970년대 캐나다
공통점	멀티 기능적 지역교육 및 복지	공동체 기관
운영 방식	지방정부 주도의 종합복지시설	지역봉사단체연합, 민간교육시설
활동 대상	지역 주민 전체	빈민지역 방과후 아동청소년
분포	토론토 152개, 런던 17개	온타리오주 27개

4. 온타리오주 런던의 글렌 케언 커뮤니티 리소스 센터

1) 온타리오주의 런던

글렌 케언Glen Cairn은 온타리오주Ontario Province의 남서쪽 끝으로 미국 미시간주State of Michigan의 국경과 가까운 런던London, Ontario의 중남부에 있는 지역이다.[7] 런던은 2011년 기준 인구 약 37만 명으로 온타리오에서 6번째로 큰 도시이며, 캐나다 전체적으로는 15번째로 큰 중형 도시로 구분된다.[8] 도농이 함께 어우러지는 전형적인 도시로 도시 외곽의 농촌 지역과 더불어 자연과 어우러지는 삶과 공업이 함께 발전한 곳으로 알려져 있다.[9] 웨스턴 온타리오 대학교University of Western Ontario 중심의 교육 도시로 알려져 있으며, 자녀들의 교육을 중요시하는 풍토가 도시 전체에 퍼져 있다. 특히 런던은 온타리오의 문화 특성들과 더불어 영국 문화의 전통이 남아 있는데, 주요 지명도 영국 런던의 지명을 그대로 사용하고 있다. 이곳의 장점은 토론토와 같은 대도시에서 경험하기 어려운 지역공동체적 교육활동을 경험할 수 있으며, 가정들이 멀리 떨어져 지형적인 교류의 한계가 있는 농촌에서 경험하기 어려운 중소 도시의 지역교육을 시행하고 있다는 점이다. 글렌 케언 지역은 단기 이민 혹은 방문자 비율이 다른 지역보다 낮고, 장기 캐나다 거주인과 신분을 획득하지 못한 5~10년 이하의 이민자들이 초기 정착 과정을 보내는 지역으로, 경제적인 수준, 신분상의 상태, 교육 수준 및 문화적인 환경이 다른 지역이나 온타리오의 전반적인 수준에 비해 낮게 나타난다.[10]

2) 글렌 케언 지역 삶의 지표

글렌 케언 리소스 센터의 설립 역사를 보면, 런던 지역의 경제적·교육적·가정적 통계 지표가 설립의 기초가 되었다. 다른 지역에 비해서 사회봉사 기관들의 도움과 지원이 필요한 지역을 선정하여 우선적으로 돕기 시작했으며, 현재도 이러한 통계 지표는 프로그램의 변화와 개선을 통해 더욱 세밀하게 지역민을 돕기 위한 자료로 사용된다. 또한 정부기관에서도 구체적인 도움을 주기 위한 기본 자료로 사용되고 있다. 따라서 다양한 통계자료는 글렌 케언 지역민의 삶을 내포하는 중요한 지표가 되고 있다.

글렌 케언은 런던시내에서도 인구, 경제 지표 및 교육 수준이 하위에 속하는 지역이다. 캐나다 정부는 5년마다 인구 및 관련 지표를 조사하는데, 이러한 지표와 통계들이 프로그램을 기획 및 진행하고, 지역민들에게 도움을 제공하는 방안을 찾아가는 데 중요한 자료로 사용된다고 한다. 이 중에서 지역의 가정 상태 현황을 알 수 있는 자료들은 특히 도움이 된다.

글렌 케언 지역의 전체 가정을 유지하는 20세 이상의 성인 8,885명 가운데, 법적이며 실재적인 가정을 유지하는 성인이 5,415명이며, 임시적 가정 및 양쪽 부모가 함께 살지 않는 가정이 총 3,470명으로, 전체 가정의 약 39%에 해당한다. 또한 평균적으로 한 가정이 약 1명의 자녀를 가두었으며, [표 2]에서처럼 정상적이지 않은 가정의 비율이 높기 때문에 아동, 청소년 및 가정에 대한 지원이 필요한 것으로 나타났다. 총 4,475개의 가정 중에 2인 가정은 2,250개(50%), 3인 가정은 1,020개(23%), 4인 가정은 820개(18%), 그 이상은 390개(9%)로 조사되었고, 한 가정의 인

[표 2] 2011년 글렌 케언 지역 가정 상태 현황

결혼 상태 인구	동거 인구	이혼 인구	별거 인구	미망인 인구
5,415	1,240	1,025	585	620

구는 평균 2.9명이다. 전체에서 한부모 가정은 총 1,200가구이며, 이 중 홀어머니 가정이 1,015가구, 홀아버지 가정이 185가구다.

전체 지역 인구 중 캐나다 시민권을 가진 인구는 약 92%이며 이민자는 약 8%인데, 캐나다의 대도시에 집중된 이민자 분포 현황과 비교하면, 도농 도시인 런던 지역의 글렌 케언은 이민자 비율이 비교적 높은 편이다. 교육 수준은 전체 성인 중 고등학교 졸업 인구가 2,635명, 대학교 졸업은 790명, 대학원 이상은 395명, 중학교 이하는 1,075명, 그 외는 각종 자격증 및 대학부설 기관에서의 학습 수료 등으로 나타났다. 이는 캐나다 전체의 도농 지역 이상의 교육 수준에 못 미치는 지표이다. 노동인구는 성인 중 여자 4,360명, 남자 3,680명이 직업을 가지고 있다. 성인 1인의 1년간 소득 평균은 $32,481(한화 약 2,900만 원)이며, 한부모 가족의 연평균 수입은 약 $38,449(한화 약 3,450만 원)이다. 부모가 모두 있는 가정의 경우 평균 수입이 한화 약 5,800만 원 정도로, 한부모 가정에 대한 지원이 필요한 상태이다.[11] 중요한 것은 이 지표가 평균지표라는 것이다. 세부 조사에 의하면, 전체 가구 중 하위 20%의 평균은 $18,745, 그다음 중하위 20%는 $44,787의 평균 가족 소득을 보이고 있다.[12]

3) 글렌 케언 커뮤니티 리소스 센터의 설립 배경

글렌 케언 커뮤니티 리소스 센터는 캐나다에서 운영 중인 특별한 봉사 모델의 전형을 보인다. 독립적인 교육, 스포츠, 생활지원 봉사단체들이 각 지역에서 독립적이면서도 연합된 프로그램을 공동으로 지원하는 민간형 모델이다. 주요 활동으로는 유아 및 어린이, 청소년들을 위한 각종 교육 프로그램이 있지만, 성인 및 노인 그리고 가정들을 돌보는 활동으로 점점 진화하고 있다. 연합된 봉사단체들은 리소스 센터의 지원과 관리를 통해서 프로그램을 공유하고, 함께 진행하며, 새로운 교육 모델을 만들어 내고 있다. 특이점은 센터 자체에서 진행하는 프로그램들과 함께 학교의 현장에서, 지역의 공동 공간에서, 각 단체의 개별 공간에서 프로그램들이 종합적으로 진행된다는 것이다.

1985년, 런던시에 거주하는 어린이와 가족들을 돕고 있는 여러 단체가 더욱 세밀하게 더 어려운 '고위험군' 사람들에게 봉사하기 위해서 개별 봉사단체의 활동을 연합해 확장하는 것에 대한 논의를 시작했다(주요한 단체들로는 Vanier Children's Services, the Children's Aid Society of London, Merrymount Children's Centre and the Memorial Boys and Girls Club). 이와 함께 런던시 정부는 '공동체와 이웃을 위한 지원 봉사 프로그램'이라는 이름으로 시정부의 지원과 사회봉사 부서의 스태프들이 협력하여 지역의 봉사단체들을 돕는 '연합형 봉사 모델'을 채택하기로 결정한 후에, 시의회의 심의와 조사를 거쳐서 새로운 모델의 필요성을 인식하게 되었다.

여러 가지 통계와 지역 현황에 대한 조사 후에, 1986년 동부 런던 글렌 케언 지역에 이웃을 위한 센터를 세우기 위한 필요요건 조사가 협력하기로 한 단체들의 후원 아래 시작되었다. 글렌 케언은 사회조사원들이 아이들과 가정들이 감정적·행동적·신체적으로 건강하게 성장하기 어려운 곳으로 평가하는 지역이다. 특히 교육 프로그램을 통한 학습과 건강성을 위한 교육, 음식과 의류 등 생활에 대한 지원, 그 밖에도 건강한 가정을 유지하기 위한 여러 가지 지원이 필요해 새로운 모델에 적합한 지역으로 선정되었다. 출범할 당시 파트너 봉사단체로는 가정 지원 프로그램MVCS, 소년 지원 프로그램Children's Aid Society, 방과후교실 프로그램 등이 포함되었고, 1987년 말에 리소스 센터는 독립된 자선단체로 법인화되었다. 이 센터는 글렌 케언과 폰드 밀 지역의 거주민을 중심으로 하였다. 몇 년을 거치며 파트너 봉사단체들에 변화가 있었고, 센터 또한 새로운 재정 지원 파트너들을 구축했다.

민간 중심의 센터 운영위원회는 주요 의사결정 기구로서 중요한 재정을 지원받는 일과 각 협력 단체들의 연합과 중재, 후원자들을 모으고 협력하는 데 주도적인 역할을 했다. 2001년과 2002년에는 주민들을 위해 매주 20개 이상의 프로그램을 제공했고, 31개의 파트너 봉사단체들과 협력하여 프로그램을 진행했고, 자원봉사자들이 3,600시간 이상 활동했다.

5. 글렌 케언 커뮤니티 리소스 센터의 운영 및 프로그램

1) 마을교육공동체의 네트워크 허브(Hub of Local education networks)

캐나다 전역과 온타리오에서 활동 중인 커뮤니티 리소스 센터는 각각의 지역적 상황과 인적·재정적 자원의 형편에 따라서 프로그램을 진행하며, 다양한 운영 시스템을 가지고 있다. 특히, 대부분의 커뮤니티 리소스 센터는 운영과 재정 면에서 정부의 의존과 행정적 관리보다는 자체적인 조달과 각 단체들의 지원을 통해 운영되고 있기 때문에 센터별로 운영의 유사성과 함께 차이성도 있다.

글렌 케언 커뮤니티 리소스 센터의 핵심 비전은 다음과 같다.

> 우리의 비전은 안전하고, 건강하고, 활기찬 지역공동체를 만드는 것이다. 이 일을 위해 지역공동체의 모든 사람들과 단체들은 육체적, 정신적, 경제적으로 건강한 삶을 위해 함께 격려하고 함께 활동한다.[13]

글렌 케언 커뮤니티 리소스 센터의 기본 운영은 이 센터의 설립 배경을 근간으로 한다. 1980년대 이 지역을 근간으로 다양한 방법으로 활동하던 봉사단체들이 보다 효율적인 활동을 위해서 새로운 연합체를 만들고, 공동의 활동, 협력 활동, 그리고 활동의 지원과 나눔을 효과적으로 함께 진행해 온 운영 방식이 아직도 중요한 운영 시스템으로 자리 잡고 있다.

첫째는, 다양한 단체들을 네트워크로 묶고 연합된 활동을 하는 운영이다. 2015년 현재 약 30여 개의 다양한 봉사단체들이 글렌 케언 커뮤니티 센터의 운영을 중심으로 글렌 케언과 인근 지역의 교육 지원 및 사회 지원 활동을 담당하고 있다. 각 단체들은 유아, 초등학교 학생 및 청소년들을 위한 교육 프로그램을 진행한다. 예를 들면 학업을 돕는 프로그램, 학업 부진아를 돕는 프로그램, 사회성을 발전시키는 프로그램, 예술 및 스포츠 프로그램, 학기 중 및 여름방학 동안 통합적으로 운영되는 프로그램 등을 포함한 교육적 활동들이 있다.

중년층을 위한 컴퓨터 교실 등 생활과 직업에 필요한 기초적인 교육과정도 있으며, 노년층을 위한 건강관리, 정원 가꾸기 등으로 사회성과 웰빙의 삶, 노인층의 사회성을 도모하고, 즐거운 삶을 위한 프로그램 등을 지원한다. 가족들을 위한 요리 만들기, 옷 수선 프로그램, 직업을 알선하고, 가족적인 행복을 도모하는 다양한 파티(금요 파티, 수영장 파티, 추수감사절 및 성탄절 파티)를 통한 가족 화합 프로그램이 진행된다. 또한 이민자들을 위한 영어 강습과 문화 알리기, 그리고 저소득자를 위한 음식, 의류, 세금 보고 지원 등의 가족 지원 프로그램들이 있다.

이러한 프로그램들이 센터를 중심으로 운영된다. 과거에는 센터의 자체 건물 내에서 직접 운영하던 비중이 높았지만, 현재는 대부분의 프로그램들을 센터 밖에서 진행하고 있다. 예를 들면 각 협력 단체의 공간에서 운영하기도 하고, 교육 프로그램은 각 학교의 공간에서 진행한다. 프로그램들은 각각의 필요에 따라서 매주, 매월, 혹은 분기별이나 몇 개월, 몇 년 터울로 진행된다.

글렌 케언 커뮤니티 리소스 센터는 전형적인 '민간 주도형 마을교육공동체' 형태로 운영되고 있다. 센터는 현재 6명의 스태프가 행정적인 진행과 프로그램의 운영을 주관하고 있다. 각 스태프의 역할은 다음과 같다. 다양한 프로그램에 비해 최소한의 인원으로 유지되는 것은, 많은 단체들의 협력을 통해서 효율성을 높이고 재정을 프로그램에 더욱 집중하기 위함이다. 한편, 재정 확충과 각 단체와의 협력, 센터의 운영을 위한 운영위원회가 존재한다. 지역 주민 대표들로 구성된 운영위원회에서 중요 의사결정을 하며, 재정의 집행과 프로그램 기획, 여러 사회단체로부터 기부금을 확보하기 위한 활동들을 감당한다. 풀타임 스태프 외에는 비상근이며 무보수 봉사직으로 구성되어 있다.

[그림 1] 글렌 케언 커뮤니티 리소스 센터 조직도

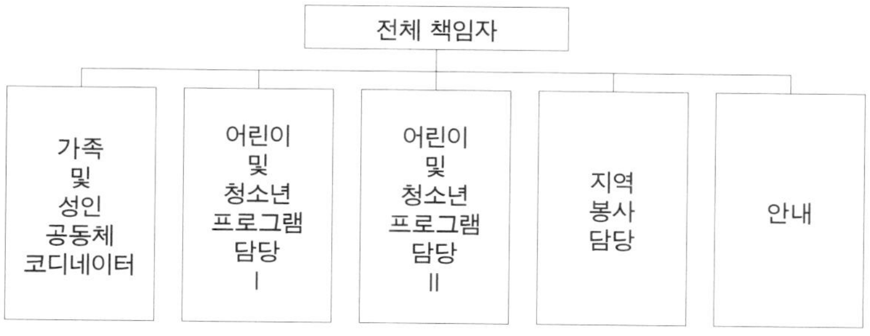

전체 책임자

- 가족 및 성인 공동체 코디네이터
- 어린이 및 청소년 프로그램 담당 I
- 어린이 및 청소년 프로그램 담당 II
- 지역 봉사 담당
- 안내

2) 프로그램 소개 및 운영

▶ 유아 및 어린이 프로그램

- **Let them Eat Lunch 함께 맛있는 점심을 먹어요**

  지역 교회에서 매월 두 번째 주 월요일에 아이들을 위해 제공하는 맛있고, 영양이 충분한 점심식사 제공 프로그램.

- **I Cook Jr 우리가 요리사**

  6~9세의 어린이들이 약 1시간 30분 동안 제공된 재료를 가지고 주제에 따라 요리를 해서 함께 나누어 먹는 시간.

- **I Cook Sr 우리가 요리사**

  10~13세의 어린이들이 약 1시간 30분 동안 주어진 재료를 가지고 영양가 있고, 집에서도 만들 수 있는 요리를 만들어서 함께 나누어 먹는 시간.

- **Boredom Busters 따분한 것은 싫어!**

  6세~초등학생까지 방과 후의 따분함에서 벗어나 게임, 창작활동, 새로운 친구들과 사회성을 기르는 프로그램.

- **Get Motivated 흥미 기르기**

  초등학교 저학년 대상으로, 여러 가지 스포츠(농구, 배구, 실내 하키, 체조 등)를 통해 사회성과 적극성을 기르고, 신체적인 발달을 돕는 프로그램이다. 관할지역 내 두 학교에서 실시되며, 영양가 높은 간식이 제공된다.

- **Dynamic Dozen-Dance**

  초등학교 전 학년 학생들이 함께 춤을 배우고, 팀을 이루어 춤을 추는 프로그램이다. 이를 통해 협동심과 개인적인 재능을 발견하고 기를 수 있다.

▶ 중고등학생 대상 프로그램

• I Care 우리가 돕는다

중고등학생 대상의 봉사 프로그램. 두 가지 목적으로 구성되는데, 첫째는 학교에서 이수해야 하는 봉사활동(연간 40시간)을 자신들의 취미, 재능에 맞추어 사용할 수 있도록 대상의 선정을 돕고, 관리 및 감독한다. 둘째는 이 프로그램이 학생들이 스스로의 직업에 대한 기술이나 재능을 개발할 수 있는 계기가 되도록 돕는다.

• Youth Council 청소년 의회

중고등학생들로 구성되며, 지역의 현황에 대한 의견을 내고, 지역의 이벤트에 창의성을 가지고 참여할 수 있도록 돕는다. 학생들은 리더십을 기를 수 있고, 지역의 이벤트나 현황에 대해 더욱 구체적인 의견과 정보를 통해서 접근하고 참여할 수 있다.

• New School of Colour 새 학기를 미술과 함께

중고등학생들을 대상으로 도서관에서 진행하는데, 미술 활동을 하면서 자신의 손, 얼굴, 표정 등을 관찰하고 조각이나 자화상을 그리며 자기정체성을 정립하도록 돕는 프로그램.

• Gal Pals

9~13세의 여학생들이 서로 교제하며, 게임을 하고 다양한 주제로 토론하는 프로그램으로 리더십, 자기 정체성을 확립하고 사회성을 기르는 프로그램.

▶ 계절 프로그램

• Ice Hockey 아이스하키

두 가지 목적으로 실시되는데, 첫째는 겨울철 학교 체육 종목인 아이스하키를 더욱 잘 배우고 싶은 아이들에게 실력을 기를 기회를 제

공하며, 둘째는 신체적 발달이 더욱 필요한 학생들도 현재의 능력과 상관없이 돕는다. 모든 학년에 열려 있는 프로그램으로 저렴하게 제공된다.[14]

- 가족, 지역민 파티 및 축제

부활절, 추수감사절, 핼러윈, 성탄절에는 센터에서 직접 봉사자들과 지역 주민들이 함께하는 파티를 열어 단합과 우정을 나누는 프로그램을 진행하며, 연관 단체들의 파티 정보를 공유하여 함께하도록 한다. 여름과 가을에는 바비큐 파티를 자주 열어서 지역민들이 교류하는 시간을 마련한다.

예) Youth Bash 2016: 청소년과 청년들을 위한 지역 축제로 무료 바비큐 파티와 장기자랑 대회를 한다. 또 연관 기관에서 준비한 뮤지컬이 상연된다.

- 여름, 겨울 캠프

유아, 어린이, 학생들을 위한 여름방학, 겨울방학 캠프가 열린다. 센터에서 직접 운영하는 캠프와 지역 단체들이 운영하는 캠프가 있다. 스포츠, 학습, 취미와 재능을 발달시킬 수 있는 다양한 프로그램이 진행되는 많은 캠프가 있다. 염가 혹은 무료로 참여할 수 있다.

예) Camp GPS: 6~13세까지의 아이들이 일주일 동안 오전 9시에서 오후 5시까지 현장 견학field trip, 수영, 수중 게임, 빵 만들기, 요리하기, 정원 가꾸기, 만들기 등을 하면서 새로운 친구를 사귀고, 사회성, 리더십, 책임감, 협동심을 기른다. 자연과 과학을 가까이할 수 있고, 신체적·정신적 건강을 위한 활동들을 한다.

▸ 노년, 가족, 전 연령 프로그램

- Sew So Easy

관심 있는 전 연령을 대상으로, 옷, 가방, 액세서리 등을 만들고, 바느질, 재봉틀, 뜨개질 등의 취미, 재능 및 직업을 위한 프로그램.

- 장년 컴퓨터 프로그램

장년, 노년층이 쉽게 컴퓨터를 이용할 수 있게 되어 행정적인 일을 처리하고, 개인의 공부를 하며, 취미생활을 할 수 있도록 돕는다.

- The Seniors Centre: 노인 사교 클럽

지역의 노인들이 모여서 점심을 나누고, 게임 등을 통해서 친구를 사귀고, 운동을 하고, 즐거운 시간을 보낸다. 무료 혹은 염가로 운영한다.

예) 게임 무료, 헬스 1달러, 요가 1달러 등

- Let Them Eat Lunch: 맛있고 영양 있는 음식 만들기

지역 교회에서 진행하는 프로그램으로 부모들을 위한 요리 강습이다. 성장기 아이들에게 맛있고 영양 있는 점심 및 요리를 만드는 방법을 나누는 프로그램.

- Free Fit Fun 함께 운동하기

개인의 정신적·신체적 건강을 위해 개인 트레이너들이 무료로 운동을 지도한다.

▸ 사회 복지 관련 프로그램

- 시민 되는 과정

이민자들이 어떻게 영주권을 받고, 시민권을 취득할 수 있을지에 대해서 행정적인 지원을 돕는다. 이를 위해 영어과정을 안내하고, 필요한 자격을 갖출 수 있도록 돕는다.

• 세금 신고 봉사

매해 모든 성인들이 신고해야 하는 개인 세금 신고를 돕고 대행한다.

• 재활용 의류 나누기

다양한 단체에서 기부받은 재활용 의류를 지역 주민들이 사용할 수 있도록 세탁, 정리해서 나누어 준다.

• Food Bank 음식 나누기

여러 푸드뱅크 단체들과 연계하여 음식이 필요한 사람들을 돕는다. 또한 매일, 매주, 매월 식사를 직접 제공하는 단체들의 시간, 장소 등을 알려서 음식이 필요한 사람들이 방문할 수 있도록 돕는다.

• 의료 지원 봉사

각 단체 및 병원에서 봉사하는 치과 및 건강관리 프로그램을 유치하거나 연계하여 소개한다. 많은 지역민들이 이용하고 있다.

• 행정 지원 프로그램

여러 가지 행정적인 지원이 필요한 사람들에게 안내하고, 서류 등을 작성하도록 지원한다. 또한 센터에 마련한 함에 직접 집어넣으면, 서비스를 대행해 준다.

▶ 가족 지원 코디네이터

• 가족 혹은 가족 구성원에게 특별한 도움이 필요할 때, 필요에 맞게 직간접적으로 지원을 해 준다. 직접 방문할 수도 있고, 이메일이나 전화 상담도 가능하다.

3) 자원봉사자들의 활동

글렌 케언 커뮤니티 리소스 센터는 현재 등록된 약 200명의 자원봉사자들에 의해서 움직이고 있다. 자원봉사자들의 도움이 없으면 센터

자체의 운영이 어려울 정도이고, 한정된 재정 때문에 유급 봉사자를 많이 고용할 수 없다. 자원봉사자는 다양하다.

첫 번째는 노년층과 어린아이들의 취미와 학습 공간으로 사용되는 정원을 가꾸거나, 센터 내외의 수리 및 공사가 필요할 때 돕는 봉사자, 아이들을 위해 쿠키를 만들고 배송하는 봉사자, 마을 축제 때 준비를 돕는 봉사자 등 센터의 운영과 프로그램의 외곽에서 지원하는 봉사자들이다.

두 번째는 프로그램을 직접 운영하는 봉사자들이다. 지역 주민으로서 재능과 전문성을 가진 봉사자들이 자기에게 주어진 시간과 환경에 맞춰 지역민을 위해서 봉사한다. 센터에서 진행하는 프로그램은 대부분 이러한 봉사자들에 의해서 운영된다. 따라서 프로그램의 지속성이 약할 수 있고 수급의 어려움도 겪기 때문에 프로그램이 자주 바뀔 수 있는 한계가 있다. 하지만 보통의 프로그램은 적어도 한 학기 이상은 진행된다.

세 번째 봉사는 런던 및 인근 도시의 학교, 병원, 봉사단체 등의 활동이다. 교육대학교 학생들이 자신들의 실습 공간으로 여겨 봉사에 임하고, 중고등학생들은 의무 봉사 기간을 채우기 위해 봉사에 임한다. 또한 지역의 병원들이 저소득층인 글렌 케언 지역 주민들을 위해 의료 봉사를 하는데, 이 모든 활동들이 센터를 통해 주도적으로 진행된다.

4) 참여자와 학교의 연계성

글렌 케언 커뮤니티 리소스 센터에는 초등학교 연령이 40%, 청소년이 30%, 성인과 노년층이 30% 정도 참여하고 있다. 전체의 3분의 2가량이 어린이와 청소년이다. 센터와 시민자치 운영위원회는 정기적으로 설문과 개별 면담(face to face의 개별 접촉)을 하며 커뮤니티 리소스 센터를 통해 얻은 결과들을 분석, 추후 계획을 세우고 추진하는 데 자료로 사용하고 있다.

커뮤니티 리소스 센터는 학교와 직접적인 연계가 없지만 다른 형태로 학교와 관계를 맺고 있다. 프로그램 실무자의 인터뷰를 통해 이를 확인할 수 있었다.

> 글렌 케언 지역에는 4개의 초등학교가 있습니다. 각 초등학교에는 300명 내외의 학생이 있으며, 중고등학교는 지역 내에 없어요. 과거에 고등학교가 있었는데 다른 학교와 통합되었지요. 아무튼 4개의 학교 중에서 2개는 본 센터와 교육 프로그램을 계획 및 운영하는 데 협력하고 있습니다. 다른 두 학교는 상대적으로 소홀한 편이지만 그래도 몇몇 프로그램은 협력하여 진행하고 있어요. 학생들을 위한 프로그램 중에 가장 인기 있는 것은 요리교실입니다. 때로는 학교에서 프로그램을 제안하는 경우도 있어요. 방과후교육 프로그램을 위해서는 긴밀하게 연계해서 진행합니다. 이것도 커뮤니티 스쿨 스타일입니다.

글렌 케언은 교육지표가 평균보다 낮고, 사회성이 부족하거나 정신적·심리적 도움이 필요한 학생들이 평균보다 많은 특성이 있다. 다른 지역의 학교보다 학교 자체적인 돌봄과 교육에 어려움을 겪고 있어 커뮤니티 리소스 센터와 협력하여 도움을 받는다. 현재 사회성을 증진시키는 프로그램, 학업 미진아를 개인적으로 돕는 교육 프로그램, 점심을 먹지 못하는 아이들을 위한 영양 지원 프로그램, 방과 후에 함께 게임 등을 하면서 부모의 귀가 전까지 돌보는 프로그램들이 학교 안에서 커뮤니티 센터의 지원으로 운영되고 있다.

결론적으로 글렌 케언 커뮤니티리 소스 센터는,

첫째, 방과 후 어린이들이 찾아갈 공간으로서의 역할을 하고 있다. 부모들의 열악한 직업 환경, 결손 가정으로 인해 방과 후 방치된 아이들이 많았는데, 이들이 정기적으로 참여하여 보호를 받고, 프로그램을 통해서 재능 및 취미를 배우는 시간을 갖게 되었다. 또한 대부분의 프로그램이 제공하는 영양가 있는 간식이 아이들의 영양 공급에 도움이 되었다.

둘째, 학생들의 성장에 교육적·사회적 발전을 위한 도움을 제공한다. 학습 능력이 부족한 학생들을 돕고, 사회성이 부족한 아이들의 발달을 돕는 프로그램을 통해 학생들의 자존감이 높아지고, 건강한 미래에 대한 희망을 갖게 한다.

셋째, 노인들을 위한 정원 가꾸기, 요리, 체력 프로그램으로 노인들의 삶의 질과 생명 지속에 대한 신뢰감이 증가한다. 지역적 배경으로 삶의 애착감이 부족한 노인들에게 삶의 활력소가 생기고 상호 간의 교제를 통해서 연대감을 높여 주고 있다.

6. 캐나다 사례가 한국의 마을교육공동체에 주는 시사점

1) 다섯 가지 지표 비교

캐나다의 사례가 한국의 마을교육공동체에 주는 시사점은 무엇일까? 캐나다 런던시의 커뮤니티 센터와 커뮤니티 리소스 센터의 특징을 요약 정리하면서 우리나라 마을교육공동체와의 유사성과 차이점을 살펴보고자 한다. 발생 배경, 목적, 활동 내용, 운영 방식, 지속가능성을 기준으로 살펴봄으로써 한국 마을교육공동체가 캐나다 런던시의 커뮤니티 센터와 커뮤니티 리소스 센터에서 배울 수 있는 점을 제시하고자 한다.

(1) 발생 배경

런던시의 커뮤니티 및 리소스 센터와 마을교육공동체의 발생 배경은 비슷한 초기 형태를 지니지만, 사회적 변화와 시대적 변화를 거치면서 현재는 많은 차이를 보이고 있다. 커뮤니티 센터는 초기 학교 제도가 정착되기 이전에 지역 운동가들을 통해 기초적인 교육을 감당하던 영국의 모델이 캐나다에도 그대로 이어졌지만, 학교 제도의 정착 후에는 시정부 주도의 종합 복지·교육 지역공동체로 정착했다. 커뮤니티 센터의 초기 형태는 지역 학생 연령의 아이들에게 배움과 성장을 위해 마을이 참여한다는 점에서는 공통점을 지니지만, 이후의 모습은 관 주도로 변형되었다.

커뮤니티 리소스 센터가 한국의 마을교육공동체와 더 많은 유사성을 보이고 있다. 비교적 저소득 계층 밀집 지역에 풀뿌리 마을운동가 및 시민봉사단체들이 자발적으로 지역의 학생들을 교육하고, 건강하게 성장하도록 다양한 방법으로 봉사한 것이 그 시발점이다. 이런 점에서는 마을교육공동체의 대표적 프로그램인 경기도교육청의 '꿈의학교'와 유사성을 지닌다. 꿈의학교가 풀뿌리 마을교육 모임들과 관을 통해 새롭게 지원되고 만들어진 센터형의 마을교육공동체라면, 리소스 센터는 독립적인 꿈의학교 모형들이 연합하여 하나의 센터를 만들어 지역의 학생과 주민의 학습과 건강한 삶을 위해 일하는 단체로 성장한 것이다. 현재 런던시의 커뮤니티 센터와 리소스 센터는 설립 및 운영에 학교와의 직접적인 연관이 없다는 점에서는 마을교육공동체와 상반된다. 하지만 학교의 프로그램을 보완하고, 학교 프로그램의 일부를 유치하면서 지역민을 위한 공동의 배움과 학습을 통한 성장의 토양을 제공한다는 점에서는 지역의 모든 기관들이 같은 목적을 가지고 있다.

(2) 목적과 활동 내용

발생 배경이 다르므로 런던시의 커뮤니티 센터 및 커뮤니티 리소스 센터와 마을교육공동체의 목적과 활동 내용은 차이를 보인다. 마을교육공동체는 학생을 위한 건강한 학습생태계를 조성하고, 학교뿐 아니라 마을을 통해 다양한 교육적 기회를 제공받으며, 마을의 주민들이 마을 학생들의 균형 잡힌 성장을 위한 교육자로 참여하는 데 목적이 있다. 학생-학부모-마을 주민이 함께 학생들이 마을을 통해서 건강한 삶을 일구어 갈 수 있는 기틀을 마련하는 것이며, 이로써 지역사회도 건강한 사회 환경으로 변화될 수 있다는 것이다. 커뮤니티 센터는 시정부 주도로 마을을 건강하게 만드는 것에서는 목적의 유사성을 가진다. 중요한 차이점은 시정부가 정책을 입안하고, 시 내외의 전문가, 행정가, 정치가 및 외부 전문 기관과 함께 협력해서, 커뮤니티의 개인, 가정, 가정과 가정, 건강한 작업환경을 통해 시 전체가 성장하고 발전하는 것을 목적으로 한다. 런던시 커뮤니티 센터의 목표가 마을교육공동체보다는 더 크고 세밀하다. 이를 통해, 마을교육공동체가 도 혹은 시 주도의 마을살리기 운동, 마을공동체운동 등과 협력하여 보다 발전하고 건강한 마을을 만들기 위한 시사점을 준다. 커뮤니티 리소스 센터도 시의 전역이 아니라 시의 지원이 부족한 저소득층 지역에서만 활동한다는 점에서는 마을교육공동체와 차이가 있다. 또한 교육청 혹은 시정부의 정책적 지도나 감독 없이 주민 자체적으로 센터 내에서 정책을 결정하고 운영한다는 점에서 마을교육공동체의 꿈의학교와 유사성과 차이를 동시에 지닌다. 하지만 리소스 센터도 소외된 지역 학생 및 주민을 교육과 복지적인 협력을 통해 건강한 삶을 추구한다는 점에서는 마을교육공동체와 목적의 유사성이 있다.

(3) 운영 방식

정책의 운영 방식은 각각의 공동체들이 지속가능성을 가지고 운영되는 데 이는 중요한 요소이다. 마을교육공동체는 민·관·학의 협력으로 운영되며, 커뮤니티 센터는 시정부(관) 주도이지만, 운영을 위해서 주민의 교육자 및 참여자로서의 협력이 필수적이며 학교와의 협력은 미약하다. 커뮤니티 리소스 센터는 정부의 관여 없이 지역(민) 주도 기관이다. 일부 학교와의 협력이 있지만 마을교육공동체처럼 민·관·학의 협력은 없다. 커뮤니티 센터와 리소스 센터가 30년 이상의 역사를 이어 오며 지속적으로 변화·발전해 온 모습에 마을교육공동체가 충분히 배울 만한 점이 있다. 시정부나 봉사단체의 정치적 성향과 관계없이 지역 학생과 주민들의 배움과 재능을 개발시키고, 삶의 질을 높이며, 동시에 지역 자체가 행복한 커뮤니티가 되기 위한 목적의식은 런던 시정부가 40년 이상 동일한 목적을 발전시켰다는 점에서 민·관·학이 균형적으로 협력하는 것이 필수적이지는 않다는 점을 보여 준다.

(4) 지속가능성

마을교육공동체와 커뮤니티 센터 및 리소스 센터의 사업을 지속하기 위해서는 현장 사람들의 주체성과 자발성이 가장 중요한 요소가 된다. 마을교육공동체가 좋은 목적을 가지고 바람직한 방향으로 나아가고 있지만, 지속성에 대한 검증은 여러 가지 부분에서 더 필요하며, 시간과 사회환경의 변화에 따라서 변화될 여지가 여전히 많다. 정치적 성향과 별개로 시 전체의 발전을 위한 커뮤니티 센터의 주체성과 소외된 지역의 건강한 삶을 위한 리소스 센터의 자발성이 각각 40여 년, 30여 년의 지속성을 가져왔다는 점에서 마을교육공동체의 운영의 지속성에 대한 연구가 필요하다. 특히, 커뮤니티 리소스 센터는 일부 유급 스태프 외에는 지역 내외의 전문가 및 일반 자원봉사자들의 활동을 통해서 운영의 지속성이 유지되었다는 점은 마을교육공동체에서 주목할 필요가 있다. 또한 리소스 센터의 경우 시정부의 일부 재정적 지원이 있지만, 지역의 종교 및 단체들의 재정적 후원이 운영의 지속성을 가능케 했다는 점이다. 마을교육공동체 역시 운영의 지속성을 위해 재정의 지속성 또한 염두에 두어야 할 것이다.

2) 한국의 마을교육공동체에 주는 시사점

마을교육공동체와 런던시 커뮤니티 센터 및 커뮤니티 리소스 센터의 유사성과 차이점을 근거로 마을교육공동체에 주는 시사점을 몇 가지 제시하고자 한다.

첫째, 시정부-학교-민간의 협력이 마을교육공동체의 건강성과 지속성을 유지하는 데 필수적이다. 런던시의 커뮤니티 센터는 관官 주도로 민民과 학교의 일부 협력으로 운영되며, 커뮤니티 리소스 센터는 민民 주도로 학교와의 일부 협력으로 운영되고 있다. 마을교육공동체는 학교 주도로 민民이 협력하고, 일부 관官의 협력으로 이루어지고 있다. 또한 마을교육공동체는 정책 집행 수장의 정치적 영향에 따라서 방향이나 목적이 변경될 여지도 충분하다. 물론 민民과 학교도 가변성이 있지만, 마을교육공동체는 교육청의 영향력이 런던시의 경우보다 높기 때문에 지속성 면에서는 제한적일 수밖에 없다. 런던의 커뮤니티 센터 및 커뮤니티 리소스 센터도 학교와의 협력을 넓혀 가려고 지속적으로 노력하고 있다. 주요한 대상인 학생층의 주요 공간이 학교이며, 학생들의 건강한 삶을 위해 학교가 중요하기 때문이다. 따라서 학교와의 협력을 통해서

민-관-학교의 균형과 협력을 강화하려고 노력하는 것이다. 기본적으로는 관官과 학교가 지역사회의 학생들을 위한 배움과 학습이 지역 안에서 이루어질 수 있도록 하는 정책적 협력이 필요하며, 교육 및 복지가 병행되는 커뮤니티 센터의 정책적 지향점에서 협력의 지혜를 얻을 수 있다.

둘째, 민-관-학교를 효과적으로 연결하기 위한 역할이 중요하다. 런던의 커뮤니티 센터는 시정부가 주도하지만 계획과 실행을 위해서 시 내부의 행정가, 시민들의 의견, 시민들의 교육자로서의 참여, 외부 전문가 기관의 감수 등을 통해 가용 가능한 모든 자원들을 통해서 연결점을 찾고 있다. 물론, 시정부 주도이므로 타 기관 및 주민과의 연결점에 효율성이 있다. 커뮤니티 리소스 센터의 경우도 상주하는 6명의 스태프(6명 중 3명이 코디네이터-Resource coordinator란 이름으로 활동)가 지역민 및 연관 기관들과 협력을 이끌어 내어 센터의 재정과 프로그램을 운영하고 있다. 커뮤니티 리소스 센터에서도 학교와의 협력을 강화하고 있지만, 런던시의 경우 본래적으로 학교의 커뮤니티화가 많이 진행된 상태이기에 리소스 센터 및 커뮤니티 센터와의 협력에 대해서는 미온적이다. 그래서 각각의 센터가 학교와의 보다 균형적인 협력을 강화하려고 노력하고 있다. 마을교육공동체도 세 연결점을 효율적으로 연결하기 위한 기구의 필요성이 있다. 교육 전문가, 행정가, 지역 활동자들이 함께 실질적인 문제들을 토론하고 협력하여 각각의 방향과 정책이 아니라, 시 전체의 건강과 학생들이 포괄적으로 교육받을 수 있도록 협력의 필요성이 제기되며, 이를 위한 기구가 요구된다.

셋째, 두 번째 시사점과 연관하여 마을교육공동체가 시 전체의 성장을 위한 동력으로 활용되기 위한 방안이다. 한국의 마을교육공동체는 아직 학교 전체와 마을 전체의 협력으로 디자인되거나 실천되지는 못하고 있다. 물론, 시정부와 교육청의 협력 부분도 미흡하다.[15] 이 점에서 런던 커뮤니티 센터는 시 전체를 아우르는 커뮤니티 센터를 통해서 소도시 커뮤니티 개인의 학습과 삶의 강건함을 추구하며, 가정의 풍성함을 높이고, 이웃의 연대를 강화한다. 이를 통해 건강한 직업 환경을 조성하여 시 전체가 발전하고 건강성을 유지하도록 하는 종합적인 교육-복지 정책이다. 위에서 언급한 것처럼 학교와의 연관성은 제한적이지만, 지역 전체의 건강성을 목표로 정책을 입안하고 시의 발전까지도 준비하는 것은 마을교육공동체가 교육청-시정부의 협력을 통해 교육-복지 및 연관 정책이 효율성을 가지고 커뮤니티 전체에 영향을 미칠 수 있도록 하는 장기적인 계획에 시사점을 준다. 현실적으로 실현 가능성은 낮지만 런던시처럼 40만 명 내외의 소도시에는 시의 자생력과 동시에 교육과 삶의 질을 높이는 정책의 연결성이 가능할 수 있다고 본다. 마을교육공동체가 교육공동체를 넘어 커뮤니티의 건강성을 회복하는 방향성을 런던 커뮤니티 센터를 통해서 제시받을 수 있을 것이다.

넷째, 마을교육공동체의 지속성과 발전을 위해 전문가 및 지역 주민들의 참여 및 봉사가 필수적이다. 마을교육공동체는 학교의 교사 및 지역의 일부 전문가들의 참여로 이루어지고 있다. 이제 마을교육공동체를 확대하고 지속적으로 운영하려면 참여의 폭을 넓혀야 한다. 런던 리소스 센터는 30년 이상 전문 기관과 지역 자원봉사자들의 무보수 참여를 통해서 운영해 왔다. 물론 코디네이터들의 역할을 통해서 이 부분이 어느 정도 가능할 수 있지만, 지역의 기관과 단체들 그리고 학부모와 지역민들이 인식을 공유하고 참여할 수 있도록 하는 것이 중요하다. 마을교육공동체의 목적과 방향을 어떻게 지역민들과 공유할 수 있는지 고민하고, 함께 참여하여 운영의 지속성과 다양성을 높이고 공동의 주제로 승화시키기 위한 작업이 필요하다.

다섯째, 효율적인 운영을 위한 재정 확충 방안이다. 런던 커뮤니티 센터는 시정부의 지원과 참여자들의 비용으로 운영된다. 커뮤니티 센터는 교육-복지의 멀티 기능이기에 시정부가 지출하는 비용이 연대성을 지니고 효율적으로 사용된다. 비용이 중복되는 것을 최대한 줄이는 것이다. 커뮤니티 리소스 센터는 정부의 지원을 일부 받지만, 지역 개인들의 후원이 더 많은 부분을 차지하고 있다. 물론 재정적인 한계는 있지만 이러한 재정 충족을 전통적인 운영을 위한 방안으로 유지하고 있다. 마을교육공동체는 런던의 시사점을 통해 교육청 및 일부 시정부의 지원 외에 지역의 기관 및 단체 그리고 지역민들이 함께 공헌하는 교육공동체로서의 방향을 모색할 필요가 있다.

3) 제언

캐나다의 사례를 보면서, 우리나라의 마을교육공동체의 지속가능성을 보장하고 그 외연을 확장하기 위해서는 다음과 같은 몇 가지 제도적 개선이 필요하다고 판단된다.

우선, 현재 지역에서 다양한 형태와 이름으로 운영되는 교육-복지 관련 시설들에 대한 융복합 운영체제가 필요하다는 것이다. 캐나다의 커뮤니티 센터에도 지역의 대표적인 교육복지 시설 모델로서 지역민을 위한 통합적 교육복지 서비스 제공이 필요하지만, 우리나라는 이것이 전적으로 공급자 중심으로 운영되고 있다. 정부 부처의 다양한 부서에서 운영되는 지역의 교육복지 관련 시설들을 살펴보면 [표 3, 4]와 같이 매우 분절적인 형태로 운영되고 있다. 이는 곧 캐나다의 커뮤니티 센터와는 달리 시설의 프로그램 내용이 대동소이하더라도 우리나라에서는 그 시설명이 다르고 운영 형태도 매우 다양하게 나타난다는 것이다. 이 점에서 최근에 강조되고 있는 복합형 커뮤니티 센터의 설치 및 운영

[표 3] 정부 부서별 교육-복지 관련 시설 운영 근거

구분	평생교육법	사회복지사업법	청소년기본법	문화예술교육지원법
소관 부서	교육부	보건복지부	여성가족부	문화관광체육부
주요 시설	시·군·구 평생학습관, 읍·면·동 평생학습센터 (법 제31-38조)	사회복지관 (법 제34조의5)	청소년시설 (법 제17조)	지역문화예술 교육센터 (법 제10조 제6항)

[표 4] 방과후 돌봄-교육 관련 정부 부서별 시설 운영 근거

구분	초등돌봄교실	지역아동센터	청소년방과후아카데미
소관 부서	교육부	보건복지부	여성가족부
관련 법	초중등교육과정총론 교육부 고시	아동복지법	청소년기본법
지원 대상	초등 1~6학년	만 18세 미만	초등 4학년~중3학년
지원 내용	돌봄, 교육 및 일부 급간식비 지원	돌봄, 교육, 문화, 정서 지원, 지역사회 연계 등	전문체험활동, 학습 지원, 자기개발활동, 특별 지원 및 생활 지원

이 필요하다고 본다.

다음으로, 우리나라의 마을교육공동체가 지금의 한계를 극복하고 그 외연을 확보하기 위해서는 무엇보다 ① 교육청 및 지자체 협력 주도 유형, ② 지자체 주도 유형, ③ 주민자치 주도 유형 가운데 주민 주도형 마을교육공동체가 더욱 확대되고 활성화되어야 한다. 정부 주도형은 일찍이 우리나라의 새마을교육과 같이 위로부터의 지시적·계몽적·권위적 운영체제의 한계가 있을 수밖에 없기 때문이다.

셋째, 마을교육공동체가 활성화되기 위해서는 무엇보다 마을활동가들의 네트워크Network가 촉진되고, 지역교육력Regional Education Power이 강화되어서 '그들만의 리그'가 아닌 '마을 전체'로 확대되어야 한다. 이는 곧 마을교육공동체에서 '교육'과 '학습' 활동이 필수적으로 전제되어야 한다는 것을 의미한다. '교육'만이 있는 조직은 그 구성원의 주체성을

잃어버리게 되고, '학습'만이 있는 조직은 그 외연을 확대하기 어렵기 때문이다. 이 점에서 마을교육공동체의 교육 프로그램이 더욱 다양화되어야 함은 물론, 그 질적 수준에서 다양성과 전문성이 보장되어야 할 것이다.

| 주석 |

1. 이 글은 "김영철 외, 『마을교육공동체 해외 사례 조사와 정책 방향 연구』(경기도 교육연구원 정책연구2016-06), 「제5장 마을교육공동체 캐나다 사례 연구」"를 수정·보완한 것이다.
2. 서용선 외, 『마을교육공동체란 무엇인가?: 탄생, 뿌리 그리고 나침반』(살림터, 2016) 참조. 마을을 통한 교육(learning through community)은 지역사회의 인적·문화적·환경적·역사적 인프라를 활용하는 것이고, 마을에 관한 교육(learning about community)은 마을의 역사 탐방, 지역 일터 체험활동을 말하며, 마을을 위한 교육(learning for community)은 학생들의 자치활동과 지역사회 연계 교육봉사활동 그리고 이러한 학생들이 결국에는 지역사회와 함께하는 것을 말한다.
3. 캐나다 온타리오주의 교육은 크게 공립학교와 사립학교로 나뉜다. 사립학교는 종교적 배경을 가지거나 사립학교 재단을 통해서 설립되고 운영되는 학교들을 의미하고, 공립학교는 영어권의 일반 공립학교가 주류를 차지하는 가운데 영어권의 가톨릭 공립학교와 프랑스어를 사용하는 학교로 구성되어 있다. 영어권의 공립학교와 가톨릭 공립학교, 프랑스 언어 사용 공립학교는 각각의 교육청이 있고, 각각의 교육청들은 지역별 위원회(Board)를 별로도 운영하고 있다.
4. 캐나다에서는 Community Centre, Recreation Centre, Civic Centre 등의 이름이 같은 의미로 명명된다. http://infed.org/mobi/community-centers-and-associations; http://www1.toronto.ca/parks/prd/facilities/recreationcentres.
5. 2011년 기준 인구 약 37만 명인 런던(온타리오주 남서지방에 위치)은 17개의 커뮤니티 센터를 운영 중이다. 도시밀집형인 토론토에 비해 도농복합형 도시의 특징을 지니며, 시정부의 재정적 운영을 기본으로 하므로 시의 재정 상황에 따른 차이가 있다. 따라서 커뮤니티 리소스 센터는 도시 지역보다는 시정부의 지원이 열악한 도농 지역에 비교적 많이 설립·운영되고 있다.
6. http://www.crcbv.ca; http://www.frfp.ca/parents-resources/community-resources/community-resources-centres.htm; http://www.wocrc.ca
7. 한국식으로 설명하면, 구 산하의 동 1~2개 정도 크기의 지역을 의미한다. 지역의 공식적 사무소나 관공서는 없으며, 런던시의 정부의 분점들에서 행정을 시행한다. 런던의 크기는 서울의 약 3분의 2 정도다.
8. en.wikipedia.org/wiki/List_of_the_100_largest_municipalities_in_Canada_by_population

9. http://www.citypopulation.de/Canada-Ontario.html
10. 2011년 Glen Cairn Neighbourhood Profile, London, Canada.
11. 2011년 기준으로 캐나다의 가구당 평균 소득은 연 $72,240이며, 온타리오 평균은 $73,290이다. http://www.statcan.gc.ca/tables-tableaux/sum-som/l01/cst01/famil108a-eng.htm.
12. 온타리오는 캐나다 평균보다 약간 높은 가구별 수입을 보인다. 하지만 글렌 케언 지역의 전통적인 백인 거주인의 수입을 제외하면 저소득층 비율이 다른 지역보다 높다. http://www.moneysense.ca/save/financial-planning/the-all-canadian-wealth-test-2015-charts.
13. 글렌 케언 리소스 센터 홈페이지 자료.
14. 캐나다의 공교육은 겨울철 체육 수업으로 스케이트를 이용한다. 일주일에 2회, 약 2시간 정도의 체육 시간에는 학교 근처의 실내 빙상장에서 스케이트를 탄다. 물론, 지도교사의 감독 아래 모든 학생들은 규격에 맞는 헬멧과 스케이트, 보호장비를 갖추고 탄다. 캐나다에서 아이스하키는 국민 스포츠이며, 스케이트는 겨울의 대표적인 스포츠로 누구에게나 무료 혹은 저렴하게 제공된다.
15. 경기도의 시흥시와 의정부시는 교육청과 지자체가 협력하여 마을교육공동체를 만들어 가는 대표적인 도시이다. 또한 서울의 혁신지구사업 등도 지자체-교육지원청의 좋은 협력 모델이기도 하다. 하지만 아직도 전국적으로 보면 이러한 협력 모델이 미흡하다.

| 참고 문헌 |

1. 시정부 자료

Parks & Recreation: Strategic master plan 2009, City of London, 2009년 11월 23일 발간.

Recreation Service Plan 2013-2017, Toronto, 2013년 발행.

Community Resource centre Information, Ontario Ministry, 1970년 발간.

Community Resource centre information book, Ontario Ministry, 1982년 4월 발간.

Glen Cairn Community Profile, City of London, 2006년.

Glen Cairn Neighbourhood Profile, City of London, 2011년.

2. 글렌 케언 커뮤니티 센터 자료

Glen Cairn 스태프 인터뷰, 2016년 9월 16일.

Glen Cairn 센터 현지 코디네이터 방문 및 내부 자료 수집, 2016년 4월 22일, 7월 29일.

Internet Resources

- 커뮤니티 센터 및 리소스 센터

http://www.frfp.ca/parents-resources/community-resources/community-resources-centres.htm

http://infed.org/mobi/community-centers-and-associations;

http://www1.toronto.ca/parks/prd/facilities/recreationcentres.

http://www.communityresourcecentre.org/

http://www.wocrc.ca/

http://mcrc.on.ca

http://www.crcbv.ca/

3. 기타 자료.

http://www.moneysense.ca/save/financial-planning/the-all-canadian-wealth-test-2015-charts.

http://www.statcan.gc.ca/tables-tableaux/sum-som/l01/cst01/famil108a-eng.htm.

제5장

프랑스 지역사회 교육공동체: 학교와 지역사회개발정책의 구조화된 교육네트워킹 사례[1]

이영란(순천향대학교 청소년연구센터 연구교수)

1. 들어가며: 학교-지역사회 간 교육네트워킹

지역사회 교육공동체란 지역과 교육, 공동체라는 다의적 개념이 모여 복합적인 의미를 이룬다. 공동체란 커뮤니티를 구성하는 요소로서 공유된 가치와 정서, 관심과 참여를 토대로 구성원 간의 소속감이 완성되는 곳이다. 따라서 공동체와 소속감은 불가분 관계를 맺고 있으며, 공동체가 단단히 결합하기 위해서는 구성원 간의 소속감이 형성되어야 하는데, 이는 동질성과 연대감에 좌우된다. 여기서 지역이라는 물리적 기반은 공동체가 유대감을 공유할 수 있는 단단한 토대인데, 인적·물적 기관으로 구성된 일종의 복합적 기능을 가진 곳이다. 즉 지역은 교육 자원이 될 수 있는 지역사회의 교육력을 모아 상호 연계시킬 수 있는 물리적이고 자원적인 근간이라고 할 수 있다. 학교와 지역사회의 관계에 기반을 둔 '교육공동체'는 "학교에 대한 지역민의 참여, 구성원들 간의 협력, 민주적 의사결정구조의 분권화"가 중요하며,이정선, 2009: 85 지역사회의 교육 자원이 되는 모든 공공재는 사회적 자본의 성격을 띠게 된다. 지역 내 인적 자원 및 교육 자원 개발을 위한 이 사회적 자본의 여건은 사회적 자본을 얼마나 갖고 있는지에 대한 유무의 수준뿐만 아니라 각각의 공공재가 지역의 교육력 회복 및 제고를 위해 얼마나 잘 결합하고 협력하는지가 중요하다.김태준·조영하·이상일·이병준·박찬웅, 2004 한마디로 '지역교육공동체'에서는 지역사회를 학습의 도구이자 장으로 활용하여 다양한 교육 지원 방법을 모색하게 하며, '다자적인 교육 협력'을 토대로 한 지역사회와 학교 간 참여와 역할이 강조된다.

교육공동체는 교육의 기능을 전 사회의 장에서 이루어지게 한다는 점에서 교육과 지역사회 간 '교육네트워킹'을 현안으로 떠오르게 한다. 무엇보다도 네트워킹의 원리가 정보교환과 소통의 용이함 및 다차적인 관계 구성망을 통한 상호 보완적인 구조로 이루어진다는 점에서 교육의 '네트워킹화'는 교육네트워크를 구성하는 다양한 요소들, 이를테면 학교, 교육 지원 프로그램, 지역사회의 교육 사업을 포함한 인적·물적 자원 등이 제휴·연계되면서 지역사회는 점점 하나의 지역교육공동체의 양상을 띠게 된다. 한마디로 "학교와 지역사회에 산재하는 인력, 기관, 지원 등 다양한 교육 인프라를 양적·질적으로 확대·세분화시켜 최대한의 교육적 결과를 성취"하고자 하는 것이 바로 '교육네트워킹'이라고 할 수 있다.이영란, 2016c: 2

지역사회 교육공동체와 교육네트워킹의 개념이 본격화된 것은 2003년 교육복지투자우선지원사업(이하 교복투사업, 2011년부터 교육복지우선지원사업으로 명칭 변경, 이하 교복우사업)이 가정·학교·지역사회의 상호 보완적인 교육 협력을 통해 교육 취약 계층 아동·청소년에게 체계적인 보호와 지원을 제공할 수 있도록 교육네트워크를 구축하기 시작하면서부터이다.[2] 교복투사업이 가정-학교-지역사회 차원의 연계적인 교육지원망이라는 청사진을 '최초'로 제시하면서 지역사회를 학습의 장이자 도구로 활용할 수 있는 다양한 교육 방법과 교육 협력이 모색되기 시작했고, 이와 함께 '교육 개념'은 교육·문화·정서·심리·보건 차원까지 확장되어 아동·청소년의 총체적인 생활세계에 적극적으로 관여하는 '교육적 돌봄'까지 아우르게 된다. 이를 기점으로 '지역사회 교육공동체' 안에서 학교와 지역사회의 교육연대를 어떻게 확장시킬 수 있는지가 관건이 되었다. 교복우사업 16년 차를 맞는 현재 한국 사회에서 지역적 편차는 있지만 교육과 지역사회 간 교육 연계는 다양하게 시도되고 있는 중이다. 지역사회와 학교 간 교육네트워킹을 어떻게 효율화시킬 수 있는지에 대한 지속적인 논의가 이루어지고 있는 현재, 교육네트워크가 지역사회 교육 연계를 통합적으로 구축시키는 작동 방식으로서 무엇이 교육네트워킹을 가능하게 하는가에 대한 질문이 제기된다.

이혜영·양병찬·김민·김정원2006에 따르면 교육네트워크란 첫째, 인적 자원, 즉 교육 주체들 간의 상호 교류와 협의체를 구성하고, 둘째, 지역단위사업을 연계·협력하여 교육복지사업을 공유하며, 셋째, 학교, 기관 등을 포함한 설비와 교재, 교구 등이 교류하는 것을 말한다. 이와 같은 교육네트워크는 지역사회의 다양한 교육 자원을 유기적으로 작동하게 하는데, 이는 '교류'라는 구조화된 '협의체'가 작동될 때에야 효과적으로 나타날 수 있다. 결국 '교육적 협업'이라는 공통된 관심과 이와 관련된 다양한 정책사업 등을 "둘러싸고 개입하는 다수의 상호 의존적인 조직들 사이에 이루어진 사회 교류 관계"의 양상을 띠는데, 이는 개방적이고 수평적으로 이어지기 때문에 역동적이 되며 나아가 상호 보완적인 네트워킹의 속성을 그대로 드러낸다.김경애, 2011: 45

종합해 보면 교육네트워크는 첫째, 지역사회에 산재된 다양한 교육 자원을 모으고, 둘째, 공동사업 및 프로그램을 교류하는 교육 주체 간의 네트워킹을 구조화시키며, 셋째, 네트워킹화된 교육공동체 안에서 지속적인 연계와 소통을 통해 그 효과를 극대화시키고, 마지막으로 공공 영역의 교육정책사업과 지자체와 시민기관의 연계 협력으로 보다 풍요로운 교육 자원을 개발·운영한다는 속성을 지닌다.

지역사회 교육네트워크가 지역사회 안에서 구성원들 간의 연계·협력·제휴라는 연결망을 구조화시킨 형태라면 연결망의 연결고리는 네트워커, 즉 교육 주체 간의 '관계와 협업'을 담당하는 사람의 집합이라고 할 수 있다. 김경애2009: 207-208에 따르면 교육네트워크 구조 안에서 네트워커는 "학습자 중심의 교육활동"을 유도하는 한편, "학습자 네트워킹 역량을 강화"하고 "정체감 형성"에 일조하며, "지역의 흩어진 교육력을 결집해 지역교육공동체 결성"을 견인하고 "실천공동체로서 학교의 역할을 제고"하며 "교육-복지-문화 등 통합 접근의 매개자"의 역할을 한다. 나아가 네트워커는 지역의 교육공동사업을 이끌어 가는 선두자로 사업의 지속성을 보장하는 한편, 새로운 비전을 생산하고 그 성과와 함께 지역교육력의 네트워크 구조화에 기여할 수 있어야 한다.양병찬·김경애, 2009[3]

지금까지 살펴본 지역사회 교육네트워킹은 지역사회 교육공동체를 형성하기 위한 작동 방식이자 가정·학교·지역사회 중심의 교육 협업을 위한 '교육 연계망'이라고 할 수 있다. 국내 저소득층 밀집지역 학생실태조사에 따르면 교육 취약 집단 아동·청소년의 가장 큰 문제는 '정서 발달 문제'와 '비교육적 환경에 노출되어 있는 현실'로 파악되었다.신익현, 2003: 52-53 즉 학업 결손의 원인은 빈곤이나 가족결손 등 환경적인 상황에 기인하는데, 이와 같은 취약한 교육환경에 노출된 아동·청소년을 보호하고 지원하기 위해서는 학교라는 울타리만으로 그 한계가 있고, 따라서 학교를 포함한 지역사회가 이들을 보호하고 배움의 권리를 실현할 수 있도록 해야 하는데, 여기에 학교와 지역의 교육력이 어떻게 직간접적인 영향을 줄 수 있는지가 관건이 된 것이다. 이에 따라 지역사회 교육네트워킹이 학교와 지역사회에 산재한 다양한 교육 자원을 어떻게 촘촘한 연결망이라는 통로로 이어질 수 있게 하는지에 대한 논의가 시작

된다.이영란, 2016c: 4

서유럽 교육·복지 사회 안전망 체제의 모델이라고 할 수 있는 프랑스 사례는 공화주의 가치 아래 '기회의 평등'을 국가철학으로 간주하여 아동·청소년의 교육 및 복지 관련 모든 정책을 긍정적 차별정책 안에서 시행하고 있다는 점에서 우리에게 주는 의미가 각별하다. 특히 프랑스 지역사회 교육공동체는 교육정책과 지역사회개발정책의 협업으로 형성되고 있으며, 지역사회의 교육네트워킹은 교육공동체를 활성화시키는 '복합 네트워크'의 방식으로 작동되고 있다. 여기에서 프랑스 교육복지정책의 기본 노선인 우선교육정책과 그 연계 운영 방식인 프랑스 교육 안전망은 지역사회 교육네트워킹을 구조화하는 데 중추적인 역할을 하고 있고, 이는 지역사회 교육공동체를 구축하는 근간이 되고 있다는 점에 주목해야 한다.

프랑스 교육네트워킹의 양상은 첫째, 우선교육정책 안에서 이루어지는 우선교육네트워크로서 학교 간 교육 연계망인 1차 교육네트워킹이이며, 둘째, 학교-시·구청-교육지원청-지자체 민·관 교육 협력 기관으로 이루어진 2차 교육네트워킹은 다자적인 교육 연계망 안에서 작동된다. 전자가 우선교육네트워크를 중심으로 작동되는 학교 간 교육 연계망으로 '교육적 공동사업'에 중점을 두어 학업 성공의 최대화에 그 목표를 둔다면, 후자는 교육적 돌봄과 지역사회정책을 통한 교육환경 개선에 중점을 둔다. 환언하면 교육 기회 소외를 방지하기 위해 다양한 교육 방법과 교육 지원이 동반되는 것이 우선교육네트워크라면, 교육적 돌봄과 지역사회정책이 연계되는 2차 교육네트워킹에서는 학교와 지역사회가 교육 주체가 된다. 바로 이 점에서 프랑스 교육정책이 아동·청소년 정책과 연계를 통한 부처 간 협력뿐 아니라 학교 내-학교 간-학교 밖의 교육 협력이 활성화되어 있다는 점을 눈여겨보아야 한다. 나아가 프랑스 교육정책은 지역사회의 도시개발정책과 함께 이루어지기 때문에 지역교육공동체에 대한 인식이 강화되는 시너지 효과를 가져온다는 점 역시 주목해야 한다. 교육 지원 체제로서 학교와 지역사회 간 교육네트워킹이 '교육공동체'의 핵심적 작동 방식이라는 점은 이제 막 지역사회 교육공동체 구축을 통해 교육네트워크를 정착하기 시작한 한국에 주는 시사점이 다의적일 것이다.

2. 프랑스 교육철학: 공화주의 가치의 실현[4]

프랑스 교육정책은 기회평등정책의 근간이라고 해도 과언이 아니다. 이 프랑스 교육철학은 프랑스 공화주의 교육 이념이 가장 명징하게 드러나는 정책이자 '긍정적 차별정책'의 상징이라고 할 수 있다. 프랑스 국가 이념의 근거는 1789년 대혁명 당시 공표된 "인권 및 시민권 선언"에 기초한 '공화주의 국가철학'에서 찾을 수 있다. '인권'과 '시민권' 개념이 세계 최초로 법제화되면서 프랑스의 공화주의 가치는 국가의 모든 정책에 반영되는 실행원리가 되었고, 나아가 프랑스 시민사회를 구성하는 핵심 개념으로 공고화된다. 여기에서 프랑스 교육 이념이 차지하는 의미는 중요하다. 왜냐하면 대혁명 이후 "구제도가 무너진 자리에 새로운 사회체제가 형성되는 과정에서 인권과 기본권"이 보장받게 되면서 "자유로운 개인이 법적인 평등에 따라 권리를 행사"할 수 있는 새로운 '시민계급'이 등장했으며,이영란, 2008: 152 이 새로운 시민계급에게 공화주의 철학을 인식시키고 확산하기 위한 시민교육기관의 설립이 시급했기 때문이다. 즉 프랑스 공화주의 교육 이념은 왕당파 수호자와 가톨릭교회로부터 교권과 기득권을 쟁취한 '투쟁의 결과'이자, 동시에 프랑스 공화주의 국가체

제의 기틀을 다지는 인권과 시민권의 개념을 기초하게 된다.[5]

이 공화주의 교육 이념은 200년이 지난 오늘까지 프랑스 교육정책의 근간이 되고 있으며, '프랑스 교육정책=공화주의 시민정책'이라는 도식을 성립시킨다.Meuret, 2008 다시 말하면 프랑스 교육기관은 "공화주의 국가철학의 기본 개념인 자유와 평등이 실천되는 생생한 '인권현장'이고, 시민사회의 발전을 이끄는 비판과 논리의 사고능력을 학습할 수 있는 '교육현장'이며, 나아가 사회, 정치적 권리와 의무를 일상에 적용시킬 수 있는 '삶의 현장'"의 역할을 하고 있다고 할 수 있다.이영란, 2011: 154 이와 같은 프랑스 교육 역사는 프랑스 교육 논의에서 교육과 교육복지가 대립된 논쟁을 어디에서도 찾아볼 수 없게 하였다. 왜냐하면 교육은 인간답게 살아갈 수 있도록 국가가 제공하는 공공 서비스로서 시민권과 교육의 권리를 같은 선상에서 간주하기 때문이다. 즉 교육은 프랑스 공화주의 국가 이념인 '인권'과 '기회평등'을 실현하는 제도적 도구이자, 누구나 이 교육의 기회를 평등하게 가질 수 있는 혹은 가져야만 하는 인간의 기본 권리로 이해되고 있다.

따라서 프랑스 교육정책에서 단지 '긍정적 차별정책' 혹은 '기회평등', '교육 출발점 평등' 등을 구현하기 위한 다양한 교육 지원 정책은 있지만, 이는 '교육복지'라는 이름하에 이루어지는 것은 아니다.[6] 그 이유는 첫째, 교육의 목표가 공화주의 가치, 즉 인권과 평등권을 실현하는 데 있기 때문에 모든 교육정책에는 기회평등과 시민권의 가치가 골고루 스며들어 있고, 둘째, 이에 따라 모든 교육정책의 핵심은 결국 "모두의 학업 성공Réussite scolaire pour tous"을 기초로 한 "교육 성공Réussite éducative"을 지향하는데, 따라서 이를 위한 모든 교육정책들의 목표는 '모두'가 시민사회의 구성원으로 합류될 수 있도록 교육 출발점 기회의 평등을 보장해야 하기 때문이다.Dubreuil, 2001 이처럼 프랑스 교육정책은 프랑스 공화주의 사상이 가장 선명하게 드러나는 제도로서, '국가와 다수를 위한 공적인 이해 추구'라는 프랑스 공화주의 철학에 대한 실천이자 동시에 프랑스 시민사회의 원동력이기도 하다.

교육정책 자체가 교육복지정책이자 사회정책, 도시개발정책이라는 점은 프랑스 교육정책이 바로 '모두'를 위한 '교육 서비스'라는 프랑스 정부의 마인드와 일맥상통한다. 이에 따라 프랑스의 교육정책은 모든 교육 서비스를 충족하기 위한 제도적 차원의 보호이자 안전장치가 되는 것이다. 또한 학습권 보호에 중점을 둔 1차 교육 연계망과 학교-가정-지역사회를 이어 주는 통합지원체계인 2차 교육네트워킹은 학교와 지역사회를 중심으로 공공 분야와 민간 영역 간 협업이 어떻게 교육공동체를 가능하게 할 수 있는지를 잘 보여 준다.

3. 프랑스 지역사회 1차 교육네트워킹: 우선교육정책 연계망ZEP[7]

프랑스에서 교육정책 및 아동·청소년복지정책과 관련한 교육 논쟁이 전면적인 사회 시스템 차원에서 시작된 것은 1980대 초반이다.[8] 이 논쟁의 배경에는 1981년 입안된 우선교육정책Zone d'Education Prioritaire(일명 ZEP)이 있다. 당시 미테랑 정부는 사회 불평등의 시정이 기존 교육정책의 쇄신과 함께한다는 것을 인식하고, 제도적 차원에서는 처음으로 '긍정적 차별정책'과 교육정책의 연계를 시도한다. 이 시기의 교육 담론은 '부족한 곳에 더 주는Donner plus á ce qui ont moins' 보상적 접근의 시각에서 시작되어 '제도권 교육의 개방Accès au système éducatif'까지 확산되면서 교육의 민주화 차원에서 다양한 논쟁을 야기했다. 논쟁의 핵심은 학업 불평등을 재생산하는 공간이 바로 학교라는 점과 이에 대한 교육 정책 및 학교 기능에 대한 근본적인 질문들을 대두시켰다.[9] 이 시점에서 시행된 ZEP정책은 학업 실패가 가장 높은 교육취약지역을 '우선적'으로 선별하여 교육활동을 강화하고, 이를 통해 사회 불평등을 시정한다는 취지에서 구상되었다.[10] 여기서 우선지역이란 경제적, 사회적, 문화적 소외로 인해 발생하는 '교육 불평등 지역'을 의미한다. 이에 따른 교육우선지역은 첫째, 인구의 범주(실업률, 사회취약 계층 비율(기초생활수급자 및 차상위계층율), 언어·문화적 소수집단 비율 등), 둘째, 지역의 범주(지역의 사회·경제·문화적 낙후 상황 및 교육 인프라 현황), 마지막으로 학교의 범주(학업중단 및 포기율, 졸업률, 유급비율, 학업성취율, 고등학교 진급률, 학급당 학생 수 등)로 나뉘어 선정되었다. 1988년 7월 8일 자 부처 간 공람La Lettre Ministrielle은 '우선교육지역'을 다음과 같이 정의하고 있다.

> '지역zone'은 지역사회 주민과 학교, 기관, 기업 등으로 이루어진 지역사회 파트너 간 실질적인 대화Dialogue가 충분히 가능해야 하는 단위이다. 따라서 지역은 지역공동체뿐 아니라 사회적, 교육적, 문화적 기관들을 모두 포함한다. 이러한 지역사회의 협력과 함께 학교기관은 초·중등학교를 재구성하고 이에 필요한 교원 보충 및 상급 학교 진학의 장려를 포괄하는 지역적, 기능적 역할을 한다. '교육éducation'은 학교와 교육기관의 학습enseignement 차원으로서 다양한 관련 인력의 참여와 지역사회의 교육 파트너 참여가 같이 이루어져야 한다. '우선prioritaire'은 지역과 아카데미(교육)라는 개념을 포함한 것으로서 '교육 방법의 우선une priorite de moyens', '교원교육의 우선

Une priorité de formation des enseignants', '관련 인력의 임명 및 고용과 안정의 우선', '교육 협력 기관의 우선'을 의미한다. La lettre ministrielle du 8 juilliet 1988[11]

당시 교육취약지역의 상황을 살펴보면, 지역사회의 경제사회적 상황은 다른 지역에 비해 현저하게 높았고, 학업성취 능력 격차 역시 비우선교육지역과 비교했을 때 2~4배를 상회하였으며, 학업중단 및 포기율도 3배 이상의 격차를 보여 주었다.[12] 우선교육정책은 '모든 불평등에 대항한다'는 프랑스의 공화주의 국가철학인 '프랑스 공교육의 목표'를 분명하게 보여 주는 프랑스 교육지원정책의 근간 노선이 되었다고 할 수 있다. 물론 이 정책은 시기에 따라, 각 정부의 교육적 우선순위에 따라 적극적으로, 때로는 소극적으로 이루어져 왔으나 2013년 「우선교육정책재설립법안」이 발표되면서 2014~2015년 학기에 우선교육정책재설립 정책이 공표되어 지금까지 각 시·도 교육청마다 편파적으로 혹은 방만하게 운

[표 1] 프랑스 ZEP우선교육정책 개관

주요 연도	프랑스 ZEP정책 개관
1981년 우선교육지구 선정	•알랭 사바리(Alain Savary) 교육부 장관은 대도시 근교 취약지역 및 지자체 낙후지역의 교육 여건 향상과 '사회적 불평등에 대항한 전쟁(La lutte contre inegalité sociale)'을 언급하면서 이에 대응하는 교육정책 실행 발표. •363개의 우선교육지구 선정과 새로운 교육인력 11,625명의 고용 발표. 이때 표방된 세 가지의 노선은 첫째, '외부 세계로의 학교 개방', 둘째, '지방 분권과 독립성(décentralisation et autonomie)', 셋째, '국가적 기준에 따른 프로그램 지속'으로 구분함. •국가 차원의 공공 서비스를 지역 상황에 따라 집중적으로 지원하는 프랑스 최초의 '긍정적 차별정책'.
1986년 기회의 평등	•'기회의 평등'이라는 구호가 공식 석상에서 처음으로 등장. •이후 '우선교육지구정책'은 프랑스 교육 논의에서 큰 관심을 끌지 못한 채 명맥만 조용히 유지되어 옴.
1988년 ZEP 공식 명칭	•우선교육지역, 즉 ZEP이라는 명칭이 공식적으로 사용.

1990년 제1차 재활성화 정책	•'우선교육정책'의 첫 번째 '재활성화(relance)' 정책: 우선교육정책과 지역사회개발정책(Développment social des quartiers, 이하 DSQ) 연계 실행. •학교와 교육 파트너(중앙정부, 지역기관, 지역기업 등) 간 교육 연계 활성화 •557개의 ZEP 재편성. •1992년 12월 7일 자 교육부 공람(Circulaire)에서 처음으로 '개인교육'의 중요성 강조. •1994년 1월 26일 자 공람에 ZEP 지역 학생들의 '기초적인 학업 습득'의 성과 차원에서 ZEP의 긍정적인 효과 강조.
1997년 ZEP 수정 및 보완 정책 발표	•ZEP에 대한 기존의 성과와 문제점을 다룬 〈Moisan-Simon 보고서〉(1997) 출간. •특히 ZEP 지역 고립 타개, ZEP에서 진행되는 교육 방법의 새로운 모색, 지역교육 효과에 대한 평가, 교사들의 참여 등이 주요 이슈로 주목.
1998년 제2차 재활성화 정책	•ZEP와 우선교육네트워크인 REP(Reseaux d'Education Prioritaire)를 포괄하는 '우선교육(éducation prioritaire, 이하 EP)' 정책 실행, '우선교육정책' 단어가 공식적으로 사용.
1999년 우선교육 네트워크	•ZEP의 부정적 이미지 개선과 보다 쇄신된 정책으로 893개의 우선교육네트워크(REP)가 신설. •'성공계약(Un contrat de réussite)' 체결: 각 지역사회 및 학교의 교육계획을 토대로 한 도·시 교육청 책임자 및 교사를 중심으로 한 교육 주체 간의 협약.
2006년 제3차 재활성화 정책	•제3차 ZEP정책 수정안 발표: 기존의 ZEP 지역을 우선교육 1, 2, 3지역(EP1, EP2, EP3)으로 구분시켜 각 지역의 상황과 조건에 부합하는 보다 구체적이고 집중적인 정책을 추진. •EP1: 저층 출신 학생이 밀집해 있고 폭력문제로 심각하게 노출된 지역을 EP1 지역으로 구분하여 '성공야망네트워크(Reseaux Ambition réussite, 이하 RAR)'라는 건설적인 명칭을 부여. •EP1에 해당하는 249개 초·중등학교에 특별 교원 및 교육 전문가 배치, 학생들의 사회적, 학업적 어려움을 극복할 수 있는 실질적인 대안 마련. •EP2와 EP3 지역: '학업성공네트워크(Réseaux réussite scolaire, 이하 RRS)'로 명하여 학업 성공에 역점을 둠.
2010년 제4차 재활성화 정책	•RAR 소멸 및 Eclair(초등학교Ecole, 중학교Collège, 고등학교Lycée, 야망Ambition, 혁신Innovation, 성공Réussite의 첫 철자) 정책이 우선교육정책 핵심으로 재정비. •교육핵심거점으로 325개교 중학교-고등학교가 재구성되었고, 이에 속한 초등학교 2,110개가 Eclair 안으로 흡수. •학업성공네트워크인 RRS 연계망은 830개의 중학교와 4,800개의 초등학교로 구성되어 기존의 우선교육정책노선 지속.
2013년 우선교육정책 재설립 법안 발표 및 2015-2016 학기 현황	•프랑스 우선교육정책 실행 이후 최초 평가 작업과 이에 따른 우선교육안 전망 재구축. •102개의 REP+우선교육네트워크가 시범적으로 시행. •2015-2016년 학기에 350개의 REP+와 739개의 REP 우선교육네트워크가 본격적으로 창설되어 총 1,094개의 우선교육네트워크가 구축. •6,850여 개의 유치원-초등-중등학교가 본 교육네트워크에 속하고, 이는 전체 유치원-초등학생의 18%, 중학교 학생의 20%가 포함.

출처: 이영란(2008), 81-82쪽 표를 수정·보완.

영되어 왔던 우선교육정책을 이제는 정부가 적극적으로 관여하여 정책의 내용과 실행, 교원교육을 구체적으로 내실화하는 과정에 있다. 그동안 수차례의 재활성화 정책을 거친 우선교육정책의 주요 경과 및 내용을 정리해 보면 아래와 같다.

우선교육네트워크에서의 '우선'은 첫째, 교육 방법 및 교육 협력의 우선이고, 둘째, 지역사회 교육 파트너 간의 실질적인 교육 제휴가 가능한 '지역'적인 교육 연계의 우선이다. 이 우선교육네트워크의 작동 방식은 한 개의 중학교를 교육 거점으로 하여 다수의 초등학교가 이 교육 거점에 속하며, 다수의 유치원은 다시 이 초등학교 연계망에 포함되어 학교 집합체의 교육네트워크로 운영된다. 이 학교 간 연계망은 '교육적 공동사업'을 위주로 '학교 내-학교 간-학교 밖' 교육 협력이 이루어지는데, 이에 따라 우선교육네트워크 교육 주체는 네트워크 조정위원회와 교원이라고 할 수 있다. 이 연계망의 특징은 "첫째, 학교 중심의 교육네트워킹을 통해 교육 협력과 교육 지원을 최대화할 수 있고, 둘째, 유급 혹은 다양한 원인에 기인하는 학업중단을 최소화시켜 유치원-초등학교-중학교로의 진학을 원활하게 할 수 있으며, 셋째, 중학교 이후 다양한 기술교육 및 실업계·인문계 고등학교의 진로를 촉진시켜 모든 아동과 청소년들에게 성공적인 사회 안착을 할 수 있도록 평등한 교육 기회를 제공"한다는 데 있다.이영란, 2016a: 112

우선교육정책은 1990년대 '사회적 배제'가 주도하던 교육 논의에서 학업 지속의 어려움에 처한 학생들의 문제를 교육정책-지역정책-경제정책-사회개발정책이라는 보다 거시적 차원에서 해결 방안을 찾게 하였다.Rouaud & Joseph, 2014 이는 교육과 지역사회의 사회·문화·경제 환경에 대한 논의를 동일 선상에서 이루어지게 했는데, 결과적으로 지역사회 발전을 위한 '대도시취약지역정책'이 교육개발·지원정책과 함께 마련되

면서 지역교육공동체 개념이 확립되는 데 기여하게 된다.[13]

2000년대 들어와 우선교육정책은 '교육 기회 평등의 지속'에 대한 교육 논쟁에서 다시 활발하게 논의된다. 특히 학생 개개인의 자질과 능력이 부각되면서 개별 학생 혹은 학생 범주에 필요한 맞춤형 교육 지원을 강조하여 적성에 맞는 교육 진로 및 직업교육의 강화와 이를 위한 '교육 여건 확충'이 화두가 되기 시작함으로써 전 시대의 교육 논의를 보다 확장시킨다.[14] 즉 교육 여건의 확충은 지역사회개발정책과 함께 지역사회의 기능을 보다 강화시키고, 지역 경제 발전 및 지속 발전의 가능성을 염두에 둔 교육-지역사회정책의 협업을 이루어지게 하였다. 이와 같은 교육 지원정책과 사회개발정책의 협업이 '교육 효과'와 '경제 효과'를 동시에 달성하여 지역 발전까지 도모하는 다자적인 결과를 가져왔다는 것은 의미심장하다.Frandji & Rochex, 2011

프랑스 우선교육정책 38년의 역사는 '교육네트워킹의 구축과 활성화'로 축약할 수 있다. '닫힌 학교'에서 '모두를 위한 학교'라는 인식 변화, 이에 따른 학교-교원-학부모-관민 교육 및 지역사회 연계 기관과의 교육 협력 활성화 및 지역사회 교육 자원의 활용에 이르기까지 프랑스 우선교육정책은 그야말로 '교육적 실험의 연속'이었다. 그 결과 우선교육네트워크는 우선교육정책의 핵심 기제가 되어 교육 안전망을 근간으로 한 프랑스 지역사회 교육네트워킹의 기반이 되고 있고, 학습 지원 및 교수법 개발, 학교 내외 교육 협력 기관으로의 교육 개방, 지자체를 포함한 다양한 관민 교육기관의 교육 협력은 제도권 교육 시스템과 지역교육력 간의 교육 연계에 물꼬를 트는 계기를 마련했다고 할 수 있다.

4. 프랑스 지역사회 2차 교육네트워킹:
정책적 협업을 통한 네트워크 시스템 구축[15]

우선교육정책과 함께 프랑스 제2차 교육네트워킹은 학교(우선교육네트워크 소속 학교 포함)-시청-교육지원청-지역사회-관·민 교육 협력 기관으로 이루어진 '지역사회의 다자적인 교육 연계망'을 말한다. 이와 같은 지역사회 교육네트워킹은 무엇보다도 학교-지역사회 교육 협력 기관-복지/사회기관-민간 차원의 지원 연계를 유기적으로 작동하게 하고, 다양한 차원의 협업을 구조화하는 데 기여하고 있다. 이 구조화된 네트워킹은 민·관 공공 서비스 관련 기관까지 단일 관리체계의 시스템으로 통합되어 교육 협력을 모색하게 하고, 이는 부처 간, 지자체 단위 각 관·민 기관 간, 학교 간 협업으로 자연스럽게 기능하게 됨으로써 이른바 '연합정책'으로 진행되어 상호 보완적으로 작동하고 있다.

1) 지역사회 교육네트워킹 모형: 거점 기관 중심

가. 학교-지역사회 간 네트워킹

프랑스 지역사회 네트워크는 학교를 비롯한 거점 기관의 역할 분담과 상호 제휴로 작동된다. 여기서 거점 기관은 다양한 지역사회기관 중 역할에 따라 핵심 역할을 수행하는 기관을 말한다. 지역사회기관은 지역마다 편차가 있으며, 운영 방식 또한 다양한데, 시청이나 가족수당기금센터 등 지역자치행정을 관할하는 공공기관과 지역사회센터Centre Social[16], 도시개발정책부서, 지역사회애니메이션센터Centre d'animation[17], 미디어센터, 시민단체 어소시에이션[18] 등 공공기관과 민간기관, 시민단체로 나뉜다. 이를 그림으로 살펴보면 [그림 1]과 같다.

[그림 1] 프랑스 지역사회 교육 네트워킹 구조

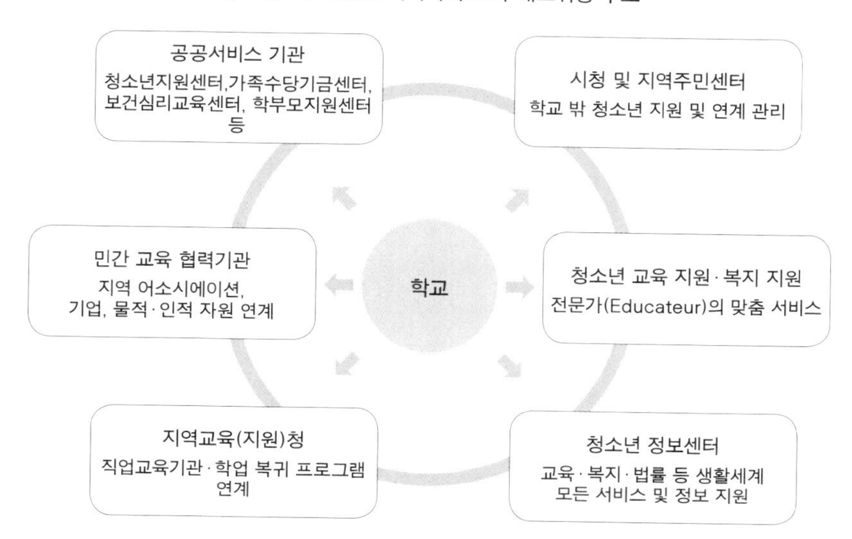

[그림 1]은 학교와 지역사회 간 교육 연계 협력을 잘 보여 주고 있는데, 특히, 학교 중심 교육네트워크가 '교육적 돌봄'을 위주로 한다면, 학교와 지역사회 간 교육네트워킹은 주로 학교와 학생의 전반적인 안녕과 발전을 위한 지역개발정책 및 사회정책 프로젝트 개발의 성격이 보다 강하게 보인다는 사실이다.

환언하면 학교는 지자체 교육 협력 기관과 시청(코뮌), 공공 서비스 기관과 민간 교육 제휴 기관 등 관·민 기관의 상호 보완적인 교육 연계를 통해 학생 개인의 학업과 교육 성공 지원을 위한 역할을 한다면, 교육정책-도시개발정책-사회정책이 연계된 '교육공동체 네트워크'는 지역사회 교육력의 틀을 세우고 지원하는 역할을 하고 있다. 이 역할을 수행하는 지역사회기관 중 해당 지역의 핵심 네트워킹 역할을 수행하는 곳이 바로 거점 기관이다. 예를 들면 각 구의 지역주민센터, 애니메이션센터, 지역사회개발정책부 및 시민단체 담당 부서를 들 수 있고, 파리 시청에서 지원하는 지역사회발전부서 등을 들 수 있다. 이 기관들의 업무 내용은 지역 내 상권 살리기, 지역 보건 강화, 지역사회 내 공동 프로젝트 관여, 의료보험조합과 가족수당기금단체와의 제휴, 임대주택 보급 프로젝트, 지역 어소시에이션 협업 등 매우 다양하다. 한마디로 지역사회 거점 기관은 지역사회 발전을 위한 '행정 코디'의 역할을 하고 있되, 학교와의 교육 연계는 물론 지역사회의 교육정책이나 교육사업과의 네트워킹을 활성화하는 데 중요한 부분을 담당하고 있다. 이처럼 프랑스는 지역사회의 거점 기관과 학교 간 협업이 교육네트워킹을 구축하여 교육정책 및 청소년복지정책의 효율성과 수월성을 극대화시키고 있는데, 이와 같은 교육네트워킹 구조는 교육복지와 청소년복지, 사회복지 간 협업의 토대를 만들고, 행정적 전달 체계 및 지원 방식을 유연하게 하며, 사회적 비용을 절감시키는 것은 물론, 보다 다양화된 지원과 서비스를 통합적으로 하게 한다.

나. 지역 주민의 교육 주체화

> 처음에는 이웃 몇 명이 모여서 우리 동네가 필요한 부분에 대해 대화를 나누다 보면 메종블루를 찾게 되고, 제가 메종블루에 있다 보니 사람 만나는 게 일상이 된지라 비슷한 의견을 가진 주민을 소개시켜 주기도 하고 해서 하나의 의견이 수렴되면 나의 고민이 시작됩니다. 어떤 기관과 어떻게 연결해서 이 일을 실현시킬 수 있을까 하고요. 메종블루에 모이는 지역 주민들은 대부분 학부모입니다. 큰 관심은 당연히 학교와 아이들이지요. 일례로 공부를 도와주는 어소시에이션은 많지만 문화 탐험이나 예술 등을 전문으로 하는 기관은 많지 않습니다. 그

만큼 이 지역의 문화 인프라가 열악하다는 말이기도 합니다. 그래서 내가 아는 지역 주민 중 은퇴하신 고등학교 미술 선생님을 소개시켰고, 이분은 또 다른 분들을 데려오고 해서 하나의 문화탐방 어소시에이션이 만들어졌습니다. 학부모와 자녀가 같이 참여하기도 하고, 이제는 입소문이 제법 나서인지 시간 없는 부모들이라도 아이들을 참여시키는 경우도 많이 있습니다. 이를 처음 제안한 지역 주민들은 이 어소시에이션 설립을 위해 많은 일들을 했지요. 행정도 그렇고 주관하는 것도 쉬운 일은 아닙니다. 여기에 메종블루는 다양한 지원을 합니다. 공간 대여부터 물품 지원, 행정에 대한 기본 지식 전달까지… 여기에 우선교육네트워크 코디네이터가 같이 참여해서 학교와 같이 할 수 있는 일을 구상했습니다. 결국 학부모가 학교교육에 적극 참여한 사례가 되었습니다. 처음에는 문화공간이 부족하다는 인식에서 출발한 것이 이렇게 일이 크게 된 거지요

프랑수아, 18구 주민자치센터 메종블루 기관장

메종블루는 파리 18구의 지역 주민자치센터이다. 이 지역은 많은 주민들이 최저임금자인 동시에 사회임대주택 거주자, 가족수당 수혜자 대상이다. 일명 도시 빈곤층인 지역 주민들이 스스로 지역사회 교육력의 일원이 될 수 있었던 이면에는 메종블루라는 지역사회 주민을 위한 거점 기관이 있었기 때문이다. 물론 이를 위해 메종블루는 부단한 노력을 해 왔다는 사실을 염두에 두어야 한다. '자녀 등교시킨 후 오는 길에 커피 한잔 어때요Un petit café après avoir déposé vos enfants? 프로젝트'는 학부모들이 아침시간에 10~20분 잠깐 모일 수 있는 계기를 마련했고, 여기에 주민들의 입소문을 타면서 메종블루는 커피 한잔 마시며 담소할

수 있는 장소가 되기 시작했다. 메종블루 기관장인 프랑수아를 비롯해서 근무자들은 지역 주민들이 가급적 편안하게 메종블루를 이용할 수 있게 노력했고, 무엇보다도 다양한 화제에 귀를 기울이는 '듣는 자'의 역할을 충실히 했다. 기관 근무자와 지역 주민 간의 신뢰가 쌓이기까지는 프랑수아의 표현대로 많은 시간과 공이 들어가는 일이었지만, 일단 관계가 정립되면 지역사회 발전 관련 지역 주민의 잠재력은 무궁무진한 아이디어의 원천이 된다. 메종블루는 지역사회 거점 기관의 하나로서 지역 주민과의 의사소통망을 연결하고, 지역사회학교와 구청, 파리 시청과 연계하여 각자의 역할을 분담하고 확장하며 동시에 상호 보완적인 관계 속에서 보다 합리적이고 효율적인 거점 기관 중심의 교육네트워킹을 구조화시켰다. 결국 구조화된 교육네트워킹은 지역 주민의 교육 주체화가 이루어질 때야 비로소 교육공동체의 자생적인 교육력을 만들어 갈 수 있는 토대가 된다.

2) 지역네트워킹의 의사소통 연계망: 네트워커의 원심력

이 네트워크가 파급될 수 있는 원심력은 어디에서 나오는가? 그리고 어떤 힘들이 작용해서 파급되는가? 여기에서 '네트워커'의 역할을 한번 생각해 볼 필요가 있다. 왜냐하면 네트워킹을 할 수 있는 동력은 바로 네트워커에서 나오기 때문이고, 네트워커는 연계 고리를 만들어 내는 '연결자'이자 '매개자'이기 때문이다.

가. 교육적 가치와 철학의 공유

> 파리 내에서 이 지역이 위험한 곳이라는 편견이 만연하지만 솔직히 사실이기도 합니다. 이런 동네에 어쩔 수 없이 사는 주

민들은 지역 발전에 대해 심드렁한 경우가 많습니다. 그들은 여건만 허락된다면 좀 더 나은 동네로 이사 가고 싶을 테니까요. 이런 상황에 가장 민감한 세대가 아이들입니다. 이 지역 학교가 파리 다른 지역과 비교해 학력 수준이 떨어지는 데는 다 그만한 이유가 있습니다. 지역사회 발전 없이는 학교 발전도 없다는 사실은 당연합니다. 지역 주민의 삶의 질이 충분하지 않으면 그 영향은 고스란히 아이들한테 가는 것은 자명하죠. 즉 학교교육은 지역사회와 함께해야 한다는 사실입니다.

크리스티나, 우선교육네트워크 조정자

제가 하는 중요한 일 중 하나가 어떻게 동네 골목들을 활성화시킬 수 있느냐 하는 것입니다. 여기에는 상권 살리기, 청결한 동네 만들기, 학교 주변 조성하기 등 수많은 일들이 들어갑니다. 한마디로 '지역사회개발 중재자'라고 할 수 있죠. 우리 팀은 우리가 직접 제안한, 혹은 다양한 기관에서 제안한 지역사회 프로젝트의 필요 수준을 가늠하고 실현시킬 수 있도록 하는 겁니다. 지역사회가 활발하게 움직여 가시적인 결과들이 하나둘씩 나오기 시작하니 주민들이 이제는 발 벗고 나서는 상황이 되었습니다. 거리가 깨끗해지고 도서관이 증축되고, 학교에서 현장수업으로 도서관 방문을 해서 아이들에게 반나절 동안 책을 보게 하는 날이 있었습니다. 이후 도서관을 찾는 학부모와 아이들이 많이 늘었지요. 이전에는 도서관 증축조차 관심 없던 학부모들이 도서관에 직접 와 보니 시청각 자료를 비롯해서 시설이 너무 잘되어 있는 것을 보고 대단히 만족하더군요.

엘렌, 18구 도시개발부 책임자

지역사회의 교육력은 지역 주민들의 교육적 가치와 철학의 공유에서부터 시작된다. 프랑스 공화주의 국가 이념에 근거한 교육적 가치가 '시민사회로의 완성'에 있다는 것은 이미 알려진 사실이다. 위의 진술처럼 시민사회라는 것은 혜택만을 주는 시혜적인 차원을 넘어, 참여와 권리라는 원리를 보여 주고 있다. 이는 무엇보다도 학교가 마을 주민 모두에게 개방되고, 지역사회의 다양한 정책과 연계될 수 있기까지 적지 않은 시간이 필요했던 것도 사실이다. 교육 기회의 평등을 프랑스 사회의 공론으로 대두시킨 우선지역교육정책 실행 이전까지 프랑스 교육 이념은 시민사회 확립과 시민 구성원 합류라는 모호하고 추상적인 개념이었다고 할 수 있다. 한편 프랑스 시민사회를 실천하기 위해 구체적으로 무엇이 이루어져야 하는가에 대한 현실적인 질문 앞에서 학교와 지역사회의 기능과 역할에 대해 재고하는 첫 번째 계기가 된 것이 바로 우선교육정책의 역할이었다는 것은 자명하다. 이 정책은 점차적으로 지역사회 모든 구성원들에게 지역사회의 발전이 없이는 교육환경 개선도 불가능하다는 현실을 직시하게 만들었다.

크리스티나의 진술대로 학교교육이 지역사회와 함께해야 한다는 것은 무엇보다도 지역사회 발전과 교육적 가치가 함께 가야 한다는 네트워커의 인식, 즉 다양성과 평등을 도모하고 사회적 차별과 불이익에 대항해야 한다는 가장 기본적인 교육 가치에 근거를 둔 것으로 보인다. 파리의 슬럼가로 칭할 만큼 사회취약 계층이 집중적으로 거주하고 있는 18구의 아미로-쎙프롱 지역은 낙후된 지역사회 인프라를 발전시키는 '동네 살리기'에서부터 '증축된 도서관 홍보'까지 지역교육력을 키워 보자는 네트워커들의 마인드가 지역사회와 학교를 연계시키는 동력이 되었다. 네트워킹을 담당하는 네트워커는 크게 '네트워커'와 '에듀카투어'로 구분할 수 있다. 네트워커는 각 기관이나 사업 혹은 정책 프로젝트에 연관되어 있는 실질적인 책임자, 이를테면 거점 기관의 책임자, 지역사회 전문가, 지역 차원과 시청 차원을 연계하는 행정 전문가, 청소년 교육 지원 및 복지 지원 전문가 등으로 구성되고, 에듀카투어는 각 영역의 교육 관련 전문가로서 생활, 심리, 보건, 교육, 복지, 스포츠 등 생활세계 전 분야를 아우르는 교육치료사, 교육중재자, 특별교육 전문가, 전문상담사, 스포츠 교육치료사, 갈등중재자 등이 포함된다.[19] 이 네트워커들은 프랑스 시민사회의 평등과 인권, 공화주의적 가치를 사회적 일상으로 들어오게 하는 데 견인차 역할을 하고 있다.

나. 네트워커의 전문성에 따른 소통과 파트너십

> 이 지역에 50개가 넘는 시민단체 어소시에이션이 있습니다. 모든 어소시에이션은 시청과 학교, 메종블루와의 협업에 근간해야 그 기능과 역할이 더욱 빛을 발합니다. 여기에 저를 비롯해서 학교와 지역개발 산하 사회연대부서의 소통은 매우 중요합니다. 지역사회 교육 자원의 보물창고인 어소시에이션을 지역사회 사업과 잘 매치시킬 수만 있다면 모든 프로젝트는 놀라울 정도의 추진력과 힘을 발휘합니다.
>
> 프랑수아, 18구 주민자치센터 메종블루 기관장

> 모든 어소시에이션은 시청에 신고를 하게 되어 있습니다. 그래야 재정적·행정적 지원을 받을 수 있으니까요. 저는 18구 크리냥쿠 지역 어소시에이션 담당자입니다. 제가 하는 일은 지역에 비슷한 목적의 어소시에이션이 있으면 연결하기도 하고, 다양한 절차적 지원을 간소화시켜 어소시에이션에게 가급적 많

은 혜택이 돌아갈 수 있도록 노력합니다. 특히 메종블루는 나의 중요한 파트너 기관이라고 할 수 있습니다. 시청은 아무래도 지역 주민들이 특별한 일이 없는 한 잘 오지 않는 곳이고, 그렇다고 제가 어소시에이션을 하나씩 찾아다닐 수도 없고요. 메종블루는 주민의 휴식공간이자 문화공간, 배움공간이 되기에 늘 북적이는 곳입니다. 그래서 메종블루와의 협업이 제게는 무척이나 중요합니다. 니나, 18구 구청 어소시에이션 담당

지역사회와 학교가 연계해서 교육네트워크가 활성화되기 시작한 것이 1990년대 후반부터 시작되었으니 이제 곧 20여 년이 됩니다. 우선교육네트워크가 시행되었을 때 네트워크 조정자의 역할이 분명하지 않았습니다. 교육부에서조차 정확한 지침을 주지 못했으니까요. 우선교육네트워크가 이렇게 구성되었으니 너희가 알아서 한 번 해 봐라 이런 분위기였던 걸로 기억합니다. 조정자의 역할은 교장 선생님과 일반 교사들과의 소통에서 시작되었지만, 곧 지역사회 연계가 학교교육의 힘을 더 발휘할 수 있다는 것을 인식하게 되었습니다. 어찌 보면 교육주체의 다양화가 이루어졌다고 할 수 있습니다.

크리스티나, 우선교육네트워크 조정자

교육기관인 학교와 관·민 기관의 협력이 구조화될 수 있는 이면에는 네트워커 간 소통망이 있다. 네트워킹은 상이한 수준에서 이루어진다. 즉 중앙정부 차원, 지역교육청과 학교 차원, 공공 서비스 기관 차원, 시민단체인 어소시에이션을 비롯한 민간 차원이 그것인데, 각계각층의 교육 참여를 조직적으로 작동시키려면 의사소통망을 통한 파트너십 형성

에 따른 상호 참여가 관건이 된다. 파리 18구의 경우 학교 집합체인 우선교육네트워크-메종블루-도시개발팀이 의사소통망을 연계하는 거점 기관의 역할을 하고 있는데, 구체적으로는 중앙 차원(도시개발팀), 지자체 차원(메종블루), 지역사회 차원(어소시에이션)이 학교를 연계하는 주요 네트워커가 된다. 물론 여기에 학교는 지역사회 교육의 핵심 기관으로서 지역사회에 산재하는 모든 교육 자원과의 협력에 적극적으로 관여함은 물론이다. 또한 우선교육네트워크 조정자를 비롯해 각 거점 기관의 네트워커들은 지역사회 전체의 네트워크 구조를 구체적으로 파악하고 있는 한편, 지역사회에 부재한 교육 자원을 다른 곳으로부터 가져오기까지 네트워커들의 소통망이 작동되어 그 효율성을 극대화하고 있었다. 다시 말하면 지역사회 네트워크의 협력 및 연계망의 '질과 조밀함'은 네트워커들의 소통과 파트너십의 결과인 셈이다. 이와 같은 소통망의 수월성은 무엇보다 행정적 차원에서 공공 서비스 협력이 수월하게 이루어지기에 가능한 일이다. 이는 네트워커가 대내적 연결망을 역동적으로 운영하는 데 기여하게 하는 한편, 지역사회 교육네트워킹의 내적 활력을 통한 자율적인 시스템 운영으로까지 이어진다. 바로 이 점에서 지역사회 교육네트워킹 연계망은 기관-네트워커-에듀카투어의 원심력과 파급력을 토대로 한 협의체제 사례라는 점이 주목된다. 이 협의체는 지역사회 관·민 '기관 차원'에서 보자면 각 기능의 결합으로 구조화된 '파트너십'이고, '인적 차원'에서는 네트워커 및 에듀카투어의 전문성을 말한다. 네트워커와 에듀카투어는 청소년 관련 모든 정책의 실행 및 연계 협력의 필요 수준을 적절하게 가늠하고 이에 대한 프로젝트를 체계화하는 데 일조한다.

3) 구조화된 네트워킹: 정책적 협업

앞서 언급한 대로 프랑스 지역사회 교육네트워킹은 학교를 중심으로 한 교육부와 도시개발정책을 주도하는 시청, 다양한 어소시에이션으로 이루어진 관·민 기관, 이 중에서도 특히 각 구역의 다양한 기관들과 학교 간 협업이 그 중심에 있다.

> 파리 시청 도시개발부에서 경제·사회·문화 취약지역을 12지역으로 선정했는데, 여기 18구 아미로-쌩프롱 지역도 그중 하납니다. 우리 부서는 파리 시청에 속해 있고, 주된 업무는 다양한 지역사회 프로젝트를 구상하고 지원합니다. 물론 프로젝트는 학교 혹은 어소시에이션이 주도하는 경우도 많습니다. 그럴 경우 우리 기관은 지원과 협조를 하지요. 이를테면 지역상권 발전 프로젝트가 있다면 도시계획 관련 혹은 지역 상인단체와 연계시키고 우리도 경제적 지원과 조언에 적극 참여하고요. 지역 내 학교가 주관하는 프로젝트에서 우선교육네트워크 코디네이터가 요청하면 어떻게 이상적으로 실현시킬지 같이 고민하지요. 엘렌, 18구 도시개발부 책임자

> 나는 우선교육네트워크의 코디네이터로서 학교 내-학교 간-학교 밖 모든 프로젝트에 관여합니다. 교육적 제언은 물론이고, 학교 간 프로젝트의 경우 각 학교기관과의 조율, 지역사회 도시개발부를 비롯해서 지역사회의 다양한 기관과 자원을 찾아 연계해 줍니다. 학교 중심이어도 결국 지역사회 교육공동사업의 모습을 띠게 됩니다. 크리스티나, 우선교육네트워크 조정자

센터에서 주로 하는 일은 지역 주민들이 개인적으로건 단체건, 혹은 어소시에이션이건 지역사회 프로젝트나 아이디어가 있으면 언제라도 찾아와 얘기 나누고 실현 가능성을 같이 고민하고 어떻게 조력할 수 있을지 대안을 찾는 겁니다. 공간이 필요하면 제공해 주고 장비가 필요하면 언제라도 대여 가능하고요. 지역 주민 누구나 와서 지역과 관계된 모든 고민과 이야기를 나눌 수 있고, 또 지역사회에서 무슨 일이 생기고 있는지, 지역 내 학교에서 무엇을 하고 있는지 모든 정보가 교류되는 곳이기도 합니다. 지역자치센터가 일반 지역행정업무 담당이라면 메종블루는 지역 주민과의 직접적인 대화창구 역할을 하고 있습니다. 프랑수아, 18구 주민자치센터 메종블루 기관장

위 진술처럼 프랑스 지역사회 교육네트워킹은 다양한 기관들이 하나의 시스템 안에서 연계 협력하는 양상을 띠고 있다. 이 같은 파트너십이 민간 차원에 이르기까지 촘촘하게 연결되는 바탕에는 1996년에 발효된 대도시 근교 취약지역정책Zones Unbaines Sensibles(이하 ZUS)이 있다. 이 정책은 임대주택보급률, 실업률, 최저임금수급-차상위비율, 학업중단율, 학업격차율, 무졸업장 주민 비율, 25세 미만 청소년 비율 등을 기준으로 대도시 근교에 위치한 경제·사회·문화적 낙후 지역을 선정하여 지역개발 프로젝트를 장려하고, 비숙련 청소년 고용을 위해 직업교육과 청년 고용을 강화하며, 기업 이전과 설립의 경우 행정 절차 간소화와 10년 이상의 세금 혜택을 주는 등의 내용을 포함하고 있다.Rapport au Parlement, 2010 이 ZUS 정책 중 보다 더 취약한 지역을 '대도시민감지역Zone Franche Urbaine(이하 ZFU)'으로 선정하여 인구 1만 명 이상의 주민 거주 지역을 대상으로 청소년 직업교육정책 및 고용정책, 주거정책 등 청소년

지원정책을 실행한다.Les contrats d'aide á l'emploi du plan de cohésion sociale dans les zones urbaines sensibles en 2014, n.d. 대도시민감지역인 ZFU와 우선교육네트워크지역이 80% 이상 일치하고 있는 현재, 교육정책과 도시개발정책이 큰 그림으로 함께 진행되고, 여기에 직업교육과 고용정책이 맞물리면서 지역사회개발정책의 양상을 띠게 된다.[20] 대도시취약지역정책의 목표는 첫째, 공화주의 협정 보장, 둘째, 사회연대 강화, 셋째, 지역사회 공동체 프로젝트 장려, 넷째, 지역 주민을 위한 새로운 민주주의적 공간 개발과 직접적으로 맞닿아 있다.Pupponi, 2014 메종블루와 같은 지역사회센터는 대도시 근교 취약 정책 발표 이후 지역 주민 참여를 활성화할 수 있는 방안으로 공간의 필요성이 제기되면서 구축되기 시작했는데, 지역과 주민 간을 위한 일종의 소통의 공간이자 교류의 공간이며 참여와 실천의 공간이다. 이 지역사회센터가 주민들이 믿고 찾는 공간이 되기까지는 담당자 말대로 "십수 년"의 시간이 필요했지만, 지금은 주민들이 가장 믿고 사용하는 공간이 되어 지역사회를 위한 주민 참여를 고무시키는 데 중추적인 역할을 하고 있다. 무엇보다도 지역사회-학교-지역 주민이 동반하는 지역사회 네트워크는 교육 연계망이자 사회 연계망의 구실을 하게 된다는 점이다. 파리 18구 아미로-쎙프롱 지역의 지역사회개발정책과 교육정책은 다음과 같은 지역사회 네트워크 협업의 양상으로 나타나고 있다.

1. 학업 동반 활동 강화를 위한 개방된 학교와 지역사회 발전 프로젝트
2. 교육성공정책과 지역사회개발정책과의 연계: 특히 중학교 학업중단 위기 관리팀 장려
3. 학교와 가정 간 거리 좁히기를 위한 공동 활동 프로젝트 장려
4. 중학교의 문화활동 지역사회 차원에서 활성화시키기

5. 지역 거주민과 청소년·청년세대와의 파트너십을 통한 새로운 애니메이션센터 조성하기
6. 지역사회 차원 청소년·청년의 사회·문화·경제적 고립·배제 타파를 위한 교육 프로젝트 강화
7. 중소기업 유치를 통한 청년 고용 활성화, 파리 지하철조합 공동 프로젝트 진행
8. 지역 주민 활동 및 워크숍 활성화
9. 문화 어소시에이션과 파트너 기관의 협력 강화
10. 골목 및 상권 재조성하기Projet de territoire. Quartier Amiraux-Simplon

위와 같은 협업은 다양한 거점 기관과 학교 및 지역 주민이 정부와 지자체, 교육기관과 지역사회기관으로 수렴되어 하나의 지역사회 교육네트워크라는 연결망을 구성하고, 다양한 교육 프로젝트와 교육환경 개선, 고용, 교통, 환경, 안전, 문화와 스포츠 등 사회공공 서비스 연계망까지 거시적으로 아우르는 상호 의존적인 협업을 구조화시킨다. 대도시민감지역정책 안에서 파리 시청 소속 '지역사회개발부-민감지역개발부-우선교육네트워크-주민-시청'이라는 5자 간 협업은 일명 "교육 성공"과 "지역사회 발전"이라는 두 가지 차원에서 지역사회의 모든 네트워크를 총가동시키는 촉매제의 역할을 수행한다. 이와 같은 노력은 프랑스 교육복지가 단지 교육부만의 정책이 아니라 노동 및 사회연대부, 청소년 및 보건 일상부, 문화커뮤니케이션부, 도시주거부 등 다양한 부처가 상호 연계하는 종합적인 지역사회정책으로 발전하게 한다. 이는 프랑스 교육정책이 학교를 중심으로 하는 교육정책인지 혹은 지역사회개발을 위주로 하는 정책인지를 엄격하게 구분하지 않는 프랑스의 사회정책 시스템과 연관된다. 이는 마치 지역사회 전체가 학교 안으로 들어가는 양상이 되

어 학교-지역사회 파트너십이라는 새로운 교육 패러다임을 만들었다. 교육정책과 지역사회개발정책의 협업이 교육네트워킹 안에서 교육 수월성과 교육 출발점 기회의 평등을 어떻게 도모시킬 수 있는지에 대한 가능성을 프랑스 사례는 보여 주고 있다.

5. 나오며: 프랑스 지역사회 교육네트워킹의 특징 및 함의

지금까지 살펴본 프랑스 지역사회 교육네트워킹의 특징을 종합해 보면 다음과 같다.

1. 학교교육정책과 지역사회 교육 지원은 정책적 협업으로 이루어진다.
2. 지역사회의 다양한 거점 기관들은 지역사회 교육네트워킹을 작동시키는 촘촘한 연결망의 기능을 한다.
3. 지역사회 교육정책과 지역사회개발정책은 한 선상에서 상호·보완되어 협력하게 하는 일종의 다자간 프로젝트 유형을 띠고 있다.
4. 이와 같은 다자간 교육 프로젝트는 지역 환경 개선, 고용, 교통, 안전, 문화, 스포츠 등 모든 사회공공 서비스 연계망까지 거시적으로 아우르는 상호 의존적인 협업을 구조화한다.
5. 각 기관의 강점과 기능이 구조적으로 연결되기까지는 '네트워커'와 '에듀카투어'라는 매개자의 동력이 지역사회의 원심력과 파급력이 되고 있다.

다자적 네트워킹이 다양한 차원의 의사소통과 정책적 협업을 통해 상호 보완적으로 이루어지고 상응될 때에야 비로소 구조화된다는 것을 프랑스 지역사회 교육네트워크는 잘 보여 준다. 무엇보다도 지역사회 다자적 네트워크는 관·민 기관의 업무 분담과 협조를 구조화시켜 관-민-학-가정의 소통 장치를 활성화시키고, 이를 통해 교육 연계망 및 사회 연계망 기능을 강화하게 된다. 구체적으로는 학교, 시청, 지역사회개발팀, 민관기관(어소시에이션) 등 거점 기관을 중심으로 교육네트워킹이 작동되고, 이는 교육정책과 지역사회개발정책, 사회복지정책이 상호 보완되어 협력되는 일종의 '지역사회 공동 교육 프로젝트'의 모습을 갖추게 된다. 여기에서 중요한 점은 지역의 다양한 교육 자원이 사회공공자본과 얼마나 잘 결합하고 협력하며 지속적으로 개발되는지, 나아가 체계적인 시스템 안으로 어떻게 통합될 수 있는지가 관건이 된다. 즉 학교와 지역교육공동체, 그리고 사회 안전 시스템이 상호 연계되어 생산성과 효율성을 촉진시키고, 상호 이익을 제공하는 공공재적 성격의 '사회자본' 역할을 하게 됨으로써, 결과적으로 교육정책 및 지역사회개발·사회복지정책 차원에서 그 역할 배분과 기능이 구조화되어 네트워킹을 가능하게 만든다는 것이다. 여기에 각 기관에 속해 있는 구성원 간의 유대망은 촘촘하게 연결되며, 이는 지역사회의 다양한 자원을 제공하고 배분하는 구조화된 시스템으로 기능하게 한다. 이와 같은 프랑스 교육네트워킹 체제는 다음과 같은 양상을 보인다.

첫째, 프랑스 교육정책은 단지 교육부만의 정책이 아니라 노동 및 사회연대부, 청소년 및 보건 일상부, 문화커뮤니케이션부, 도시주거부 등 다양한 부처가 상호 연계하는 종합적인 사회정책으로 진행된다.

둘째, 이는 프랑스 교육복지정책이 학교를 중심으로 하는 교육정책인지 혹은 지역 주민 복지를 위한 사회복지정책인지, 취약지역 개발을 위한 도시개발정책인지, 지역사회 활성화를 위한 경제정책인지를 엄격하게 구분하지 않는 프랑스의 '사회정책 시스템'과 연관된다.

셋째, 지역사회개발 관련 프로젝트에서는 지역 상황을 적극적으로 파악하고, 우선적으로 필요한 물적·인적 인프라를 탐색하게 되는데, 여기에 다양한 지역사회 주체의 특징과 강점을 살려 그 역량을 최대한 발휘시킬 수 있도록 '협업'의 양상으로 이루어진다.

넷째, 결국 지역 내 다양한 기관 간의 네트워크 활동이 활성화되어 있을 때야 비로소 각 기관의 역할과 파트너십이 보다 더 구조화되어 가는 경향이 있다.

다섯째, 이와 같은 협업은 교육 협력 체계의 구조화뿐 아니라 지역사회 복지 환경 개선이라는 공동의 목표를 제시한다.

마지막으로 이 교육네트워킹은 교육-도시개발-사회정책이 연계된 일종의 '교육공동체 네트워크'로 나아가며 지역사회 교육력의 틀을 세우고 지원하게 된다.

프랑스 지역사회 교육공동체의 교육네트워킹이 지역사회개발정책과 함께 이루어지고 있는 것은 바로 지역사회의 사회·경제·문화정책이 활발하게 기능하고 상호 보완적으로 작동될 때 '교육 성공'의 가능성은 더 커지게 된다는 것을 분명하게 인식하고 있기 때문이다. 부족한 곳에 더 주는 '차별적 평등의 원리' 혹은 '긍정적 차별의 원리'를 통해 지역적 불평등을 해소시키고자 하는 대도시취약지역정책과 우선교육정책은 지역사회의 경제적, 사회적, 문화적 투자를 활성화시키는 한편, 이를 통해 교육복지를 위시한 다양한 사회복지 제반을 상호 보완적이고 역동적으로 기능하게 한다. 프랑스 지역사회의 교육네트워크가 지역사회개발정책과 같은 선상에서 이루어지고 있는 것은 바로 이 때문이다. 여기에 프랑스 지역교육공동체를 이해할 수 있는 단초가 있다. 프랑스 정부는—정권이 교체되든 지속되든 간에—기존 교육제도가 학습자 개개인 모두의 교육적 요구와 필요에 부응하지 못한 '프랑스 교육제도의 비생산성'에 있다는 점에 주목했을 뿐 아니라, 이는 곧 공교육의 쇄신이 지역사회정책 및 도시개발정책과 연계되어야 한다는 점을 간파하였다Bernard, 2014; 2016 이른바 교육 수월성을 위하여 지역사회의 교육 자원이 교육정책과 함께 가야 한다는 점을 명징하게 보여 주는데, 이는 2005년 프랑스 교육부와 고용노동부 및 사회연대·주거부가 합동으로 발표한 부처 간 공람 "교육 수월성 접근에서의 기회평등L'égalité des chances dans l'accès aux formations d'excellence"에서 보다 구체화된다.

> 우선교육정책지역과 대도시정책지역 거주 학생들은—타 지역 거주 학생들과 마찬가지로—괄목할 만한 학업능력을 가지고 있으나 이들의 학업·직업적 야망은—지역적—사회·문화자본의 결여로 인해 결실을 맺지 못하는 경우가 다반사이다. 이에 프랑스 사회는 이들의 교육 성장에서 보다 견고한 교육 동반 및 교육 지원, 진로 설정 과정에서 각 청소년의 역량과 필요 수준에 부합하는 포괄적인 비전을 제시해야 한다. 고등교육 기회의 민주화를 위해 교육부와 고용·사회 및 연대·주거부는 교육 수월성 접근에서의 기회평등을 수행하고자 부처 간 협업 조약을 맺는다.Circulaire N°2005-148 du 22-8-2005[21]

위의 공람이 시사하는 바는 다음과 같다. 첫째, 교육정책이 사회정책 차원에서 공조되고 협업된다는 점, 둘째, 교육지원정책과 지역개발정책이 동일 선상에서 모색된다는 점, 셋째, 대상자 중심의 진로교육 기회를 우선시한다는 점, 마지막으로 지역사회의 사회·문화자본 확충의 필요성이 제기되었다는 점이다. 이 '교육 수월성 접근 기회평등 공람'에 따라 학교 차원에서는 학업적 어려움에 처한 학생을 우선 관리하는 '학업중단위기방지팀Prevention des risques de décrochage scolaire'과 진로전담팀Orientation professionnelle이 결성되었고, 지역사회 차원에서는 고용노동부와 사회연대·주거부가 지자체와 협업하는 직업-실업교육, 실습 및 고용을 위한 기업과 학교 간 협업을 위한 조약이 체결되었다.[22] 나아가 도시개발정책이 경제·사회·문화정책과 지역사회정책 간에서 조율이 이루어지면서 학교와 민-관 기관 및 시민단체와의 교육 연계가 활성화되어 갔다. 무엇보다도 교육취약지역에 대한 선별적인 교육복지 지원과 지역사회 인프라 구축이라는 사회정책을 동시에 추구하는 프랑스의 지역사회 네트워킹은 미시적으로는 어려움에 처한 청소년들에게 다양한 교육 기회와 진로를 제공할 수 있는 사회적 인프라의 기능을 수행하고, 거시적으로는 공교육제도와 청소년정책의 변화를 주도하는 '플래그십'의 역할을 하고 있다는 점이다.

국내에서는 교복투사업을 시작으로 하여 최근 아동 친화 도시, 혁신학교 등 지역사회 교육네트워크 구축과 활성화에 대한 논의가 활발한 실정이다. 하지만 여전히 학교 단위의 교육 지원 혹은 돌봄을 위한 지역사회기관 간의 초보적 수준의 교육복지 네트워크에 머물고 있는 것도 사실이다. 반면 프랑스의 경우에는 교육과 지역사회개발의 협력을 통해 성장 세대는 물론이고 지역사회 구성원의 '지속가능한 삶의 질 증진'이라는 지역사회 발전과 긴밀히 연동되고 있다. 환언하면 한국의 교육네트워크는 학교 단위를 중심으로 학생의 교육적 수준 제고라는 미시적 차원의 정책 서비스를 강조하고 있지만, 프랑스의 지역사회 교육네트워크가 궁극적으로 추구하는 것은 지역사회의 발전과 삶의 질 제고를 통해 성장 세대 삶의 질까지 견인하고 있다는 점이다. 이는 정책 대상을 학교 또는 학생을 위주로 두고 있는 우리와는 분명히 다르다.

주목해야 할 점은 지역사회 교육네트워크가 극복하고자 하는 대상이 단순히 학생의 학업성취 수준이나 학교환경 개선이 아니라 사회적 빈곤의 악순환 고리를 제도적으로 차단하려는 거시적 수준의 관점에서 이루어진다는 점이다. 여기서 교육은 사회적 빈곤의 악순환을 효과적으로 차단하려는 제도적 수단이자 중핵적 사업의 영역이다. 따라서 교육네트워크는 교육복지를 통합적이고 유기적으로 제공할 수 있는 교육 협력 체제뿐 아니라, 나아가 지역사회 복지환경 개선이라는 지역사회개발과 교육적 관심이 함께할 때 지역사회 다양한 주체들의 자발적인 참여를 이끌어 낼 수 있고, 결국 교육공동체를 궁극적으로 실현할 수 있다. 물론 여기에는 네트워킹의 구조화 작업, 네트워커의 역량 및 전문성 강화, 네트워크 안의 소통망 활성화, 지역사회 주민의 참여문화 확산, 거점 기관 간의 행정 및 절차적 수월성 등이 전제되어야 한다. 특히 국내의 경우 학교교육에 관련된 모든 정책은 교육부의 사항으로, 복지 관련 정책은 보건사회부의 고유 영역으로, 청소년 관련 사항은 여성가족부 영역으로 분리하여 개별적으로 시행되어 온 결과, 지역사회에 흩어져 있는 관민 기관 및 교육 자원과 복지 자원의 행정체계를 다원화시켜 '학교'와 '학교 밖 기관' 간의 상호 보완적인 연계 체계가 이루어지지 않고 있는 우리나라 상황에서 프랑스 사례는 다양한 정책적 연계 및 부처 간 협업, 작동 방식과 파급 효과에 대해 근본적인 질문을 던져 준다.

| 주석 |

1. 이 글은 저자의 논문 「프랑스 우선교육정책의 새로운 방향과 모색」(2013), 「프랑스 교육복지안전망 연구: 2015년 우선교육정책 재설립 시행을 중심으로」(2016a), 「학교와 지역사회 간 교육복지연계망 연구」(2016c), 「프랑스 지역사회 교육공동체 실태 연구: 파리 18구 아미로-쎙프롱 지역의 교육정책과 지역사회개발정책의 구조화된 네트워킹 사례를 중심으로」(2017)에서 부분적으로 발췌하여 재구조화한 것이다.
2. 교복투사업은 2011년 교육복지우선지원사업, 즉 교복우사업으로 전환되면서 중앙정부 차원의 시범사업에서 시·도교육청 관할의 교육복지정책 일반 사업으로 전환되었다. 본 사업의 내용을 간추려 보면 다음과 같다. 첫째, 교육 취약 아동·청소년의 학습 결손 누적 방지를 위한 학습 동기 유발에 역량을 집중한다. 특히 저소득층 아동 특성 분석에 기초하여 학습 동기 유발을 위한 교수-학습 방안을 모색한다. 둘째, 방과 후에도 학습을 도와줄 수 있는 지역사회의 인적 자원 및 기관과 적절한 연계를 통해 사업의 효과를 제고한다. 셋째, 사업과 관련된 교원의 전문성 신장을 지원한다. 구체적으로 사업 프로그램 운영과 관련된 교원 동호회 및 연구 활동을 지원함으로써 교사들의 교육복지사업 추진 역량을 제고한다. 넷째, 건강한 신체 발달을 위해 필수적인 복지 서비스를 제공함으로써 정상적인 생활을 영위할 수 있도록 지원한다(김민, 2009: 136; 이영란, 2016: 2 재인용).
3. 이영란·김민(2017: 6).
4. 이 절은 저자의 논문 「학교와 지역사회 간 교육복지연계망 연구」(2016c)에서 부분적으로 발췌하였다.
5. 이와 같은 시대적 상황에서 교육권으로서 '초등교육의 법제화'가 1881년 당시 교육부 장관이었던 쥘 페리(Jule Ferry)에 의해 제정되는데, 주요 내용으로 첫째, 모든 초등교육의 공립화, 둘째, 공교육의 비종교성, 즉 정교분리정책, 마지막으로 초등교육의 의무화를 담고 있다(이영란, 2010: 155). 당시 대부분의 교육기관이 가톨릭교회에 의해 운영되었던 점을 상기해 보면, 초등교육기관의 설립은 혁명 이후 프랑스 공화주의 정부의 최우선 과제였다는 것이 자명하다.
6. 따라서 프랑스 교육부 구조에 교육복지국 부서 자체가 존재하지 않는다. 우선교육정책부, 학업중단방지정책부 등의 이름으로 다양한 교육정책이 실행되고 있을 뿐이다. 같은 맥락에서 프랑스에서는 복지부가 존재하지 않는다. 사회연대부, 사회정책 및 보건, 여권신장부, 주거 및 지역 평등부, 기회평등위원회 등이 각각의 역할을 하고 있다. 한편 사회정책과 관련하여 위의 부처들뿐 아니라 교육부, 문화

통신부, 경제부 등 모든 부처들의 정책에는 공화주의 국가철학인 인권과 기회평등의 개념이 골고루 스며들어 있다.

7. 이 장은 저자의 논문 「프랑스 우선교육정책의 새로운 방향과 모색」(2013)과 「프랑스 교육복지안전망 연구」(2016a)에서 부분적으로 발췌하였다.
8. 프랑스 교육정책사는 이영란(2016a) 참조.
9. 교육 인력 확충 및 이에 따른 교육 방법에 대한 재고가 프랑스 교육공론을 주도하면서 1982-1983년 학기에 363개의 교육취약지역 선정과 함께 1만 1,625명의 신규 교원 및 학교 인력이 부가적으로 채용되었다. 이는 대다수의 교육 인력이 단시기에 교육기관에 합류된 '첫 사례'로서 프랑스 교육사의 기록으로 남게 된다.
10. 1981년 우선지역정책(Zone Prioritaire, 일명 ZP정책), 즉 ZP정책으로 시작된 이 정책은 1988년 La Politique de Zone d'Education Prioritaire로 명명되면서 이후 공식적으로 ZEP정책이라고 불리게 된다. 1998년 ZEP정책 안에서 우선교육네트워크 REP(Reseau d'Education Prioritaire)가 신설됨으로써 이 정책은 Education Prioritaire, 즉 EP정책으로 불린다. 2006년 성공야망 네트워크 Reseaux d'Ambition Reussite, 즉 RAR 네트워크와 학업 성공 네트워크 Reseaux Reussite Scolaire인 RRS로 지역 구분이 이루어지면서 이 정책은 La Politique d'Education Prioritaire, PEP 정책으로 불린다. 2015~2016년 우선교육정책재설립 이후 이 정책은 PEP 정책으로 고착되었다. 즉 이 정책은 ZP-ZEP-EP-PEP의 순으로 명칭의 변화를 하게 된다.
11. 이영란(2008), 83쪽 재인용.
12. 특히 국어인 프랑스어 학업성취율이 우선교육지역 42%, 비우선교육지역 75%로 격차를 보이고 있다. 또한 중학교 4학년 프랑스어 '읽기, 쓰기, 말하기'의 '정규교과 수준에 미달'하는 학생 비율이 우선교육정책지역에서는 58%라는 사실은 그 학업 격차가 얼마나 심각한지 잘 보여 준다.
13. 대도시취약지역정책(Politique des Zones Urbaines Sensibles, 이하 ZUS 정책)은 본문 4장 2절 참조.
14. 이에 대해서는 Centre Alain Savary, 2006; Duru-Bellat 2004, 2005; Glassmann, 2005; Laparra, 2011; Van Zanten, 2001 참조.
15. 이 장은 저자의 논문(이영란·김민, 2017) 「프랑스 지역사회 교육공동체 실태 연구: 파리 18구 아미로-쎙프롱 지역의 교육정책과 지역사회개발정책의 구조화된 네트워킹 사례를 중심으로」에서 인터뷰 연구 결과를 발췌하여 재구성하였다. 본문의 인터뷰는 연구자가 프랑스 파리 18구에서 직접 수행한 심층면접이고, 인터뷰 참여자는 총 6명으로 다음과 같은 질문 주제로 진행되었다. 첫째, 소속기관은 지역사회 네트워크 거점 기관으로 어떤 역할과 기능을 하는가, 둘째, 네트워커 간·기관 간 협업은 어떻게 작동되고 네트워커의 파급력은 어떤 영향을 미치는

가, 마지막으로 지역사회 발전 네트워킹의 성공 요인과 개선점은 무엇인가로 축약된다(이영란·김민 2017: 9-20).

16. 지역사회센터(Centre social)는 지역마다 운영되는 방식이 다르다. 시청에서 운영하기도 하고, 지역 구청의 보조금이나 가족수당기금에서 고용된 센터장이 자율적으로 운영하는 곳도 있다. 지역사회센터의 목적은 주민들이 자발적으로 지역개발 프로젝트에 참여하고 의논할 수 있도록 주민을 응집시키는 것이다. 지역사회센터는 다양한 명칭으로 불린다. 이 장에서 언급되는 파리 18구 지역사회센터는 메종블루, 즉 파란색의 집으로 불린다. 지역 주민에게 밝고 경쾌한 느낌을 주고자 작명되었다고 한다.

17. 애니메이션센터는 지역 주민을 위한 일종의 문화·스포츠센터이다. 이곳에서는 다양한 문화 및 시민강좌뿐 아니라 지역 행사, 어소시에이션 등의 단체를 위해 공간을 대여해 준다. 지역사회의 풍부한 교육 자원의 하나로 간주할 수 있다. 시청과 가족수당기금센터가 관할한다.

18. 미디어센터는 지역사회의 공공도서관을 말하고, 어소시에이션은 시민들이 참여하는 '비영리협회'를 말한다. 프랑스 시민 1인 이상이면 누구나 비영리협회를 창립할 수 있고, 창립할 때 각 시에 있는 경시청에 신고해서 '협회증'을 받아야 하는 의무가 있다.

19. 에듀카투어와 비교할 수 있는 영역은 상담교사와 지역교육복지전문가(지전가)이지만 에듀카투어의 역량과 전문성, 다중적 의미를 모두 내포하지 못하는 한계가 있다. 또한 상담교사와 지역사회전문가는 지역사회의 모든 교육 자원과 복지자원 간 협의, 학교와 지역사회, 각 기관 간의 네트워킹 파급, 나아가 이를 통합적인 시스템으로 구축하는 역할에 도달하지 못하고 있는 실정이라는 점은 분명하다. 이는 지역사회에 흩어져 있는 관민 기관 및 교육 자원과 복지 자원의 다원화된 행정체계 문제와 '학교'와 '학교 밖 기관' 간의 상호 보완적인 연계 체계가 이루어져 있지 않기 때문이기도 하다.

20. 2015년 현재 프랑스 전역에 751개의 대도시취약지역(ZUS)이 있으며, 이는 프랑스 전체 인구의 약 7%인 450여만 명에 해당한다. 이 중 취약의 상황이 보다 심각한 100여 개의 대도시민감지역(ZFU)이 있다. 대도시취약지역은 파리, 리옹, 마르세이유, 릴 등 대도시 주변 사회-문화-경제-교육적 취약 상황을 고려해서 대도시 주변 지역 슬럼화 방지와 지역사회개발정책을 목표로 설정되었다. 정책은 지역마다 천차만별로 운영되고 있고, 또 정책의 성과와 한계 역시 지역 특성에 따라 다양한 차이를 보인다.

21. "Ces territoires comptent, comme ailleurs, des élèves qui réussissent, de manière remarquable. Cependant, leur ambition scolaire ou professionnelle s'étiole souvent faute d'un capital social et culturel approprié, d'une vision

globale des enjeux de notre société et d'un accompagnement solide dans la complexité des parcours et des choix nécessaires à une orientation à la mesure de leurs capacités. Afin de contribuer à la démocratisation de l'accès à l'enseignement supérieur, les deux ministères ont signé avec la conférence des présidents d'universités, la conférence des grandes écoles et la conférence des directeurs d'écoles et formations d'ingénieurs une charte relative à l'égalité des chances dans l'accès aux formations d'excellence"(http://www.education.gouv.fr/bo/2005/36/MENE0502079C.htm. 2005년 8월 22일 "교육 수월성 접근에서의 기회평등" 교육부 공람).

22. 이 계약은 정부와 대도시취약지역정책 대상이 되는 도시 간에 맺는 일종의 협업 계약이고, 이 계약 안에는 다시 다양한 유형의 계약들이 있다. 청소년 관련 대표적인 계약으로는 "이니셔티브 고용계약"(Contrat Initiative Emploi, 이하 CIE)을 들 수 있는데, 18~26세 청소년을 대상으로 학업중단 청소년, 12개월 이상 등록된 장기 실업자, 최저임금 소득자 등을 위한 청소년 고용 지원 계약이라고 할 수 있다.

| 참고 문헌 |

김경애(2009). 「아동청소년의 교육복지지원을 위한 지역사회 네트워크 활성화 요소 및 원리」. 『한국청소년연구』 20(3), 85-114.

김경애(2011). 「현장 중심의 자율적 교육복지우선지원사업 추진 방안 연구」. 한국교육개발원.

김민(2009). 「2008년 교육복지투자우선지원사업 도솔프로젝트 연구지원센터 최종 보고서」. 충청남도천안교육청 연구보고서.

김정원(2009). 「교육복지투자우선지역 지원사업 연수 프로그램: 지역사회교육전문가용」. 서울: 한국교육개발원.

김태준·조영하·이상일·이병준·박찬웅(2004). 「지역 인적 자원 개발을 위한 사회적 자본 측정 및 형성 전략의 국제비교연구」. 서울: 한국교육개발원.

신익현(2003). 「교육복지투자우선지역 지원사업의 의의와 추진 방향」. 『도시와 빈곤』 61, 49-65.

양병찬·김경애(2009). 「지역사회 네트워킹」. 한국교육개발원.

이영란(2008). 「V. 국외 교육복지정책 및 관련 법적 기반: 프랑스」. 『교육복지정책의 효과적 추진을 위한 법제도 마련연구(CR2008-59)』. 한국교육개발원(편), 75-119.

이영란(2010). 「프랑스 시테(Cité) 지역의 교육 불평등 사례 연구」. 『교육사회학연구』 20(1), 151-178.

이영란(2011). 「프랑스 칼리지 3학년 시민교과목 연구: 주요 지향점과 핵심 쟁점을 중심으로」. 『교육사회학연구』 21(2), 149-172.

이영란(2013). 「프랑스 우선교육정책의 새로운 방향과 모색」. 『교육사회학연구』 23(3), 169-199.

이영란(2016a). 「프랑스 교육복지안전망 연구: 2015년 우선교육정책 재설립 시행을 중심으로」. 『순천향 인문과학논총』 35(1), 93-128.

이영란(2016b). 「프랑스 우선교육네트워크 데스노스 REP+질적 사례 연구」. 『청소년복지연구』 18(3), 25-50.

이영란(2016c). 「학교와 지역사회 간 교육복지연계망 연구: 프랑스 사례를 중심으로」. 『미래청소년학회지』 13(4), 1-22.

이영란·김민(2017). 「프랑스 지역사회 교육공동체 실태 연구: 파리 18구 아미로-쎙프롱 지역의 교육정책과 지역사회개발정책의 구조화된 네트워킹 사례를 중심으로」. 『교육연구논총』 38(1), 183-211.

이정선(2009). 「교육복지투자우선지역사업을 통한 교육복지 공동체의 구축: 시론」. 『한국초등도덕교육학회』 30, 73-111.

이혜영·양병찬·김민·김정원(2006). 「교육복지투자우선지역지원사업 활성화를 위한 가정, 학교, 지역사회 연계 협력 강화 방안 연구」. 한국교육개발원.

Bernard, P.-Y.(2014). Le décrochage scolaire en France: Usage du terme et transformation du problème scolaire. Carrefours de l'éducation, 37(1), 29-45.

Dubreuil, Bertrand(2001). Pedagogies en milieux populaires. Paris: L'Harttmann.

Meuret, Denis(2008). Egalité et équité des systemes éducatifs. Dictionnaire de l'éducation. Paris: Puf.

Centre Alain Savary(2006). Apprendre et enseigner en milieux difficiles. Institut National de Recherche pédagogie.

Duru-Bellat M. et al.,(2004). Tonalité sociale du contexte et experience scolaire des élèves au lycée et a l'école primaire. Revue francaise de sociologie, 45(3), 441-468.

Duru-Bellat M.(2005). Les inégalités sociales à l'école. Genese et mythes. Paris: Puf.

Glasman, Domonique(2005). L'accompagnement scolaire. Puf, Paris.

Laparra, M(2011). Les ZEP, miroir grossissant des évolution et contradiction du système éducatif français. In: Revue Française de pédagogie, 177(4), 47-60.

Pupponi, François(2014). LOI n°2014-173 du 21 février 2014 de programmation pour la ville et la cohésion urbaine-article 26. Retrieved November 2, 2016, from https://www.legifrance.gouv.fr/eli/loi/2014/2/21/VILX1315170L/jo/texte

Rouaud, P. & Joseph, O.(coord.)(2014). Quand l'ecole est finie. Premiers pas dans la vie active de la generation 2010. Enquete 2013. Marseille: CEREQ.

Van Zanten. A(2001). L'école de la périphérie. Puf. Paris.

〈프랑스 부처 간 공람 및 공문, 보고서〉

프랑스 교육부 공문(2005) Ministère de l'éducation nationale(2005). 8월 22일 "교육 수월성 접근에서의 기회평등" 교육부 공람. Circulaire N°2005-148 du 22-8-2005 http://www.education.gouv.fr/bo/2005/36/MENE0502079C.htm.

2018. 3월 20일 인출.
프랑스 교육부 공문(2007) Bulletin officiel N 2 du 11 janvier 2007.
프랑스 도시개발정책 2014-2020 계획 https://sig.ville.gouv.fr/page/198/les-quartiers-prioritaires-de-la-politique-de-la-ville-2014-2020 2018. 3월 15일 인출.
프랑스 부처 간 공문(1988) La lettre ministrielle du 8 Juilliet 1988.
프랑스 민감도시개발정책 사회연대 고용 조력 계약. Les contrats d'aide á l'emploi du plan de cohésion sociale dans les zones urbaines sensibles en 2014(n.d.). Retrieved November 1, 2016, from http://dares.travail-emploi.gouv.fr/dares-etudes-et-statistiques/etudes-et-syntheses/dares-analyses-dares-indicateurs-dares-resultats/article/les-contrats-aides-dans-les-zones-urbaines-sensibles-en-2014 2018년 2월 20일 인출.
파리 18구 시청 프로젝트(2016) Mairie de Paris(2016). Projet de territoire 18e. Paris: http://www.mairie18.paris.fr/mairie18/jsp/site/Portal.jsp?page_id=528 2018. 1월 20일 인출.
프랑스 국회보고서(2010) Rapport au Parlement. Suivi de l'Objectif de Baisse d'un Tiers de la Pauverte en cinq ans. Paris: Parlement.

제6장

독일 학부모 교육공동체

박성희(인하대학교 초빙교수)

1. 서론

학교를 중심으로 전개되는 독일 학부모 교육공동체 활동은 학교교육과정에서 일어나는 계층의 재생산 및 불평등을 완화하고 학교가 모두의 삶의 질 보장을 위한 기초교육의 장이 되어야 한다는 시민정신에 토대를 두고 있다. 학교교육과정 속에서 소외되거나 배제되는 아동이 없도록 하려면 교사, 또래 이외에 학부모 및 지역사회의 주민 모두가 아동의 행복 보장에 대한 책임의식을 갖고 지역사회의 배경 및 실정에 맞는 실천의 방법을 학습을 통해 찾아가야 한다.

학교와 학부모는 상호적으로 상생하는 과정 속에서 다양한 시너지 효과를 얻게 된다. 독일 학부모 교육공동체 사례는 각 가정의 사회경제적 배경에 따라 아동이 경제적, 문화적, 사회적으로 겪게 되는 불이익을 극복하고 잠재력을 개발해 가도록 학교가 책임감을 갖고 학부모와 협업해 가는 과정을 소개하는 데 역점을 두었다. 즉 가정의 사회경제적 배경으로 인해 소외되는 학생이 공교육을 통해 교육 기회의 평등, 교육과정의 평등, 교육 결과의 평등을 보장받도록 지원하는 학교교육공동체를 만들어 가려면 학부모들이 학교를 위한 협업의 역할을 스스로 찾아야 한다.

독일에서 공동체 구축을 위한 역사는 약 120년 전에 시작되었다. 1901년 클라센Classen은 근로자운동의 하나로 국민주택Volksheim을 지었고, 1911년에는 목사 지그문트-슐체Siegmund-Schultze가 베를린 동부에 함께 살아가는 근로자공동주거체를 설립하였다.Mueller, 1997 1918년 1차 세계대전 패망 이후 세워진 바이마르공화국은 국민들에게 새로운 민주 공화국의 건설을 약속하였다. 이에 국가는 주정부, 시, 지방자치단체가 시민들과 협동하여 스스로 문제를 해결해 나가는 성인 학습의 진흥을 「바이마르 헌법」에 명시하고, 시민대학과 시민도서관을 건립하기 시작하였다. 근로자 계층의 삶과 노동을 지원해 준다는 새로운 공동체운동은 이후 사회복지사 및 성인교육자들의 참여로 이어졌다. 1920년대 활기를 띠게 된 개혁교육운동가인 프랜첼, 리트, 비네켄Fränzel, Litt, Wyneken은 매우 진보적인 자유주의적 정신과 단결된 연대감을 교육 목표로 제시하였다. 사회교육자 살로몬Salomon과 바움Baum은 보다 나은 지역사회로의 발전을 위해 빈곤계층 거주 지역의 재건설을 위해 문제해결을 위한 내용적·조직적 이론을 제시하며 실제로 문제해결이 실천되어야 한다고 보았다.Buck, 1982: 128

2차 세계대전 이후인 1948년에는 청소년의 직업훈련을 지원하는 빅터-골랜츠Victor-Gollancz 재단이 설립되어 청소년에게 직업훈련 등을 실시하며 청소년의 자립을 지원하기 시작하였다. 1960~1970년대에는 성인교육법 및 평생교육법이 제정되어 다양한 교육공동체 교육에서는 누구도 억압받지 않는 의식화 교육 및 자율적인 시민 양성을 목적으로 해방적 인간이 될 것을 강조하였다. 1981년 이후 교육공동체 활동은 지역 내 소외 계층이 거주하는 지역을 목표 집단target group으로 선정하고 지원하는 "지역 중심의 공동체 활동"으로 전개되었다.

교육공동체는 억압받지 않는 해방된 인간, 즉 자율적인 인간 양성에 목적을 두고 총체적으로 완성된 인간교육을 목표로 시민정신에 기반을 둔 스스로의 자발적인 참여를 촉진한다.Hollenstein, Joachim & Romppel, 2018 지역공동체 활동은 도움이 필요한 집단을 학습을 통해 인식의 변화와 행동의 변화를 지원하여 스스로 임파워먼트하고, 조직은 자치단체로 발전하도록 하는 것에 역점을 둔다.

소외 집단이 학습을 통해 자신들의 문제를 찾아내고 문제해결을 스스로 하도록 지원하는 교육공동체 활동은 빈곤 등을 겪는 지역 주민들이 스스로 문제해결의 방법을 학습을 통해 찾아내고, 총체적 발달을 통해 자율적 인간 및 살기 좋은 지역으로 성장할 때 개인과 조직의 삶의 질이 개선된다고 본다. 이에 문제해결의 방법은 지역화라는 지역성을 중시하고, 관민의 협동과 조정이 필수적이라는 기초 원칙을 준수한다.

독일 학부모의 권리와 의무, 학부모의 학교 참여에 대한 정신은 독일의 정치적, 문화적, 역사적인 발달과정에서 도출된 생산물이다. 본문에서는 성인교육의 발달 및 학부모교육, 학부모 활동에 대한 법적 근거와 학교와 부모가 함께 교육과업을 달성해 가는 교육공동체 사례를 소개하였다. 구체적으로 학부모의 자치활동으로 8~12주에 최소한 1번 이상 저녁 8~10시까지 반별로 진행되는 학부모회, 85%의 이민자 및 외국인 부모들에게 자녀교육을 위한 학부모의 역할을 안내하는 베를린시 초등학교의 교육공동체 활동 사례, 학교와 청소년단체 간의 협치로 진행되는 학교교육복지, 모두의 교육권 보장을 위해 관민의 협동을 원칙으로 운영되는 바이에른주 학부모 교육단체 등을 소개하였다.

2. 성인교육의 발달 및 학부모교육

1) 성인교육의 발달 및 공동체 사회 구축을 위한 시민의식의 발달

페스탈로치, 프뢰벨 같은 박애주의 교육자들은 자녀양육을 위한 학부모교육의 중요성을 강조, 지원하기 시작하였다. 의학 및 심리학이 발달하면서 아동을 양육하는 어머니의 역할이 중시되자, 국가는 후세대를 양육하는 역할을 담당하는 어머니 교육의 중요성을 인식하고 공적으로 지원하기 시작하였다. 1905년 뮌헨과 베를린에 최초로 관민의 협동을 통해 자녀교육상담센터, 어린이집, 유치원 등이 설립되었다. 관민의 협동을 통한 공적인 아동 교육 지원 기관의 설립 목적과 역할은 자녀양육 과정에서 어려움을 겪는 부모의 양육 문제를 국가와 함께 협업을 통해 해결해 가면서, 국가 경쟁력 향상에 관민이 협업한다는 것에 의의가 있다.

1914~1918년 1차 세계대전 후 탄생한 바이마르공화국[1]은 근대 헌법상 처음으로 사회의 공동체성을 강조하고 인간다운 생존권의 보장을 이상으로 하는 사회민주주의 국가를 표명한 「바이마르 헌법」을 제정하였다. 1919년 헌법에 명시된 성인교육 진흥 조항에 따라 국가는 시민대학Volkshochschule을 설립하여 국가의 책무로 성인교육을 진흥하기 시작하였다. 성인교육의 네 가지 영역은 교양교육, 시민교육, 문화교육, 직업교육으로 구분된다. 새 시대의 건설은 국가가 시민들과의 협으로 문제해결을 위한 학습을 통해 방법을 찾아갈 때 가능하다고 보아, 인간적인 삶과 노동이 가능한 사회 건설을 위해 성인기의 인성 개발을 중시하였다.

2차 세계대전 후 새 헌법이 만들어지면서 시민은 정치교육, 진정한 민주주의에 의거해서 새로운 독일 사회의 구축을 위해 정치 참여를 보장받게 되었다. 이것은 1919년 「바이마르 헌법」에 명시된 성인교육에 대한 내용을 실제로 보장하기 위한 조치였다. 이에 1953년에는 최초로 노르트라인-베스트팔렌주가 「성인교육법」을 제정하였다. 이후 1960년대 유네스코에서 평생교육의 중요성이 강조되자, 독일 각 주정부도 주 「성인교육법」을 제정하면서 모든 이를 위한 사회적 참여 의무를 제도적으로 보장해 주었고, 이후 다양한 상생적인 교육공동체운동이 시민정신에 입각하여 발전하기 시작하였다.

1960년대 국가가 사회복지 국가 및 삶의 질 보장을 천명하자, 성찰력 향상을 통한 시민의 정치 참여를 강조하는 68학생운동의 영향으로 사회 구성원 모두가 정치의 주체가 되어야 할 시민의 사회적 책무성이 더욱 강조되었다. 사회개혁을 통해 정치는 상부, 하부구조 간의 위계관계를 붕괴시켰고, 사회 구성원 간의 평등한 관계, 정치 참여의 보장 등이 실현되어 시민은 관과 협동하는 협의체의 주체가 되기 시작하였다. 시민의 정치 참여 의식이 높아져 학교교육에 학부모의 참여가 보장되기 시작하였고, 교육 방법으로 실천, 의식화, 해방 등의 개념을 포함한 임파워먼트를 목적으로 하는 자치활동이 강조되었다.Kallmeyer, 1992, p. 377

2) 공동체 활동에 대한 이론적 근거

공동체 활동에 대한 개념을 마이어Maier와 좀머펠트Sommerfeld2005는 "생산적인 일상생활의 문화를 만들어 내는 것"으로 보고, 일곱 가지의 사상적 기초구조를 제시하면서 교육공동체 활동에서는 "지역사회라는 범주는 절대적인 근거가 아니라 끊임없이 재생산되는 사회적 실천"이 계속되도록 하는 것에 역점을 두었다.Kessel, & Reutlinger, 2010: 21

소외되는 학생이 생기지 않도록 지원하는 교육공동체에서는 학생 간의 갈등을 학생들이 스스로 해결하도록 학생 간 갈등조정자 교육 프로그램을 지원하고, 학생들은 학생들 스스로 조직, 운영해 가는 학습클럽 활동을 통해 스스로 학습의 주체가 되고 문제해결을 위해 앙가주망을 키워야 할 것을 배운다. 학교가 즐거운 삶의 세계가 되도록 학교에서 이루어지는 협동학습의 영역은 학생들이 낙인되지 않도록 일상생활에서 협동해야 할 것, 학생 스스로 협의체를 만들어 교육복지 사업에 적극 참여해야 할 것, 학생, 교사, 학부모 모두가 참여하여 지원해야 할 것, 지원이 필요한 지식을 습득하기 위해서 비형식적 평생학습을 계속하고, 학교에서 갈등이 일어나는 영역을 분석하고, 학생들의 사회적 역량을 향상시키며, 문제해결을 위해서 교사협의회, 학생협의회, 학교장 등이 서로 문제해결에 참여해야 한다고 보았다. 즉, 내적으로 교사는 학업성취도가 낮은 학생을 대상으로 보상교육을 지원하고, 방과후수업 지원, 식사 지원, 통합교육을 실시해야 한다. 학생들이 모두가 행복한 학교 구성원이 되도록 학생 스스로 시민정신을 갖고 학우를 지원하며, 학부모도 발의 그룹을 만들어 학생을 지원해야 한다. 외적으로는 학교 밖의 지역사회 자원 및 교육단체들이 네트워크화되어 소외된 학생이 학교와 일상생활에서 불이익을 당하지 않도록 지원해야 한다고 보았다. 이러한 네트워킹은 교육 관련 단체들이 경험과 지식을 경험하는 기회가 많아져야 하며, 학생 지원의 목적과 기능에 대해 소통 및 합의하고, 상호작용적인 상담을 지원하고, 프로젝트 기반의 공동의 지원 사업을 함께 할 때 생산적인 문제해결이 가능하다고 보기 때문이다.

3. 법적 근거

헌법, 주정부법, 학교법의 세 가지 법을 중심으로 학교와 학부모가 협치하여 학교교육을 만들어 나가는 학부모 활동에 관한 법적 근거는 다음과 같다.

1) 부모의 양육권

(1) 헌법, 민법, 성인교육법

성인교육에 대한 법적 근거가 만들어지면서 학부모 및 가족교육이 활발히 시작되었다. 초기의 학부모교육의 목적은 의학, 심리학적 측면에서 보육력 및 양육력의 향상에 있었다. 헌법 제6조에는 자녀의 양육과 교육은 부모의 자연권에 속하나 자녀양육에 대한 의무가 수반되어야 함을 명시하고 있다. 교육의 목적은 아동의 행복Wohl des Kindes을 보장해 주는 것이다. 부모의 양육에 대한 권리는 제도나 규칙으로 규정하지 않더라도 자연권으로 존재한다. 헌법 제6조 2항에 자녀양육은 부모의 자연권에 속하지만, 부모의 과업 중에서 자녀양육은 가장 우선적인 의무로 명시하였다. 동시에 학부모는 학교와 함께 자녀의 발전을 위해 집단으로 권리를 행사할 수 있는 참여권을 갖는다. 학교법에는 학부모와 학교는 이상적 교육이 실현되도록 파트너십에 근거하여 협치할 것, 학교교육과정에서 학부모는 동반자적 역할을 수행하고, 학교는 학교 고유의 교육적 사명을 학부모와 평등한 관계 속에서 수행해 나가야 할 것이 명시되어 있다.

국가는 실제로 아동의 행복추구권을 강력하게 감독해야 할 의무를 갖고 있어 각 지역의 청소년청은 아동의 행복이 보장되지 않는다고 판단될 때는 예외를 두어 문제해결에 강력하게 개입한다. 이것은 교육복지의 개념과도 일치하는데 학부모가 자녀를 방임, 학대, 유기하는 경우 등에는 학부모의 양육권 및 심지어 친권을 박탈시킬 수 있는 강력한 권한을 청소년청은 갖고 있다. 이처럼 관민의 협치를 통해 아동청소년의 교육을 수행해 가는 목적은 학부모와 학교가 미성년자의 교육과 도야를 위해 공동의 책임감을 갖고 신뢰로운 협동관계 속에서 상생할 때 교육의 목적, 즉 공동체 사회의 목적이 달성된다고 보기 때문이다.박성희, 2010

독일 민법BGB 제1631조 1항에는 양육자는 아동을 양육하고, 교육시키며, 거주권의 자유를 갖지만, 양육자는 아동의 행복 보장을 위해 의무를 수행할 것, 국가는 양육자가 자녀를 잘 양육하도록 가족교육을 지원해야 할 것이 명시되어 있다. 이에 성인교육법, 아동청소년지원법을 근거로 자녀양육 역량을 갖추지 못한 학부모를 대상으로 부모교육을 지원한다. 이 외에도 가정 해체 및 여성의 경제활동 참여율이 증가하는 사회적 경향에 따라 자녀양육에 대한 여성 및 가족의 부담이 전반적으로 증가하므로 학부모의 교육공동체 활동은 여성의 일과 가정의 양립을 위한 성평등 사회의 구축이란 목적 달성을 관민의 협치로 해결해 가야 한다는 측면에서도 매우 중시된다. 학부모교육의 목적은 자녀를 양육하는 가족의 양육 능력 향상, 위기 예방을 목적으로 위기 가족의 문제해결력 향상, 한부모가정을 비롯하여 다양한 유형으로 생활하는 가족의 삶의 질 향상에 있다. 이것은 각 가정의 자녀 수가 점차 감소 추세임에도 불구하고 자녀양육에 대한 학부모의 부담이 점차 가중되고 있어, 개인적 또는 국가적 측면에서 지속 성장 발전 가능한 공동체 사회의 구축을 위해서 총체적으로 부모의 양육력 향상이 시급하기 때문이다.

(2) 주정부법(Baden-Württemberg주 사례)

교육자치가 잘 발달되어 있어, 각 주州는 주정부법 및 주 교육법을 제정하고 헌법에 맞춰 학부모의 학교교육 참여에 관한 권리와 의무를 명시하고 있다. 제12조 2항에 교육 제공의 주체로 부모, 국가, 종교공동체,

지자체 등이 명시되어 있다. 제15조 3항에는 부모의 자연적 권리는 자녀를 교육시키고 도야하는 데 참여하며, 교육기관 및 학교는 학부모가 역할을 수행하도록 배려해야 할 것이 명시되어 있다. 제17조 4항에는 학부모 및 양육자는 학교에서 선출된 대표가 학교생활과 학교의 일을 잘 수행하도록 협조할 것이 규정되어 있다.

(3) 주 학교법(Baden-Württemberg주 사례)

주 학교법에 명시된 내용을 살펴보면 다음과 같다.

제1조 2항에 학교교육의 목적은 미성숙자의 인성Menschlichkeit, 평화, 타인에 대한 존중과 가치, 민주사회 구성원으로서의 의식, 인간의 가치와 준법 의무를 가르치는 데 있다. 즉 국가 교육권의 내용은 아동이 공동체의 구성원으로 살아가는 능력 개발에 있다. 가정과 학교가 지향하는 학생교육에 관한 과업은 평등하게 존중되어야 하므로, 가정과 학교 간의 교육과업은 협치를 통해 하나로 일치되어야 한다.

제1조 3항에는 헌법에 명시된 대로 부모는 자녀교육과 도야를 위해서 국가와 협치해야 할 것, 제38조에는 교사는 학생 교육과 도야에 핵심적인 책임을 지며, 제40조에는 학교는 학교 활동 수행 시 반드시 학부모들과 협치할 것, 제47조에는 학교회의에 참석해야 할 학부모 의무, 제56조에는 학부모가 소외되는 학생이 없도록 학급을 돌봐야 할 의무가 명시되어 있다. 학부모들의 자치 선거의 방식으로 선출된 학급 대표인 학부모는 학부모대표로서 정해진 직무를 수행해야 할 의무를 갖는다. 제85조에는 학부모의 학부모회의 출석 의무 및 학교 활동의 의무 참석, 제100조 b에는 양성평등교육을 명시하고 있다. 이 같은 법적 근거는 교육이 학교와 학부모 간의 협치를 통해 공동체 건설을 위한 공동의 교육목표를 달성해 가야 한다는 것을 명확히 제기하고 있다.

2) 학부모의 개별적 권리와 단체교섭권

(1) 개별적인 권리

학부모는 학교에서 진행되는 수업, 교육의 전반적인 활동, 자녀의 성적, 평가기준 등 학교생활에 대해서 알 권리가 있으므로, 학교는 이러한 정보를 제공해야 할 의무가 있다. 학부모는 자녀의 상급 학교 진학을 결정할 수 있는 결정권, 수업·연극·발표를 참관할 수 있는 개별적인 권리를 갖는다.

(2) 단체교섭권

학부모 단체교섭권이 보장되므로 학부모는 교육과 수업활동에 대한 요구를 학부모대표 등을 통해 실현시켜 갈 수 있다. 단체교섭권에 관한 학부모의 권리는 다섯 가지로 반별학부모회, 학교학부모회, 학교위원회, 학교교재선택위원회, 학교운영기관위원회에 참여할 권리를 갖는 것이다. 이것을 정리하면 [표 1]과 같다.

[표 1] 단체교섭권으로서의 학부모 권리

학부모 조직	학부모의 권리
학급 학부모회	•업무: 학부모와 교사 간의 협동을 촉진, 학급에서 수행되는 교육과 수업에 대한 소통, 상담 및 지원 •교사 의무: 담임교사는 학부모회에 참여하여 학급에서 진행되는 중요한 내용을 학부모에게 알려야 할 의무가 있음. 담임교사 이외의 교사라도 학부모회의 요구가 있을 때 반드시 출석하여 학부모들의 요구에 답변해야 할 의무가 있음. •학급학부모회 권한: 학급회의를 요구할 수 있음. •학급학부모회대표 역할: 담임교사와 함께 학급 내 다양한 의견을 수렴, 통합을 이끌어 내기.
학교 학부모회	•업무: 학교 내 교육과 활동을 촉진하기 위해 조언할 수 있으며, 학교생활과 학교 프로젝트 활동 등에 참여 및 참관권을 가짐 •정보 제공에 관한 학교 의무: 교장과 교사는 학교학부모회에 중요한 학교생활에 대한 정보를 제공할 의무가 있다. 또 학급학부모회에 정보를 제공해야 할 의무가 있으며, 중요한 내용은 서면으로 전달해야 한다.

학교 학부모회	1) 경청: 학교학부모회는 학교 문제 해결을 위해 구두로 의견을 제시할 수 있다. 학교장은 학교학부모회의 동의가 없어도 학교 문제를 결정할 수 있으나, 학교학부모회는 다음과 같은 학교장의 결정에 대해 경청권을 요구할 수 있다. ▸ 학교교실 변경, 학교시설 및 학교 이사 ▸ 교재 및 워크북에 대한 정보 ▸ 학교운영 주체의 학교 예산안 ▸ 방과 후 교실에서 진행되는 동아리 수업 활동 ▸ 학생의 촉진을 위한 학교 규칙 ▸ 학교 내 도서관 설치에 대한 규정 ▸ 학교 임시 휴일 지정의 원칙 2) 문제해결 행동: 경청보다 높은 수준으로 문제해결 방법을 결정하도록 합의를 이끌어 낼 수 있으며, 학교장의 요구로 활동을 수행한다. • 학교학부모회 행동: 학부모들의 요구에 따라 활동 수행 가능 ▸ 학교 발전 및 수업의 질 보장에 대한 조치, 교명 변경 ▸ 학교 확장 및 축소, 학교 폐교 계획 ▸ 시범학교 운영에 대한 학교의 개입 정도 ▸ 수업계획 및 방과 후 교실에서의 학생 돌봄 계획 ▸ 정규 교육과정 이외에 실시되는 수업에 대한 학교의 원칙 ▸ 방과 후 학교 건물 및 학교 시설 사용에 대한 학교의 원칙 ▸ 휴교에 대한 학교의 원칙 ▸ 학교 규정 3) 동의: 학교학부모회는 다음의 경우 학부모의 동의를 얻어야 한다. ▸ 시간표 변경, 특별 교과 제공의 원칙, 숙제의 범위, 숙제를 내주는 원칙 ▸ 학부모 수업참관 규칙, 주 5일제 수업을 변경, 수업을 제공할 때 변경의 원칙, 교환학교 선정 및 학생 교환의 원칙 ▸ 학교의 직업지도, 건강 관리, 영양 및 아동 보호에 관한 기본 원칙 4) 수업 참관 권한 ▸ 회의 참관 권한: 학교학부모회 회원은 자문을 통해 학교운영회 위원과 동수로 학교회의 참가가 가능하며, 총회 소집을 요청할 수 있다. ▸ 대학입학자격시험인 아비투어 문답시험 참여권: 학교학부모회는 수험자가 동의할 경우, 문답시험에 참관하여 투명성을 평가할 수 있다.
학교교육 위원회	1) 업무: 학교생활에 참여하는 그룹과의 상호작용 촉진 ▸ 교사, 학부모 간의 의견 불일치에는 심판자의 역할 수행 ▸ 학교의 업무를 촉진하는 동기 제공 의무 2) 참여 권한: 학교의 중대한 결정과 조치에 대한 사전 열람권 ▸ 학교 확장 또는 폐쇄, 학교명 변경, 시범사업에 대한 학교의 개입 정도, 학생의 퇴학 및 낙제 열람권 ▸ 학교 결정에 이의를 제기한 사건에 대한 열람권 3) 회의 참석권: 교육위원회 의원은 성적 사정회를 제외한 모든 종류의 교사 회의에 자문 자격으로 참여가 가능하다.
학교운영 위원회	1) 업무: 시 규정 및 토지 조례에 따라 학교는 건물, 학교 가구, 장비, 관리인, 학교 설립 또는 폐교 등의 사안에 대해 학교운영위원회를 구성하여 논의할 수 있다. 2) 학교운영위원회: 지방자치위원회가 빠른 시일 내에 학교 학부모자문회, 학교장, 교사 등으로 구성된 학교운영위원회를 구성, 임명한다.

출처: Ministerium fuer Bildung, Wisenschaft, Weiterbildung und Kultur. Elternmitwirkng in Rheinland-Pfalz.

(3) 학부모의 의무

학부모는 학급의 학생 모두를 공동으로 돌봐야 하는 학급 돌봄 의무를 갖는다. 이것은 학급의 모든 부모가 학급의 모든 학생들이 소외되지 않도록 돌봐야 할 공동의 의무를 말한다. 또한 대표자를 내세울 수 있는 권리가 있어, 학교 내에 있는 다양한 협의체를 통해 학부모는 자신의 권리를 실현시킬 수 있다. 학부모는 자신의 요구를 학부모대표, 학교회의 등의 소통기구에 공식적으로 안건으로 상정시키고, 학교와 소통하며 학부모의 요구를 실현시켜 갈 수 있다.

(4) 아동의 행복추구권 보장을 위한 국가의 감독권

「헌법」 제6조 2항에 명시된 자녀양육에 대한 부모의 권리인 "자녀를 양육하고 교육시키는 것은 부모의 기본권이자 가장 중요한 의무"에서 부모의 자녀교육에 대한 책임감과 자녀의 권리가 도출된다. 즉 부모가 자녀양육이란 책임감을 이행하지 않을 경우에는 아동의 행복을 위해서 국가가 개입하는 것을 말한다. 즉 아동의 행복보장을 예방하기 위해서 국가는 아동을 보호하고 위기에서 아동을 구제해야 한다는 것이 국가의 감독권으로, 청소년청Jugendamt이 과업을 수행한다. 부모가 공적인 도움과 지원을 수용하지 않거나 미성숙한 자녀를 그대로 방치할 때는 청소년청이 가정법원에 부모의 양육권리 박탈을 목적으로 소송을 제기할 수도 있다.Lauer, 2015: 1 1900년대 설립된 지역의 청소년청은 아동보호를 위한 국가의 감독청으로서, 학교·경찰·보건소·가정법원과 함께 강력한 공권력을 갖고 임무를 수행해 간다. 아동보호를 위한 국가의 감독청인 청소년청은 아동의 행복 보장이라는 역할 수행을 위해 아동 보육을 위한 보육교사를 중개해 주며, 청소년 활동을 지원한다. 또한 아동이 성장하는 동안 부모 및 가정적 배경으로 인해 불이익을 당하지 않도록 상담과 지원을 제공하며 부모교육도 지원한다. 그럼에도 불구하고 아동의 행복이 보장되지 않을 때에는 가정법원에 제소하여 부모의 양육권을 박탈시키는 국가권력을 사용할 수도 있다.

청소년청은 학부모와 아동 이외에 교사, 의사 및 심리치료사 등 전문가의 의견을 종합하여 아동의 위기를 판단하고 평가하며 조치를 취할 수 있는 강력한 공적 기관이다. 아동의 긍정적인 성장 환경을 지원하는 것은 청소년청의 과업으로 모든 아동의 행복을 보장한다는 국가의 책무성을 실현시키는 적극적인 방법이라고 하겠다.

4. 교육공동체 사례

1) 학부모협의체

(1) 학부모대표의 권한

양육자는 선출된 대표자와 함께 학교생활과 활동에 협력해야 할 의무가 있다. 「니더작센주 학교법」 제17조 4항에는 학부모가 교사와 학부모 간에 협의체Mitwirkungsgremien를 구성하고 협력해야 할 것이 명시되어 있다. 학부모회의의 구성원은 교육청, 학교, 교사가 특정인을 지정할 수 없으며, 학부모대표는 자원봉사직이므로 대가를 요구할 수 없다. 학부모대표자의 업무는 학부모의 이익을 도모하며 학부모의 기대나 제안을 학교에 건의하고 학교회의에 참석할 의무를 갖는다. 학부모대표의 권한은 학교법 및 학부모회 규칙에도 나타나 있다.

(2) Bottom-up으로 구성되는 학부모협의체

구분	혼합 협의체	학부모 협의체
학급 수준	학급 돌보기 학부모대표와 교사 대표는 교사 과업: 수업, 학부모 요구에 대해 협상, 위기 예방	학급학부모회
학년별 수준	학년대표학부모회	학년대표학부모회
학교별 수준	학교대표학부모회	학교대표학부모회
지역별 수준	지역별 학부모대표, 교장대표, 학교운영 주체(교회, 지방정부, 법인)	지역학부모회
주정부 수준	주정부학교대표회의	주정부학부모회
연방 수준	국가학부모대표회	연방학부모회

출처: 저자 정리.

(3) 니더작센주 학부모회 활동의 원칙

학교 학부모 활동은 각 주정부가 제정한 「학교법」의 규정에 따라 실행되어야 한다. 학부모는 학급활동 및 학교 축제 지원, 학교 식당, 도서관 지원 또한 제도적으로 명시된 학부모회에 출석하여 학급에서 공동으로 결정해야 할 사안에 의견을 제시해야 한다. 각 학급에서 학급학부모회가 구성되면, 이 중에서 학교대표학부모를 선발한다. 학교대표학부모회는 지역학부모회를 구성하고, 선거를 통해 주정부학부모회 또는 연방학부모회를 구성한다. 학급대표학부모 중에서 학년대표학부모가 선출되며, 학교대표학부모로 선출되면 학생, 학부모, 교사로 구성된 학교협의체 활동에도 참여해야 한다.

주 「교육법」에 근거, 운영되는 학부모 활동에는 반별로 진행되는 학급학부모회에 의무적으로 참여할 것이 명시되어 있다. 방학을 제외한 학기 중에 8~12주 간격으로 정기적으로 개최되며, 모든 학부모가 참여하도록 회의 시간은 저녁 8~10시로 확정되어 있다. 학부모회에서는 교사와 학급 문제 등을 논의하고 문제해결책을 찾는 것에 목적이 있다. 또한 학급별로 진행되는 현장학습, 견학, 소풍, 학교 프로젝트 주간에도 학부모는 학생들의 안전보장을 위해 참여해야 한다. 이 외에 진로·직업교육 및 예술교육 같은 반별 수업과정에도 학부모 전문가로서 참여할 수 있다. 둘째, 교사, 학부모, 학생은 협의체를 조직하고 학부모 활동에 참여해야 한다. 최고 의결기관인 협의체는 일반적으로 학교에서 일어나는 사적, 공적 갈등을 해결해 가며, 학부모를 위한 정보 제공, 상담, 자문 등을 담당하기도 한다.

학급학부모대표는 학기 초에 부모들이 자발적으로 민주주의적 과정을 통해 선발한다. 대표 선발을 위해 선거위원장과 서기를 선발하여 선거위원회를 조직하는데, 투표를 통해 선출된 학부모대표는 학부모회의 장이 된다. 학부모회는 학부모들이 주체가 되는 자치활동이므로 학부모회의 소집 및 진행, 안건 등은 학부모들이 결정하며, 이날 교사는 회의에 초대되는 것이므로 학부모와 교사 간의 사전 협의를 거쳐 날짜를 결정한다.[박성희, 2014] 만약 학부모회의 참석이 어려운 경우에는 서면으로 학부모대표에게 불참 사유를 알려야 하는 것도 의무에 속한다.

(4) 학부모 활동 활성화 원칙

학교와 학부모는 협동을 원칙으로 학부모 활동에 참여해야 한다. 학부모는 권리와 의무를 인식하고 참여해야 하며, 학교는 개방성을 갖고 학부모와 협동하고 갈등 해소에 노력해야 한다. 학교와 학부모는 상호간 경험을 교환하고 학부모와의 협업을 통해 시너지 효과를 얻도록 하며, 학교교육의 기회 및 질 향상을 위해 노력해야 한다.

학부모 활동이란 학교가 요구하는 다양한 활동에 부모가 협동하는 것이며, 학교교육복지의 일환으로 학부모를 지원하는 활동을 말한다.

즉 학부모 활동은 부모와 학교 간의 갈등 중재를 위한 소통과 상호 이해를 위한 기회이므로 학교는 열린 학교가 되도록 학부모의 활동을 학교 영역으로 끌어오는 데 역점을 두어야 한다. 학부모 참여 방법에는 축제, 학교 수리 및 학부모회의에 참석하기, 학교·학부모·교사로 구성된 협의체 활동에 참여하는 것 등이 있다.

학부모 참여란 학교교육에 대한 알권리를 보장받는 것, 통합·참여·공동 결정에 관한 투표권을 갖는다는 의미도 있다. 학부모 참여는 학부모에 의한 제안, 학부모들과 함께하는 제안, 학부모를 위한 제안으로 구성된다. 모든 아동의 잠재력 개발을 위한 교육 목표는 출신 배경, 인종 및 사회적 배경, 성性별 격차 감소에 있다.Fuerstenau & Gomolla, 2009 정의로운 공동체 사회의 건설을 위해 교사와 학부모 간의 불균형한 관계 해결을 위해서 협업과 참여가 기본이 되도록 학부모 참여는 교사와 학부모 간의 양육과 교육의 파트너임을 강조한다.Schwaiger & Neumann, 2010

2) 베를린시 피히텔게비르게(Fichtelgebirge) 초등학교 학부모 활동 사례

이민자가 전체 시 인구의 20%를 차지하는 베를린시의 학부모교육은 이민 및 난민가정의 자녀 지원에 중점이 놓여 있다. 독일어 교육이 최우선 목표이지만 이민 아동이 모국어를 잘하도록 이중 언어 교육도 중시한다. 교육 방법은 아동이 거주하는 가정으로 '찾아가는 교육'과 '교육기관에서 교육을 실시'하는 두 가지 방법을 모두 사용한다. 모국어와 독일어 2개 언어를 사용하는 부모들을 다국어 교사로 학교에서 적극 활용하며, 다양한 외국어 교육 교재 제작에 적극 참여시킨다. 이민가정 지원 프로그램은 초급반 및 중급반도 개설하여 평생학습과정에 참여하도록 한다.

베를린 시내에 있는 피히텔게비르게 초등학교는 85%의 학생이 이민자 가정의 학생으로 이 중 80%가 터키 국적 학생으로 구성되었다. 80%의 학생이 소외 계층의 자녀였으나 터키 및 이민 학부모의 교육 의지는 상대적으로 매우 높았다. 그러나 학생들의 성적이 좋지 않아 학부모가 희망하는 상급 학교 진학이 어려운 점은 학부모의 가장 큰 고민으로 지적되었다. 학부모들의 교육열은 높아 학부모회 참석률은 높지만, 침묵으로 일관하는 경우가 많아 교사가 이들 부모에게 정보를 전달한다든지 학급의 문제해결에 이들을 참여시키기 어려운 것은 학교의 일반적인 고민으로 지적되었다. 문제해결을 위해 학부모의 요구를 분석한 결과, 학부모의 독일어 이해력이 부족한 것, 교육 수준이 낮아 자녀의 교육적 지원에 대해 인지를 못하는 것, 독일식 학교교육에 대한 이해 부족이 문제점으로 도출되었다.

이에 피히텔게비르게 초등학교는 독일 학부모들의 참여를 통해 이 문제를 해결하기 시작하였다. 독일어로 소통이 가능한 터키 학부모들과 독일인 학부모들은 협업하고, 독일어가 낯선 터키 학부모를 위해서는 터키어로 가정통신문을 발송하고, 독일어와 터키어로 부모교육을 하고 5개 팀으로 나누어 팀별 학부모 활동을 진행하였다. 학부모들은 자기소개를 하는 아이스-브레킹을 통해 두려움을 극복하고 친밀감을 형성하게 되었다. 1차 프로젝트 활동에는 부모들이 준비한 다과를 시식하며 서로를 알아 가는 시간을 마련하였다. 2차 교육에서는 학부모들이 스스로 학교 활동을 지원할 수 있는 활동을 기획하도록 하였다. 5개 팀은 팀별로 학교 활동 지원 안을 발표하였고, 학교에서는 이들의 계획이 프로젝트를 통해 실천되도록 지원하였다. 프로젝트가 실천되도록 학부모들은 포럼이나 카페를 조직하였고, 프로젝트 활동이 종료된 후에는 자신들을 평가하도록 하였다. 학부모들은 학교 참여에 자신감을 갖게 되었고, 이들은 스스로 팀을 조직하여 학교의 행사에 적극 참여하게 되었다. 학교에서는 터키 부모들에게 독일어 교육을 지원하고, 터키 부모 및 학생들이 방과 후 책 읽기에 참여하는 교육을 진행하였다. 이 같은 수업은 독일 학부모들의 자원봉사와 전문 외국인을 위한 독일어 지원 강사와의 협동으로 진행되었다. 이러한 노력의 결과 터키계 학생들의 학업성취도가 급격히 향상되는 결과로 이어졌다. 이에 학교는 베를린시의 초등학교에서 일반적으로 문제가 되고 있는 이민가정 학생의 교육권 보장을 위한 지도 방법을 찾게 되었고, 이러한 학부모 참여에 대한 노하우는 연방이 공유하는 상생적인 관민의 협치로 이어졌다.Heinrich Boell Stiftung, 2008

3) 학교와 청소년단체 간의 협치로 진행되는 학교교육복지

「헌법」 제6조 2항에는 "자녀를 양육하고 교육시키는 것은 부모의 기본권이자 의무지만, 아동의 행복이 보장되도록 국가는 부모 양육권을 감독한다"가 명시되어 있다.박성희, 2011: 215 부모의 양육권은 「아동청소년복지지원법」 제1, 2조에 따라 가족의 의무와 과제로, 제27조 1항에 아동청소년의 성장을 담당하는 양육자에 대한 교육권이 명시되어 있어 아동청소년의 행복이 위협을 받는 경우에는 국가에 의한 적절한 개입이 이루어진다.박성희, 2011: 215 이에 위기 가족 교육 및 지원에 관한 법적 근거는 「헌법」과 「아동청소년복지지원법」, 일반 부모교육은 「평생교육법」, 「성인교육법」이라 하겠다.

학교교육복지는 학교와 청소년 지원 간의 협동으로 이루어진다. 가정의 교육력과 양육력의 향상을 위해 학교와 청소년 지원 단체는 공동의 책무성을 갖는다.박성희, 2014: 57 아동청소년복지에 대해 전문성을 갖고 있는 지역사회의 청소년 유관 단체는 아동청소년이 겪는 문제에 대한 교육 및 활동을 진행하면서 문제해결을 위해 실제적으로 주도적 기능을 수행해 나가며, 학교는 문제가 잘 해결되도록 지지해야 한다.Krueger &

Stange, 2008: 13 저소득층 및 학교에 부적응하는 아동청소년을 지원하는 학교교육복지는 관 중심으로 지원되는 것이 아니라 시민이 적극적으로 문제를 해결해 나가는 주체가 되고, 관은 시민이 주체적으로 문제를 해결해 가기 어려운 경우에 개입하여 지원하는 보충의 원칙을 준수하기 때문이다. 보충의 원칙은 1809년 독일 가톨릭교회가 사회복지 정책을 주관하게 되면서 적용한 원칙으로, 시민이 민주사회를 만들어 가는 주체가 되도록 관은 시민들이 원하는 대로 문제를 해결해 갈 수 있게 우선적인 전권을 주는 것으로, 1968년의 학생운동을 통해 강화되면서박성희, 2010: 214 실용주의적 자유민주주의에 기초하여 변함없이 지켜지고 있다.

위기 가정의 부모를 지원하는 학교교육복지는 아동의 위기 예방에 중점을 둔다.박성희, 2011: 149 코메니우스, 잘츠만, 루소, 페스탈로치, 프뢰벨, 코르작 같은 교육자들은 자녀양육에 대한 부모의 무지를 지적하면서 부모교육을 주장해 왔다. 이러한 전통에 따라 독일 부모교육은 자녀를 양육하는 의무를 수행하고, 아동의 잠재력 개발을 지원하는 부모의 양육 역량 향상에 중점을 두고 있다. 이러한 부모교육의 중요성은 국가발전이라는 거시적 관점과 각 가정의 행복 추구라는 미시적 관점에서 중요시되었다. 코메니우스는 어머니학교에서 부모에게 양육 정보를 제공할 것을 주장했고, 페스탈로치는 어머니교육을 자녀양육을 수행하고 아동 발달을 지원하는 가정 문화를 조성해 가는 역량의 함양으로 보았다. 잘츠만, 루소, 코르작 등은 교육의 전제 조건으로 양육자의 자기주도적 학습능력과 성찰적 능력이 촉진되어야 한다고 보았다.Tschoepe-Scheffler; 2006: 11

페스탈로치는 린하르트와 게르투르트를 사례로 제시하면서 마을 어머니들을 자기 집 거실에 모아 자녀양육에 관한 정보를 제공한 게르투르트와 같이 부모교육이 반드시 실시되어야 할 것을 강조하였다. 게르투르트를 통해 페스탈로치는 이웃이 네트워크를 구성하여 상호 지원하는 것을 이상적인 부모교육 모델로 보았으며, 이웃 네트워크를 구성하고 협동하도록 지원해 주는 사회적 네트워크의 중요성을 제시하였다.Tschoepe-Scheffler, 2006: 11 성인인 부모를 위한 교육 방법으로 지역을 중심으로 경제적, 문화적으로 유사한 환경 속에서 생활하는 부모들이 네트워크를 구성하여 경험을 교환하는 내러티브를 통해 상호 학습할 것을 강조하였다. 상호작용적인 경험의 교환을 부모교육의 방법으로 적용하는 에센 지방에서는 저소득층 거주 지역에서 자발성에 의해 주도적으로 학습하며 임파워먼트 되도록 지역사회 어머니 교육네트워크가 운영되고 있다. 어머니들이 적극적으로 문제해결의 주체가 되어 임파워먼트를 통해 자녀의 교육문제를 성공적으로 해결해 간다.

4) 학부모협회(바이에른 학부모협회 사단법인)

아동청소년의 도야와 교육의 목적은 자율적이고 자기책임감을 가진 인성을 갖춘 인간을 기르는 것에 있다. 학교와 가정 간에는 긴밀한 협동을 기반으로 아동청소년의 교육을 지원해야 한다. 국가, 주정부, 지자체, 교사, 학부모는 각각의 교육적 권리를 수행하지만, 모두가 교육 목적 달성을 위해 참여해야 하는 협치의 의무를 갖는다. 바이에른주 학부모협회의 학교와 학부모 간 협동은 공동체, 의사소통, 협상을 통한 결정으로 교육공동체 달성을 지향한다. 좋은 학교는 모든 학교 구성원이 교육의 핵심에 대해 합의할 때 만들어진다고 보기 때문이다. 또 학교는 아동을 존중하고, 학생들은 모두를 환영하는 학교문화 속에서 학습할 수 있어야 하며, 학부모는 이러한 학교문화 형성에 참여해야 할 민주시민의 권리 및 의무를 중시하기 때문이다. 협회가 지향하는 네 가지 활동은 다음과 같다.

첫째, 모든 부모는 교육공동체의 구성원임을 잘 인식하고 모두가 존중받아야 하며, 공동의 교육 목적을 달성하고 공동체를 만들어 가야 할 책임감을 갖는다.

둘째, 학부모와 교사는 학생의 도야와 교육에 중요한 영향을 미치는 모든 것에 대해서 서로 정보를 교환하는 의사소통을 중시한다.

셋째, 학부모와 교사는 함께 교육 및 도야가 성공적으로 결실을 맺도록 계속적으로 협동해야 한다.

넷째, 부모는 법적으로 정해진 협상과 참여의 권리를 충분히 인지하고 적합한 방법으로 모든 결정이 잘 이루어지도록 협상에 참여해야 한다.

5. 독일 교육공동체 사례의 의의

모두의 협업 및 감독을 통해 만들어지는 교육공동체

미국과는 달리 독일 교육공동체의 특징은 전통적으로 국가의 책무성이 강조되며, 교육공동체를 구축해 가는 방법은 학교와 학부모가 파트너십에 기초한 협업을 통해 네트워크를 만들어 가는 것이 특징이다. 16개 주의 「교육법」에는 학부모의 권리와 의무가 명시되어 있다. 학부모는 정규적으로 개최되는 학부모회에 참석해야 할 의무가 있고, 학부모회 목표는 상생적인 교육을 만들어 가는 데 있다. 아동은 보호를 받으며 성장할 권리가 있으며, 부모는 양육의 책임을 수행할 의무가 있어 아동의 권리와 부모의 양육 의무는 아동보호와 돌봄을 통해 지켜진다. 상생으로서의 학부모교육은 “강한 부모가 강한 아동을 키운다”라는 표어 아래 모든 학부모는 성인교육의 대상이 된다.

교사 및 교장은 부모로서의 양육 의무를 수행하지 않는 부모를 지원하고 자녀양육에 적극 참여하도록 권유해야 한다. 학교와 부모는 아동의 직업교육에 대해서도 공동의 책임을 갖고 있으므로 아동이 학교 수업에 참여하기 어렵다고 판단되면 의무교육을 중단하고 직업교육을 조기에 시작하도록 조치하는데, 직업교육은 관·민의 협동으로 이루어진다. 즉 학교는 모든 아동청소년이 가정의 사회경제적 배경으로 인해 소외되지 않고 공적 교육체제를 통해 인성을 개발하고 자율적인 민주시민이 되도록 모든 시민이 참여하는 교육공동체를 구성해 내는 것에 의의가 있다.

교육공동체를 만들어 가는 학생들의 역할도 매우 중시된다. 학생들은 함께 공부하는 학생들 간에 일어나는 폭력, 갈등, 억압이 생산 및 재생산되지 않도록 공동체 사회를 만들어 가는 시민의식을 학습하고, 스스로 학생 간 갈등을 해결하기 위해서 억압당하지 않고 자발적으로 문제해결에 모두가 참여하는 시민 정신을 배운다.

학급 돌봄을 위한 학부모의 자치활동 보장

교육공동체 형성을 위한 학부모 활동의 의의는 학교와의 협업에서 찾을 수 있다. 학교는 교육 및 수업 정보를 학부모에게 제공하고, 학교와 학급은 소통을 통해 학부모의 교육과정 참여권을 보장해 준다. 학교의 교육과정은 학교와 학부모 간의 협업으로 실시되며, 협동을 통한 상생은 학생, 교사, 학부모 간의 만남과 소통, 관계 맺기를 중시한다.

신인본주의적 교육 경향 및 「바이마르 헌법」에 명시된 성인교육, 평생교육의 활성화, 68학생운동의 영향으로 시민 참여를 통한 관민의 협동은 보장되고 확장되었다. 국가는 자녀를 양육하는 학부모가 자녀의 발달, 진학, 취업 등에 대한 결정을 교사와 공동으로 진행하면서 자율경영을 달성하도록 교육자치의 발달을 보장한다. 국가권력의 해체를 지향하는 탈정치화를 통해 인간권리를 실현시키고, 학교가 학생, 부모, 지자체의 협동으로 운영되는 자율학교로 변화하도록 지원한다. 학부모들은 시민으로 자치활동에 참여하면서 자신들의 요구가 반영되는 협동학교를 만들어 간다.

헌법에 명시된 자녀양육의 의무에 따라 학부모는 학교 활동에 참여하는 의무 외에 학교교육과 자녀의 발달에 대하여 알 권리와 상담권을 보장받고, 아동청소년복지법, 성인교육법에 따라 학부모의 양육력 향상을 위해 성인교육 및 평생교육권을 보장받는다. 주정부는 학부모회가 학교에서 양육의 의무를 수행하도록 감독한다. 학부모는 학교 후원을 위한 바자회 등의 행사를 열어 기금을 마련하여, 저소득층 아동의 체험학습비 등을 지원할 수 있다. 이 같은 학부모 활동의 목적은 모든 계층의 아동이 교육평등권을 보장받도록 시민의식을 실천하는 것에 있다. 학부모가 만들어 가는 독일 교육공동체 활동의 특징은 학교가 아동 모두가 사회경제적 배경에 구애받지 않고 삶의 질을 누리며 살 수 있도록 학부모, 교사, 또래 및 지역 주민이 협업 문화를 구축하여 지역사회 실정에 맞는 상생적 방법을 찾아내는 것에 있다.

| 주석 |

1. 1차 세계대전 후 1918년 혁명이 일어나 빌헬름 2세가 네덜란드로 망명, 독일은 군주제에서 공화제로 전환되었다. 1919년 2월 독일은 「바이마르(Weimar) 헌법」을 제정하여 18개 공화국으로 구성된 연방공화국임을 선포하고, 사회민주당의 프리드리히 에베르트(Friedrich Ebert)를 초대 대통령으로 선출하였다.

| 참고 문헌 |

박성희(2014). 『독일교육 왜 강한가?』. 서울: 살림터.

박성희(2010). 「아동청소년의 행복권 보장을 위한 독일의 교육복지적 가족 지원과 부모교육 방법의 의의」. 『한국교육』 37(1). 한국교육개발원, 207-224.

박성희(2011). 「아동청소년의 행복 보장을 위한 독일 교육복지 개념 고찰」. 『한독사회과학논총』 21(2). 한독사회과학협회, 143-166.

박성희(2012). 「농촌 지역아동센터의 아동 행복 위협에 관한 질적 연구 및 부모교육의 필요성」. 『안드라고지 투데이』 15(1). 한국성인교육학회, 1-20.

박성희(2015). 「독일 학부모교육의 역사 및 활동 사례」. 『학부모연구』 2(2). 한국학부모학회, 43-57.

박성희(2016). 「독일 학부모 및 가족 교육 방안과 시사점」. 『학부모연구』 3(2). 한국학부모학회, 73-89.

Buck, G.(1982). Gemeinwesenarbeit und kommunale Sozialplanung. Berlin.

Erguen, M. & Werthern, K.(2013). Von Elternarbeit zu Elternbeteiligung. Institut fuer Demokratie Entwicklung(민주주의 개발연구소).

Fredrich, H.(2017). Mitwirkung der Eltern Uebersicht . ppt 자료.

Fuerstenau, S. & Gomolla, M.(2009). Vorwort. In: Dies.(Hrsg.). *Migration und schulischer Wandel: Elternbeteiligung*. Wiesbaden: VS Verlag, 7-11.

Gomolla, M.(2009). Elternbeteiligung in der Schule. In: Fuerstenau, S. & Gomolla, M.(Hrsg.). *Migration und schulischer Wandel: Elternbeteiligung*. Wiesbaden: VS Verlag, 21-49.

Heinrich Boell Stiftung(2008). Entwicklung der Elternarbeit an der Fichtelgebirge-Grundschule.

Hollenstein E., Joachim, W. & Romppel, J.(2018). Gemeinwesenarbeit in der Schule. www.stadtteilarbeit.de 2018sus 4월 1일 인출.

Kallmeyer, G.(1992). Elternbildung. In: Schmitz, E. & Tiegens, H.: Enzyklopaedie Erziehungswissenschaft. Band 11: *Erwachsenenbildung*. Stuttgart, 377-380.

Kessl, F. & Reutlinger, C.(2010). *Sozialraum–Eine Einführung*. Wiesbaden: VS-Verlag.

Kruger, R. & Stange, W.(2008). Kooperation von Schule und Jugendhilfe: die

Gesamtstruktur. in: Jugendhilfe und Schule. Wiesbaden: VS Verlag fuer Sozialwissenschaft. 13-24.

Leitfaden zur Elternarbeit in Niedersachsen: NSchG Niedersaechsische Schulgesetz: Hannover(니더작센주 학교법).

Ministerium Fuer Bildung, Wisenschaft, Weiterbildung und Kultur. Elternmitwirkng in Rheinland-Pfalz. Mainz.

Ministerium fuer Arbeit, Soziales, Gesundhiet, Familie und Frauen. Deutscher Familienverband Aktionsfaden Familienbildung(2007). Haus der Familie. Rheinland Pfalz. www.mbwwk.rlp.de

Muller, C. W.(1971). Die Rezeption der Gemeinwesenarbeit in Deutschland. In: Muller, C. W./Nimmermann, P.(Hrsg.): Stadtplanung und Gemeinwesenarbeit. Texte und Dokumente. Munchen, 228-240.

Mueller. H. & Rock K.(2012). Zusammenarbeit mit Migrationsfamilien: Elternarbeit-Elternbeteiligung-Elternbildung. Institut fuer Sozialpaedagogische Forschung Mainz e. V.(마인츠 교육복지 연구소).

Schoepe-Scheffler, S.(Hrsg.)(2006). *Konzepte der Elternbildung-eine kritische Uebersicht*. Opladen: Barbara Budrich.

Schwaiger, M. & Neumann, U.(2010). Regionale Bildungsgemeinschaften: Gutachten zur interkulturellen Elternbeteiligung der RAA. Hamburg.

Stiftung Bildunsapakt Bayern(2014). Leitlinien zur Gestaltung der Bildungs Erziehungspartnerschaft von Schle und Elternhaus. Muenchen(바이에른 교육재단).

제7장

덴마크의 교육 전통과 마을교육공동체에 관한 고찰

정해진(고려대학교 강사)

1. 들어가는 말

모든 어린이와 청소년은 학교에서뿐 아니라 학교 밖에서도 가정 배경에 관계없이 안전하게 보호되며 행복한 삶과 배움을 누리며 성장할 권리가 있다. 마을교육공동체운동은 어린이와 청소년의 이러한 권리를 온전히 지키기 위한 중요한 초석이 된다.

우리나라의 마을교육공동체운동은 기존 교육의 문제들을 마주한 시점에서 새로운 삶을 위한 교육으로 나아가는 과정의 한 축을 담당하고 있다. 이러한 맥락에서 마을교육공동체는 기존의 수동적 지적 활동에 중심을 두는 근대적 학교교육의 울타리를 넘어, 다양하고 폭넓은 경험을 제공하여 학생의 삶을 풍부하게 하고, 생활에서 직면하는 문제들을 직접 해결하는 적극적 배움을 위한 확장된 삶의 공간으로 아이들을 초대한다. 그러한 삶의 공간인 마을교육공동체 속에서 학생들은 폭넓은 경험을 하고 자신의 목소리를 내며 다양한 활동에 적극적으로 참여하면서 성숙한 민주시민으로 성장할 수 있다. 그리고 이렇게 성장한 학생들은 자신들이 자란 마을과 지역공동체를 움직이는 건강한 지역사회의 구성원으로서 기여하는 선순환의 구조를 만들어 낼 수 있다. 학교현장에서 마을교육공동체운동에 몸담아 온 한 교사는 마을교육공동체에 대해 다음과 같이 말한다.

> 마을을 기반으로 하는 교육공동체의 목표는 학생들에게 그 지역에 대한 다양한 내용을 실천적 방법으로 가르치고, 그들의 학습 역량과 정의적 발달을 도모하여, 학습과 성장의 결과 다시 지역사회로 환원되는 선순환 구조의 지역공동체를 구성하는 것에 있습니다. 결국 마을교육공동체의 궁극적인 목표는 지역 아이들을 그 지역의 민주적인 시민으로 키우는 것입니다. 마을교육공동체는 개천에서 나는 용뿐만 아니라 그 지역에서 자라 그 지역이 꿋꿋이 지켜 나가는 99%의 아이들을 위한 것입니다.이경석, 2016: 123

마을교육공동체에 대한 이러한 설명은 사회에서 성공한 사람이 되기 위해서는 선발과 경쟁을 중심으로 하는 엘리트 교육이 필요하다는 일반적인 가치관을 깨고 교육에 대한 새로운 관점을 갖도록 한다. 물론 교육이 학생을 경쟁시켜 선발하고 엘리트를 양성하는 활동에만 집중해서는 안 된다는 사실은 우리 사회에서도 많은 사람들이 이성적으로 동의하는 오래된 진실이다. 그러나 우리가 놓여 있는 사회적 현실에서 교육은 지역공동체를 위한 활동이 되어야 하고, 99%의 아이들의 삶을 위한 것이어야 한다는 본래적 가치를 실천할 수 있는 교사와 학부모, 그리고 학생은 얼마나 될까? 수많은 지자체와 정부의 노력에도 불구하고 마을교육공동체를 중심으로 한 교육을 실천하는 과정이 더디고 어려운 이유는 아마도 교육활동에 깊이 관여되어 있는 현실의 사람들로부터 찾아야 할 것이다. 사회적 지위, 경제적 안락함, 안정된 삶이 경쟁적 교육 및 선발과 긴밀히 연결되어 있고, 이것이 결코 무시할 수 없는 "내 삶의 현실"이라는 불안과 두려움이 엄습한 사회에서 마을교육공동체가 추구하는 가치는 어떻게 우리 사회 구성원 대부분이 동의하는 교육의 보편적 가치로 자리매김할 수 있을까?

마을교육공동체운동이 한국 사회에서 장기적으로 발전하여 교육의 기본 바탕을 이루기 위해서는 다양한 정책적 고민과 실천 모델을 찾는 노력과 함께 교육에 대한 철학적 고민과 사람들의 생각을 움직이기 위한 노력이 병행되어야 할 것이다. 동일한 교육정책과 교육 방법도 그것이 실행되는 사회적 맥락, 그리고 그것을 받아들이고 실천하는 사람들의 생각과 가치관이 어떻게 생성되어 있는지에 따라 전혀 다른 결과를 가져올 수 있기 때문이다. 한 사회를 이루는 구성원들이 올바른 방향에서 합의된 가치를 도출해 내기 위해 끊임없이 논의하고, 그것을 중심으로 자신들의 공동체를 움직여 앞으로 나아갈 수 있을 때, 그 사회는 구성원 한 사람 한 사람의 삶이 살아나는 사회로 발전할 수 있다. 우리의 마을교육공동체운동도 실천을 위한 정책적 노력과 함께 운동의 가치와 중요성에 대한 사회적 합의를 어떻게 이끌어 낼 것인가에 대한 고민이 필요하다.

이런 측면에서 덴마크의 교육 전통과 지자체를 중심으로 이루어지는 방과후교육 제도를 살펴보는 것은 의미 있는 작업이 될 수 있다. 이 글에서 소개하는 덴마크는 모든 사람의 삶을 위한 교육과 교육적 자유, 그리고 제도 밖 교육의 다양성을 인정하는 것에 대한 사회적 합의를 일찍이 이끌어 낸 나라이기 때문이다. 인구 570만 명의 작은 나라 덴마크는 1800년대 초반 정치적 근대화와 더불어 공교육제도를 확립하고, 교육받을 권리와 더불어 원하는 교육의 방법을 선택할 자유를 함께 헌법에 명시했다. 이후 덴마크 교육은 교육 방법을 선택할 자유와 함께 공교육의 테두리 밖에서 이루어지는 다양한 형태의 교육이 평생교육과 함께 발전해 왔다.

덴마크 사람들이 보편적으로 생각하는 교육은 경쟁을 바탕으로 한 안정된 삶과 출세를 보장받기 위한 수단이 아니다. 그들에게 교육은 어떤 곳에서 이루어지든지 개인의 성장을 돕고 민주시민사회를 이해하며, 그가 몸담고 있는 공동체에 기여하는 사람으로 성장하도록 돕는 모든 노력의 과정으로 이해된다. 우리에게는 '혁신적인 것'으로 여겨지는 자유롭고 학생 개개인을 위한 교육이 이들에게는 '보편적인 것'으로 여겨지고 있다. 교육에 대한 이러한 시각은 학생들이 정규 학교교육을 받은 이후에 어떻게 시간을 보내며 살아가도록 도울 것인가에 대한 고민과도 긴밀하게 연결된다. 그 결과 현재 덴마크 사람들은 공립학교교육뿐 아니라 방과 후에 이루어지는 다양한 형태의 교육을 공교육과 동일한 차원에서 이해하고 있으며, 중요한 교육활동의 일환으로 받아들인다. 학생의 삶은 형식 교육의 영역에 속한 학교에서뿐 아니라 학교 밖에서도 지속되기 때문이다. 따라서 학생들의 학교 밖에서의 삶을 돌보고 풍부한 경험을 갖도록 돕는 일이 덴마크에서는 개별 부모가 아닌, 지자체의 의무로 규정되어 있다. 학교 안에서의 교육뿐 아니라, 이후의 교육도 공공재로서의 역할을 해야 한다고 보기 때문이다. 따라서 지자체의 책임 아래 모든 교육과 돌봄 활동이 이루어지며, 각 지자체별로 운영되는 모습도 다양하다.

이 글에서는 이러한 덴마크의 교육적 전통을 살펴보고, 그것을 바탕으로 현재 현장에서 이루어지는 교육 실천을 통해 우리의 마을교육공동체운동에 주는 의미를 고찰해 보려 한다.

2. 덴마크 교육의 전통

덴마크의 중요한 교육 전통 중 하나는 평생교육에 대한 믿음과 교육을 통해 모든 사람들이 삶에 대한 깨달음을 얻어야 한다는 것popular enlightenment이다. 덴마크의 평생교육은 비형식적 교육, 배움에 대한 자유로운 동기, 전인 교육적 접근, 전문 교사자격증을 갖고 있거나 훈련을 받지 않은 사람들도 자유롭게 교사로 채용할 수 있는 자유에 기초하고 있다.

교육에서의 자유를 인정하는 전통의 시작은 덴마크가 근대사회로 변화하던 1800년대로 거슬러 올라간다. 그리고 그곳에서 우리는 "국가를 구성하는 모든 사람들을 위한 교육"의 중요성을 강조한 그룬트비Nikolay Frederic Sevrin Grundtvig, 1783~1872를 만날 수 있다. 오베Ove Korsgaard2006: 379는 덴마크인들에게 "그룬트비는 단순히 한 사람이 아니라 덴마크 사람들이 누리는 좋은 삶의 상징"이라고 평가한다.

1783년 태어난 그룬트비는 신학자, 목사, 시인, 역사가, 언어학자 및 철학자, 정치가, 교육사상가로 활동하며, 덴마크가 새로운 근대사회를 형성하는 과정에 많은 영향을 주었다. 그 과정에서 그룬트비가 늘 핵심으로 삼았던 것은 덴마크 국민의 대다수를 이루는 '평민folk/people의 삶과 교육'에 관한 문제였다. 그룬트비의 교육에 관한 생각 또한 여기서 출발하며, 이것이 오늘날 덴마크 사회가 비교적 이상적인 시민사회로 성장하게 되는 중요한 바탕이 되었다.

덴마크는 1814년 세계에서 두 번째로 의무교육을 법제화한 나라로, 이른 시기부터 국가가 국민의 교육을 책임지려는 의지를 갖고 있었다. 그러나 이것이 실제로 가난한 농부에 이르는 모든 사람들에게 혜택으로 돌아가기까지는 많은 시간이 걸렸다. 또한 열악한 조건에서 한꺼번에 많은 학생들을 가르칠 수밖에 없었던 초기의 의무교육은 학생들에게 획일적인 지식의 암기를 강요하는 방식으로 이루어졌다. 그룬트비는 이러한 당시의 학교를 자신의 어린 시절 경험을 토대로 '죽음의 학교'라 묘사하며 크게 비판했다. 그리고 다양한 배경을 가진 덴마크 사람들이 만나 소통하고 공감하는 '삶을 위한 교육'을 실천하기 위한 평민대학을 구상했다. 그는 이러한 학교가 덴마크에 꼭 필요하다는 점을 왕에게 직접 건의했다. 그룬트비는 성인을 대상으로 하는 평민대학의 교육을 통해 덴마크 사회를 변화시킬 건강한 시민을 길러 내는 것이 진정한 민주주의를 정착시키는 첫걸음이라 생각했다.

덴마크는 왕이 자신의 권력을 국민에게 평화롭게 이양하는 방식으로 정치개혁을 이룬 나라다. 이후 부르주아 계층의 사람들이 하나의 정치세력을 이루었지만 그룬트비는 국가의 모든 사람들이 정치에 온전히 참여할 수 있어야 한다고 생각했다. 그룬트비의 생각은 거리에서, 강연장에서 여러 사람들에게 전달되었고, 그의 생각을 따르는 사람들과 평민대학에서 온전한 시민으로 성장한 사람들은 다양한 목소리를 내는 정치적 주체로 자리 잡게 되었다.

입헌군주제가 실시되면서 1849년 제정된 덴마크 헌법 76조에는 "공립기초학교Folkeskole에서 요구하는 수준의 교육을 자녀에게 스스로 제공하고자 하는 부모와 안내자는 아이를 공립기초학교에 의무적으로 보내지 않아도 된다"고 명시되어 있다. 이 조항은 현재까지도 그대로 적용되고 있다. 이러한 법과 전통에 따라 덴마크의 부모들은 공립학교 또는 다양한 형태의 자유학교나 사립학교 중 하나를 자유롭게 선택할 수 있다. 부모들이 용기와 의지만 있다면, 자신들의 교육적 가치를 기반으로 한 새로운 자유학교Friskole를 설립할 수도 있다. 이러한 덴마크 헌법은 자연스럽게 국가가 운영하는 공교육제도와 나란히 병행하는 일종의 대안교육체제인 자유학교 제도가 발전할 수 있도록 하는 기반을 마련했다.

이러한 교육 전통이 덴마크 사회 전반에 자리 잡기까지는 그룬트비가 설계한 평민대학이 중요한 역할을 했다. 그룬트비가 초기에 의도했던 큰 규모의 학교는 아니었지만, 그의 정신을 실천하고자 하는 작은 학교들이 덴마크 각 지역에 생겨나면서, 평민을 대상으로 한 교육적 효과는 극대화되었다.

평민대학의 중요한 교육 목적 중 하나는 학생을 자신이 살고 있는 지역의 환경과 조화를 이루고, 다시 지역사회로 돌아갔을 때 그곳 환경을 더욱 의미 있는 곳으로 만들 수 있는 사람으로 성장시키는 것이다. 따라서 평민대학은 학생들을 결코 그들의 삶과 분리시키지 않는다. 학생 개개인에 대해 설명하는 것은 곧 그들의 삶의 방식을 설명하는 것과 같은 일이다. 실제로 겨울이나 여름에 이 학교에서 집중적인 평민 교육을 받은 후, 학생들은 자기 마을로 돌아갔다. 그리고 그들 중 많은 이들이 자기 마을 주민들을 위해 야학, 도서관, 독서 모임들을 만들어 주민과 함께 활동했다. 그 결과 지방이나 시골에 사는 사람들도 여가시간을 활용하기 위한 다양한 활동을 기획하고 참여하는 전통이 만들어졌다. 이러한 활동들은 덴마크가 오늘날 균형 잡힌 지역공동체, 즉 마을공동체를 형성해 내는 기반이 되었다. 한국 마을교육공동체운동의 주요 사례로 손꼽히는 충남 홍성 지역의 풀무학교는 일찍이 이러한 덴마크의 사례로부터 많은 영감을 얻었다.

그룬트비는 어린이와 청소년을 위한 교육도 중요하지만, 그에 못지않게 이미 사회를 구성하고 있는 성인들의 생각을 변화시키고, 그에 따라 사회의 변화를 이끌어 내는 것이 중요하다고 보았다. 실제로 앞에서 언급한 자녀들의 교육을 스스로 결정하고, 더 자유로운 교육을 제공하기 위해 새로운 학교를 세웠던 학부모의 대다수는 그룬트비가 설계한 평민 대학에서 성장한 사람들이었다.

그렇다면 그룬트비의 교육에 대한 생각은 어떻게 정리될 수 있을까? 그 바탕의 생각들은 다양한 방식으로 정리될 수 있겠으나, 이 글에서는 네 가지의 개념을 중심으로 살펴보려고 한다.

먼저 '삶'이다. 그룬트비는 '삶을 위한 교육' 또는 '삶의 계몽'이라는 표현을 자주 사용하는데, 그에게 가장 중요한 것은 인간 개인이 자신의 삶 속에서 온전히 성장할 수 있도록 돕는 교육이었다. 그는 아무리 권위 있는 지식이라 하더라도, 그것이 개인의 삶에 영향을 주지 못한다면 그것은 죽은 교육이나 다름없다고 생각했다. 따라서 학교에서의 배움은 개인이 삶에서 직면하는 문제들을 해결하는 데 도움을 주고, 그것을 일깨워 주는 방향으로 나아가야 한다고 생각했다. 이를 위해 교육의 내용 역시 삶에서 찾아야 한다고 생각했다. 그것을 위해 그룬트비가 제시한 것이 삶의 이야기와 생각이 담긴 평민의 역사와 이야기(신화), 그리고 함께하는 사람들과의 대화이다. 이러한 생각은 학교라는 기관을 넘어 아이들과 청소년들이 방과 후나 여가시간을 활용하여 생활하는 다양한 교육적 공간에서도 그대로 구현되고 있다. 특히 학생들이 살고 있는 지역을 중심으로 구성되고 운영되는 다양한 공간들은 지식이 아닌 학생의 삶에 보다 더 집중할 수 있는 여건이 주어져 더 자유롭게 학생 개개인을 성장시키고 그들의 삶을 풍성하게 하는 데 중점을 두고 있다.

둘째, '자유'다. 그룬트비가 주장하는 자유의 개념은 오늘날의 덴마크 사회를 이해하는 데 중요한 열쇠가 된다. 그룬트비에게 자유란 모든 것을 원하는 대로 하는 것이 아니라, 자신의 문제를 스스로 결정할 자유를 추구하되 자신이 속한 공동체에서 함께하는 다른 사람들의 자유가 담보될 때 주어지는 자유다. 이를 통해 그룬트비는 자유로운 개인과 공동체 속의 개인이 행복하게 공존할 수 있는 기반을 마련하고 있다. 그룬트비는 평민대학에서의 공동체 교육을 통해 사람들이 이러한 자유, 즉 타인을 전제로 한 자유를 누리는 법을 그곳에서의 삶을 통해 충분히 연습할 것을 제안한다. 오늘날에는 학교교육뿐 아니라 아이들이 방과 후 시간을 보내는 다양한 마을교육공동체(방과후학교, 레저타임센터, 청소년학교 등) 안에서도 자신이 속한 공동체 안에서 관계를 맺고 함께 활동하는 경험을 통해 학생들은 끊임없이 자신의 자유와 타인의 자유가 공존하고 균형을 이루도록 하는 연습을 하고 있다.

셋째, '공동체'다. 그룬트비가 이야기하는 공동체는 근대적 제도에 의해 기계적으로 구성된 인위적 공동체가 아니다. 인간의 삶 속에서 자연스럽게 형성되어 온 삶의 공동체다. 개인은 공동체와 분리되어 존재할 수 없는데, 개인이 속한 가장 근본적인 공동체는 가족과 그것을 넘어서는 지역공동체, 그리고 민족공동체다. 그러한 공동체에서 오랜 시간 공유되어 온 삶의 역사와 이야기, 모국어는 한 개인의 정체성의 일부이기도 하다. 따라서 이러한 공동체 속에서 개인은 자아를 더 잘 드러낼 수 있고, 그 과정에서 온전히 성장한 개인들은 그들이 속한 공동체가 더 좋은 방향으로 나아가는 데 기여할 수 있다. 그룬트비는 이러한 공동체 안에서 이루어지는 교육을 매우 중요시한다. 덴마크 학생들이 학교에서의 일과를 마친 후 시간을 보내게 되는 초등 방과후학교나 청소년학교에서도 학생들은 자신이 몸담고 있는 방과 후 공동체에서 활동하기 위해 다양한 의견을 제시하고 끊임없이 생각을 공유한다. 특히 청소년학교에서는 학생들이 청소년학교라는 공동체의 일원으로서 정식 위원회를 꾸려 적극적으로 참여하고 있다. 이 과정에서 학생들은 공동체의 일원으로서 자신의 목소리를 내고, 자신이 속한 공동체에 영향력을 행사하는 중요한 경험을 할 수 있다. 이러한 과정은 학생들이 성장하면서 자신이 속한 사회와 개인이 밀접하게 연결되어 있음을 머리가 아닌 가슴으로 인식하고, 더불어 함께 살아가기 위한 공공의 이익을 자연스럽게 추구할 수 있는 성인이 될 수 있도록 돕는다.

넷째, '살아 있는 상호작용'이다. 그룬트비는 교육은 기본적으로 상대방과 나의 끊임없는 상호작용을 통해 이루어져야 한다고 역설했다. 그것을 위해 교사와 학생의 관계, 학생과 학생의 관계, 그리고 수업 및 학교생활에 대하여 이야기한다. 그룬트비는 교사와 학생 사이의 진정한 교류가 이루어질 수 없는 강의식 수업의 단점을 지적하면서, 진정으로 살아 있는 상호작용이 이루어지기 위해서는 교사도 가르치는 입장이 아닌, 함께 배우는 입장에 설 것을 주장한다. 수업뿐 아니라 다양한 활동과 공동체 생활 속에서 이루어진 상호작용은 교육에서 매우 중요한 의미를 가진다. 그룬트비가 제안한 평민대학은 단순히 수업을 통한 학습만이 이루어지는 닫힌 공간이 아니라, 교사와 학생이 학교 안팎에서 함께 생활하고 학교를 운영해 나가는 열린 삶의 공간이다. 이러한 공간 속에서의 상호작용은 생활을 중심으로 이루어지며, 진정으로 살아 있는 것이 될 수 있다. 덴마크의 초중등 방과후학교들은 이러한 그룬트비의 교육철학을 잘 반영하고 있다. 즉, 자신들이 살고 있는 지역에서 학생들은 학교와 방과후학교, 그리고 방과후활동을 지원하는 다양한 지역기관들을 넘나들며, 교사뿐 아니라 지역의 다양한 삶의 교사들과 만나고, 교류하고, 생활하며 배우고 익힌다. 이것은 곧 덴마크 학생들의 삶을 형성하는 중요한 기초가 된다.

그룬트비는 어떤 면에서는 실천가라기보다 이론가였다. 실제로 그가 학교를 세우거나 교육활동을 하지는 않았기 때문이다. 하지만 그의 철학과 생각은 평민대학에서 실현된 삶을 위한 교육을 통해 덴마크 사람들에게 자연스럽게 스며들었고, 사회를 구성하는 건강한 평민을 만들어

냈다. 그리고 실천은 덴마크의 '작은 그룬트비'들, 즉 수많은 평민들에 의해 이루어졌다.

3. 덴마크의 교육제도와 교육정책

1) 덴마크의 교육제도

덴마크 교육제도의 가장 큰 특징은 의무취학compulsory schooling이 아닌 의무교육compulsory education을 기초로 운영된다는 점이다. 이것은 덴마크 교육제도가 개인이 원하는 교육 방법을 스스로 선택할 자유를 허용한다는 것을 의미한다. 따라서 부모는 자녀를 무조건 공립학교에 입학시키지 않고, 공교육 밖에 놓여 있는 다양한 선택지들도 함께 고려하여 자신의 아이에게 잘 맞고 부모 자신의 가치관 및 교육관과 일치하는 교육기관을 선택할 수 있다. 이러한 교육환경을 바탕으로 덴마크에서는 국가가 운영하는 공립학교제도와 그 밖의 자유학교나 다른 사립교육기관이 병렬적으로 운영되고 있으며, 그 학교들은 대부분 공립학교들과 동일한 위상을 차지한다. 최근 우리나라에 많이 알려진 에프터스콜레efterskole의 경우도 모든 학생들이 의무적으로 가야 하는 학교는 아니다. 이 학교는 학생들이 9학년까지의 기초교육을 마치고 10학년이 되었을 때 주어지는 다양한 선택지들 중 자유학교라는 일종의 대안교육 영역에서 제공하는 교육이다. 에프터스콜레에는 현재 덴마크 학생들의 약 20% 정도가 다니고 있다.

이처럼 다양한 형태의 덴마크 교육제도 중 이 글에서는 덴마크의 공립학교제도를 중심으로 간략히 살펴보고, 그 시기에 병행되는 방과후교육을 살펴보고자 한다.

① 공립기초학교folkeskole/primary education+lower secondary education

-우리의 초등학교, 중학교 교육에 해당.

② 상급중등교육uddannelse til unge /upper secondary education

-우리의 고등학교 교육에 해당.

(1) 공립기초학교 (folkeskole/primary education+lower secondary education)[1]

공립기초학교는 초등 1학년부터 6학년까지의 초등 교육과 7학년부터 9학년까지의 전기중등교육을 포함하는 의무교육이다. 부모와 학생은 의무교육 이전에 유치원에 보낼 수 있으며, 고등 교육과정으로 진학하기 전에 자발적으로 10학년 과정을 선택할 수도 있다.

공립기초학교 교육은 지방자치정부에서 무료로 제공하도록 되어 있다. 공립기초학교의 법적인 틀은 국회의 결정에 의해 만들어지고 운영된다. 현재 시행되고 있는 법률은 2006년 국회에서 제정된 것으로, 다양한 다수의 의견을 수렴하여 새롭게 개선한 것이다. 이 법안은 대체로 전통을 수용하면서도, 교육이 시대 상황에 발맞출 필요성에 대한 내용을 잘 담아내고 있다. 대표적인 항목은 다음과 같다.

1. 공립기초학교는 부모와 협력하여 학생들에게 지식과 기술을 제공하고, 상위의 교육을 받을 수 있도록 준비시켜야 한다. 또 더 많은 배움을 위한 열의를 개발시키고, 학생들이 덴마크 문화와 역사에 친숙하게 만들어야 한다. 그리고 다른 나라들과 그 문화들에 대해 이해할 수 있도록 다양한 교육을 제공해야 한다. 나아가 학생들이 인간과 자연 사이의 상호작용에 관해 이해할 수 있도록 도와야 하며, 학생 개개인이 다방면에 걸쳐서 소질을 드러낼 수 있도록 자극

을 주고 격려해야 한다.

2. 공립기초학교는 학습 방법들을 발전시키고, 학생들이 경험하고 몰입하고 스스로 깨달을 수 있는 환경을 만들어 내야 한다. 그러면 학생들은 인지능력과 상상력을 발달시킬 것이고, 자아를 찾고, 스스로 행동할 수 있도록 주어진 기회들과 환경 속에서 자신감을 얻게 된다.
3. 공립기초학교는 학생들이 자유와 민주주의에 토대를 둔 사회 안에서 참여의식, 공동의 책임감, 권리와 의무를 행사할 수 있도록 준비시켜야 한다. 그러므로 학교에서 이루어지는 다양한 노력과 공부에는 지적 자유, 동등한 존엄성, 민주주의라는 특징이 잘 드러나야 한다.

이러한 덴마크의 기초교육은 덴마크 교육의 뿌리가 되며, 이곳에서 학생들은 다양한 과목을 배우고 경험하면서 배움의 기초를 닦고 성장할 수 있다.

(2) 상급중등교육(uddannelse til unge/upper secondary education)[2]

덴마크의 상급중등교육, 즉 우리의 고등학교 과정은 매우 섬세하게 분화되어 있다. 따라서 학생들은 자신의 상황과 원하는 바에 따라 다양한 방법을 선택할 수 있다. 학생들이 선택할 수 있는 범주는 크게 세 가지로 나눌 수 있다. 즉, 9학년의 기초과정을 마친 후 대학 진학을 준비하기 위한 일반 인문교육 과정에 진학할 것인지, 직업을 얻기 위한 기술교육 과정에 진학할 것인지, 아니면 그러한 결정은 보류하고 자신에 대해 생각할 일 년간의 시간을 에프터스콜레나 청소년학교의 10학년 과정처럼, 이 시기의 청소년을 위해 마련된 다양한 교육기관에서 보낼 것인지의 선택지가 주어진다.

진학을 전제로 할 경우, 고등교육은 크게 두 개의 범주로 나눌 수 있다. 대학 진학을 준비하는 일반적인 상급 교육과 숙련 노동자 혹은 반半숙련 노동자들을 요구하는 직업을 준비하는 상급 직업교육이다. 대학 진학 준비를 위한 상급교육과정은 다시 네 가지 과정으로 나뉘어 제공된다. 간략히 살펴보면 다음과 같다.

STX(Gymnasium: 일반 고등학교) 김나지움은 공립기초학교 9학년 과정의 연장선으로, 앞으로 이어질 상급 학교 공부에 필요한 기초를 3년 동안의 일반 교육과정으로 구성하여 제공한다. 이전에는 언어 영역과 수학/자연과학 영역으로 나뉘었으나, 2005년에 이루어진 개혁으로 대학 교육을 준비하는 의미에서 필수과목과 선택과목을 포괄적으로 선택할 수 있는 체계로 유연하게 바뀌었다. 김나지움 졸업시험은 언어-인문학 영역과 수학-자연과학 영역으로 구성되며, 이 학교를 졸업하면 대학 입학을 위한 자격을 얻는다. 가르치는 방법은 학생 개개인의 자질 향상에 기여해야 하며, 마찬가지로 학생의 관심사를 충족시키고 민주사회에 활발히 참여할 수 있는 능력을 계발시켜야 한다.

HF(Higher Preparatory Exam: 대학입학 준비과정) 2년 과정의 일반 교양교육과정이다. 교육의 목적이나 내용이 김나지움과 거의 비슷한데, 9년이나 10년 동안의 의무교육 후에 학교에 싫증이 난 학생들이 주로 활용한다. 또한 9학년을 마치고 일 년 혹은 몇 년 정도 일을 하거나, 여행이나 다른 활동을 한 후, 나중에 대학교육을 준비할 필요성을 깨닫게 된 사람들도 이용하고 있다. HF를 좀 더 유연하게 변형한 과정으로는, 자유 시간이나 저녁 시간에 공부를 할 수 있는 과정이 있다. 이런 과정에서 학생은 한 번에 한두 과목을 공부할 수 있으며 공부하는 기간을 좀 더 늘릴 수도 있다. 대학 입학을 위한 특정한 제한 규정을 두고 있다. 학교에서 제공하는 수업은 김나지움과 마찬가지로 개인의 자질을 향상시키고 민주사회에 활발히 참여할 수 있는 능력을 기르는 데 목적이 있다.

HHX(Higher Commercial Exam: 상과대학 준비과정) 상업 전문대학이나 일반 4년제 상과대학 입학시험 준비를 위한 3년 교육과정이다. 사업에서 요구되는 경제적이고 상업적인 지식을 가르치며, 특히 무역과 산업이 이루어지는 사회 상황을 두드러지게 강조한다. 이 과정의 목표는 일반 교육과 상업적 성격의 상급 직업교육을 제공하는 데 있다. 이곳에서 공부한 학생들에게는 대학 입학 자격이 주어지며, 이 과정 역시 학생의 자질 향상과 사회에 대한 이해를 돕기 위해 노력해야 한다. 이 과정의 프로그램들은 직업을 얻는 데 필요한 부분적인 토대를 제공한다.

HTX(Higher Technical Exam: 기술대학 준비과정) 공업 전문대학이나 일반 4년제 공업대학 입학시험을 준비하기 위한 3년 교육과정이다. 이 과정에서는 일반 과목과 함께 기술과학, 자연과학과 관련된 과목들을 공부하며, 프로젝트 작업이 학습계획의 중요한 부분을 차지한다. 프로젝트 학습을 위해서 학생들은 두 가지 이상의 과목을 융합한 자신만의 학습 주제를 형성해야 한다. 그 이후 지속적인 학습을 통해 3학년 때는 하나의 결과물을 만들어 내야 한다. 또한 이 교육과정은 학생들이 반드시 어느 수준 이상의 점수를 받아야 하는 필수과목이 많이 포함되어 있다.

대학에 진학하지 않는 학생들은 직업교육을 받기 위한 상급 학교에 진학한다. 숙련 노동자 혹은 반半숙련 노동자에 해당하는 직업을 준비하는 상급 직업교육은 2년에서 5년 사이의 과정으로 다양하게 이루어진다. 공부 기간은 이론공부 기간과 승인된 회사나 단체에서의 실습 과정 기간에 따라 변화한다. 이 과정을 통해서 학생들은 사회에서 필요한 기초적인 일이나 의료 서비스, 농장일, 목수일이나 다른 수공예 작업, 가게 점원일 같은 일에 알맞은 능력을 기를 수 있다. 직업교육 과정 동안 학생은 일반적인 상급 교육과정에서 배울 수 있는 과목들을 한 과목 혹은 그 이상으로 선택해서 공부할 수 있다. 이런 방식으로 공부하게 되면, 학생은 노동시장으로 들어갈 준비가 될 뿐만 아니라, 원하는 경우에는 대학에 진학할 수 있는 조건도 갖추게 된다.

다음의 그림을 통해 덴마크의 교육제도를 한눈에 살펴볼 수 있다. 화살표는 학교 간 가능한 진학, 또는 이동경로를 표시한 것인데, 이를 통해 덴마크 교육의 유연성을 확인할 수 있다.

[그림 1] 덴마크의 교육제도

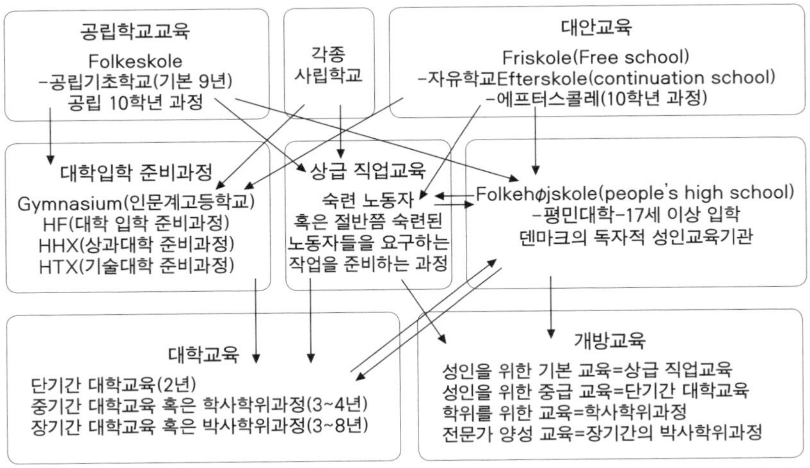

출처: 저자 정리.

2) 덴마크 교육정책

(1) 덴마크 지방자치 교육정책

덴마크의 교육정책과 구조는 지난 20여 년 동안 많은 논의와 변화를 거쳐, 지방분권적인 현재의 교육정책 구조를 갖추었다. 덴마크의 교육정책은 긴밀한 관계를 맺고 있는 다음의 세 요소를 기반으로 오늘날과 같은 분권화 구조를 구축했다.

- 민주화(Democratization)

  지방분권화는 지역 단위에서 이루어지는 민주적·정치적 의사결정을 잘 반영할 수 있도록 한다.

- 효율성(Efficiency)

  지방분권화는 명시된 목표들을 달성하기 위한 자원들을 효율적으로 분배하고 배치할 수 있도록 한다.

- 전문성(Professionalism)

  지방분권화는 각 학교가 놓여 있는 맥락, 교육과정의 변화와 교육 내용, 학습, 그리고 교수 방법을 관리하기 위해 훨씬 더 전문적인 능력이 필요하며, 이에 대한 훨씬 더 깊은 지식을 필요로 한다. 따라서 이 업무를 담당하고 자율적으로 결과를 이끌어 내야 하는 교육 관련 인력의 역량을 높일 수 있다.

Moos, L., 2014: 431.

덴마크의 교육 시스템은 유럽연합의 영향 아래 있지만, 덴마크의 문화와 정부 구성에 기초를 두고 형성되었다. 일찍이 덴마크 공공 분야 관리에서 지자체kommune/municipality는 매우 중요한 요소로 작용해 왔다.

교육부는 큰 틀에서 교육의 목표와 내용을 정하고 98개 지방자치정부들은 학교의 전반적인 질을 관리하고 지역의 목표와 조건을 수립하고 감독한다. 2007년 단행된 개혁으로 지방정부의 수는 271개에서 98개로 줄었는데, 이 과정에서 지역의 많은 작은 학교들이 도시의 큰 학교들로 통폐합되었다. 덴마크 정부가 작은 학교들을 통폐합하는 과정에서 지역의 작은 학교가 사라지고, 아이들이 집에서 먼 곳에 있는 학교에 다녀야 하는 문제로 반대의 목소리도 높았다. 이 과정에서 자녀교육의 자유를 가진 덴마크의 학부모들은 지역의 작은 학교들을 직접 구입하여 사립학교의 형태로 운영하기도 한다.

이러한 과정을 거쳐 현재 덴마크는 높은 수준의 학교 자율성을 허용하고 있다. 높은 수준의 자율성을 허용하기 위해서는 지자체와 학교장 및 교사가 학교 차원에서 국가가 제시한 전략을 실행하는 능력을 갖추고 있어야 한다. 따라서 이러한 자율성을 부여받은 지자체와 학교장, 교사에게는 그에 대한 책임이 수반된다. 높은 자율성의 확대에 따라 그에 따른 책임을 검증하기 위한 국가 차원의 학교평가와 감사는 더 철저하게 이루어지는 추세다. 이와 더불어 선출된 학부모로 구성된 이사회에 의해 운영되기 때문에 학부모의 참여가 학교교육의 매우 중요한 요인으로 작용한다.

지방자치 지역을 제도적으로 구조화하는 정치적 목표는 모든 사람들에게 다양한 선택의 폭을 가진 광범위한 교육환경을 보장하는 것이다. 또한 이러한 독립적 기관은 교육학적 의미의 발전뿐 아니라 교육 기회와 교육적 발달을 위해 독립성을 갖춰야 한다. 따라서 교육자치를 실시하는 가장 중요한 목적은 덴마크 전 지역에 살고 있는 학생 모두에게 높은 수준의 교육의 질을 보장하여, 학생들이 그러한 교육을 받을 수 있도록 하는 것이다.

(2) 덴마크 교육 거버넌스

덴마크의 교육은 기본적인 의무교육 이외에도 다양한 학교 밖 교육 프로그램과 평생교육의 기회를 보장한다. 이러한 다양한 교육은 교육부를 비롯한 4개의 국가기관이 나누어 맡아 운영하고 있다. 공교육의 중심에 해당하는 공립기초학교folkeskole[3]교육과 상급중등교육은 교육부Ministry of Education가 담당하고 있으며, 유아와 아동교육은 아동·성평등·사회통합부 그리고 사회부Ministry of Children, Gender Equality, Integration and Social Affairs가 담당한다. 고등교육은 고등교육과학부Ministry of Higher Education and Science가 담당한다. 마지막으로 예술과 문화는 문화부Ministry of Culture가 담당한다.[4] 이러한 4개의 국가기관과 더불어 국가교육정책을 형성하는 데 영향을 미치는 기관은 국가질관리감독기구The National Agency for Quality and Supervision, 학교위원회School Council, 덴마크 공식 평가원Danish Evaluation Institute, 그리고 지자체, 사립학교협회, 덴마크고용인연합, 덴마크교사연합 및 교육지도자협회, 학부모와 학생 등을 포함한 당사자 등 매우 다양하다.

다음은 덴마크의 교육관리 체계도이다. 보는 바와 같이 매우 복잡한 구조를 이루고 있는 덴마크의 교육관리 체계에서는 중간 조직의 활성화, 중앙정부와 학교 간의 직접적인 소통 구조 등을 특징적으로 발견할 수 있다. 이러한 구조는 덴마크의 공교육에 해당하는 초중등 교육을 담당하는 교육부와 학교 사이의 구조로 이해할 수 있다.

이러한 지방분권적 구조를 갖춘 덴마크의 교육은 교육부뿐 아니라 다양한 기관과 학부모들의 의견이 반영된 교육정책을 마련하고 끊임없이 대화하며 형성되었고, 이러한 과정은 현재에도 진행형이다. 덴마크는 교육에 상당한 양의 공적 자원을 투자하고 지역의 필요를 충족시키기 위한 자금을 우선적으로 지원한다. 교육부는 국가 교육에서의 우선순위

[그림 2] 덴마크의 교육 거버넌스

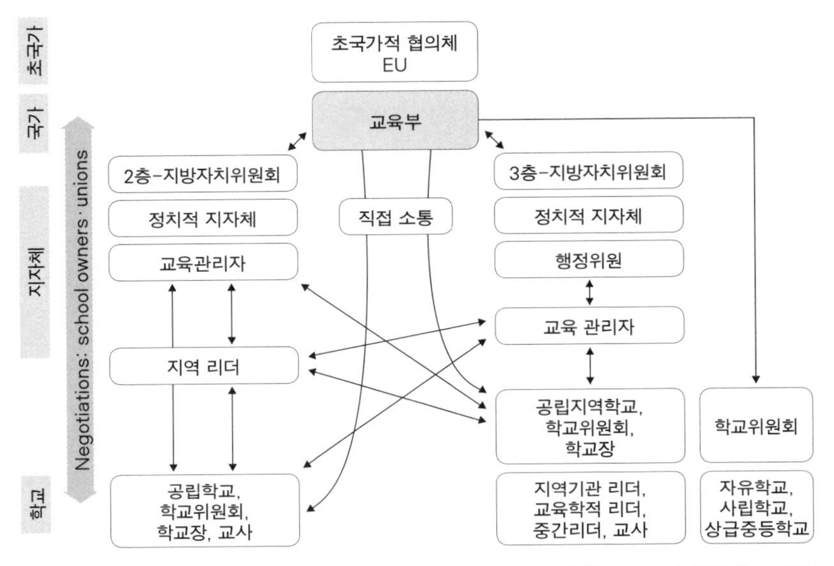

출처: Moos, L.(2014), p. 434.

를 설정하며, 초등학교와 중학교에 해당하는 공립기초학교Folkeskole에서 이루어지는 대부분의 교육은 지방자치 당국에서 결정한다. 고등학교에 해당하는 상급중등교육기관은 자치로 운영된다. 모든 교육 수준에서의 국가 지출은 OECD보다 높으며, 동시에 OECD 평균에 비해 교육에 대한 개인적 지출의 비율은 낮다.

덴마크의 단위학교는 선출된 학부모, 교사, 학생대표로 구성된 이사회에 의해 운영된다. 교육위원회는 중앙과 지방자치체의 틀 안에서 교육정책을 시행한다. 사립학교는 공립학교보다 학교교육의 질을 감독할 책임이 더 많은 학부모가 선출한 이사회가 학교를 운영한다. 덴마크의 사립학교는 대부분 학부모들에 의해 설립되는 경우가 많으며, 이런 경우 학부모는 자신들이 세운 학교의 교육철학과 잘 맞는다고 생각되는 사람들을 이사회의 구성원으로 선출한다. 지방자치단체의 이사회는 행정 및 재정 관리를 담당한다. 초중등학교 수준에서는 의사결정의 44%가 학교에 의해 이루어지며, 34%는 지방정부에 의해, 22%는 중앙정부 또는 주정부에 의해 이루어진다.

살펴본 바와 같이 철저한 권한의 분할과 자치 모델을 기초로 이루어지는 덴마크 교육제도의 원리는 기초교육 이외의 어린이와 청소년을 대상으로 한 방과후학교의 운영과 설치 등에도 그대로 적용된다. 즉, 덴마크의 모든 방과 후 또는 학교 밖 교육기관은 각 지방자치정부가 맡아서 운영하고 있으며, 기관 간의 다양한 연계를 기반으로 작동된다.

4. 초등 방과후학교와 방과후레저클럽

덴마크의 아이들은 대부분 정규학교가 끝나면 방과후학교SFO–Skole Fritids Ordning/after-school care나 초등 방과후클럽fritidshjem/The after-school clubs에서 시간을 보낸다. 이 기관들은 대부분 학생이 다니는 학교에 함께 마련되어 있거나 학교와 가까운 곳에 자리 잡고 있다. 방과후학교나 방과후클럽 모두 아이들을 위한 제2의 가정home 역할을 한다.

덴마크에서는 기존의 학교가 아닌, 방과후학교나 방과후레저클럽 등에서 일하는 교육가를 위한 교육 프로그램이 따로 마련되어 있다. 이러한 사람들은 페다고거pædagoger/educator라고 불리는데, 이 교육 프로그램의 시초는 1885년 프뢰벨의 교육철학을 따르는 유치원의 교사를 양성하기 위해 구성된 교사양성 프로그램이다. 1928년에는 방과후클럽fritidshjem에서 가르치는 사람을 양성하기 위한 프로그램이 마련되었고, 1930년에는 유아들을 돌보는 기관vuggestuer 등에서 일하는 사람들을 양성하는 프로그램이 마련되었다. 이렇게 각각 운영되던 프로그램은 1992년 하나의 통합된 과정으로 발전했고, 이 프로그램을 이수하면 학교 밖의 다양한 교육기관 및 돌봄 기관에서 일할 수 있는 자격이 주어진다. 2000년에는 덴마크 전역에 32개의 프로그램이 전문대학college에 개설되었고, 각 프로그램의 교육 내용과 교육의 질을 보장하기 위한 가이드라인은 교육부에서 제공했다. 이에 따라 32개의 교육 프로그램에서는 동일한 과목을 학생들에게 제공하고, 기본적으로 동일한 수준의 능력과 다양한 자질을 갖춘 교육가를 양성한다. 그들이 이수해야 하는 과목은 다음과 같다.

[표 1] 덴마크의 학교 밖 교사(pædagoger) 양성 프로그램 이수 과목

과목 비율	이수 과목
30%	교육학 이론, 심리학
20%	사회학, 보건(health) 관련 과목
40%	문화 및 활동 과목: 덴마크어, 음악, 체육, 워크숍 과목, 연극, 자연과학
10%	의사소통, 조직과 운영

출처: The Ministry of Social Affairs in consultation with the Ministry of Education.(2000), p.44 참고하여 저자 정리.

이러한 과목을 이수한 학생들은 다양한 활동과 프로젝트에 직접 참여하면서 현장에서 학생들과 활동할 실질적인 준비를 한다. 이러한 교육 프로그램은 참여한 학생들이 가진 다양한 능력과 재능을 학생 각자의 전문적 능력으로 발전시키고자 하는 철학을 바탕으로 구성되고 운영된다. 교육을 받은 학생들에게 요구되는 가장 중요한 기술과 역량은 다음과 같다.

• 자기 자신의 배움에 대해 온전히 책임지는 능력(학생에게 교육은 주

어지는 것이 아니라, 학생 스스로 능동적으로 교육을 받아야 한다).

- 다른 사람들과의 협상과 상호작용을 기반으로 결론을 이끌어 내는 능력(즉, 민주적 절차를 사용하는 능력).
- 지적으로, 감정적으로 자신을 표현하는 능력–언어적으로, 심미적으로, 그리고 보디랭귀지를 통해서도.
- 리더십을 발휘하고, 상황을 운영하며, 새로운 것을 시작하도록 하는 능력.
- 주어진 상황에 대한 이해와 타인에 대한 존중을 바탕으로 유연하고 창조적인 방식으로 활동하는 능력.
- 자존감을 발전시키는 능력: 나는 누구인가? 나는 다른 사람들에게 무엇을 하고 있으며, 나는 왜 이 일을 하고 있는가?
- 다양한 능력들을 자극하는 능력. 만일 학생이 자신의 정서지능EQ을 자극하지 않으면, 그 학생은 자신의 지능IQ도 무시하게 될 것이다.
- 혼란스러운 상황에서 길을 찾아가고 어려움을 받아들이는 능력.

이러한 교육 프로그램을 이수하기 위한 비용은 국가에서 전액 보조하고 있으며, 따라서 많은 젊은 학생들이 이 프로그램을 듣고, 페다고거pædagoger가 되고자 한다. 특히 지난 20여 년간 덴마크에서는 돌봄과 방과후교육을 위한 다양한 기관들이 늘어나고 있고, 그에 따라 이들을 필요로 하는 곳이 많아져, 많은 젊은이들이 이 일에 도전하고 있다. 지자체에서 운영하기 때문에 보수도 비교적 안정적이다. 이러한 교육을 받고 현장에 들어가는 현장 교사들의 평균 연령은 27세로 매우 젊은 편이며, 남자 교사의 비율도 다른 나라들에 비해 현저히 높다는 특성도 있다.

학교가 속한 각 지자체와 학교에 의해 운영되고 관리되는 초등 저학년 대상 방과후 돌봄 기관은 크게 두 가지로 나누어 볼 수 있다. 학교 밖 학교들은 기존의 학교들과 다양한 방식으로 관계를 맺고 학생 개개인에게 필요한 교육을 제공하기 위한 노력을 기울이고 있다. 덴마크의 방과후학교의 내용을 정리하면 다음과 같다.

[표 2] 덴마크의 초등 방과후레저클럽(Fritidshjem/after-school clubs)

구분	대상 연령	운영 주체	운영 장소	소속 법	운영 시간
초등 방과후학교 (SFO-Skole Fritids Ordning/after -school care)	0학년 ~3학년 (6세~10세)	지자체 학교 기반 시설	학교 내부, 인근	초등학교법에 따라 운영	수업 시작 전 방과 후
초등 방과후클럽 (Fritidshjem/ after-school clubs)	3학년 ~6학년 (11세~14세)	지자체 /사설, 외부 기관이 지자체의 승인 아래 운영	학생이 살고 있는 지역	보육법에 따라 운영	방과 후

출처: 저자 정리.

1) 덴마크의 초등 방과후학교

덴마크의 초등 방과후학교SFO-Skole Fritids Ordning/after-school care는 6세부터 10세까지의 아동을 대상으로 운영하는 학교 직속기관으로 공립학교와 사립학교 모두에서 운영된다. 대부분의 학교들은 학교 자체의 방과후학교를 운영하고 있으며, 대부분의 아동은 학교 입학과 동시에 방과후학교에 등록한다. 방과후학교의 책임은 학교가 직속으로 운영하는 기관으로 이곳의 책임자는 방과후학교가 속한 학교의 교장이 맡는다. 관할 지역의 방과후학교 설립 여부와 학교 수는 지자체 협의회에서 결정한다. 비용은 지방자치정부가 결정하며 부모의 소득에 따라 차등 부과하고 있다.

이 기관은 사실상 방과 후뿐 아니라 일찍 출근하는 맞벌이 가정을 위해 수업 시작 전에도 운영된다. 따라서 학교별로 약간의 차이는 있지만,

일반적으로 수업 전에는 아침 6시 30분부터 8시까지, 방과 후에는 오후 12시부터 5시까지 운영된다. 이곳에서 일하는 교사들은 학교 교사와는 별개로 고용된 사람들로 앞서 소개한 아동을 보살피는 전문 교육을 받은 사람들이다.

아동이 생활하는 방과후학교에는 만들기, 레고, 퍼즐, 구슬 꿰기, 음악 교실이나 무용교실 등이 갖춰져 있다. 아동은 자신이 원하는 것을 선택해서 그날그날 하고 싶은 활동을 하면 된다. 이러한 덴마크 초등 방과후학교의 교육 목적과 조건은 다음과 같다.

첫째, 방과후교육을 받는 어린이는 건강, 발달 및 학습을 증진시키는 육체적, 정신적, 미적 환경에서 성장해야 한다.

둘째, 방과후교육은 부모와 협력하여 어린이를 보살피고, 어린이의 편안함과 행복에 기여할 뿐 아니라 개별 어린이의 다양한 발달과 자부심을 지지해 주어야 한다.

셋째, 방과후교육은 어린이들이 몰입하고, 탐험하고, 경험할 수 있는 다양한 체험, 놀이 및 교육적으로 잘 조직된 활동을 통해 아이들의 학습능력이 개발될 수 있도록 촉매제 역할을 해야 한다.

넷째, 방과후교육은 어린이들에게 참여, 공동 책임 및 민주주의에 대한 이해를 가르쳐야 한다. 결과적으로 방과후교육은 어린이의 독립성이 개발되고, 공동체에서 자신의 위치와 역할을 찾아가도록 도와줌으로써 어린이가 덴마크 사회에 통합되는 과정에 기여해야 한다.

다섯째, 방과후교육은 부모와 협력하여 어린이의 기초 능력과 학습 욕구를 개발하고 지원함으로써 학교생활에서도 긍정적인 변화를 이루도록 노력해야 한다. 방과후교육은 학교에서 이루어지는 교육과 협력하여 학교 및 레저 시설로의 일관된 전환을 창출해야 한다.

이처럼 일반적인 교육 목표는 공유하지만 각 지방자치정부에 따라 이들 학교는 지역의 상황과 특성에 맞추어 운영되는 것이 덴마크 방과후 학교의 특성이라고 할 수 있다. 정규 학교의 교사와 방과 후 교사는 아동의 발달을 위해 서로 소통하거나 협의하는 등의 소통은 하고 있으나, 학생 모집이나 방과 후 교사 관리 등의 업무는 지자체에서 이루어지기 때문에 기존 학교의 교사가 방과 후와 관련된 행정적 업무에는 관여하지 않는다. 방과후학교 프로그램과 비용 등에 대한 자세한 안내 사항은 대부분 각 지역의 지자체 홈페이지에 자세히 안내되어 있으며, 등록 또한 지자체 홈페이지를 통해 할 수 있다.

2) 덴마크의 초등 방과후레저클럽

덴마크의 각 지자체는 그 지역에 살고 있는 10세 이상의 아이들에게 레저 활동을 제공할 의무가 있다. 방과후레저클럽Fritidshjem은 10살부터 13살까지의 아이들에게 제공되며 방과후학교와는 달리 오후에만 운영된다. 이 기관은 초등 방과후학교와 마찬가지로 지방자치정부가 설립과 운영 등의 문제를 총괄하지만, 학교와 분리되어 설립·운영된다는 차이가 있다. 레저클럽은 외부의 민간인이나 사설기관이 지방정부의 허가를 맡아서 설립할 수 있으며, 보육법daycare act에 따라 지방정부가 관리한다. 각 지역 협의회local council는 레저클럽 설립 허가에 필요한 안내 사항들을 결정한다. 지자체가 레저클럽을 평가할 때는 레저클럽이 지역의 아이들이 원하는 만큼 등록할 수 있는 충분한 자리를 확보하고 있는가를 살핀다. 방과후학교와 방과후레저클럽은 지역의 아이들을 연령대에 따라 협력적으로 수용한다. 비용은 방과후학교와 동일하게 부모의 소득에 따라 차등 적용된다.

방과후레저클럽은 각각 음악, 미술, 영화, IT기술, 운동, 야외활동 등과 같은 다양한 활동을 제공한다. 다양한 활동 중에서도 각 기관은 사회적 활동과 관련된 내용을 우선적으로 가르친다. 아이들은 클럽의 어른들로부터 지도를 받지만, 방과후학교의 어린아이들과 비교할 때 훨씬 더 자유롭다는 차이가 있다.

덴마크의 레저센터는 반드시 민주적인 가치에 기초해야 하며, 그곳에서 아이들은 함께 결정하고 함께 책임지는 경험의 과정에서 자신들의 일상생활에 미치는 영향을 경험할 수 있도록 돕고자 한다. 이곳에는 특별한 도움이 필요한 장애 학생들도 등록할 수 있으며, 교사와 성인들은 보다 세심한 노력과 주의로 학생을 돌볼 의무가 있다.

레저클럽 역시 학생들의 행복한 삶과 건강, 학습과 발달을 뒷받침해주어야 하며 신체적, 심리적 그리고 심미적 측면 모두에서 골고루 성장하도록 도와야 한다. 레저센터는 방과 후 학생들을 돌보는 기능뿐 아니라, 학교수업과 결합하여 보다 질 높은 교육과정과 내용을 구성하는 데 중요한 역할을 하기도 한다.

덴마크평가협회EVA-The Danish Evaluation Institute는 학생들의 행복한 삶과 성장에 긍정적인 영향을 주는 질 좋은 방과후 프로그램의 다섯 가지 특징을 다음과 같이 제시한다.EVA, 2017: 4

1. 방과 후 레저활동에 참여한 모든 어린이들과 학생들이 포용적인 공동체에 참여할 기회를 갖는다.
2. 교과와 관련된 수업활동을 통해 즐거운 교류와 학습을 체험할 수 있는 자유로운 시간이 허락된다.
3. 어린이와 학생들은 자신이 참여한 방과후 프로그램이 제공하는 공동체의 일상 속에서 타인과 교류하는 시간을 갖는다.
4. 방과후 프로그램의 교사staff들은 어린이와 학생들이 생각하는 좋은 삶에 대한 정보를 어린이들의 눈높이에서 수집하고, 그것에 대

해 학생들과 이야기하는 시간을 수시로 가진다.
5. 방과후 프로그램의 교사들은 학생들의 삶의 영역을 가로질러 그들의 부모 및 다른 전문 교사들과 협력한다.

이처럼 방과후레저클럽에서 학생들은 학교와 가정에서 제공하지 못하는 다양한 경험과 활동을 통해 자신의 삶을 풍부하게 하며 민주적 시민성을 습득해 간다. 이러한 활동이 우리의 경우 부모의 경제적 자원을 바탕으로 사교육 영역에서 이루어지는 부가적인 교육으로 인식되고 있는 데 비해, 덴마크에서는 이 역시 어린이들이 당연히 받아야 하는 교육의 중요한 영역으로 받아들여 지자체가 책임을 지고 있다. 이러한 기관들은 지역의 사립기관들과도 연계하여 운영되고 있으며, 기본적인 운영 원칙은 각 지방자치정부의 교육정책을 바탕으로 운영된다.

5. 청소년학교

덴마크의 청소년학교Ungdomsskolen/Youth School는 14세에서 17세 사이의 청소년을 대상으로 지자체에서 제공하는 학교 밖 교육기관이다. 현재 약 40% 정도의 청소년들이 이 학교의 활동에 참여하고 있다. 이 학교에 참여하는 학생들은 지자체가 제시하는 연령보다 많거나 적을 수도 있는데, 지자체에서 그 연령대의 아이들에게도 유용한 교육이 될 수 있다고 판단할 경우는 대상 연령이 아니어도 학교에 다닐 수 있다.

청소년학교, 평민대학Folkehøjskole/ People's Colleges, 에프터스콜레Efterskole/continuation school와 같은 학교들은 모두 오랜 역사를 가진 덴마크의 평생교육 전통을 기초로 만들어진 학교들이다. 청소년학교에서 이루어지는 모든 교육활동 속에서는 덴마크 평생교육 전통의 흔적이 발견된다. 청소년학교는 방과후교육이나 돌봄의 기능을 넘어서 기존 학교교육이 미처 다루지 못하는 부분을 섬세하게 다루고 있다. 따라서 학생들은 학교뿐 아니라 청소년학교에서 진로에 대해 충분히 고민하고 다양한 경험을 통해 자기 자신을 찾아간다. 또한 9학년 기초 의무교육과정을 마치고도 진로를 결정하지 못했거나, 졸업시험을 치를 준비가 되지 못한 경우에는 전일제 학교나 10학년 학교에서 교사들의 보다 섬세한 지도를 받으며 시험을 준비할 수도 있다.

1) 청소년학교 교육의 목표와 가치

청소년학교의 핵심 가치는 청소년이 자신의 학문적, 사회적, 인격적 능력을 발전시키는 과정을 뒷받침하여, 사회적으로 책임감 있는 시민으로 성장하도록 돕는 것이다. 또한 청소년들이 자신에게 알맞은 교육을 받고, 직업을 얻어 좋은 어른으로서의 삶을 살 수 있도록 지원하고자 한다.Ejnar Bo Pedersen 외, 2012: 3

덴마크의 모든 청소년학교는 어느 한 곳도 같은 교육을 하지 않지만, 추구하는 정신과 교육에 대한 관점, 교육에 대한 접근법은 모든 학교에서 동일하다. 이 학교들은 같은 목적과 규정된 법에 의한 동일하고 유연한 요구사항, 그리고 같은 역사를 공유하고 있다. 이러한 청소년학교가 가장 중요하게 추구하는 것은 덴마크의 청소년들, 특히 사회적으로 소외된 청소년들을 돕고 지도하고 그들에게 맞는 교육을 제공하는 것이다. 그 청소년들이 덴마크 사회를 구성하는 건강한 시민으로 성장하는 것이 덴마크를 건강한 사회로 발전시키기 위한 중요한 과업이라고 생각하기 때문이다.

청소년학교의 교육 목적은 별도로 규정되어 있는 청소년학교에 대한 행정명령Executive Order of the Law on Youth Schools/Bekendtgørelse af lov om ungdomsskoler에 다음과 같이 명시되어 있다.

> 청소년학교는 청소년들이 자신의 지식에 깊이를 더하고, 사회에서의 삶에 대한 이해를 도움으로써, 사회에서 살아갈 수 있는 성숙한 인간으로 성장할 기회를 주고자 한다. 더불어 청소년학교는 청소년들의 삶의 내용을 풍부하게 하고 그들의 흥미와 능력을 발전시키며, 나아가 민주사회에 적극적으로 참여할 수 있는 능력을 길러 주고자 한다(청소년학교법 1조).

이러한 목적을 바탕으로 청소년학교는 기존의 학교에서 배울 기회가 적거나 배우지 못하는 내용, 또는 학교에서의 공부를 위해 보충해야 하는 공부에 이르기까지 매우 다양한 경험과 학습의 기회를 제공하고자 한다.

2) 청소년학교의 설립 및 운영

청소년학교는 모든 지자체에 마련되어 있고, 지자체에 의해 설립되고 운영된다. 청소년학교를 운영하는 일은 지방자치정부의 중요한 정책 중 하나다. 청소년학교는 학교 운영에 대해 책임을 지는 일반 관리자를 독립적으로 두고 있다. 학교의 관리와 운영은 지방자치정부가 마련한 제도적 틀, 그리고 학교의 활동에 대한 청소년학교 위원회의 요구사항들을 반영하여 결정된다.

청소년학교 운영위원회에는 7명, 또는 그 이상의 위원이 참여할 수 있으며 위원회의 구성에 관한 결정은 지역위원회local council에 의해 이루어진다. 결정을 내리는 것은 지역위원회지만 이러한 결정을 하는 과정에는 학교와 관련된 조직과 관계자들에 대한 존중이 깊이 배어 있다. 특히 이들은 청소년학교에 특정한 관심을 가지고 함께 일하는 여러 조직들, 청소년학교의 교사, 그리고 당사자인 청소년들의 의견을 경청하고 존중하는 문화가 잘 형성되어 있다.

학교 운영과 관련하여 주목할 만한 청소년학교의 특징은 정식 청소년 위원회가 마련되어 있어 학생들이 학교 운영에 참여한다는 점이다. 청소년 이사회는 9명의 멤버로 구성되어 있으며, 9명 중 3명은 어린이와 청소년협회Children and Youth Committee 회원이며, 각 관련 단체들의 이익을 대변하는 회원들, 고용자들 그리고 학생들이 투표로 선출한다. 이렇게 선출된 위원들은 정기적으로 회의를 소집하고 운영에 관한 내용들을 직접 논의하고 결정한다. 다음은 코펜하겐 청소년학교의 위원회 회의에서 다루어진 의제들이다.

2017년 9월 27일 위원회 회의 의제

■ 청소년학교 위원회

2017년 9월 27일 수요일, 4시-6시

1. 주제: 소외되거나 학교교육 밖에 있는 학생들의 학교 및 클럽활동 참여 문제. UCC의 Tekla Canger가 중등학교에 포함되었던 연구 프로젝트의 결과와 관련하여 발언
2. 2017년 5월 25일 이루어졌던 결정사항 승인
3. 유럽연합의 지원 아래 이루어지는 Second Chance Schools(E2C)를 위한 청소년 교류와 교사 컨퍼런스에 대한 논의
4. 청소년학교의 발전 방안에 대한 저작물 논의
5. 내년 새로운 학교 시작에 대한 오리엔테이션
6. 전일제 학교와 10학년 수업에 대관 연간 보고서에 대한 오리엔테이션

7. 전일제 학교와 10학년 수학수업을 발전시키기 위한 프로젝트에 대한 오리엔테이션
8. 청소년학교의 예산 보고 및 관리 방안을 위한 정보 공유
9. 움직이며 배우기-초등학교와 협력하여 이루어지는 Turbo 코스 소개
10. 코펜하겐 지방정부위원회와의 협력 논의

3) 청소년학교의 교육 내용

청소년학교의 교육은 크게 세 가지 영역으로 구성된다. 여가활용 교육, 전일제 수업, 그리고 10학년 학교. 최근에는 지자체마다 차이가 있지만 열린학교open school라는 새로운 형태의 학교도 청소년학교에 포함되는 추세다.

여가활용 교육은 많은 청소년들로부터 인기를 얻고 있으며, 학생들이 흥미와 관심을 가지고 참여할 수 있는 다양한 활동들을 마련하여 제공하고 있다. 여가활용 교육 프로그램은 미리 결정된 내용을 제공하기만 하는 것이 아니라 학생과 교사의 제안에 의해 새롭게 개설될 수도 있다. 이 과정에는 매년 학교가 개설된 지역의 전역에서 다양한 연령대의 학생들이 참여하게 된다. 교사들은 다양한 배경을 가진 다양한 연령대의 학생들이 함께 활동하고 토론하고 공감할 수 있는 교육의 장으로 이 과정을 하나의 교육이 될 수 있도록 설계한다.

청소년학교에서는 일반 교육과 관련된 일종의 보충수업을 제공하기도 한다. 예를 들면, 다양한 언어수업이 수준별로 개설되기도 하고, 덴마크어와 수학에 대한 보충수업을 제공하기도 한다. 과학이나 인문철학 영역의 수업도 학생이 원하면 개설해 주며, 오토바이 면허와 응급처치와 같은 면허와 자격증을 취득할 수 있는 기회도 제공한다. 또한 청소년들은 요리, 바느질, 영화, 메이크업과 같은 창의적인 과목들을 배우거나 다양

한 운동이나 야외활동을 즐길 수도 있다. 나아가 청소년학교는 세계의 문화를 배우고 세상을 더 잘 이해할 수 있도록 돕기 위한 교환학생 프로그램을 마련하기도 한다.

청소년학교의 교육 내용은 다음과 같이 정리할 수 있다.

- 여가시간 활용 학습(Leisure-time learning)

청소년학교의 중요한 특징 중 하나는 여가시간을 활용하여 배운다는 것이다. 각 지자체는 14세에서 18세의 학생들에게 중등학교에서 이루어지는 공통교과와 창의적 과목들과 관련된 보충 학습을 제공하여 학생들이 더 성장할 수 있는 기회를 제공할 의무가 있다. 이러한 과정들은 짧은 단위의 모듈이나 6개월 이상 운영되기도 한다.

일종의 초등 방과후와 가장 유사한 형태로 학생들이 학교에 가지 않는 시간을 활용하여 참여한다. 다양한 분야에 걸친 과목들이 있는데 세부적인 내용은 각 학교가 위치한 지방자치단체의 상황 및 학생들의 필요와 요구에 따라 달라진다. 다음은 코펜하겐 지방자치정부에서 운영하는 청소년학교의 여가시간 활용 학습 프로그램이다.

덴마크의 여러 단체와 협회 및 여가시간 클럽은 청소년들이 어떻게 자유 시간을 보내는가의 문제를 매우 중요하게 생각한다. 따라서 청소년들에게 여가 활동에 대한 최상의 제안을 하기 위해 청소년학교는 다양한 기관들과 긴밀하게 협력한다. 그러한 학교의 좋은 예로 오덴세Odense시에서는 지역 청소년학교에서 청소년들이 적극적으로 여가시간을 보낼 수 있도록 학생들을 적절히 분배하여 보내 주는 역할을 한다. 또한 학교에서는 청소년학교 외부에서 주어지는 다른 기회들에 학생이 참여할 수 있도록 안내한다. 청소년학교에서는 학교의 중요 목적에도 명시했듯이 여가 활동에 많은 시간을 할애하지 못하는 소외된 청소년들에게 더 많은 관심을 기울인다.

[표 3] 2018년 코펜하겐 청소년학교의 여가활동 프로그램

과목 영역	세부 내용
야외활동 및 모험	나무 오르기, 스키, 낚시, 등산
여행	런던 여행 등
기술 및 기업활동 체험	최신 IT 기술, 게임 개발, 미디어 작업
학교수업 보충	영어 연습, 학교 과제 도움
언어	다양한 수준별 외국어 학습
과학 및 수학	과학 및 수학 과목에 대한 소개와 보충
운동 및 거리운동	축구, 요가, 살고 있는 지역 새롭게 발견하기
창조적 팀 활동과 미디어	사진, 유튜브 편집, 만화 그리기
음악과 춤, 연극	하나의 완성된 공연 준비하기, 임프로(즉흥쇼), 드럼, 기타, 무용
토론과 사회	사회의 각종 현안에 대한 토론
이벤트와 워크숍	아이 돌보기, 도시의 행동주의자 체험
오토바이	오토바이 면허증 취득 준비
그 밖에…	참여하는 학생들의 필요에 따라 학생과 함께 수업 개설

출처: 저자 정리.

• 종합시험 준비를 위한 수업(Test preparation classes)

덴마크에서는 의무교육의 마지막 학년인 9학년을 마치고 10학년이 되는 시기인 9학년 말에 종합시험을 본다. 교육부는 9년간의 과정을 통해 모든 학생이 준비가 된다면 좋겠지만 그렇지 못한 학생들도 많다는 것을 인정하고, 이들을 위한 다양한 방안을 마련해 두었다. 청소년학교의 시험 준비과정도 그 일환으로 이해할 수 있다. 따라서 종합시험을 위한 준비가 덜 된 학생들은 10학년 시기에 청소년학교에서 종합시험 준비 수업을 들을 수 있다.

- **특수교육 프로그램(Special education programs)**

  사회적으로 소외된 학생이나 장애 학생들을 위해 마련된 교육이다.

- **이주 학생들을 위한 프로그램**

  여러 가지 이유로 덴마크에 이주해 온 학생들이 학습적으로나 사회적으로 덴마크 사회에 통합될 수 있도록 지원하는 프로그램이다. 덴마크어와 문화를 체험하고 이해할 수 있도록 도와주는 수업들이 제공된다.

- **기초 직업 수업**

  대학 진학을 하지 않고 기술을 익혀 바로 직업을 갖고자 하는 학생들을 위한 프로그램이다. 이러한 학생들이 직업 준비를 위해 다닐 수 있는 프로그램들이 마련되어 있다.

4) 교사

청소년학교의 교사들은 다양한 배경과 능력(기술)을 가지고 있는 사람들로 교사자격증은 필수조건이 아니다. 다만 자신들의 전문 분야에 대해 열정을 가지고 헌신적으로 참여하고자 하는 참여자의 의지가 중요하다. 이러한 지원자들은 학교 교사, 자원봉사자, 전문 사업가, 무역가, 운동선수, 예술가 등 다양하다. 이곳에서 학생들은 기존의 학교에서와는 다르게 가르치는 교사들을 만나 새로운 형태의 배움을 경험할 수 있다. 이러한 경험은 다양한 방법으로 배우는 다양한 학생들이 있다는 사실을 인정하고 또 다른 형태의 배움의 기회를 열어 준다는 측면에서 의미를 가진다. 따라서 청소년학교에서 교사와 헌신적인 참여자들이 학생들이 지금까지 지역의 학교에서 경험한 것과는 다른 방식으로 배움에 접근하도록 돕고 가르치는 일은 매우 중요하다. 청소년학교에 교사로 참여하는 사람들은 학생들의 눈높이에 맞추어 학생들과 만날 수 있어야 하며, 그들이 맡은 각 과정에서 학생들이 전문적, 학습적, 그리고 사회적으로 발전하도록 돕기 위해 노력해야 한다.

5) 청소년학교에서의 배움

청소년들이 성별, 나이, 사회적 배경 및 민족성을 넘어서 함께 시간을 보낼 기회를 얻으면 학생들은 단순히 긴장을 풀고 서로 우정을 나누는 것 이상의 것을 얻는다. 학생들은 사회성과 함께 다른 사람들과 잘 어울리는 능력을 얻게 된다. 이러한 이유로 청소년학교는 필요할 경우 어른들의 지원을 받을 수 있는 안전하고 부담 없는 장소를 청소년들에게 제공한다. 이 장소는 각 지역(지자체)마다 다를 수 있지만 청소년들이 비디오 게임을 하거나 크고 아늑한 안락의자에서 쉴 수 있는 청소년 클럽이나 카페에 자주 마련된다. 이곳은 주말이나 방학 동안 청소년들이 만나서 자유롭게 소통할 수 있는 공간이기도 하다. 이 공간에도 역시 지방자치정부가 고용한 교사가 상주한다.

이렇게 마련된 장소에서 자연스럽게 이루어지는 모임을 청소년 클럽이라고 부른다. 청소년들은 이곳에서 수동적 구성원으로 머물러 있지 않는다. 그들은 모든 활동을 계획할 때 자신의 의견을 말하는 적극적인 참여자가 된다. 즉, 함께 상호작용하고 시간을 보내는 과정에서 할 일을 만들고, 여행을 계획하고, 공동의 일을 기획하는 배움의 과정에서 일부 청소년학교는 청소년학교 운영을 돕기 위한 청소년위원회를 조직하기도 한다. 이러한 과정에서 청소년들은 덴마크라는 사회의 일원으로서 다른 사람들과 유대관계를 맺고 교류하며 살아갈 시민으로서의 기초적 자질을 자연스럽게 습득하게 된다. 또한 자신이 살고 있는 지역 또는 마을이 제공하는 교육과 공간에서 다양한 활동과 교류의 시간을 가지며 지역 공동체의 일원으로 성장할 수 있다.

6. 나오며

덴마크는 근대국가로 전환되는 과정에서 교육과 관련된 국민적 합의를 이끌어 헌법에 명시하고 있다. 그 대표적인 내용은 일정 수준의 교육을 받을 의무는 수행하되 교육기관이나 교육 방법의 선택에 대한 개인의 자유를 인정해야 한다는 것과 교육은 모든 사람의 삶을 일깨우는 것을 목표로 이루어져야 한다는 것이다. 이러한 조항을 바탕으로 덴마크는 개개인의 차이를 인정하여 공교육과 다른 형태의 교육을 받는 소수의 사람들도 평등하게 대우해 주어야 한다는 것을 명시하고 있다. 덴마크의 이러한 교육적 전통은 이후 170여 년간 교육정책이 발전하고 실행되어 오는 과정에 꾸준히 영향을 주고 있다.

특히 국가적 차원에서 교육 선택의 자유를 허용하는 덴마크의 특징은 오늘날 덴마크 사회에 공립학교 이외에 다양한 교육기관이 공존하도록 하는 바탕이 되었다. 초등 방과후학교와 청소년학교, 초등 방과후클럽 등의 교육기관도 바로 이러한 전통의 일환이다. 평민대학은 이러한 자유교육의 전신으로 이들 학교 속에서 그 정신이 그대로 재현되는 것을 발견할 수 있다.

지금까지 살펴본 덴마크 교육과 방과후교육 프로그램의 특징을 구조적이고 정책적인 측면에서 바라보면 다음의 몇 가지로 정리할 수 있다.

첫째, 덴마크의 교육은 철저히 분권화되어 대부분의 정책적 권한을 지방자치정부가 가지고 있다. 따라서 국가 차원의 교육 목표나 정책 등이 큰 맥락에서 제시되면, 이후 세부 정책 시행이나 교육과정 운영 등은 각 지역적 상황에 알맞은 방식으로 이루어진다. 학교의 설립과 승인, 운영 등에 관여하는 것도 지자체다. 초등 방과후학교나 초등 방과후클럽, 청소년학교 등은 지방자치정부에서 담당 부서를 따로 두고 운영 및 관리하고 있다. 이것은 각 지역의 사정을 잘 알고 있는 지역의 전문가들이 그들 실정에 맞고 필요한 교육을 가장 잘 실현할 수 있다는 신뢰를 바탕으로 한다. 또한 각 지자체의 가장 중요한 정책과 사업 중 하나가 교육과 관련된 것으로 대부분의 지자체들은 예산의 가장 많은 비율을 교육에 지출하고 있다.

둘째, 각 기관은 최대한의 자유가 주어지지만 그에 따라 철저하게 책임질 수 있도록 하는 다양한 협의체와 위원회 제도가 마련되어 있다. 이러한 위원회에는 지역 인사와 학부모, 교사, 학생도 참여할 수 있으며, 제도에 얽매이는 방식이 아니라 교육의 내적 가치를 살리는 방향으로 운영하고자 노력한다.

셋째, 덴마크의 교육기관들은 유연하고 열려 있는 소통 구조를 가지고 있다. 이러한 구조를 통해 지역의 학교들과 다양한 방과후클럽, 청소년학교는 필요한 경우 다양한 방식으로 협력하여 교육 프로그램을 개설하고 운영한다. 최근에는 일반 학교에서도 필요한 경우 예술이나 체육활동, 다양한 체험활동 등을 이들 학교와 협력하여 진행하기도 한다. 이 학교들은 서로 다양한 방식으로 소통하고 있으며, 한 학생을 중심으로, 그 아이가 다니고 있는 다양한 교육기관의 교사들이 소통하고 협력하기도 한다.

넷째, 방과후교육 프로그램의 교사들은 기존 학교의 교사와는 별개로 고용된다. 따라서 학교 안에서 이루어지는 저학년 대상의 방과후학교 프로그램 업무도 일반 교사와는 무관하다. 또한 저학년을 대상으로 하는 방과후학교 교사는 어린이 교육을 전문적으로 공부한 전문가들로 구성되어 있다. 반면, 초등 고학년생이나 청소년을 대상으로 하는 프로그램의 교사들은 일반적인 교사자격증을 필요로 하지 않고, 사회의 각 분야에서 다양한 일을 하고 있는 사람들이 그곳에서 일하고자 하는 의지를 가지고 지원하는 사람들로 구성되어 있다. 물론 교사 채용은 각 기관의 위원회에서 철저한 심사와 논의를 거친 후에 결정된다.

다섯째, 덴마크의 방과후 프로그램들은 무상으로만 운영되지 않는다. 덴마크는 택시미터taximeter 제도라는 독특한 교육비제도를 실시하고 있는데, 이것은 부모의 소득 수준에 따라 학생의 교육비를 차등 적용하는 방식이다. 따라서 일정 소득 수준 이하 가정의 아이는 무상으로 교육받을 수 있는 반면, 고소득 가정의 아이는 높은 수업료를 부담하기도 한다.

마지막으로 덴마크의 교육기관들은 경직된 기계적 조직이 아닌 유연하고 열려 있는 논의구조를 갖춘 하나의 공동체로서 작동한다. 교육에 관련된 업무를 수행하는 각각의 사람들은 수직적 관계가 아니라 수평적인 관계에서 함께 협력하여 학교와 교육 프로그램을 관리하고 운영하고자 한다. 또한 감시하고 징계하는 방식이 아니라 스스로 활동하고 그에 대해 책임을 지는 방식으로 진행되고 있다.

지금까지 살펴본 덴마크 교육의 전반적 내용과 방과후교육 프로그램이 우리 마을교육공동체운동에 줄 수 있는 시사점은 어떤 것이 있을까?

덴마크 사례는 지방의 교육청과 행정청이 분리되어 운영되는 우리나라의 실정과 근본적인 차이가 있다. 우리나라의 경우, 마을교육공동체운동을 실천하는 과정에서 발생하는 문제가 대부분 두 기관이 함께 교육 프로그램을 추진하는 과정에서 발생하는 경우가 많다. 따라서 이러한 문제를 어떻게 해결할 것인가는 해외의 다른 유사한 사례들을 통해 더 깊이 논의할 수 있을 것이다. 이러한 차이에도 불구하고 덴마크의 마을교육공동체가 우리에게 주는 시사점은 다음과 같이 정리해 보고자 한다.

첫째, 덴마크 사례는 제도적 장치나 정책과 함께 그 사회의 바탕을 이루는 사람들의 생각과 철학에 대한 이해가 필요하다는 점을 시사한다. 한 가지 제도나 정책의 이면에 놓여 있는 관점과 철학에 대한 이해가 없이는 그 제도를 온전히 활용할 수 없기 때문이다. 그러므로 덴마크의 사례를 우리의 현장으로 가져오기 위해서는 표면적인 겉모습과 제도를 살피기 이전에 그들의 역사 속에 뿌리내린 교육에 대한 생각을 살펴야 한다. 나아가 현대 우리 사회가 놓여 있는 교육적 맥락과 풍토 등을 고려해서 우리에게 알맞은 것으로 변화시키려는 노력이 필요하다.

둘째, 개인적으로 좋은 삶과 사회적으로 좋은 삶을 조화시킬 수 있는 건강한 시민 한 사람 한 사람이 무엇보다 중요하다는 인식의 공유가 전제되어야 한다. 이미 우리도 잘 알고 있듯이 마을교육공동체는 기존에 마련된 제도와 방법을 하향식으로 내려보내는 것이 아니라 철저히 시민들의 삶에 뿌리박고 있는 풀뿌리 교육으로 실현되어야 한다. 따라서 마을교육공동체운동이 학교와 교육청의 단순한 업무가 아니라 학부모와 아이들의 행복한 삶을 위해 꼭 필요한 교육이라는 점을 사회 구성원 모두가 인지할 수 있도록 돕기 위한 기초 작업이 필요하다.

마지막으로 새로운 교육의 모습과 가능성에 대한 보다 확산적인 사고와 상상력을 바탕으로 더 다양한 교육적 시도와 프로그램을 마련하려는 노력이 필요하다. 마을교육공동체에 대해 하나의 그림이 그려지고, 그것이 기본적인 틀로서의 역할을 하게 되면, 자칫 각 지역의 요구와 필요에 부합하는 교육의 모습을 잃기 쉽다. 따라서 커다란 목표와 교육적 의의를 공유하는 가운데, 그것을 실현하기 위한 다양한 방법을 각 학교별로, 기관별로 모색할 필요가 있을 것이다. 덴마크의 청소년학교가 동일한 DNA를 가지고는 있지만 모두가 다른 학교라고 이야기하는 것처럼.

| 주석 |

1. 우리나라의 초등학교와 중학교에 해당한다.
2. 우리나라의 고등학교 과정에 해당한다.
3. 덴마크의 초중등학교(folkeskole) 교육은 의무교육으로 7세(1학년)에서 15세(9학년)에 해당하는 학생들을 대상으로 이루어진다. 10학년은 학생들이 자신의 필요와 희망에 따라 다양하게 선택할 수 있으며, 학생들의 선택을 돕기 위한 다양한 안내센터가 마련되어 있다.
4. Ministry of Children, Gender Equality, Integration and Social Affairs–유아, 아동교육 담당
   Ministry of Education–초중등교육 담당
   Ministry of Higher Education and Science–고등교육 담당
   Ministry of Culture-예술교육 담당

| 참고 문헌 |

박제명(2014). 「마을과 학교가 함께 만들어 가는 교육공동체에 관한 사례 연구: 하늬교육마을을 중심으로」. 한국교원대학교대학원 석사학위논문.

서용선·김용련·임경수·홍섭근·최갑규·최탁(2015). 「마을교육공동체 개념 정립과 정책 방향 수립 연구」. 수원: 경기도교육연구원.

윤성희(2018). 「마을교육공동체 운영 활성화 방안 연구」. 한국교원대학교교육정책전문대학원 석사학위논문.

이경석·이창열·양성윤(2016). 「마을교육공동체, 삶 속에서 교육이 일어나는 이야기-백석고등학교 이경석 교사」. 『우리교육』, 120-129.

정해진(2004). 「대안교육의 사상적 기반으로서의 그룬트비 교육사상과 실천」. 고려대학교 석사학위논문.

정해진(2015). 「그룬트비의 평민교육사상」. 고려대학교 박사학위논문.

Day, C., & Leithwood, K. (Eds.).(2007). *Successful principal leadership in times of change*. Dordrecht, Netherlands: Springer.

Ejnar P., Mouridsen, B., Larsen, S.(2012). Info-Youth Schools in Denmark, Odense: Danish Youth School Association.

European Commission.(2007). *Conclusions of the council and the representatives of the governments of the member states, meeting within the council, on improving the quality of teacher education*. Official Journal document no. C 300. Brussels, Belgium: Author.

EVA(2017). *Kendetegn ved kvalitet i fritids-og klubtilbud-en vidensopsamling*. (Characteristics of quality in leisure and club offers-a knowledge gathering).

Inge L. Kjær & Merete M. Thorsen.(2004). *Guidance in Education-a new guidance system in Denmark*, Danish Ministry of Education.

Korsgaard, O., & Wiborg, S.(2006). *Grundtvig—the Key to Danish Education?*. Scandinavian Journal of Educational Research, 50(3), 361-382.

Ministry of Education, www.eng.uvm.dk.

Ministry of Higher Education and Science, http://fivu.dk/en.

Moos, L.(2014). *Educational governance in Denmark. Leadership and Policy in Schools*, 13(4), 424-443.

Moos, L., Kofod, K. K., & Brinkkjær, U.(2014). *School boards in Denmark*. In

School Boards in the Governance Process (pp. 13-29). Springer, Cham.
OECD(2014). *Reviews of National Policies for Education: Denmark 2004:* Lessons from PISA 2000, OECD Publishing, Paris, http://www.oecd.org/education/EDUCATION%20POLICY%20OUTLOOK%20DENMARK_EN.pdf.
chulz, W., Ainley, J., Fraillon, J., Losito, B., Agrusti, G., & Friedman, T.(2017). *Becoming Citizens in a Changing World: IEA International Civic and Citizenship Education Study 2016 International Report*. Amsterdam: IEA.
The Ministry of Social Affairs in consultation with the Ministry of Education. (2000). *Early Childhood Education and Care Policy in Denmark-Background Report*, Copenhagen.
Undervisningsministeriet (Danish Ministry of Education)(2008). *Self-governance*, Frederiksholms Kanal 21, 1220 Copenhagen K. Website.
덴마크 청소년학교법, *Bekendtgørelse af lov om ungdomsskoler*/https://www.retsinformation.dk/Forms/R0710.aspx?id=190083에서 인출.
덴마크 초등교육법, *Bekendtgørelse af lov om folkeskolen*/https://www.retsinformation.dk/pdfPrint.aspx?id=196651에서 인출.

제8장

영국의 마을교육공동체: 생태적 전환Transition과 사회적기업가 정신Social Entrepreneurship 사이에서 길 찾기

하태욱(건신대학원대학교 대안교육학과 교수)

1. 한국 교육과 사회적 대안 모색을 위한 생태적 전환과 교육공동체

영국의 마을교육공동체를 이야기하기 전에 우선 한국 사회와 교육, 그리고 그 대안적인 실험들에 대해 먼저 논의하고자 한다. 해외의 사례를 들여다보는 것은 매우 중요한 일이지만 그것이 단순히 해외의 정책 수입Policy Borrowing이 된다면 우리 사회에서 맥락화되지 못한 채 부유하기 쉽다. 따라서 이 글의 목적은 영국의 마을교육공동체를 총망라하여 정리하는 것이라기보다는 그동안 우리 사회가 모색한 사회적·교육적 대안들을 중심으로 그 맥락을 살피고 여기서 한 걸음 더 나아가기 위한 참고 자료로서 영국의 사례를 보려는 것이다. 영국 사례를 들여다볼 핵심적인 열쇳말로는 '전환Transition'과 '사회적기업가 정신Social Entrepreneurship'을 잡았다.

우선 한국 사회가 '전환'을 이야기하기 전부터 유사한 담론이었던 '대안'에 대해서부터 살피는 것으로 출발하자. 도대체 대안은 무엇인가? 실상 대안은 비어 있는 말이다. 『표준국어대사전』에 따르면 대안은 '어떤 안을 대신하는 안'이다.[1] 하지만 이 정의는 아무것도 설명해 내지 못한다. 그 '어떤 안'은 무엇이고, '대신'은 어떻게 대신하겠다는 문제제기이며, 그 '대신하는 안'은 어떤 안인지, 그리고 다른 무엇보다 중요하게는 우리가 왜 무엇인가를 대신하는 안을 내어놓아야 하는지에 대해서 아무것도 담고 있지 않기 때문이다. 그러니 대안은 껍데기만 있을 뿐 알맹이가 없는 말이다. 뒤집어 이야기하자면 알맹이를 채워야만 하는 말이다. 한국에서 본격적인 대안교육운동이 발생한 지난 20년 동안 대안교육은 교육의 새로운 길을 만들고 그것을 지속가능하도록 유지하는 데 치열하게 노력해 왔다. 그런데 동시에 그 알맹이를 엉뚱한 것들로 채워 나가는 경우를 잘 챙겨 보지 못했다. 소위 럭셔리 대안교육, 귀족형 대안교육, 글로벌 대안교육으로 수사되는 '변종 대안교육'들이 그것이다. 그러므로 대안교육은 무엇이 '알곡'이고 무엇이 '쭉정이'인지를 갈라 내지 않으면 안 되는 상황에 처해 있다. '대안'이라는 이름으로 세속적인 욕망을 포장하는 행태에 맞서 대안의 제 이름값이 무엇인지를 알려 내야 한다는 위기감 속에 있기 때문이다. 지난 2010년 대안교육연대를 중심으로 '대안교육 정명正名운동: 대안교육의 제 이름값 찾기'에 황급히 나섰던 것은 이런 배경 속에 있었다. 따라서 우리는 대안을 이야기하기 위해서는 '무엇을 바꾸자는 것인지, 어디로부터 출발하자는 것이고 어디로 가자는 것인지, 어떻게 그 움직임을 만들어 나갈 수 있는 것인지, 그리고 그것은 다른 움직임과 어떻게 다른 것인지', 그 가치적 판단Value judgement을 내리지 않으면 안 된다.[2]

한국 대안교육운동의 시작은 분명 대학입시를 정점으로 하는 획일적 학교교육과정에 대한 문제제기로부터 출발했다. 여기에 일본 제국주의 잔재와 군사독재를 겪으면서 더해진 수직적이고 강압적인 교육문화 역시 1990년대 사회적 민주화의 물결 속에서는 더 이상 그대로 받아들여지기 어려운 것이었다. 다시 말하자면 한국의 대안교육은 근대 학교교육문제에 대한 안티테제로서 시작되었다. 따라서 대안교육이 단순히 기존 학교교육의 부정으로만 남지 않고 '새로운 안'이 되기 위해서는 앞서 지적한 대로 어디로 어떻게 가자는 것인지를 분명하게 짚어 내지 않으면 안 된다.

1997년 경남 산청에서 최초의 전일제 대안학교로 설립된 간디학교는 그 시작을 1994년 간디농장으로부터 시작했다. 간디농장을 세운 양희규는 미국에서 철학을 전공하면서 감명받았던 마하트마 간디의 삶에 영향을 받아 간디의 단순한 삶, 노동하는 삶, 공동체 정신과 겸손함을 본받고자 하였다. 간디는 톨스토이 농장을 세워 자급자족을 통해 위대한 불복종의 정신을 펼쳐 내었다. 스와라지(정치적 독립)와 스와데시(경제적 독립)가 이루어지지 않는다면 영국인들로부터 외견상 독립이 이루어지더라도 영국식 삶을 살기 위해 스스로 속박될 수밖에 없다고 보았기 때문이다. 양희규 역시 간디농장이 시대의 대안이 되기를 희망하면서 간디농장과 간디학교를 통해 새로운 문명운동의 시발점을 촉발시키고자 했다.[3] 양희규의 동생으로 간디학교를 함께 세웠고 이후 비인가 대안학교인 제천간디학교를 분리 독립시켜 이끈 양희창 역시 대안교육운동은 대안 사회 운동일 수밖에 없음을 분명하게 지적한다. 대안교육이란 '교과서'를 통해 삶으로부터 분리되었던 학교교육과 지식을 다시 삶으로 회복시키는 '앎과 삶의 일치'이기 때문에 우리 현대사회가 가지고 있는 문명적 위기들을 언급하지 않을 수 없다는 것이다. 그리고 그것을 삶 속에서 극복해 내기 위해서는 궁극적으로 대안교육이 대안 사회를 지향해야만 하며, 현재의 삶을 변화시켜야만 한다는 주장이다.[4] 많은 대안학교들이 생태주의적 세계관에 기반을 두고 생명, 평화, 민주, 공동체 등의 주제를 핵심적으로 다루고 있는 것도 같은 맥락이라 하겠다.

따라서 대안교육은 이제 단순히 대안학교를 설립하여 청소년들에게 교육적 선택지를 넓혀 주는 역할을 넘어 보다 적극적으로 대안 사회에 대해 이야기하고 있다. 대안교육운동 20여 년을 지내면서 대안교육을 통해 자라난 청년들이 신자유주의 사회로 나아가 홀로 어려움을 겪는 경우들을 많이 보면서 이 시대에 대안성을 실천하기 위해서는 함께할 수 있는 동지와 그 대안이 싹을 틔울 수 있는 플랫폼, 그리고 그 대안을 생활 속에 실천할 수 있는 공동체가 필요하다는 것을 뼈저리게 느꼈기 때문이다.

그런데 사실 앞서 간디농장의 예에서 보듯 대안교육의 태생 자체가 대안공동체로부터 출발한 경우가 많았다. 초등 대안학교들 중에서는 아이를 기관에 내맡기지 않고 부모 공동체 안에서 함께 키우겠다는 뜻으로 시작된 공동육아어린이집에서 발전한 경우들이 상당히 많다. 도시 마을공동체의 사례로 많이 알려져 있는 성미산마을 역시 공동육아에서 출발해서 성미산학교를 중심으로 다양한 마을활동들이 꾸려지고 실험되었다. 경기도 광명의 볍씨학교나 안양의 벼리학교의 경우 지역 YMCA가 생협운동을 토대로 한 지역공동체운동을 기반으로 자녀교육을 위한 틀을 열어 낸 사례들이다. 전원형 기숙대안학교를 중심으로 교사와 부모들이 귀촌귀농을 하면서 자신들끼리, 혹은 지역의 선주민들과 함께 다양한 마을활동을 꾸려 내는 사례들 역시 금산 별무리학교, 제천간디학교, 산청 간디마을학교, 남해 상주중학교 등 여러 지역에서 서로 다르나 같은 방향으로 실험되고 있다. 매우 독특한 성취는 의정부의 몽실(꿈이룸)학교다. 의정부의 비인가 대안학교인 꿈틀자유학교를 보내는 학부모들, 특히 그중에서도 공교육 교사 출신의 학부모들이 중심이 되어 지역의 학교인 의정부여중을 혁신학교로 변화시키는 경험을 성공시켰다. 하지만 동시에 여전히 학교만의 힘으로는 한계가 있다는 사실을 깨달을 수밖에 없었다. 그 경험을 기반으로 학교 밖에서 대안학교 청소년, 학교 밖 청소년, 그리고 공교육의 청소년들과 함께 지역을 기반으로 하는 청소년 자치의 배움공동체를 만들어 낸 것이 바로 몽실학교다. 지난 100여 년 동안 영국의 서머힐학교Summerhill School가 주창해 온 학생 중심의 민주적 공동체로서 민주학교Democratic School: Children's Democracy in Action가 학교의 울타리를 넘어 지역사회를 기반으로 실천된다는 측면에서 매우 주목된다.

대안교육의 지역공동체적 실험과 실천들 중에서도 특별히 여기서 언급하고자 하는 흐름은 바로 '전환교육'이다. 서울의 하자작업장학교, 금산간디학교, 강화의 산마을학교 등은 본격적으로 '전환학교'를 선언하면서 교육의 새로운 지평을 열어 가고 있다. 그렇다면 전환교육이란 무엇이며 기존의 대안교육과 어떻게 다른가? 원래 전환교육Transition Education은 특수교육학에서 '장애 학생들이 학교생활을 마치고 성인 사회의 생활로 옮겨 가는 과정을 순조롭게 하기 위해 마련하는 교육 모형'을 일컫는다.[5] 즉 사회에 적응하는 데 특별한 관심과 도움이 필요한 청소년들을 대상으로 단계적으로 나아갈 수 있는 체계적인 교육적 도움을 제공하는 것이다.

두 번째로 전환교육은 비장애 청소년들이 앞서의 장애 청소년들과 마찬가지로 사회로 나가기 위한 준비단계로서 학업에 대한 부담을 갖지 않은 채 자신의 진로를 자유롭게 탐색하고 상상하는 교육을 뜻한다. 따라서 전환교육이라기보다는 전환기교육으로 이야기하는 것이 그 의미를 더 명확하게 드러낼 수 있을 것으로 보인다. 또한 진로를 처음 선택하는 청소년기뿐만 아니라 평생교육 시대 생애 전반에 걸쳐 인생 궤도의 '전환'을 계획할 때 선택할 수 있는 과정으로 확대될 필요성도 있다. 우리나라에 이런 관심이 본격화된 것은 2016년부터 도입된 자유학기제가 아일랜드의 전환학년제Transition Year를 본뜬 것으로 알려지면서부터다. 아일랜드의 중등교육은 중학교 과정 3년과 고등학교 과정 2년으로 이루어지는데, 각각의 마지막 해에 중학교육이수 자격고사Junior Certificate Exam와 중등졸업 자격고사Leaving Certificate Exam를 보기 때문에 시험에 대한 부담이 크게 존재하고 있었다. 아일랜드 정부는 이런 청소년들에게 시험으로부터 벗어나 쉬어 가는 한 해를 정규교육과정 중에 마련하고자 하는 취지로 1974년 전환학년제를 도입하였다. 제퍼스Jeffers2007의 보고서에 따르면 전환학년제를 경험한 학생들의 성숙도가 뚜렷이 높아지고 사회적 역량, 자신감, 또래집단이나 교사들과의 관계 향상 등이 긍정적으로 나타났다고 한다.[6]

아일랜드의 전환학년제와 같은 맥락에서 함께 관심을 받은 제도는 덴마크의 에프터스콜레efterskole다. 14~18세의 청소년들을 대상으로 후기 중등학교에 진학하기 전 1~2년을 선택하여 다니는 학교로서 에프터스콜레는 음악, 체육, 수공예, 생태 등 특별한 영역에 초점을 맞춘 곳에서부터 자유로운 탐색을 가능하게 하는 곳까지 다양하게 존재한다. 여기서는 공립학교에서 제공되는 일반 교육General Education을 일정 정도 제공하기는 하지만 전반적으로는 공립학교 교육과정과 전혀 다른 교육과정을 자유롭게 운영한다. 그 내용과 방식은 학교의 철학과 운영 방침에 따라 매우 다르다. 다만 공동체성을 통한 인격 형성, 관심과 흥미에 대한 탐구, 민주적인 공동체를 지향한다는 점은 공통적이라 할 수 있다.

우리나라에서도 이와 같은 청소년 전환기교육에 대한 실험들이 다양하게 시도되고 있다. 가장 대표적인 것은 〈오마이뉴스〉의 오현호 대표가 설립한 강화도의 꿈틀리 인생학교. 한국형 에프터스콜레를 표방한 이 학교는 고등학교 1학년 나이의 학생들이 1년 동안 충분히 자기탐색을 할 수 있는 플랫폼으로 주목받는다. 공교육과의 협업도 눈에 띈다. 서울시교육청과 비인가 대안학교들의 협업 프로젝트인 오디세이 학교는 고등학교 1학년 학생들이 일 년 동안 대안학교에 가서 공교육과는 전혀 다른 방식의 교육을 받으면서 자신의 길 찾기를 해 보는 과정으로 설계되었다. 오디세이 학교의 일 년 과정을 마친 학생들은 오디세이 교육과정을 인정받아 고2로 진학하거나, 공교육과정의 공백을 없애기 위해 고1로 돌아갈 수도 있다. 또한 자신의 길을 찾아 대안학교로 옮겨 가거나 홈스쿨링, 도제제 등 다양한 방식으로 길 찾기의 결과를 보여 준다. 대안교육을 '다른 선택Different Track'으로 인식하지 않고 공교육의 틀 안에서 '또 하나의 선택Another Track'으로 인식한다는 측면에서도 중요한 의미를 가진다고 하겠다.

마지막으로 전환교육을 이야기하는 맥락이 바로 여기서 핵심적으로 다루고자 하는 '생태적 전환'이자 사회적 전환으로서의 전환교육이다. 이는 전 세계적인 생태마을Eco-Village운동, 전환마을Transition Town운동, 퍼머컬처Permaculture 운동의 흐름과 함께한다. 영국 사례를 중심으로 보다 깊이 살펴보도록 하자.

2. 생태적 전환의 교육과 마을공동체

앞서 살펴본 바 있지만 대안교육의 출발은 단순히 근대 학교에 대한 부작용 문제가 아니라 보다 근본적인 차원에서의 생태적 문제제기에 있었다. 한국의 대안교육 태동기에 많은 사람들이 참고로 살폈던 영국의 사례 중 하나가 하틀랜드의 작은 학교The Small School in Hartland다. 이 학교를 설립한 사티쉬 쿠마르Satish Kumar는 인도 출신의 생태평화운동가로 마하트마 간디의 비폭력저항과 자립정신으로부터 깊은 영향을 받았다. 또한 간디의 제자로 무소유를 기반으로 한 토지헌납운동과 도보순례운동을 펼친 비노바 바베로부터도 큰 감명을 받았다. 영국의 사회

혁신가인 버트런드 러셀이 핵무기에 대한 시민불복종 운동으로 감옥에 들어갔다는 소식을 들은 사티쉬 쿠마르는 아프가니스탄, 이란, 미국, 조지아, 모스크바, 파리, 런던을 무일푼으로 걸어 순례하면서 핵무기와 전쟁을 극복하고 평화를 기원하자는 메시지를 전달하는 평화행진을 실행하였다.[7] 이후 1973년 영국 서부의 작은 마을인 하틀랜드에 정착해서 소박한 삶을 실천하며 살고 있던 중 그는 자녀가 다니는 학교가 학생 부족으로 폐교되고 한 시간 거리의 큰 도시로 통학해야 한다는 통보를 받았다. 통학의 거리도 만만치 않은 문제였지만 대규모 학교가 관계 중심의 교육을 불가능하게 만들고 인간과 배움을 대상화한다는 데 더 큰 문제가 있다고 보았다. 또한 교육으로부터 삶의 모든 양태들이 대도시로 빨려 들어감으로써 지역이 자생력을 잃어 가는 데 문제가 있음을 지적했다. 이런 문제의식 속에서 사티쉬 쿠마르는 1982년 지역민들과 함께 작은 학교를 설립하게 된다. 이 학교는 다른 공립학교들과 달리 지역사회를 기반으로 지역 자원들과 협력하여 사진, 요가, 도예, 목공 등을 가르쳤다. 이 학교의 생태평화적 가치와 인간관계 중심의 교육은 하틀랜드라고 하는 작은 동네를 넘어 영국 전역에서 인간규모교육Human Scale Education운동으로 확산되었다. 인간규모교육운동은 영국 사회에서 다양한 대안교육을 확산시키고 대규모 공교육 학교들을 쪼개서 소규모 학교들로 분리 운영하며 지역사회와 함께 교육에 참여하자는 캠페인을 벌이고 있다.

영국에서 거주하면서 사티쉬 쿠마르는 『작은 것이 아름답다』를 집필한 생태경제학자 E. F. 슈마허Shumacher와의 교류를 통해 큰 감명을 받았다. 그리고 그의 이론과 생태적 실천들을 교육적으로 나눌 수 있는 대안대학 슈마허 칼리지Shumacher College를 영국 데번의 작은 마을인 토트네스Toteness에 설립하였다. 영국의 남서부에 위치한 토트네스는 오래전부터 대안적 공동체의 전통이 매우 강했던 지역이다. 1920년대 사회운동가였던 레너드 엘름허스트Leonard Elmhurst는 젊은 시절 인도의 시인이자 사회운동가였던 라빈드라나트 타고르를 도왔던 경험을 통해 지역 기반의 독립, 그리고 교육이 얼마나 중요한 것인가를 깨달은 바 있다. 미국의 부호였던 아내 도로시가 정리한 재산으로 토트네스 외곽 지역을 매입하면서 다팅턴 홀 부지Dartington Hall Estate를 조성하고 예술가 그룹들을 중심으로 한 공동체를 꾸렸다. 그러고는 이곳을 근거지 삼아 다양한 생태적, 예술적, 교육적 실험을 펼쳐 나가게 된다. 영국 대안학교운동 초기의 주요 학교 중 하나인 다팅턴 홀 학교Dartington Hall School도 이곳에서 1928년 설립되었다. 다팅턴 홀 학교는 여러 가지 부침 끝에 1997년 문을 닫았으나 이 학교의 정신을 이어 가고자 했던 교사, 학부모, 학생들은 이웃 마을 애슈버턴Ashburton에 샌즈스쿨Sands School을 열어 그 명맥을 이어 가고 있다. 여전히 다팅턴 홀 부지 안에는 슈마허 칼리지를 비롯하여 초등대안학교인 파크스쿨Park School, 다팅턴 예술대학, 다팅턴 여름음악학교, 현장연구소, 다팅턴 사회적기업가학교 등 토트네스적 삶의 철학을 연구하고 가르치는 독특한 학교들과 함께 다양한 체리티숍과 유기농 상품점, 농장 등이 자리 잡고 있다. 이 지역에서 전환마을이 만들어질 수 있었던 것은 이런 배경을 기반으로 했기 때문일 것이다.

토트네스에 실질적으로 전환마을을 시작하게 된 것은 퍼머컬처 디자이너인 롭 홉킨스Rob Hopkins로부터였는데, 여기서 퍼머컬처는 '영속적인Permanent'이라는 의미와 '문화Culture'라는 의미를 합성한 것이다. 즉 자연을 소비하여 쓰레기만을 남기는 근대 산업사회의 문화에서 벗어나 자연의 순환성을 기반으로 농업과 사회적 디자인을 통해 소비가 아닌 순환되는 구조를 추구한다. 생태적 디자인과 친환경 기술, 생태적 주거환경 등을 통해 재생가능하고 지속가능한 자립 생활과 생산양식을 구성하자는 것이다. 따라서 퍼머컬처는 자연이 순환적으로 존재하는 질서에 순응하고 함께 살아가는 것을 추구하면서 현대사회에 대안을 제기하는 철학으로서, 존재하는 모든 것들의 고유성에 집중하며 자급자족의 생활방식과 유기농법을 지향한다.[8] 퍼머컬처의 아버지라 불리는 빌 몰리슨Bill Mollison은 퍼머컬처가 단일작물재배시스템과 같이 자연을 배려하지 않고 지속적으로 개발만 하는 태도에 반하여 모든 동식물들이 자기 기능을 어떻게 하는지 사려 깊게 관찰하려는 철학적 태도라고 정의한 바 있다.[9]

퍼머컬처 역시 호주의 크리스털 팰리스를 기반으로 그 철학을 구현하는 공동체와 교육을 구현해 내고 있기는 하지만 철학과 기술 중심으로 주로 논의가 풀리는 흐름이 있다고 본다면, 전환마을은 같은 철학적 경향성을 띠지만 지역공동체운동의 흐름이 보다 크다는 특징을 보인다. 롭 홉킨스는 2004년 자신이 퍼머컬처를 처음 가르치던 아일랜드 킨세일Kinsale의 개방대학Further Education College에서 학생들과 함께 석유생산정점Peak Oil 시대의 문제에 천착하면서 퍼머컬처의 원칙들을 적용할 과제들을 졸업과제로 연구했다. 킨세일 에너지 저감 실행계획Kinsale Energy Descent Action Plan[10]이라는 제목이 붙은 이 보고서는 화석연료 시대의 문제와 한계, 그리고 음식, 공동체, 교육, 주거, 지역경제, 건강, 관광, 교통, 쓰레기, 에너지, 해양자원에 대한 각각의 에너지 저감 실행계획을 담고 학교 홈페이지에 올려졌는데, 이것이 예상치 않게도 전 세계로부터 매우 큰 반향을 얻게 되었다. 이로 인해 킨세일에서는 에너지 문제와 해법에 대한 컨퍼런스가 열리게 되었고, 이는 '전환마을 킨세일TTK: Transtion Town Kinsale'이라는 프로젝트로, 그리고 민관 협력의 실행체로 발전했다. 예를 들어 킨세일은 아일랜드의 어촌마을로 음식이 유명한 지역이지만 그 식재료의 90% 이상이 다른 지역으로부터 유입된다. 이는 농약과 화

학물질, 운송에 들어가는 화석연료의 문제를 야기한다. 따라서 킨세일은 마을 단위의 과수원, 농장 등을 만들어 지역식재료Local Food 운동을 펼치게 된 것이다. 이와 같이 에너지 생산, 건강, 교육, 경제, 농업의 분야에서 경계를 넘나들며 마을의 지속가능한 미래를 위한 로드맵을 짜는 것이었다. 롭 홉킨스의 과정을 함께 수강했던 루이스 루니와 캐서린 던이 전환마을에 대한 기본 콘셉트를 짰고, 이를 킨세일 지방정부에서 받아들여 에너지 자립을 위한 계획을 세우게 되었다.

전환마을은 그러므로 지역의 자급력을 높임으로써 화석연료의 한계와 환경문제, 경제적 의존성을 줄이고 지역을 새롭게 상상하고 새롭게 세우자는 풀뿌리 지역공동체운동이다. 언급한 문제들의 인식은 전 지구적인 것이나 지역에서부터 그 해결책들을 하나씩 찾아 공동체적으로 문제해결책들을 실행해 보자는 노력이다. 이를 위해 개인적 차원에서나, 집단적 차원에서나, 지역사회 차원에서 돌봄의 문화를 강조한다. 실천적으로는 사회적기업가 정신과 직업세계의 재편, 재교육과 상호 지원의 관계망 형성을 통해 '재지역화'를 수행한다.

전환마을은 킨세일에서 시작된 마을운동이자 킨세일 역시 전환마을이라는 타이틀을 가지고 있기는 하지만 세계 최초의 전환마을로서 이 운동의 불을 붙인 곳은 앞서 살펴보았던 영국 남서부의 토트네스다. 그런데 왜 이곳이었을까? 토트네스는 인구 약 8,200명의 영국 남서부 데번 지역 다트강 하구에 위치한 작은 마을이다. 인근 마을의 이름이 '다트강의 입(다트머스: Dartmouth)'인 것을 보면 그 지정학적 위치를 짐작할 수 있다. 영국의 건국설화에 따르면 트로이 출신의 브루투스(영국을 가리키는 Britain이라는 이름의 기원)가 처음 바다를 건너 도달한 영국 땅이 바로 이 토트네스였다고 한다.

그 역사가 깊은 만큼 마을의 부침도 심했다. 앵글로색슨 웨섹스 왕국의 핵심 지역 중 하나였지만 바이킹의 침공으로 나라를 빼앗길 위기에 놓이기도 했다. 영웅 알프레드 대왕은 이 지역을 기반으로 바이킹들에게 반격함으로써 웨섹스 왕국을 지켜 냈고, 이후 침공에 대비하기 위해 30개의 성채마을들을 만들어 방어망을 구축하는데 토트네스는 그 중 하나였다. 위기를 겪으며 절박함 속에서 새로운 혁신을 만들어 온 역사는 이미 이때부터 시작되었는지도 모른다. 1520년대 토트네스는 영국 남서부에서 가장 부유한 지역 중 하나였다. 르네상스 시기 유럽대륙의 생활은 그릇 등 생활용품에서부터 무기와 예술품 등의 원재료로서 주석을 엄청나게 필요로 했는데, 이 지역에서 그 원석이 나왔기 때문이다. 또한 이곳에서 만들어진 주석과 청동은 다트강을 통해 바다로 나가 유럽대륙으로 수출되기에 매우 적합한 위치였다. 그러나 주석이 이 지역에 부만을 가져다준 것은 아니었다. 주석을 만드는 과정에서 강물이 엄청나게 오염되었고, 그 부산물인 모래가 물길을 막았다. 물길이 약해지자 대륙과의 무역중계지로서의 역할을 좀 더 하류 쪽인 다트머스에 빼앗기게 되었고, 그 결과 지역경제가 타격을 받게 되었다. 설상가상으로 주석과 청동의 시대가 끝나면서 1719년 마침내 이 마을은 경제적 파산을 선언하게 되었다. 웨섹스 왕국의 전략기지로, 그리고 중세 상업도시로 이루었던 번영은 산업혁명 이후 잉글랜드 중북부의 산업도시들이 중요해지면서 계속 내리막길을 걸을 수밖에 없었다.

이런 경험들을 통해 토트네스는 언제 끊길지 모르는 자원을 무작정 소비하면서 풍요를 누린다는 것, 외부로부터 유입되는 자원을 기반으로 한다는 것, 눈앞의 이익을 위해 자연을 파괴한다는 것이 어떤 의미인지를 역사적으로 배울 수 있게 되었다. 지역의 회복탄력성이 중요하다는 것도 깨달았다. 여기서 회복탄력성이란 어떤 충격이 오더라도 완전히 붕괴되지 않고 되돌아올 수 있는 능력이다. 물론 충격을 받았을 때 아무렇지 않을 수는 없겠지만, 그로 인해 완전히 주저앉지 않고 회복하는 방향으로 나아갈 수 있는 내적인 힘을 기르는 것이 필요했다. 그러기 위해서는 외부에, 확실하지 않은 것에, 이익을 기반으로 한 관계에 모든 것을 거는 것은 위험했다. 마을의 힘으로 마을 안에서 지켜 낼 수 있는 어떤 것, 자원이 끊기거나 위기가 오면 더 중요해질 수밖에 없는 내부의 능력을 길러 내는 것이 중요하다는 것을 깨달았다. 그 실천은 철학적으로는 생태적이었으며, 예술적인 다양성 위에서 관계를 기반으로 한 마을운동이었다. 앞서도 언급했지만 엘름허스트 부부가 조성한 다팅턴 홀 부지가 그 진보적이고 대안적인 정신과 실천의 심장이자 지역운동의 새로운 창의성을 싹 틔울 수 있는 모판이었다. 현재는 다양한 예술과 생태적 삶이 전 세계적으로 알려지면서 '대안의 안식처Alternative Haven'라는 평판을 얻게 되었고, 영국의 권위 있는 신문인 옵서버Observer도 '우리나라에서 가장 멋진 동네The Country's funkiest address'라고 표한 바 있다.

토트네스에도 20세기를 거치면서 신자유주의의 파도가 다시 한 번 지역사회를 집어삼키고 있었다. '최저가'를 강조하는 대형 슈퍼체인 모리슨Morrison의 물량 공세에 지역의 작은 상점들은 문을 닫을 수밖에 없었고, 지역식재료나 푸드마일리지 등과 같은 이슈는 이 파고에 고려의 대상이 아니었다. 새로운 운동이 필요했다. 2005년 롭 홉킨스가 아일랜드 킨세일에서 이곳으로 이주하면서 2006년 이 문제에 대해 불을 붙이는 첫 번째 행사를 열었고, 뒤이어 다양한 프로젝트들이 출범했다. 지역화폐인 토트네스파운드, 태양광 등의 재생에너지 활용, 유기농 중심의 로컬푸드를 취급하는 상점과 식당 그리고 그 가이드북, 양조장과 유기농 채소 농장, 수공예품을 비롯한 지역생산현장, 공유나눔텃밭인 가든쉐어링, 토종씨앗 보존, 야생초를 활용한 먹을거리와 약용 등 30여 개의 실험들이 지금까지의 흐름이다. 물론 모든 실험들이 다 성공적인 것은 아니다. 하지만 지역에서 고안되고 지역의 지속가능성을 높이기 위한 지역민들의 실험이라는 측면에서는 모든 도전이 의미 있다.

지역운동이 위로부터의 개혁이 아닌 아래로부터의 혁신이 되게 하기 위해서 참여의 방식은 철저하게 생활 중심으로 이루어진다. 예를 들어 태양광발전 시설 설치를 원하는 전환가정Transition Homes 여섯이 모여 '함께 전환하는 모임'이 만들어지면 이를 전환이웃Transition Street으로 지정한다. 자신의 집에 태양광발전 시설을 설치하고 싶은 사람은 시설을 먼저 올리는 것이 아니라 자신을 포함한 여섯 가구 이상을 모아 에너지 절약과 단열개선 사업부터 참여하며 '함께 전환하는 모임'을 시작한다. 이는 단순히 시설 설치만을 위한 모임이 아니라 생활 속 에너지 절감을 함께 공부하고 실천하는 결사가 된다. 이들이 태양광 설비를 설치할 때 지원금은 저소득층에게 더 크게 돌아간다. 이렇게 만들어진 전환거리는 토트네스 전역에 60여 개 이상 있으며, 전체 인구의 20% 정도가 참여하는 프로젝트가 되었다. 전환가정-전환거리-전환마을이 점-선-면으로 만나는 구조다. 설치된 태양광 패널의 개수(양적 결과)가 중요한 것이 아니라 새로운 관계망이 만들어지는 것이 중요하다. 여기에 지방정부와 중간지원조직, 그리고 학교가 이론화와 연구, 역량 강화와 디자인 확산을 지원하는 역할을 맡는다. 그 바탕에는 도로시 엘름허스트가 이야기한 '두려움으로부터의 자유Free from fear'가 자리한다. 위기가 왔을 때 새로운 발상으로 지역 기반의 다양한 회복탄력성을 확보하는 것은 두려움에만 사로잡혀 있을 때는 발현되기 어려울 수밖에 없기 때문이다. 이런 창의적이고 도전적인 실험들이 자리매김하기에 토트네스는 최고의 실험실이다.

BBC의 다큐멘터리 시리즈 〈마을Town〉을 진행한 지리학자이자 탐험가 니컬러스 크레인Nicholas Crain은 2030년까지 인구의 92%가 도시화된 환경에서 살게 될 것이라는 사실을 지적하면서 이 시대 마을이란 무엇을 의미하는가를 살폈다. 마을이 주목받을 만한 이유 중 하나는 도시적 삶이 만들어 낸 문제들에 대한 해답을 새로운 발상으로 실험해 볼 만한 적절한 규모라는 데 있다는 것이다. 그는 이 다큐 시리즈에서 토트네스의 전환마을을 다루며 '도시에 대한 새로운 대안으로서 마을을 기반으로 한 실질적 전망의 청사진이 세계를 깨우고 있다'고 평하였다. 토트네스와 킨세일을 중심으로 하는 전환네트워크는 세계에서 다양한 전환마을 프로젝트를 시작하는 데 영감과 실천력을 제공하여 현재 영국 내 300여 개 마을은 물론 유럽, 북미, 호주, 아시아 등 세계 50여 개 나라의 다양한 지역에서 전환마을운동을 진행하고 있다. 한국에서도 전환마을은평이나 앞서 이야기했던 대안학교들을 중심으로 한 지역운동으로 새로운 전망들을 설계하고 함께 연계하는 중이다.

3. 사회적기업가 정신과 교육, 그리고 도시 마을공동체

위의 사례가 생태자연주의를 기반으로 한 지역력 회복에 초점이 맞춰져 있다면, 그것과는 같으면서도 다른 흐름을 보여 주는 것이 런던의 BBBCBromley By Bow Centre다. 사회적기업가 정신Social Entrepreneurship을 기반으로 지역사회를 새롭게 변화시킨 사례로서 BBBC는 매우 독특하고도 독보적인 것이다. 물론 전환마을의 의제가 수립되고, 한 도시에서 각종 프로젝트를 통해 구현되어 온 과정은 전형적인 사회적기업가 정신의 발현이었음에 틀림없다. 하지만 그 철학적 기반이나 출발점, 그리고 그 방향성은 앞에서 살펴본 사례들과 또 다른 측면을 살필 수 있어 매우 흥미롭다. 그 구체적인 내용을 살피기 전에 사회적기업가 정신이란 무엇이며 그것이 교육적으로 어떤 역할을 하는가에 대해 먼저 살펴보자.

사회적기업가 정신이란 기업가 정신에서 출발한다. 앞에 붙는 '사회적'이라는 단어는 기업가 정신을 기반으로 하고 있을 때만 의미 있기 때문이다. 물론 천민자본주의 한국 사회에서 존경할 만한 '기업가'를 갖지 못한 탓에 기업가 정신을 긍정적으로 이야기하기는 쉽지 않다. 경제적 보상과 잇속에 의해서만 움직이는 물질적 동물로 인식할 가능성이 높다. 물론 이윤창출이라는 경제적 동기가 기업가 정신의 중요한 요소이기는 하다. 기업가 정신은 단순히 선의, 헌신, 책임성 같은 발상보다는 이윤을 통한 재투자와 지속가능성, 발전가능성 등에 기반하고 있기 때문이다. 하지만 긍정적인 측면에서 기업가 정신이란 기존의 사고 틀에서 벗어나 새로운 상상력을 발휘하며, 그것이 발휘될 기회를 놓치지 않고 잘 포착하여 열정적으로 만들어 낸 새로운 발상이나 결과물을 세상에 내놓음으로써 변화를 만들어 내는 특징을 뜻한다. 그러기 위해서 기업가 정신은 우선 불편한 균형 상태를 잘 포착한다. 참을 만한 불편함으로부터 기회를 붙잡아 새로운 해결 방안을 고안하는 것이다. 이를 위해서는 영감, 창의성, 동기부여, 실천력, 용기, 도전적인 근성 따위가 기본이 되어야 새롭고 혁신적인 해결 방안이 나올 수 있다. 그리고 그 해결 방안은 구체적인 성과를 만들어 낼 수 있어야 한다. 이상적이기만 하거나 실제 적용되기 어려운 것은 혁신이 되지 못한다. 기업가 정신은 혁신적인 해결 방안이 성과를 통해 증명되었을 때 확인되는 사후적 개념이다. 또한 혁신적인 해결 방안은 단순히 일회적인 문제해결을 제공하는 것이 아니라 새로운 생태계를 형성하여 스스로 재창조하고 지속가능할 수 있는 환경을 만들게 된다.

이 기업가 정신에 '사회적'이라는 수식어가 붙는 순간 가치지향적인 차별성이 생긴다. 그 차별성은 기업가는 경제적 동기에 의해, 사회적기업가는 이타심에 의해 움직인다는 이분법적 논리로 단순화되기는 어렵다. 기업가든 사회적기업가든 자신이 포착한 기회에 집중하고, 끊임없이 비전을 추구하며, 아이디어를 현실화하기 위한 과정에 꾸준히 노력을 해야 한다는 점에서는 동일하다. 시장이든 비영리 분야든 간에 사업가들은 시간, 노력, 위험 감수, 자본을 쏟아부은 결과로서만 무언가 얻을 수 있기 때문이다. 차별성이 만들어지는 부분은 바로 가치다. 사업가는 시장이 혁신에 대해 보상해 줄 것이라고 기대하지만 사회적기업가는 시장의 혜택을 받을 수 없거나 소외되었던 사람들을 주요 타깃으로 가치를 제안한다. 물론 사회사업가들도 비슷한 역할을 한다. 그러나 사회사업가는 문제를 푸는 방식이 대단히 호혜적이어서 인류애적 사랑에 기대거나 정부/관공사 등의 예산에 기대게 된다. 반면 사회적기업가는 그 프로젝트의 생명력과 생태계, 그리고 자립가능성을 고민한다.[11]

영국에서는 이 사회적기업가 정신에 대한 교육을 정규 교과에 도입해야 한다는 목소리가 높아지고 있다. 영국인들의 66%가 공교육이 개인의 생각이나 꿈을 키우는 일에 실패하고 있다고 생각하기 때문이다.[12] 지금까지의 교육이 왜 배워야 하는가에 대한 문제와는 전혀 상관없이 지식과 기술을 가르치는 데 집중해 왔다면 이제는 학습자의 관심과 흥미로부터 교육이 출발해야 한다는 것이고, 그때 교육의 역할이란 그 관심과 흥미가 어떤 가치를 가지고 활용될 수 있는가를 교육해야 한다는 주장이다. 사회적기업가 정신 교육은 내가 배우고 있는 그 내용과 기술이 내 삶은 물론 다른 사람의 삶에도 어떻게 의미 있게 작용할 수 있는가를 생각해 보고 그것을 발전시켜 나갈 수 있는 길을 모색하기 때문이다.[13] 최근 한국에서도 학교협동조합을 중심으로 학생들에게 사회적 경제에 대해 가르치자는 목소리가 높아지고 있으며, 대안학교들은 '작업장

학교' 등의 이름으로 사회적기업가 정신을 실험해 볼 수 있는 교육 플랫폼들을 개발하고 있다.

그럼 이제 본격적으로 BBBC에 대한 이야기를 해 보자. BBBC를 시작한 앤드류 모슨Andrew Mawson은 감리교 목사로 영국에서는 최초의 사회적기업가 중 하나로 손꼽히는 인물이다. 1984년 겨울 그가 런던 동부 브롬리 바이 보우Bromeley By Bow라는 지역의 합동개혁교회United Reformed Church 담임목사로 초빙되어 갔을 때 200석 규모의 이 교회에는 12명의 70대 이상 노인들만이 앉아 있었다. 교회는 냉골이었고 물이 나오는 곳은 남자 화장실 수도꼭지 하나뿐이었다. 그는 교회를 끌어안고 있다가 돌연사한 전임 담임목사의 전철을 밟지 않으리라 결심하고 마을로 나섰다. '런던 동부East London'라는 말은 마치 서울의 '강남/강북'처럼 단순한 지리적 위치를 넘어선 사회문화적 의미를 담는다. 그곳은 유럽의 경제적 중심지인 씨티 지역으로부터 더 동쪽으로 치우친, 전통적으로는 공장과 그 배후 주거지역들이었으나 이제는 낙후되어 사회적으로나 경제적으로 지위가 낮은 사람들이 몰려 살기 때문에 비교적 낮은 물가가 형성되어 (식민지)이주민이나 망명자, 가난한 사람들의 유입이 더 많고, 범죄율 등의 사회지표는 매우 열악한 지역이기에 누구나 기회만 되면 떠나고자 하는 곳으로 인식되어 있다. 모슨 목사가 맡은 브롬리 바이 보우 지역도 교회를 둘러싸고 50개의 언어가 쓰이고, 주민의 3분의 1이 빈곤의 덫에 걸려 있으며, 3년 주기로 임대주택을 전전해야 하는 상황들이 일상적이었다. 수십 년 동안 정권이 바뀔 때마다 다양한 지원정책들이 있었지만 아무것도 바뀌지 않은 지역이었다.

모슨 목사는 대처 수상식의 신자유주의적 정책도, 당위성만 가득한 좌파들의 이론적 주장들도 모두 거부하고 지역에서 주민들을 만나 현장에서 필요한 일들을 조직하기로 마음먹었다. 마을 사람들은 개별적으로 고립된 채 외로움이나 좌절을 분노나 침잠으로 표출하고 있었지만 그렇다고 당장 눈에 띄는 심각한 현상들을 내보이지는 않기 때문에 돌봄기관의 그물망에는 딱히 걸리지 않는 사람들이 상당수였다. 그들의 문제는 쥐꼬리만 한 보조금이나 그 근거가 될 보고서, 예산이 많이 드는 약물처방 따위로 해결되기 어려운 것이었다는 점을 모슨 목사는 깨달았다. 오히려 마을에 필요한 것은 주민들이 각자 자기 역할을 갖고 가치를 인정받을 수 있는 공동체라는 사실도 함께 알 수 있었다. 그래서 모슨 목사는 교회의 운영에 매달리기보다는 주민들을 만나 그들의 욕구를 확인하고 교회의 빈 강당을 플랫폼으로 그 욕구들이 어떻게 풀릴 수 있을 것인지 의논하고 실행에 옮겼다. 함께 시작한 사람들은 런던 중심가의 높은 집세를 감당하지 못하고 밀려나 그곳까지 온 젊은 예술가 그룹들이었다. 이로써 교회 강당을 작업실로 내주게 되었고, 점차 교회의 노인들과 젊은 예술가들 사이에 관계망이 생기기 시작했다. 지속적으로 사람들을 만나면서 그는 마을 사람들의 개인적인 삶을 이해하게 되고, 그들의 굳게 닫힌 창문 뒤에 많은 잠재력이 존재하며, 그것을 끄집어내 줄 실용적인 프로젝트들이 필요하다는 것을 느끼게 되었다.

마을 사람들과 그 프로젝트들을 만들고 수행하면서 한편으로는 현장의 현실을 들여다보려는 노력조차 하지 않은 채 주어진 틀 외에는 아무것도 하지 않으려고 하는 성실한 공무원들과, 그리고 다른 한편으로는 온통 선의로 몸을 감싼 채 지역 비즈니스는 자본주의의 산물이므로 무조건 거부하려는 태도를 가진 자선단체들과 부딪힐 수밖에 없었다. 또 한편으로는 자기가 경험한 세계에 갇혀 있는 주민들의 닫힌 의식도 있었다. 때로는 민주적인 의사결정구조라고 하는 것이 아무도 만족시키지 못하는 비효율성의 상징이 되는 경우도 많았다. 이런 장애들을 돌파해 가면서 사회혁신과 기업가 정신의 실험실로서 브롬리 바이 보우 센터

BBBC가 건설되었다.

BBBC의 핵심은 '지역사회의 욕구'다. 단, 지역사회가 필요로 하는 것을 외부로부터 주어지는 이전의 전통적인 수혜 방식이 아니라 지역사회의 욕구를 실현해 낼 수 있는 장을 제공하는 것이다. 그 플랫폼을 기반으로 지역민들이 다양한 사회적 프로젝트를 실현할 수 있도록 돕는 것이었다. 그리고 그것이 단순히 일회적이고 고립된 서비스가 아니라 서로 연결된 커다란 공동체가 될 수 있도록 구성했다. 예를 들어 BBBC의 핵심 사업 중 하나인 지역보건소는 단순히 무상 의료 서비스를 제공하는 곳이 아니다. 그곳은 지역의 정보가 순환되는 허브센터이자 사회복지사가 상주하는 상담센터이며, 직업과 산재에 대한 정보를 제공하는 정보센터다. 의사가 발견한 사실은 사회복자사에게로, 노무사에게로, 지역활동가에게로 연계되어 삶의 질을 종합적으로 높인다.

BBBC는 촌스럽고 낙후된 공공건물이 아니라 혁신적 디자인과 따뜻한 환대가 느껴지는 창의성과 노력의 플랫폼으로서 현재 100여 명의 스태프가 매주 100개 이상의 활동을 운영하거나 지원하는 3,700평의 지역공원으로 탈바꿈했다. 또한 지역개발을 위한 3억 파운드(약 4,500억 원) 규모의 임대주택 개발을 맡아 8,000여 개의 부동산을 관리하는 공공업무도 담당한다. 2012년 런던 올림픽이 동부 지역에서 열릴 수 있도록 유치하는 데도 중요한 역할을 하였고, 이와 연계된 로워 리 밸리Lower Lea Valley 지역의 도시재생 사업도 주도적으로 수행하게 되었다.

교육과 관련해서는 지역의 학교를 새롭게 혁신하는 프로젝트, 그리고 사회적기업가 정신을 더욱 확장할 수 있는 교육 프로젝트들이 만들어지고 있다. 물론 이런 성취들은 하루아침에 주어진 것이 아니라 오랫동안 지역을 기반으로 한 사회적기업가 정신의 발현이 오랜 시간에 걸쳐 수많은 난제들을 뚫고 만들어 낸 성과다.

여기에는 지역재생에 대한 영국England 정부의 정책적 변화도 일정 정도 영향을 미친 것으로 보인다. 이전까지는 지방정부가 직접 사회 서비스 전달이나 지역재생 사업을 추진했다면, 1990년대 들어서부터는 '자발적 시민사회 영역Voluntary Sector'과 '시장 영역'에 예산과 주도권을 이양하는 방식으로 변화했다. 공공조직을 '조달청'을 통해 납품하는 주체로 바라보는 우리 접근법으로서는 낯설지도 모른다. 정책 파트너로 삼기에는 미약하고 미숙하고 심지어 미심쩍은 존재이기 때문이다. 그러다 보니 필요한 부분만 취하는 공모사업적 성격이 강화될 수밖에 없다. 영국 정부는 1988년도부터 2010년까지 12년간 광역개발청Regional Development Agency을 설치하면서 잉글랜드를 9개 권역으로 나눠 마을 만들기 사업에 지원했다. 광역개발청은 약 20억 파운드(약 3조 원)를 지역으로 내려보내면서 고용창출, 건강증진, 범죄예방, 교육 기회 향상, 거주지 개선 등의 영역 중에 지역에서 가장 시급한 문제부터 자율적으로 해결하도록 권장했다. 포괄적인 단일 예산을 통해 지역에 맞는 사업을 기획하고 예산을 편성할 수 있도록 제도적인 장치를 마련해 준 것이다. 이로써 지역을 변화시킬 수 있는 핵심 동력인 '자발성'이 발현될 기반이 만들어진다. 그 과정에서 지역민들은 지역문제에 대해 스스로 눈을 뜨고, 자율적 권한을 통해 그 문제를 스스로 해결할 수 있도록 자원을 배분할 기회를 갖게 된다.

앤드류 모슨 목사는 이런 시대적 흐름을 가장 잘 구현해 내었다. 가난한 지역 주민들을 만나면서 지역적 필요가 무엇인지 발견하고, 자조그룹을 만들어 직접 해결하고 애쓰면서도, 사회적기업가 정신을 통해 사회적기업을 만들고, 정부의 지원금을 따오고, 심지어 지역의 대형마트 체인과도 사업적 제휴를 맺으면서 런던 동부의 극빈곤층 지역에 새로운 활력을 불러일으킨 가장 대표적인 사례가 되었기 때문이다.

4. 생태적 전환과 사회적기업가 정신이 마을교육공동체에 주는 시사점

앞서 명시한 대로 이 글은 영국의 마을교육공동체의 총체적인 흐름을 보여 주고자 하는 목적으로 쓴 것은 아니다. 오히려 한국의 대안교육과 혁신교육, 그리고 마을교육공동체가 걸어온 과정에서 드러난 핵심적인 의제로서 생태적 전환과 사회적기업가 정신이 어떤 이론적 근거를 가지고 우리의 관심을 끌고 있으며, 영국의 가장 두드러진 각각의 실천 사례로부터 우리는 어떤 배움을 얻어야 할 것인가 살펴보는 데 초점을 맞추었다. 두 사례는 서로 다른 초점으로 접근했지만 한편으로는 서로 연결되어 있다. 전환마을을 설립하고 움직여 온 원리는 매우 사회적기업가 정신에 근거하고 있다. BBBC는 생태적 전환을 그 전면에 내세우고 있지는 않으나 그곳에서 진행되는 많은 프로젝트들은 주민들 중심으로 진행되기 때문에 많은 측면에서 생태적일 수밖에 없다. 따라서 두 사례를 우리 마을교육공동체의 맥락에 비추어 통합적으로 살필 필요가 있다. 정리해 보면 이렇다.

첫째, 마을교육공동체의 지향은 '대안적'이다. 그것은 기존의 사회적 욕망을 변형 포장하거나 일부분 개선하는 데서 오지 않는다. 그것은 보다 근본적인 것이며 철학적인 것이다. 우리가 살아가고 있는 문명과 생활방식에 대한 문제의식과 반성, 그리고 그 변화가능성에 대한 적극적인 모색에 있다. 따라서 그 대안은 결국 생태적일 수밖에 없다. 다만 여기서 이야기하는 '생태적'이라는 것은 단순히 기술적인 것만을 의미하는 것이 아니라 철학이나 관계성처럼 보다 우리의 삶의 태도와 관련된 것이다.

둘째, 마을교육공동체의 실질적 운영은 '사회적기업가 정신'을 기반으로 해야 한다. 무엇보다도 그것은 현장을 기반으로 주민들의 필요와 요구를 담아낼 수 있어야 한다. 탁상공론이나 제도적 틀에 얽매이지 않고 실행성을 통해 실용성을 구현해 낼 수 있는 실사구시의 실천이어야 할 것이다. 그것을 가능하도록 하는 것은 기존의 틀을 넘어서는 상상력이다.

셋째, 따라서 마을교육공동체는 단순히 학교에 대한 마을의 활용이나, 마을을 대상으로 하는 학교의 활용을 의미하지 않는다. 기존의 틀을 넘어서는 상상력으로 새로운 패러다임, 새로운 플랫폼이 구성될 필요가 있다. 이를 지원하는 교사, 활동가들의 역할도 다른 방식으로 정의될 필요가 있다. 단순히 아이들을 잘 키우겠다는 접근이 아니라 마을활동을 통해 마을이 성장하고 마을이 행복해지는 운영이 필요하다.

넷째, 그러기 위해서는 주민 중심의, 주민으로부터 출발하는 프로젝트가 필요하다. 주민을 대상화하거나 단순한 복지 수혜자로 바라보는 시각은 실패한다는 것을 그동안 수많은 경험을 통해 우리는 알고 있다. 그러나 동시에 주민을 주체로 인식하는 것은 매우 지난하며 때로는 쓸데없는 노력으로 보일 수 있다. 너무 오랜 시간 주민들은 주체로 서기보다 소비의 객체로 살아왔기 때문에 더 그렇다.

다섯째, 따라서 주민을 교육하여 역량을 강화시키는 작업이 동시에 진행되어야 한다. 주체로 서는 일은 매우 두렵고 낯선 일이다. 그것이 어떻게 가능한지 함께 배우지 않으면 혼자의 힘으로 스스로 깨닫기는 어렵다. 교육과 지원이 함께 이루어져야만 가능한 일이다.

여섯째, 교육을 이야기하기 위해서는 새로운 담론과 패러다임의 상상력이 필요하다. 여전히 한국 사회의 마을교육공동체 담론은 '학교'라는 상수를 전제로 하고 그것을 조금 더 활성화하기 위한 도구로서 마을을 호출한다. 마을교육공동체란 단순히 학교가 마을을 활용하거나, 혹은 마을 교육 자원들이 학교로 들어가는 것에 멈추어서는 안 된다. 마을교육공동체운동이란 각 기능이 복합적으로 작용하는 유기체처럼 지역사회의 다양한 주체들이 자신들의 욕구를 건강하게 사회적으로 펼쳐 내기 위한 새로운 플랫폼 조직운동이어야 한다. 실제로 앎과 삶이 조화를 이루는 교육 실천들을 구현하는 것이다. 그것을 통해 지역의 사회적기업가 정신이 넘쳐나고, 그렇게 실험된 새로운 실천들로 인해 지역이 회복탄력성을 가지는 구조를 만들어 내려면 학교의 안팎, 일반행정과 교육행정의 벽, 공적 영역과 사적 영역 간의 구분, 부처 간 칸막이 등이 모두 허물어지는 파괴적 혁신Disruptive Enovation을 만들어 내야 한다. 그러기 위해서는 기존의 틀을 넘나드는 자유로운 상상력을 '불안과 공포'로부터 해방시키는 태도가 필수적이다.

일곱째, 그러므로 이를 지원하는 중간지원조직이 필요하다. 중간지원조직은 역시 사회적기업가 정신을 기반으로 지역사회가 필요로 하는 욕구들을 잘 파악하고 그 적재적소에 적절한 지원을 제공할 수 있는 능력을 갖추어야 한다. 중간지원조직은 사업을 주도하는 조직이 아니라 지원하는 조직으로서 자리매김을 확실하게 할 필요가 있다.

여덟째, 거버넌스의 경험이 쌓여야 한다. 위에서 지적한 바처럼 민·관·학 협치라 하더라도 각각은 주체라기보다는 객체로서 참여하여 '사업운영'의 원리에 따라 모든 일들을 굴려 나가기 십상이었다. 따라서 개별 주체들을 주체로 성장시키는 것들이 중요하지만, 그 주체화가 제대로 이뤄지기 위해서는 실질적 권한 이양이 필요하다. 즉 모든 개별 사안에 대해 권리와 의무를 부여하고 그 권리와 의무가 실질적으로 작동할 수 있도록 보장하는 것이다.

마지막으로 연대의 힘이 필요하다. 국내외 사례들과 연계하여 서로의 상상력을 넓히고 그 실천을 지역화해 낼 수 있는 구조가 뒷받침되어야 할 것이다. 이를 통해 우리는 오래된 미래로서 마을교육공동체, 평생학습의 지역, 대안교육의 플랫폼을 구축해 낼 수 있을 것이다.

1. 국립국어원 편(1999). 『표준국어대사전』.
2. Gordon(1986). Democracy in One School: Progressive Education and Restructuring. Routledge Falmer.
3. 양희규(2005). 『꿈꾸는 간디학교 아이들』. 가야넷.
4. 양희창 외(2013). 『흔들리며 피는 꽃: 제천간디학교 10년의 기록』. 궁리.
5. 국립특수교육원(2009). 『특수교육학용어사전』. 하우.
6. Jeffers, G.(2007). Attitudes to Transition Year: A Report to the Department of Education and Science. National University of Ireland.
7. Kumar, S.(1978). No Destination. Green Books.
8. Hemenway, T.(2009). Gaia's Garden: A Guide to Home-Scale Permacurlture. Chelsea Green.
9. Mollison, B.(1991). Introduction to permaculture. Tasmania, Australia: Tagari.
10. Hopkins, R.(Eds.)(2005). Kinsale 2021: An Energy Descent Action Plan. Kinsale Further Education College.
11. Martin, R., & Osberg, S.(2007). *Socail Entrepreneurship: The Case for Definition*. Stanford Social Innovation Review, Spring 2007. Standford Graduate School of Business.
12. HISCOX DNA of an Entrepreneur Report 2015. http://www.hiscox.com/small-business-insurance/blog/hiscox-dna-of-an-american-entrepreneur-2015/
13. Cartherall, R. et al.(2017). Social Entrepreneurship in Education: Empowering the Next Generation to Address Society's Needs. British Council.

| 참고 문헌 |

강옥희 외(2016). 『마음과 땀을 심은 학교』. 광명YMCA볍씨학교.

국립국어원 편(1999). 『표준국어대사전』.

국립특수교육원(2009). 『특수교육학용어사전』. 하우.

보리편집부(1997). 『작은 학교가 아름답다』. 보리.

쓰지 신이치(2014). 『사티쉬 선생, 최고인생을 말하다』. 달팽이출판.

알렉산더 닐(2006). 『자유로운 아이들 서머힐』. 아름드리미디어.

양희규(2005). 『꿈꾸는 간디학교 아이들』. 가야넷.

양희창 외(2013). 『흔들리며 피는 꽃: 제천간디학교 10년의 기록』. 궁리.

엘리엇 레빈(2004). 『학교를 넘어선 학교, 메트스쿨』. 민들레.

윤태근(2011). 『성미산마을 사람들』. 북노마드.

이종태(2007). 『대안교육 이해하기』. 민들레.

조한혜정(2007). 『다시, 마을이다』. 또하나의문화.

하태욱(2018). 「대안교육 제도화의 흐름과 방향」. 『민들레』 116호(2018년 3-4월호).

하태욱 외(2015). 『쉼표형 꿈의학교 추진 운영 방안 연구』. 경기도교육청.

Cartherall, R. et al.(2017). Social Entrepreneurship in Education: Empowering the Next Generation to Address Society's Needs. British Council.

Gordon, T.(1986). Democracy in One School: Progressive Education and Restructuring. Routledge Falmer.

Hemenway, T.(2009). Gaia's Garden: A Guide to Home-Scale Permacurlture. Chelsea Green.

HISCOX DNA of an Entrepreneur Report 2015. http://www.hiscox.com /small-business-insurance/blog/hiscox-dna-of-an-american-entrepreneur-2015/

Hopkins, R.(Eds.)(2005). Kinsale 2021: An Energy Descent Action Plan. Kinsale Further Education College.

Jeffers, G.(2007). Attitudes to Transition Year: A Report to the Department of Education and Science. National University of Ireland.

Kumar, S.(1978). No Destination. Green Books.

Martin, R., & Osberg, S.(2007). *Social Entrepreneurship: The Case for Definition*. Stanford Social Innovation Review, Spring 2007. Standford

Graduate School of Business.
Mawson, A.(2008). The Social Entrepreneur: Making Communities Work. Atlantic Books.
Mollison, B.(1991). Introduction to permaculture. Tasmania, Australia: Tagari.

http://www.bbbc.org.uk/
https://crystalwaters.org.au/permaculture/
https://transitionnetwork.org/
https://www.transitiontowntotnes.org/

제9장

개발도상국의 마을교육공동체: 지역학습센터 활동을 중심으로

유성상(서울대학교 교수)

1. 들어가며

마을교육공동체는 공적 차원의 학교교육 문제에 대응하는 하나의 방안으로 등장했다. 그러고 보면 전통적인 공교육 시스템의 문제를 해결하겠다고 다양한 형태의 대안학교가 등장한 시기가 그리 오래되지 않았다. 대안학교의 등장과 성장을 계기로 대안적인 교육이 공론의 장으로 나왔고, 혁신학교를 거쳐 마을교육공동체 논의에까지 이르렀다. 작금의 마을교육공동체를 둘러싼 이론과 실제의 문제를 이렇게 단순화시키는 데 문제가 있기는 하겠지만, 적어도 우리 주변에서 마주하게 되는 배움의 문제가 공교육 시스템을 중심으로 한 것이라는 데는 큰 이견이 없을 것이다.

지금의 학교는 근대적 민족국가 기획의 과정이자 성과였다. 미국의 공교육체제는 종교를 바탕으로 미국민을 만들기 위한 장치를 다듬어 온 결과였고, 프러시아의 공립학교는 국가적 정체성을 통해 강한 국가를 만들겠다는 통치 전략이 반영된 결과였다. 프러시아의 영향을 강하게 받은 일본은 막부 이후 천황제로 되돌려진 메이지유신을 통해 비슷한 방식의 근대 학교체제를 빠르게 만들었다. 주변 국가들에서 공교육체제가 빠르게 확산되는 것과 달리 영국에서는 교육체제의 확장이 더디게 진행되었다. 전통과 엘리트 문화의 유산을 두고 모두가 공유해야 할 것이라 여기지 않는 계급적 이해관계가 반영된 탓이었으리라 짐작된다. 즉, 체계화된 중앙집중형 교육체제의 최종 단위로서 학교는 파편적인 지역사회의 이해관계가 수렴, 통제, 관리되어 온 과정에서 완성되었다.

그런데 이 책에서 의미를 찾고 있는 마을교육공동체는 학교가 존재하기 이전 배움의 원형으로서, 교육 본위의 공간인 학교교육을 되짚어 가는 게 아닌가 싶다. 공립학교가 국가 혹은 특정 사회 속에서 공적 교육체제로 자리 잡고 형성되어 오는 과정을 한 편의 영화라고 보면, 그 영화의 필름을 뒤로 돌려 감아 가다 보면 영화의 앞부분에서 마을교육공동체를 찾게 되지 않을까? 배움의 원형을 찾아 나서는 여정은 애초 배움이 교육이라 불리기 이전의 공동체 가치와 지식을 공유하고 전수하던 마을공동체의 활동이었기 때문이다. 근대적 형태의 공교육체제가 자리잡아 가기 이전, 즉 학교라는 것이 명시적으로 존재하지 않던 시기의 배움은 가족과 가족의 확장형인 마을을 넘어서는 것이 아니었다. 한 세대에서 다음 세대로 이어지는 배움을 완성하지 못한 곳에서는 마을이 하나의 문화적 공동체로 존속할 수 없었다. 중요한 가치가 무엇인지, 어떻게 먹고살아야 하는지, 다른 사람들과는 어떻게 지내야 하는지, 잘 살기 위해 알아야 하는 것들은 무엇이고, 이를 어떻게 습득해야 하는지 등에 대해서 입에서 입으로, 눈에서 눈으로 이어져 왔다. 중요한 가치라는 것을 문화라는 개념으로 체계화하고, 전통이라 불리는 문화가 마을 구성원들의 가치를 규범화하도록 했다. 이를 기반으로 하여 행위의 규준을 정하도록 했던 것처럼, 마을 중심에 위치한 학교는 중요한 지식과 기술의 습득과 전달을 체계화하는 역할을 했다. 문화의 일부분인 종교를 통해서 성과 속을 구분하는 벽이 길어지고 또 높아지게 된 것처럼, 학교의 울타리는 가치로운 것과 그렇지 않은 것을 구분하여 삶의 직접적인 문제를 다루었던 마을 속 배움으로부터 멀어져 가게 되었다. 배운다는 것, 즉 교육의 의미는 고귀한 지적 세계에 입문하는 것인 양 여겨졌지만, 정작 학교를 중심으로 한 교수-학습은 학교와 마을의 경계를 보다 공고하게 만들게 되었다.

개인 간 문화공동체 간 긴장과 갈등의 양상이 전 지구적인 차원으로 확대되면서 국민국가 이데올로기를 오롯이 전달하고 순치된 국민을 양성하는 데 초점을 둔 근대적 공교육 시스템은 다양한 한계 상황에 직면하게 되었다. 어떤 지식을 배워야 하는지에 대한 지식체계의 절대성에 금이 가게 되었다. 물이 위에서 아래로 흐르듯 지식은 교사로부터 학생에게로 전달되는 것이란 전통적 관계는 법적 권위에 기대 유지되고 있을 뿐이다. 배움의 즐거움은 사라지고 사회적 선발체계 속에서 생존하기 위한 수단으로 지식은 머릿속에 구겨 넣어져 평가되고 있다. 굳이 학교라는 공간이 아니더라도 더 효율적이고 효과적으로 평가 결과를 얻을 수 있다면 장소와 시간을 가리지 않게 되었다. 인공지능과 제4차 산업혁명으로 대변되는 작금의 산업구조 변화는 사람을 기계와 경쟁 관계에 놓고 살아남을 것을 주문한다. 학교와 교육은 이 일을 책임지는 주체로 지목되고 있다.

한편, 기후변화와 불평등, 차별/혐오라는 문제는 특정 지역과 국가의 문제가 아니라 전 지구적인 관심사가 되면서 학교는 특정 국가의 이데올로기에 근거한 시민성을 넘어 세계시민성을 키워 내야 한다는 압박에 놓여 있다. 과연 100년 뒤, 아니 50년, 30년 뒤에도 여전히 공교육이라는 이름으로 학교가 남아 있을까? 학교를 중심으로 한 교육의 한계상황을 극복하는 차원에서 마을교육공동체가 하나의 교육운동으로 등장했다는 점을 이해한다고 하더라도, 학교를 벗어난 교육공동체 담론이 20세기까지의 공고한 근대적 교육체계의 한계와 도전을 효과적으로 극복할 수 있도록 할까? 비록 이번 장에서 구체적으로 이에 대한 답변을 다룰 수 없지만, 근대적 공교육체계가 직면한 다양한 도전에 대해 최근의 교육혁신운동이 갖게 되는 의미와 함께 여전한 문제는 무엇인지 따져볼 필요가 있다. 마을교육공동체가 근대적 교육의 패러다임을 변화시킬 수 있을까?

배움의 원형으로서 개발도상국의 마을교육공동체를 이야기하려다 너무 멀리 돌아온 게 아닌가 싶다. 경기도교육청을 중심으로 공론화되어 온 한국의 마을교육공동체운동은 공교육의 장으로서 학교가 갖는 경계를 낮추고 배움을 학생 중심으로 재구조화하려는 아래로부터의 움직임에서 시작되었다. 이는 근대 공교육 시스템이 배우는 사람보다는 가르치는 사람, 가르치는 교사보다는 지식 편성의 권한을 쥐고 있던 국가와 체제 중심으로 이루어져 온 것과는 사뭇 다른 양상을 보였다. 왜 그래야 할까? 과연 이렇게 하는 것이 배움의 본연적 목적을 달성하도록 하는 것일까?

이에 대한 답변을 개발도상국에서 널리 분포하고 있는 지역학습센터의 기능과 활동을 중심으로 살펴보고자 한다. 지역학습센터는 형식 교육의 지원이 부족한 마을에서 비형식 접근을 통해 배움의 목적을 이루고자 하는 공간을 지칭한다. 국가나 지방정부가 나서서 이를 통제하지 않고 마을의 구성원들이 시설 건립, 프로그램, 운영 등을 책임진다는 점에서 자발적인 배움의 공동체라 할 수 있다. 유네스코는 2000년 새천년개발목표MDGs의 목표로 내세웠던 초등교육 보편화를 이루는 데 정부의 정책적 리더십이 필수적이지만, 형식 교육이 아닌 비형식 교육을 매개로 한 지역사회의 참여가 무엇보다 중요하다는 점을 강조해 왔다.[1] 특히 유네스코 방콕사무소는 학교교육의 혁신을 위해 지역학습센터를 교육의 양적 팽창과 질적 개선을 위한 전략으로 택해 아시아-태평양지역의 국가들이 지역학습센터를 확대해 나가도록 지원했다.[2] 현재는 아시아-태평양지역뿐만 아니라 사하라 이남 아프리카의 개발도상국에서도 지역학습센터를 통한 교육의 기회 확대 및 학교교육에의 지역사회 참여 연계가 점차 확대되고 있다.

이번 장에서는 학교와 지역사회를 이어 주는 다양한 양상의 한 예로 개발도상국의 지역학습센터를 살펴보고, 한국 학교혁신의 주제로서 마을교육공동체 논의에 던지는 함의를 찾고자 한다. 이를 위해 지역학습센터의 개념을 간단히 파악해 보고, 특별히 네팔과 방글라데시의 지역학습센터의 사례를 기능 및 활동을 중심으로 살펴보겠다. 대부분의 개발도상국 공교육의 실제는 한국 교육의 정책 보고서에 등장하는 정도의 깔끔함이란 찾아보기 어렵다. 정부의 정책에 기대어 통일된 시스템을 유지하고 있기보다는 사회문화적, 경제적 차이를 고스란히 드러내고 있기 때문이다. 모든 것을 돈의 문제로 돌리고 싶지 않지만, 무상교육을 내세운 개발도상국의 교육 기회 확대 정책에는 정부의 재정 기여가 상당히 적고, 이 때문에 교육의 질을 어떻게 향상시킬 것인가라는 문제는 차치하고 모든 학령기 아동들의 학교교육의 접근성 문제조차 해결되지 않고 있다. 적어도 이번 장에서 살펴볼 개발도상국의 지역학습센터의 기능과 활동은 지역사회 모두를 위한 교육 접근성을 확보하기 위해 사회문화적 소외 계층을 중심으로 제공되는 비형식 교육이라는 것을 잊지 말기 바란다.

개발도상국의 지역학습센터 현황을 위한 자료는 지역학습센터 활동 및 기능에 관한 각국의 보고서들을 중심으로 검토, 정리한 것이다. 지역학습센터는 개발도상국의 전유물이 아니다. 일본의 공민관이라든가, 우리나라 1970~80년대 마을회관 등이 유사한 기능을 담당했던 적이 있다. 일본의 공민관은 지역 중심의 학습 기관이었다는 점, 지금도 성인과 청소년들을 위한 배움의 장으로 작동하고 있다는 점에서 지역학습센터와 유사하다. 1950~80년대 한국의 마을회관은 도서 보급 및 의식 계몽 등 마을 개선 및 개발을 위한 매개였다는 점에서 일부 중복되는 기능이 있지만, 현재의 개발도상국 지역학습센터와는 상당히 다른 접근을 보였다. 따라서 이 글은 지역학습센터에 관한 논쟁을 위한 이론적 논의 및 맥락에 따라 제기되는 성과 담론은 피하고, 개념, 현황, 사례 등을 통해 학교와 지역사회의 연계 양상을 드러내는 데 초점을 두고자 한다.

2. 지역학습센터: 개념과 특징

지역학습센터는 "형식 교육 시스템 바깥에서 기능하는 지역교육기관이다. 주로 농촌 마을 및 도시 외곽 지역에서 지역 주민들에 의해 만들어지고 운영되는 것으로, (지역학습센터는) 지역 개발과 삶의 질 개선을 위해 다양한 학습 기회를 제공하기 위한 것"MOE-Pakistan, 2004: 1으로 정의된다. 지역학습센터는 형태 및 규모, 운영 방식, 센터 내 프로그램 등이 다양하게 때문에 일률적으로 지역학습센터의 목표와 전략, 특징을 기술하는 것이 쉽지 않다. 이는 지역학습센터가 국가 주도적인 형식 교육의 일환이 아니라 지역 자치를 기반으로 한 비형식 교육기관으로 자리 잡아 왔기 때문이다. 그럼에도 불구하고, 각 국가의 지역학습센터 보고서에서 공통적으로 제시된 목표 및 특징들을 정리해 보면 다음과 같다.

> 지역학습센터는 "풀뿌리 수준에서 지역사회의 역량을 키우고 마을의 자조 및 자립심 향상"을 목표로 삼는다. 이를 위하

여 지역학습센터는 기초문해, 기능문해, 기초적인 직업기술훈련을 제공하고, 지역사회에 필요한 소득 증대 사업을 추진하며, 사회문화적 약자인 여성과 취약 계층에게 교육 기회를 제공하고, 마을의 교육 훈련을 위한 자료실 역할을 담당하며, 학교 미등록 혹은 중도 탈락생을 위한 보완 교육을 제공한다. 이에 더하여 지역사회의 현안을 중심으로 한 시민교육을 제공한다. 지역학습센터에서 제공하는 프로그램의 주 대상은 비문해 여성 및 청소년, 학교교육에서 벗어난 학령기 아동, 사회경제적 약자 등이며, 이 외에도 지역 주민 모두를 대상으로 한 프로그램이 기획, 제공될 수 있다.MOE-Laos, 2004; Dangwal, 2009; Islam, 2009

지역학습센터의 개념을 논의할 때 고려해야 할 점들이 있다. 첫째, 형식 교육이 아닌 비형식 교육기관이라는 점, 둘째, 지역 주민들이 운영의 주체라는 점, 셋째, 운영의 자율성이 큰 만큼 지역사회의 맥락과 이해관계에 따라 아주 다양하다는 점 등이다.

첫째, 지역학습센터는 비형식 교육기관이다. 비형식 교육은 제도화된 교육체제 바깥, 즉 학교 밖의 조직화된 교수-학습활동을 의미한다. 선진국에서의 비형식 교육은 형식 교육과 기능 면에서 경쟁과 보완이 동시에 이루어지는 반면, 개발도상국에서의 비형식 교육은 형식 교육을 보완하는 측면이 훨씬 강하다. 특히 개발도상국의 지역학습센터는 비형식 교육기관으로 미취학 아동, 학교 밖 학령기 청소년의 학력 보완을 주로 담당하고 있고, 성인들의 직업능력 개발 프로그램이 이루어진다. 흥미로운 점은 대부분의 지역학습센터가 독자적인 문화와 체계를 통해 자율적인 배움의 공간으로 인식되지만, 점차 형식적인 교육기관으로 탈바꿈하기를 시도한다는 점이다. 마을 속의 배움 공간이지만, 마을과 지역민들은 '학교 아닌 학교'가 '진짜 학교'로 변모해 가기를 기대하기 때문이다.

둘째, 지역학습센터는 운영의 주체가 지역 주민들이다. 적어도 마을 단위의 조직화된 배움 공동체를 형성해 낼 수 있는 지역사회에서는 지역학습센터가 지역사회의 전통을 유지하고 지역 주민들의 개인적·집단적 발전이 촉진되리라는 점을 잘 인식하고 있다. 그러나 배움의 공간으로서 지역학습센터를 운영하는 데 필요한 재원을 온전히 지역 내에서만 충당하기는 쉽지 않다. 더욱이 지역학습센터의 성격이 형식 교육기관과 비형식 교육기관 사이라는 점에서 재원 마련 및 프로그램 운영 등의 외부 지원이 요구된다. 형식 교육기관에 대한 지원조차 충분하지 않은 상황에서 개발도상국의 비형식 교육기관, 특히 지역학습센터에 대한 지원은 최소 수준이고, 따라서 개발협력(원조)에 의존하는 경우가 많다. 비록 운영의 주체가 마을 단위의 지역에 일임되어 있지만, 지역학습센터의 조직과 운영, 프로그램 구성의 자율성은 온전히 보장된다고 보기 어렵다.

셋째, 지역사회의 문제를 풀어 나가는 공간으로 지역학습센터가 온전히 기능하고 있는가에 대해서는 이견이 크다. 그러나 지역사회의 문제를 교육적 방법으로 풀어 나가도록 승인하고, 또 마을이 이를 활용한다는 측면에서 지역학습센터는 마을 단위 지역사회와 아주 밀착되어 있다. 그런데 개발도상국, 특히 도심을 벗어난 지역사회에서는 한국처럼 단일한 역사문화적 특성을 공유하고 의사소통 수단으로 단일 언어가 사용되는 경우가 극히 드물다. 종교, 언어, 인종, 문화계층, 경제계급 등의 이해관계가 복잡하게 얽힌 문화적 특징이 고스란히 교육, 특히 지역학습센터의 프로그램과 운영에 반영되게 된다. 따라서 개발도상국의 지역학습센터는 규모뿐만 아니라 운영 방식, 운영 프로그램, 지역 내에서 부여되는 의미에서 아주 다양한 스펙트럼을 보인다.

이러한 특성을 바탕으로 아래에서는 네팔과 방글라데시를 개발도상국 지역학습센터의 사례로 제시하고, 이 두 국가의 지역학습센터 현황 및 특징을 살펴보고자 한다. 아시아-태평양지역에서 이 두 국가의 지역학습센터 활동이 가장 활발하게 전개되고 있다는 점이 두 국가를 선정한 이유이다. 더불어 이 국가의 지역학습센터 유형 및 전개 양상이 상당히 다르다는 점에서 두 국가의 사례를 통해 지역학습센터가 교육혁신을 위한 마을교육공동체운동에 더욱 풍부한 시사점을 얻을 수 있으리라 생각한다.

3. 네팔 NRC/NFE의 지역학습센터

네팔은 중국과 인도 사이에 끼어 있는 국가로 제국시대 식민화된 경험이 없다. 그러나 왕정을 이어 온 국가로서 근대적 민주주의 체제로의 이행이 아직 진행되고 있으며, 따라서 2007년이 되어서야 내전이 종식되었고, 여전히 이념 간 갈등 및 다양한 문화 집단 간의 긴장이 잔존해 있다. 불교의 기원인 석가모니가 태어난 나라이지만 인구의 80% 이상이 힌두교도이며, 인구의 10% 정도만 불교도이다. 국가의 동북지역에 히말라야산맥이 중국과의 국경으로 자리 잡고 있어 대부분의 인구는 그나마 평야지대인 남서쪽에 도시를 이루어 살아가고 있다. 교육제도는 주변 국가들(인도, 파키스탄, 방글라데시)과 같이 5-3-2-2-4로 되어 있다. 초등학교 취학률은 90%가 넘지만, 초등학교 졸업률 및 중등학교 진학률은 46%를 밑돈다. 총인구가 약 2,600만 명이지만 인구 중 5세 이상 문해율이 65.9%(남성 75.1%, 여성 57.4%, 2011년 기준)로 주변 지역에 비해 낮은 수준(부탄 제외)을 보인다.

[표 1] 네팔의 5세 이상 문해율 추이, 1950~2011

조사 시기	평균 문해율	여성 평균	남성 평균	성별 차이
1952/54	5.3	0.7	9.5	8.8
1961	8.9	1.8	16.3	14.5
1971	13.9	3.9	23.6	19.7
1981	23.3	12.0	34.0	22.0
1991	39.6	25.0	54.5	29.5
2001	54.1	42.8	65.5	22.7
2011	65.9	57.4	75.1	17.7

출처: UNESCO Kathmandu(2013), p.1.

네팔의 지역학습센터는 앞서 언급한 낮은 문해율 문제에 대응하는 방식으로 발전해 왔다. 특히 여성의 문해율을 제고하기 위한 지역사회의 개입이 네팔 지역학습센터의 특징으로 자리 잡고 있다.

네팔의 지역학습센터는 세 가지 유형으로 구분된다.

첫 번째는 정부가 주도하여 설립하고 일부 재정 지원을 하는 지역학습센터로 교육부의 비형식 교육정책의 일환이다. 학교교육을 포함한 형식 교육에 할당되는 예산도 크지 않은 상황에서 교육부가 비형식 교육에 투입하는 예산은 적은 편이다. 그러나 국제사회에서 네팔의 비문해율이 높다는 지적이 이어지면서 정부는 어쩔 수 없이 문해교육을 중심에 둔 비형식 교육정책에 중점을 두게 된 것이다.

두 번째는, 유네스코 방콕사무소를 통해 일본 정부에서 지원[3]하는 테라코야Terakoya[4] 운동의 일환으로 설립, 지원되는 지역학습센터이다. 이는 일본의 대중교육을 표방한 문해교육 성공 사례를 개발도상국에 전파하겠다는 차원에서 마련된 일본의 교육개발 의제에 따른 것이었다.

세 번째는 국제 NGOs가 지원하는 지역학습센터이다. 특히 액션에이드ActionAid International는 시민교육을 강조하는 문해교육 방법을 통한 네팔의 여성 역량 강화를 목표로 효과적인 교육 프로그램을 진행한 것으로 평가받고 있다.

이 외에도 불교 및 루터파 기독교 계통의 NGOs 활동이 활발하게 전개되고 있다.

[지도 1] APPEAL/UNESCO 지원 지역학습센터 설립·운영 현황, 2004

출처: UNESCO-Kathmandu, 2004: 51.

네팔은 이후에 다루어질 방글라데시처럼 브락BRAC이라는 단일한 단체의 운영 방침이나 프로그램 지원을 시행하고 있지는 않다. 정부는 1998년 비형식 교육 전담 부서National Resource Center for Nonformal Education, NRC-NFE를 통해 지역학습센터를 설립, 운영을 지원해 왔다. 2010년까지의 통계를 보면 205개의 지역학습센터를 건립했고, UNESCO에서는 25개의 지역학습센터가 건립되었다.UNESCO-Kathmandu, 2013: 50 여기서 이루어지는 활동은 앞에서도 언급한 바와 마찬가지로 비문해 여성들을 위한 기초 문해교육이 주를 이루고 있다. 학습자료실, 정보검색실,

영유아돌봄교실 등을 갖춘 지역학습센터는 여성들이 기초문해에서부터 기본적인 직업기술훈련에 참여할 수 있도록 학습지원체계를 제공하고자 한다. 뿐만 아니라 이미 학습하고 있거나 과정을 이수한 참여자들을 중심으로 지역사회의 학습동아리를 만들도록 하고, 이를 지도해 나갈 수 있는 지역사회리더과정을 개설하고 있기도 하다.

[그림 1] 네팔 지역학습센터의 활동 구조도

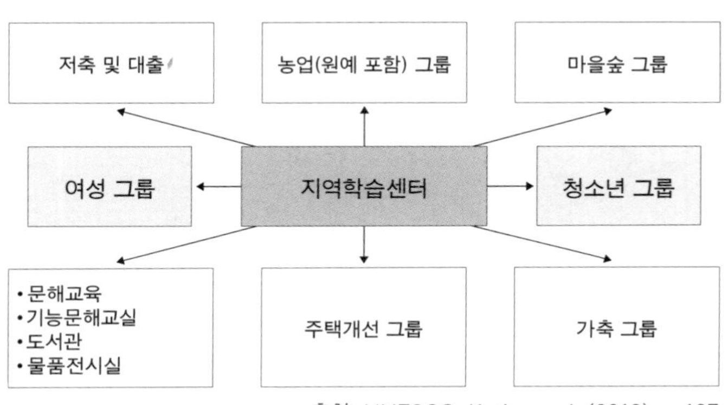

출처: UNESCO-Kathmandu(2013), p. 107.

학령기 아동 및 청소년들을 대상으로 해서는 학교를 보완해 주는 프로그램이 다양하게 존재하지 않는다. (필자가 경험한 바에 의하면) 지역학습센터는 학교 건물을 시간을 달리해 학생들과 함께 사용하거나 학교 부속건물의 일부를 교육지원청의 승인을 받아 사용하는 방식으로 공간을 마련하여 운영되는 경우가 많다. 이는 지역학습센터를 정부의 비형식 교육 담당 부서에서 주도적으로 참여하고 있기 때문에 가능한 구조라 할 수 있다. 또한 지역학습센터는 중등학교 및 2년제 전문대학의 기능을 담당하기도 한다. 이는 초등학교와 달리 중등학교가 당장 접근 가능하지 않은 경우 지역학습센터의 공간 일부에서 파견된 교사들이 학생들을 담당하여 가르치게 된다. 이때 학생들은 수업을 이른 아침, 즉 7시에 시작하여 11시쯤에 마치기도 한다. 일반적이라 하기는 어렵지만, 일찍 수업을 마친 학생들은 같은 센터에서 지원하는 직업기술훈련과정을 이수하게 된다. NGOs에서 지원하는 경우를 제외한 모든 지역학습센터는 정부의 가이드라인에 따라 운영되고 평가받는다. 여러 학습자료들을 참고하여 사용하기도 하지만, 정부에서 지급하는 출판물 및 학습 자료들을 학습 교재로 활용한다. 기술 매뉴얼, 학습지침, 뉴스레터, 홍보물 또한 UNESCO의 지원을 받아 정부가 관할한다.

(인도와 마찬가지로) 네팔의 지역학습센터는 학습을 촉진하고 이 성과를 통해 마을의 발전을 도모하고자 한다. 이후에 소개될 방글라데시와 달리 해외 단체의 지원을 매개하는 것도 정부가 관여하고 있기 때문에 비형식 교육은 마치 학교교육과 같은 형식을 띠고 전개된다. 최근에 발간된 네팔 지역학습센터에 대한 자료UNESCO, 2017를 보면, 센터의 프로그램은 여성과 소외 계층으로 일컬어지는 달릿 계층[5]들에게 제공되고 있다. 특히 소외 계층의 자녀들에게 학교 정규교육을 제공하고, 교과서, 교복, 학용품 등을 제공하기도 한다. 청소년을 포함한 여성들의 경우 문해교육을 이수한 이후에는 기초적인 수준의 직업기술훈련과정을 이수하도록 하며, 이 과정은 IT 및 최근 정보처리에 관한 기술까지 다루고 있다. 정부가 지역학습센터 운영을 위한 재원을 온전히 대지 않기 때문에, 센터의 운영위원회는 참여자들에게 일정한 회비를 갹출하고 각 센터별로 운영할 프로그램 지원 방안을 마련하고 있다. 그러나 여건이 좋은 센터가 많지 않은 만큼 가장 최소한의 공간만 가진 센터들은 센터가 의도하고 목적하는 바 충실한 프로그램을 운영하기 쉽지 않다. 또한 소외 계층을 대상으로 하는 만큼 이들에게 재원을 충당하기 어려워 기부금과 지역사회 바깥의 단체에게 후원을 요구하는 상황이 이어지고 있다.

4. 방글라데시의 BRAC 지역학습센터

인도가 영국으로부터 독립한 1947년 방글라데시를 포함한 파키스탄은 서로 다른 종교를 가진 지역이었다. 두 종교 간의 분쟁이 이어지면서 결국 파키스탄은 인도로부터 1956년 독립하였고, 종교는 같지만 서로 다른 언어와 문화, 인종적 특징을 보인 방글라데시가 1973년 독립하여 지금에 이르고 있다. 2016년 기준 인도 인구가 약 13억 2,000만 명, 파키스탄 인구가 약 2억 1,000만 명, 방글라데시 인구가 약 1억 6,000만 명으로, 인구 대국으로 지역의 사회문화적 경쟁관계를 이어 오고 있다. 방글라데시는 많은 인구가 도시에 집중되어 있고, 비옥한 삼각주 일대가 늘 홍수로 쓸려 내려가는 자연재해를 겪고 있는 탓에 저개발의 늪에서 헤어 나오지 못하고 있다. 값싼 노동임금을 토대로 개발선진국의 섬유, 고무 등의 상품공장을 유치하고 있지만 산업 발전을 위한 사다리에 올라서기에는 턱없이 부족하다.

방글라데시의 초등학교 취학률은 놀랍게도 거의 100%에 가깝다. 특히 초등학교의 취학률에서 남녀 성별 차이는 거의 없으며 오히려 여학생 취학률이 높은 경우도 있다. 그러나 초등학교 졸업률 및 중등학교 진학률은 거의 절반으로 내려간다. 중등학교 취학률은 52.3%Islam, 2009: 1에 그친다. 인도, 파키스탄과 마찬가지로 영국의 학제를 그대로 따르고 있는 방글라데시는 5-3-2-2-4학제를 유지하고 있으며, 중등학교는 3+2에 해당하는 5년제로 구성된다. 엄격한 시험으로 진급 및 진학을 결정하는 만큼 이에 대한 지원을 적절히 받지 못하는 학생들은 중도 탈락하게 된다.

방글라데시의 지역학습센터는 브락BRAC이라는 시민사회단체NGO에서 운영하는 것을 토대로 살펴볼 것이다. 브락은 방글라데시농촌진흥

위원회Bangladesh Rural Advancement Committee, BRAC로서 방글라데시가 1995년 농촌 지역에 처음으로 지역학습센터를 설립하기 시작한 기관이다. 지금은 방글라데시 국내는 물론이고 주변의 인도, 네팔, 미얀마와 함께 사하라 이남 아프리카의 개발도상국가에 지역학습센터를 지어 주고 프로그램 운영을 지원하고 있다.

[그림 2] BRAC 지원 지역학습센터 수 추이, 1995~2008

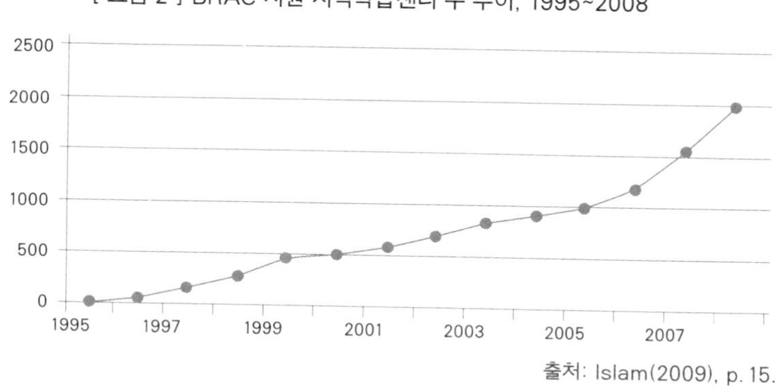

출처: Islam(2009), p. 15.

BRAC에서 운영하고 있는 지역학습센터의 설립 목적은 크게 세 가지로 구분한다. 첫째, 지역 주민들의 문해능력을 키워 주고 인쇄물, 전자활자 혹은 다른 유형의 문자 기반 정보에 접근할 수 있도록 한다. 둘째, 청소년들에게 소득 증대에 기여할 수 있는 직업기술을 가르치고, 이를 통해 지역사회의 빈곤문제를 해결하도록 지원한다. 셋째, 지역의 아동 및 주민들에게 정보기술을 통해 학습하는 시민으로 성장하도록 하고 변화하는 기술에 적극 대응할 수 있도록 한다. 프로그램 및 학습활동과 구체적으로 연계된 이 세 목표를 통해, 지역학습센터는 농촌 지역의 구성원 모두에게 기초교육의 기회를 제공하고 이를 토대로 센터 기반 학습조직을 마을에 안착시키고자 한다.

BRAC에서 지원, 운영하는 지역학습센터는 인구 400~500명 규모의

[지도 2] BRAC 지원 지역학습센터 설립·운영 현황, 2008

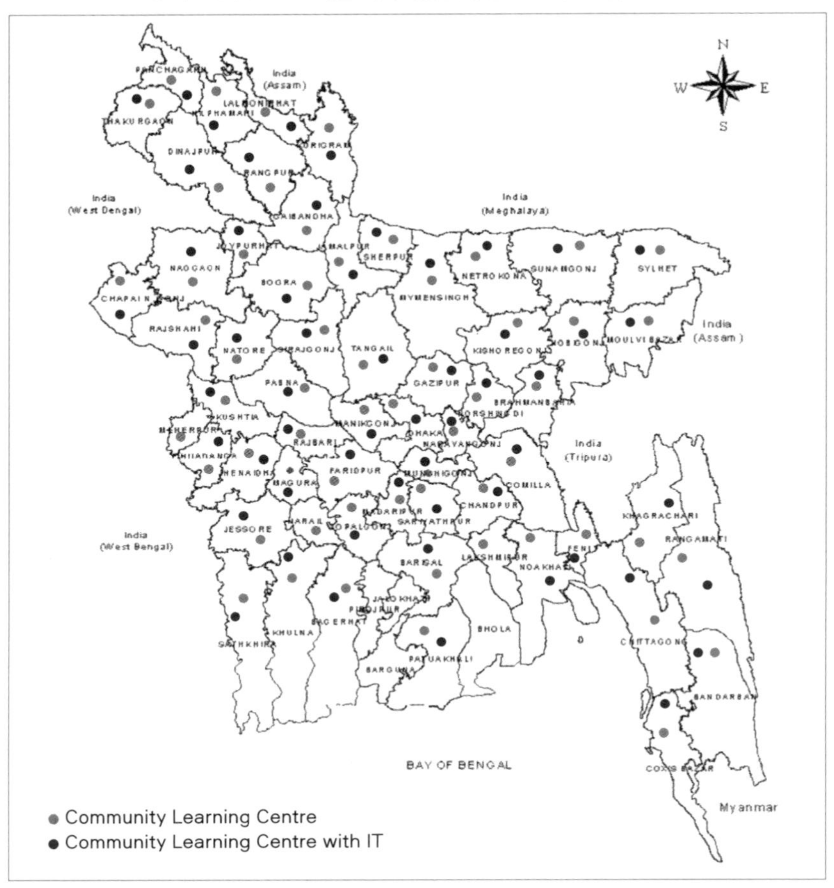

출처: Islam(2009), p. 17.

마을에 위치하며 대략적으로 여성 및 학령기 아동을 대상으로 프로그램이 운영된다. 하루에 50~60여 명의 학습자들이 센터 활동에 참여하며 도서관(성인용 도서 및 교과서를 비롯한 학생용 도서)을 이용하는 사람들은 20여 명 남짓 된다. 활동에 참여하는 사람들은 적지만 약간의 수업료를 내며, 센터 운영비로 사용된다. 아동들에게 제공되는 프로그램은 매일 혹은 일주일에 한 번 진행되는데 간혹 가난한 아동들에게 먹을거리를 제공하는 경우도 있다. 지역학습센터는 학교를 그만두었거나 학교에 가지 못한 학생들만을 위한 프로그램뿐만 아니라 학교 학생들을 위한 프로그램도 제공한다. 특히 도서관을 구비하지 못한 학교를 대신하여 도서관 서비스를 제공하고, 가난한 학생들을 위해 교과서를 무상으로 대여하기도 한다. 상위 학교에 진학을 원하는 가난한 중등학생들을 위해 시험을 준비하도록 하는 과외 프로그램을 제공하기도 한다. 이는 학생들의 부모가 비문해자이거나 아무런 교육 경력을 갖고 있지 않기 때문에 가정에서 적절한 지도, 조언을 받을 수 없기 때문이다. 미얀마, 라오스, 캄보디아는 한국, 대만, 홍콩 등과 같은 사교육이 발달했지만, 방글라데시는 학교와 가정에서 지도를 받지 못하는 경우 대체할 만한 보완적 학습장이 부족해 지역학습센터가 이를 대신하게 된다. 초등학교를 졸업하고 중등학교에 진학하지 않았거나 중등학교를 중도 탈락한 청소년들을 대상으로 하는 기초직업교육/훈련도 지역학습센터의 중요한 프로그램이라 할 수 있다. 이들에게 기초적인 문자해득 교육과 함께 가계 수입과 연계된 훈련(재봉, 미용, 농업기술, 컴퓨터, 창업 등)을 진행한다. 비문해 여성들을 대상으로 한 문해교육뿐만 아니라 성인들에게는 시민사회교육, 환경교육, 문화 이벤트 등을 제공한다.

사실 BRAC은 1972년 설립된 이래 점차 덩치를 키워 고용된 인력만 9만 7,742명에 이를 정도로 유력한 시민사회단체가 되었다. 주로 여성 및 청소년을 대상으로 하지만 이들이 진행하는 프로그램의 수혜자는 전 세계 14개국 1억 1,000만여 명(2017)에 이른다. BRAC은 어느 지역에 지역학습센터를 세워야 할지 결정하고, 설립된 센터의 프로그램을 기획하여 학습 대상자를 모은다. 이를 평가하고 보다 효과적인 학습 프로그램을 만들어 가기 위한 전략을 다양하게 구사한다. 전문가 그룹들이 센터의 운영에 관여하고, 지역사회의 요구 조사 및 성공적인 비형식 교육 프로그램을 확장해 나가는 노하우를 갖고 있다. 따라서 BRAC에서 운영하는 지역학습센터는 정확히 말해 마을에서 설립하고 마을에서 운영하는 방식의 학습조직이라 보기 어렵다.

그러나 BRAC의 지역학습센터는 센터가 만들어지고 특징지어지는 방식을 유지하기 위해 노력한다.

우선, 센터 운영 및 프로그램 기획에 마을 주민들의 참여를 전제한다. 비록 BRAC에서 운영비를 제공하지만, 운영비 전체를 부담하지 않고 절반만 부담함으로써 지역학습센터의 운영에 마을과 주민의 집단적 책임감을 부여하고 있다. 운영위원회에 마을의 지도자들을 반드시 포함시켜 센터에서 제공하는 프로그램의 내용과 형식에 적극 개입하도록 유도한다.

둘째, BRAC과 시민사회단체로 가난한 여성들을 위한 프로그램을 제공해 왔던 것처럼 지역학습센터는 비문해 여성, 가난한 여성 가장, 사회적 소외 계층의 아동 및 청소년들을 프로그램의 주 수혜 대상으로 정하고 있다. 프로그램별로 일정한 수업료를 받기도 하지만, 이들에게는 형식적인 정도에서 수업료를 정하고 개인의 학습 능력 및 생활 능력을 키울 수 있는 기회를 공평하게 부여하고자 노력한다. 9명의 센터 운영위원회에 7명이 여성인 이유이기도 하다.

셋째, 비용효과성을 통한 지속가능한 운영구조를 만들고자 노력한다. 센터의 건물은 마을에서 제공하며 운영은 BRAC과 마을이 공동으로 참여한다. 센터에 따라 다르지만, 도서관은 고정된 공간에 두지 않고 차량을 도서관으로 개조하여 지역별로 다니면서 서비스를 제공하기도 한다. 보다 접근 가능하고 효과적인 방법을 지역에 맞게 기획한다.

넷째, BRAC은 센터에서 훈련받은 사람들을 센터 운영 요원으로 적극적으로 채용하여 보다 긴밀하게 일할 수 있는 구조를 만든다. 특히 여성 참여자가 많기 때문에 문해교육 및 시민사회교육 과정을 마친 여성들이 해당 센터 혹은 주변의 다른 센터에 고용되어 일할 수 있도록 적극 지원한다. 2010년 통계에 따르면 방글라데시에서 BRAC이 지원하는 센터가 1,830여 개소 있으며, 여기에 고용된 75만 7,607명 중 49%가 여성이다.

5. 논의 및 마을교육공동체에의 함의

개발도상국의 지역학습센터를 다루고 있는 이번 장의 내용은 한국 및 이 책에서 소개되는 주요 선진국의 마을교육공동체 논의와는 여러 면에서 차이를 갖는다.

우선, 한국의 경우 마을교육공동체는 완전취학 이후 교육개혁의 일환으로 지역사회의 참여를 촉진하려는 방안의 하나이다. 그러나 개발도상국의 지역학습센터는 부족한 형식 교육을 보완하는 것과 더불어 지역사회개발의 문제를 매개하는 장으로 제안되는 것이다.

둘째, 한국의 마을교육공동체는 지역사회의 자원을 연계하여 학교교육의 질을 개선하려는 취지에서 접근하고 있지만, 개발도상국 지역학습센터는 센터를 중심으로 지역사회의 자원을 창출하려는 접근을 취한다.

셋째, 한국의 마을교육공동체는 지역교육청 및 지방자치단체의 재정적 지원이 학교와의 연계성을 마련하는 토대가 되지만, 개발도상국의 지역학습센터의 프로그램 및 운영을 위한 재원은 주로 민간단체의 지원으로 이루어지고 있다.

넷째, 한국의 마을교육공동체는 학교의 교과 외 프로그램을 다양화하는 전략적 관계를 갖지만, 개발도상국의 지역학습센터는 프로그램을 보다 공적이고 형식적인 차원으로 만들기 위한 전략을 택한다.

다섯째, 한국의 마을교육공동체는 학교의 학생들이 주된 대상이자 주체로 참여하지만, 개발도상국의 지역학습센터는 사회문화적 소외 계층을 대상으로 하며 연령, 성별, 계층을 구분하지 않는다.

이를 종합하면, 한국의 마을교육공동체는 형식 교육의 문제를 해결하기 위해 비형식 교육의 양상을 적극적으로 취하는 반면, 개발도상국의 지역학습센터는 비형식 교육의 맥락에서 부족한 형식 교육의 보완재로 기능한다.

전 지구적으로 초·중등교육의 보편화가 빠르게 확산되어 온 만큼 개발도상국에서도 학교교육의 기회를 모두에게 주고자 하는 정치적 개입과 교육 발전 방안이 마련되어 왔다. 그러나 학교교육의 기회를 갑자기 확대해 나가는 과정에서 학습환경이 이를 따라가지 못하고 적절한 교사 수 및 교사 수준의 제고는 엄두도 내지 못하고 있다. 따라서 공식적인 취학률은 100%게 가깝지만 실제 학교에 등교하여 수업을 받는 학생들

[그림 3] 학교교육과 지역학습센터의 관련성

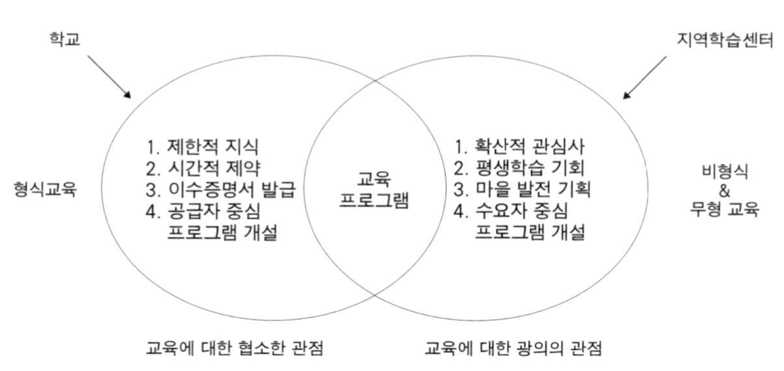

출처: 네팔 교육부(2004), p. 4.

은 반이 채 안 되는 경우가 많다. 필자가 다녀온 우간다의 북부 글루 지역의 초등학교에 등록된 전교생은 410여 명이지만 방문 당일 기록된 등교 학생 수는 148명이었다. 2000년 보편적인 교육 기회를 제공하겠다는 국제사회의 공동 노력의 결과는 여전히 양질의 교육이란 목표가 요원한 상황임을 다시 되새겨 보여 주고 있다.

이러한 학교 자체의 문제를 해결할 수 있는 중요한 연결고리로 많은 개발도상국들이 지역학습센터를 전략적으로 이용할 수 있다. 네팔과 방글라데시의 지역학습센터는 공통점과 함께 차이점을 보이고 있다. 이 두 국가의 지역학습센터 사례에서 볼 수 있는 공통점이라면 첫째, 센터를 중심으로 마을의 비형식 교육이 조직되고 있다는 점이고, 둘째, 여성들의 문해교육을 비롯하여 사회문화적인 소외 계층을 주요한 대상으로 삼고 있다는 점, 셋째, 비형식 교육의 목표는 개인의 시민성 계발과 같은 추상적인 차원이 아니라 지역 주민의 구체적인 수입 증가로 이어질 수 있는 훈련/활동으로 연계되어 있다는 점, 넷째, 주민들이 센터 운영에 참여하고 있으며 프로그램에 참여하는 사람들은 일정한 참가비용을 부담하고 있다는 점이다.

이 두 사례에서 볼 수 있는 차이점은 첫째, 네팔의 사례에서는 정부가 유네스코의 지원을 통해서 전체적인 비형식 교육체계 안에서 관리하고 있는 데 반해, 방글라데시에서는 NGO인 BRAC이 지원하고 프로그램을 제공한다는 점이다. BRAC은 보다 주민자치적이고 지속가능한 운영을 촉진하도록 하는 반면, 네팔의 경우에는 정부-비형식 교육 담당 부서-지역교육청 등의 위계화된 체계에 의해 관리되고 있다. 둘째, 네팔은 여성 비문해자들을 위한 문해교육 프로그램이 가장 중요하게 다루어지고 있지만, 방글라데시의 경우에는 지역 내 여성들의 소득 증대를 위한 활동에 많은 관심을 기울이고 있다.

이 둘은 서로 연속된 과정으로 통합되어 있는 경우가 많지만, 두 국가의 프로그램 운영 기관들은 초점을 약간 달리하고 있다. 셋째, 네팔에서는 학교교육과의 연계가 그리 뚜렷하게 드러나지 않고 있다. 이는 여성 문해교육이 갖는 중요성이 크게 비쳐지는 만큼 학교교육과의 연계성이 더 드러나지 않는 것일지도 모른다. 심지어 학교 내에 지역학습센터가 마련되어 있지만, 공간을 함께 점유하는 것 이상의 활동 연계가 두드러지지 않는다. 이에 반해 방글라데시에서는 여성뿐만 아니라 여학생들의 지역학습센터 참여가 두드러진다. 정부 차원에서 여학생들의 학교 진학을 독려하기 위한 여러 정책들을 내놓고 있는 것과 함께 여학생들의 학교 밖 학습환경을 지원하고 사회문화적으로 지지하는 데 지역학습센터가 중요한 역할을 하고 있는 것이다. 따라서 위의 그림에서처럼 학교교육과 비형식 교육의 독자적인 영역과 서로 겹쳐지는 영역 중에서 각자의 맥락에 해당하는 학습이 강조되고 두드러지는 양상이 나타나고 있다.

무엇보다도 지역학습센터는 지역사회의 다양한 구성원 모두를 학습의 주체로 삼고, 이들의 참여를 통해 구체적인 사회문제를 해결해 나가도록 한다. 따라서 학교교육과 비형식 교육의 공통된 학습 영역은 개발도상국에서 고민하는 교육개발 의제에서 중요한 역할을 차지하게 된다. 개발도상국의 지역학습센터 사례를 통해서 살펴본 바와 같이 학교의 안과 밖은 그다지 크게 구분되어 있지 않다. 한국처럼 깔끔하게 정리된 교육과정, 구조화된 학습환경, 경쟁적 선발을 겨냥한 엄격한 평가 시스템, 무엇보다도 수준 높은 교사가 함께하지 못하는 개발도상국의 학교교육은 학교 밖 지역사회의 보완적이고 대안적이며 참여적인 지원이 절실하다. 이들에 대한 관심은 단순히 학교교육을 마치는 것에 그치지 않고, 이들의 학습과 기술 습득이 지역사회에 어떤 방식으로든 되돌아올 것이라는 신뢰가 있기 때문이다. 지역학습센터의 기능을 어떻게 더 키워 낼 것인지의 문제를 두고 여전히 많은 도전 과제가 산적해 있지만, 지역학습센터가 개발도상국의 자라나는 세대들을 위한 중요한 배움터를 제공하고 학교와 지역사회를 연계해 줄 수 있는 매개로 자리 잡게 되리라 생각한다.

6. 학교혁신을 위한 마을교육공동체에의 함의

4차 산업혁명을 이야기하며 학교교육의 혁신을 이야기하는 시대에 마을교육공동체를 통해서 학교교육을 혁신하고자 하는 모양새가 이상하게 보인다. 서론에서 잠시 언급한 바와 같이, 사실 한국 사회에서 마을교육공동체는 새마을운동을 범국민적 참여로 만들기 위한 주요한 전략이었다. 지역사회학교community school라는 개념은 '근면, 자조, 협동'이라는 새마을운동 구호를 학교교육을 통해서 전파하고 실천하도록 하기 위한 장으로 기능했다. 이를 위해 학교는 지역사회의 개발 의제를 소재 삼아 학생 및 학부모들을 포함한 지역 주민들과 공동체적 일체감을 만들어 가도록 하기 위한 중추적 역할을 해야 했다. 이것이 얼마나 잘 기능했고, 또 이에 대한 평가가 어떠했는가의 문제를 떠나서 보면, 학교는 지역사회 속에서 하나의 중요한 사회적 기관으로 기능할 것을 요구받았고, 또 지역사회는 학교교육의 기능을 보완하고 지지하는 가장 중요한 자원이어야 한다고 전제되었다.

이 글에서 소개한 개발도상국(네팔, 방글라데시)의 지역학습센터 또한 1970~80년대 한국의 지역사회학교와 일면 유사한 특징을 갖고 있다. 개발도상국의 형식 교육 측면의 지원이 부족한 상황에서 지역사회의 자원을 토대로 교육의 기회를 확대하고 더불어 지역사회개발을 추동하려는 점이 그렇다. 한국의 학교교육은 예나 지금이나 정부의 재정 지원 비중이 선진국에 비해 낮은 수준을 유지했었고, 학교교육에서의 금전적 문제는 고스란히 학생과 학부모의 '강제적 기여'에 의존했었다. 개발도상국의 지역학습센터가 학교라는 이름보다는 '학습센터'라는 이름으로 불리는 것에 비해 동일한 기능을 가진 한국의 역사적 기관이 '학교'라는 이름으로 불렸던 정도가 차이라면 차이일 수 있을 것이다.

그런데 한국의 학교교육에 개혁과 혁신을 요구하는 상황은 개발도상국의 지역학습센터가 문제 삼고 있는 것과는 큰 차이가 있다. 특히 국가 주도의 개발주의developmentalism를 거쳐 오면서 '지역사회학교'는 보다 더 강한 울타리로 둘러싸인 '학교'로 탈바꿈해 왔고, 학교는 다시 '차별과 배제, 선발'을 위해 개인들을 줄 세우고 선별해 내는 공적 기관의 성격을 더해 왔다. 무엇을 가르치고 어떤 인간이 되어야 하는가에 관한 담론이 무성하지만, 정작 학교와 유사 학교로서 평가에 매진하는 '학원/개인교습shadow education'은 과정보다 결과에, 성과의 의미보다는 성과를 측정하는 방법에 열정적인 관심을 쏟아붓고 있을 뿐이다. 1980년대를 관통하여 '사교육'을 금지하던 시기가 있었지만, 지금 이 시기 한국사회는 이를 선택할 수 있는 가능성이 거의 제로에 가깝다. 결과보다 과정에, 성과 측정 방법보다는 성과에의 의미를 따져 묻도록 하기 위한 방법으로 '체험학습', '역량중심교육', '창의적 인성교육', '질문이 있는 교실'을 화두처럼 내세웠지만, 말 그대로 화두이자 수사적인 용어 사용을 넘어서지 못하고 있다. 원래 학교는 이런 곳이었을까? 이렇게 만들어진 것일까? 누가 어떤 방식으로 이렇게 만든 것일까?

마을교육공동체를 논의하는 이 책의 맥락에서는, 학교교육과 지역사회를 연계하여 지역의 참여와 지원을 통한 학교혁신이라는 주제가 전

지구적인 현상이란 점을 강조하고 있다. 그렇다면 다른 국가들과 차별적인 상황에 처한 개발도상국으로서 네팔과 방글라데시의 사례가 오늘, 한국의 학교교육 기제로서 마을교육공동체에 던져 줄 수 있는 시사점은 무엇일까? 다음 세 가지로 정리해 볼 수 있다.

첫째, 살펴본 지역학습센터의 기본적인 가정을 통해 학교는 지역사회에 속한 사회적 기관이다. 학교가 존재하고 지역사회가 존재하는 것이 아니라, 지역사회가 존재하고 학교가 존재하는 것이다. 학교를 지역사회에 속한 사회적 기관이라고 전제한다면 학교의 울타리는 보다 낮아지고 학교의 운영 및 프로그램은 지역사회의 참여가 전제된다고 할 수 있다. 정부의 교육정책이 정해지고 구체적인 교육과정 및 교수-학습 방법이 마련되어 교실로 전달되는 현재 한국의 관료적 교육 시스템 속에서 마을이 내용으로든 혹은 형식으로든 개입할 수 있는 여지는 점차 줄어들고 있다. 학교운영위원회가 법률로 정해져 운영되지만, 민주적 학교 운영을 담보한다는 의미와 실천은 기대에 미치지 못하고 있다. 학교의 주체이자 가장 중요한 주체인 교사조차 학교 운영에 적절하게 참여하고 있는가를 따져 묻는다고 해도 긍정적인 답변을 얻기 어려운 상황에서 학교 운영에 지역사회의 참여를 논의하는 것은 너무 먼 이야기일지 모른다. 중요한 것은 학교교육이 지역사회에서 어떤 의미를 갖고 있는지에 대해 우리는 어떤 전제를 갖고 있는가 질문해야 한다. 지역사회의 구성원들이 키워지고 지역사회를 위해 일할 미래 세대의 방향이 논의되는 시공간으로 학교가, 학교교육이 이해되고 있는가 진지하게 질문해야 한다. 안타깝게 학원이 지역사회와 갖는 관계처럼 학교 또한 지역사회에 대한 울타리의 높이를 더 높이는 것은 아닌가 싶다. 학생들의 봉사 프로그램, 진로/경력 지도를 위한 학부모 초대 프로그램, 교과 관련 지역탐방 활동의 프로그램이 학교와 지역사회를 이어 주는 것으로 보이지만, 정작 학교의 필요에 따른 프로그램들이지 지역사회의 필요나 지역사회의 쌍방향 소통이 중요한 프로그램은 아닌 듯하다. 지역사회 속 학교와 학교교육에 대한 인식은 기존 학교 구성원들과 학습 프로그램에 대한 접근을 상당히 다르게 접근하도록 할 것이다.

둘째, 지역학습센터는 교수-학습을 위한 정보지원 시스템을 갖춘 곳이다. 마을별로 지역학습센터의 시설 수준이 다르기에 포괄적이고 일반적인 용어로 정보지원 시스템을 기술하는 것은 어렵지만, 적어도 지역학습센터는 마을의 문제, 학습 요구, 해결 방안을 위한 플랫폼을 제공해준다. 지역학습센터의 자립적 운영과 센터 인력의 전문성은 이런 정보시스템의 질적 수준을 결정하도록 하는 데 핵심적인 준거가 된다. 한국도 민선 지방자치제가 전개되어 오면서 중앙이 아닌 각 지역의 독특한 개발 양상을 갖추기 위해 변신을 시도하고 있다. '마을의 재발견'은 이러한 과정에서 (어쩌면 당연하겠지만) 얻게 된 중요한 성과가 아닐 수 없다. 특히 자치체 구성원들의 문제 및 학습 요구에 부응하기 위한 정보 시스템이 다양하게 마련되고 있다. (일본의 공민관을 본떠 만든) 평생학습관, 지역도서관 등을 떠올릴 수 있다. 그러나 이러한 '플랫폼'이 학교교육과 보다 긴밀하게 연계할 수 있도록 할 필요가 있다. 학교의 시간적·공간적 범위를 지역사회로 넓히게 된다면, 혹은 지역사회의 의제가 학교 프로그램에 직간접적으로 개입하게 된다면 학교 울타리 너머의 정보센터는 형식적 교육과정과 비형식적 학습활동 간의 차이를 줄여 주게 될 것이다. 또한 지역사회가 가진 특징적 이슈들에 대해 학교교육과정의 적극적인 개입의 여지가 높아질 수 있을 것이다.

셋째, 개발도상국의 지역학습센터는 사회적 소외 계층의 교육 기회를 보장하는 방향으로 활동하고 있다. 개인의 교육 기회가 확장되면 (비문해자가 문해자로 변화되고, 사회경제적 문제에도 불구하고 학교 졸업에 성공하도록 하는 것) 곧 사회공동체의 진보에 긍정적인 것이라 본다. 따라서 학비를 충당하기 어려운 가난한 가정의 아이들, 비문해 여성, 학교 중도 탈락 후 직업을 찾는 청소년, 특히 여성 청소년들을 주요한 학습의 주체로 삼는다. 무엇을 가르칠 것인가, 이들과 어떤 교육적 관계를 만들 것인가에 대한 고민은 사실 거의 없다고 봐야 한다. 지역사회의 개발 문제가 결국 가계의 월 소득을 높이는 문제로 귀결되는 개발도상국의 농어촌 사회, 도시빈민 지역의 관심은 지역학습센터의 형식과 내용이 보다 교육적이고 구성주의적 접근이어야 한다는 우리의 관심과 사뭇 다르다. 그러나 분명한 것은 지역사회의 구성원 하나하나가 지역사회의 문제를 해결하는 데 중요한 주체이고, 이들의 배움과 학습 요구를 곧 문제해결을 위한 진전을 보여 주는 지표로 여긴다. 물론 이러한 배움의 문제에서 '차별', '배제'가 여전히 존재하는 지역들이 있다.『나는 말랄라』 읽어 볼 것 그럼에도 불구하고 지역학습센터는 교육의 기회와 이를 통한 발전이 개인의 문제라기보다는 가정의 문제이고 곧 마을의 문제라는 점을 분명히 한다. 적어도 지금 이 시대의 한국 마을교육공동체라는 주제가 '학교혁신'의 목표를 어디에 두고 있는지 냉철하게 성찰해 보아야 할 것이다. '개인의 학업성취도를 높이는 문제에 집착하지 마시오'라고 한다 해서 이 문제를 옆으로 내던질 학생, 학부모가 있을까? 어쩌면 학교혁신과 마을교육공동체 또한 화려한 수사어들 뒤에 또 다른 교수 방법으로서의 '혁신방안'으로 '마을교육공동체'를 이야기하는 것은 아닐까? 지역학습센터의 활동에 마을의 소외 계층들을 불러 모으고, 이들의 교육적 기회를 보장하고 성장을 촉진하려는 태도가 마을교육공동체의 큰 틀 속에서 나타나기를 바란다. 마을교육공동체는 지역학습센터에서처럼, 누구를 위한 활동과 연계가 곧 나와 내가 속한 지역사회의 '지속가능한 발전'에 필수적이라는 것을 어떻게 가르칠지 고민하는 배움의 장이 되어야 한다.

| 주석 |

1. UN을 대표로 하는 국제사회는 빈곤 종식을 천명한 국제사회의 개발협력 의제를 2000년 '새천년개발선언'으로 발표하였다. 빈곤 종식 및 기초교육 보편화를 포함한 총 8개 목표를 2015년까지 달성하자는 새천년개발목표(Millennium Development Goals, MDGs)는 2015년 17개 항목의 목표로 확대된 '지속가능발전목표(Sustainable Development Goals, SDGs)'로 이어져 실행되고 있다. 2015년 발표된 SDGs에서 교육은 '(2030년까지) 포용적이고 공평한 양질의 교육 보장과 모두를 위한 평생학습 기회 증진'을 핵심 목표로 삼고 있다.
2. UNESCO 방콕사무소에서는 아시아-태평양지역 교육혁신발전 프로그램(Asia-Pacific Programme of Educational Innovation and Development, APEID)을 통해 해당 권역의 국가별, 지역별 교육혁신 방안을 자문, 지원하고 있다. 지역학습센터는 지역의 교육문제를 해결하기 위한 대안적 접근으로 평가받아 왔다.
3. 일본 정부는 1987년 유네스코 방콕사무소에 The Asia Pacific Programme of Education for All(APPEAL)을 설치하도록 하고, 여기에 자국의 전문가 파견 및 활동비, 사업비를 지원함으로써 개발도상국의 교육 프로그램에 관여해 왔다.
4. 데라코야(寺子屋)는 17세기 이후 불교사원에서 이루어진 문해교육을 일컫는 말로, 에도 막부가 들어선 이후 귀족 및 군인 중심의 교육을 대중에게 보급하기 위한 목적이었다. 1990년~2001년에 네팔에서 37개의 프로젝트를 진행해 1만 3,300명의 문해자를 길러 냈다고 보고된다.
5. 힌두교가 주요한 종교인 네팔은 인도와 마찬가지로 사회계급구조가 뚜렷하게 존재하고 있다. 헌법적으로야 사라진 계급이지만, 일상 속에서는 아주 구체적인 수준까지 출신 계급에 따라 직업 선택 및 활동 반경이 결정되는 경우가 많다. 도시지역은 덜한 편이지만, 농촌 및 산간 지역에서는 여전한 사회적 편견 구조가 존재한다. 더욱이 얼굴색의 정도에 따라 차별하는 것도 사회문제로 남아 있다.

| 참고 문헌 |

Alam, Kazi Rafiqul(Unidentified). "Creation of Learning Society Through Community Learning Centres (Ganokendra): An Innovative Approach". Dhaka Ahsania Mission, pp. 1-7.

Dangwal, Ritu(2009). "Community Learning Centre & District Learning Centre-Enhancing Opportunities for the Underprivileged Youth", pp. 1-9.

Islam, Safiqul(2009). "Community Learning Centre (CLC): Developing a Learning Society in Bangladesh". WORLD LIBRARY AND INFORMATIONCONGRESS, pp. 1-17.

MOE(2004). "Community Learning Centers in Balochistan". Country Report on Literacy and Community Learning Centers. Pakistan, pp. 1-10.

MOE(2004). "Country report for Regional Seminar on Community Learning Center". Lao PDR, pp. 1-21.

Sakya, T. M.(1999). "Special Issue on Role of Community Learning Center for the Promotion of Literacy and Quality of Life". LITERACY WATCH COMMITTEE OF NEPAL. BULLETIN NO. 9, pp. 1-15.

UNESCO(2017). "Community Learning Centers In Nepal: Status and Recommendations", pp. 1-22.

UNESCO-Kathmandu(2004). "UNESCO Workshop On Community Learning Centres: Evaluation and Future Directions", pp. 1-210.

UNESCO-Kathmandu(2013). "Literacy Status in Nepal (Literacy rate by age group 5 +)", pp. 1-81.

제10장

한국 마을교육공동체운동과 정책의 상호작용: 학교와 지역의 관계 재구축 관점에서[1]

양병찬(공주대학교 교수)

1. 문제제기

학교현장에서 '마을과 함께'라는 목소리가 들리기 시작한다. 이는 결국 교육이 학교만의 과제가 아니라 지역사회의 모든 영역이 함께 해결해야 할 과제라는 의미를 함축하고 있다. 원래 교육과 돌봄은 그 지역의 공동 과제였다. 그러나 근대 학교의 등장과 함께 교육은 국가 책무로 이관되었고 지역과도 분리되었다. 더욱이 급속한 도시화로 인하여 마을의 공동체는 약화되었고, 학교는 학생들의 앎과 공동체적 삶을 통합시키지 못하고 있다. 이로 인해서 지역과 학교 공히 여러 가지 교육문제들에 직면하고 있다.

최근 위기에 직면한 한국 교육계에 '마을교육공동체'라는 개념이 새로운 전략으로 제시되었다. 이는 경쟁적 교육에서 벗어나 함께 배우는 공동체적 가치를 지향하고 있다. 또한 학교의 울타리를 넘어 지역과의 연계를 핵심 과제로 삼는다. 근래 많은 교육청들이 학교와 지역의 연계 사업으로 '마을교육공동체'를 도입하면서, 기존의 지역교육공동체운동과 관련된 용어들이 이로 수렴되어 버리는 경향이 있다. 마을교육공동체 정책은 모든 교육문제 해결의 대안으로 '전가의 보도'인 양 과대평가되기도 하며, 한편으로는 단순 프로젝트로 인식하여 교사들에게 '또 하나의 짐'으로 이해되기도 하여 그 개념의 풍부함을 빼앗기도 한다.

최근 많은 영역에서 주민들의 실천활동들이 지역을 변화시키고 있다. 특히 교육 영역에서 작은도서관운동을 비롯하여 공동육아, 마을학교, 학습마을, 학습동아리 등 다양한 이름으로 주민들이 주체가 되어 지역의 교육적 영향력을 확장하고 있다.양병찬 외, 2011; 양병찬, 2015; 김종선·이희수, 2015; 이규선, 2017 한편, 그동안 '학교 안에서' '정규교육' 과정에 제한하여 교육적 에너지를 올인하였던 학교도 마을로 시선을 돌리고 지역과 주민들의 역량에 관심을 가지면서 새로운 모색을 시작하고 있다.서용선 외, 2016; 김용련, 2015; 김혜영, 2017 위기의 학교는 지역과의 새로운 관계 맺기로 돌파구를 찾고자 한다. 과거의 학교와 지역의 관계에서 학교는 우위적 상황에서 '학교 개방'을 요청받았던 것과는 전혀 다른 상황이다.김성열, 2017

그동안의 다양한 마을교육공동체 논의에서 지역과 학교는 언제나 양자 대립적 관계로 인식해 왔다. 따라서 학교 우선적 관점과 학생만을 성장의 대상으로 보는 경향으로 이어진다. 이러한 관성으로 인해 마을교육공동체의 논리가 학교를 중심으로 지역교육을 도구화하는 한계를 가지고 있다는 것을 지적하고 싶다. 그러나 우리가 꿈꾸는 교육공동체가 학교를 위해 지역 자원을 동원하는 식으로 이룰 수 있을까. 이 연구는 최근의 운동과 정책 양 측면에서 공히 부각되고 있는 마을교육공동체 개념을 분석하고자 한다. 이와 함께 기존의 교육실천운동이 담지하고 있는 마을교육공동체적 성격과 새롭게 추진되고 있는 정책과의 상호적 관계를 중심으로 최근의 마을교육공동체 현상을 분석함으로써 학교와 지역의 관계 재구축의 가능성과 한계를 구명하고자 한다.

2. 한국 '마을교육공동체' 현상의 배경

1) '마을교육공동체' 확산의 배경

가. 사회 구조적 변화

저출산·고령화를 비롯하여 제4차 산업혁명, 양극화 등 사회의 구조적 변화가 광범위하게 진행되고 있다. 이러한 사회의 근본적 변화는 관료형 근대 학교의 역할에 의문을 품게 되고 새로운 교육 대응을 요구하고 있다. 우선 저출산·고령화라는 인구통계학적 변화는 유소년부양비[2]가 급속히 낮아지기 때문에 기존의 학교 투자 관점의 변화와 재구조화를 요청하게 된다. '아이들이 귀해지는' 시대가 되면서 가정에서는 기존 다산多産 시절과는 다른 교육 투자관을 갖게 되었지만 국가는 여전히 경쟁교육과 소수 집중 투자 전략을 견지하고 있다. 두 입장의 차이를 고려한 교육정책이 요청되는 시점이다.

사물인터넷IoT이나 인공지능AI 등으로 인해 기존 직업의 소멸과 이에 따른 창조적 직업 창출이 시급하다고 난리다. 지금과 같은 입시 중심의 학교 모델로는 새로운 시대에 대응할 수 있는 미래 인재의 양성이 불가능하다고 한목소리로 이야기하고 있다. 이로 인해 미래 역량을 키우기 위해서는 핵심역량(생각하는 힘, 관계역량, 다중지능, 자기주도력 등) 개념이 강조되고 있다. 그러나 한국의 학교교육은 여전히 입시 경쟁에 몰두하고 있어 사회 변화에 적절히 대응하지 못하고, 사회에 대한 문제 해결력도 부족하다. 한편, 양극화라는 사회 구조적인 문제 역시 계속 악화일로에 있다. 빈익빈 부익부는 교육의 불평등으로 다시 재생산되어 지역 간 격차·계층 간 격차는 더욱 벌어지고 있다. 이 문제 역시 학교가 해결할 수 있는 기미는 보이지 않고 있다. 근대 학교의 이념이었던 교육 평등

기제로서의 역할을 하고 있지 못하거나 오히려 불평등을 조장하고 있다. 물론 다양한 교육복지 정책들이 시행되고 있지만 실제적인 효과를 입증하기에는 한계가 있다.

나. 위기의 학교

'교실붕괴'라는 용어에 함축되어 있는 학교의 많은 문제들은 '교육이 불가능한 시대'오늘의 교육 편집위원회, 2011를 증명하고 있다. 이러한 학교 위기 상황의 여러 징후들은 공교육 불신의 풍토를 확산시키고 있다. '입시 지옥'은 한국의 교육 경쟁이 얼마나 치열한지를 보여 주고 있다. 또한 학력學歷에 의한 사회적 지위 배분 기능이 지나치게 강조되면서 교육 경쟁은 더욱 극렬해지고 있다. 경쟁적 교육체제 속에서 행복하지 않은 학교와 억압받는 학생들[3]은 교실붕괴, 학교폭력, 교사부재 등의 근본적인 교육문제에 노출되게 된다.

1998년에 폐지되었던 '일제고사'가 2008년 '국가수준학업성취도평가'로 부활하여 문제는 더욱 심각해지고 있다. OECD 국제학업성취도평가 PISA에서 계속적으로 학업성취도 최우수 수준이지만 상대적으로 학습 의욕은 최하위권에 머무르는 것도 이러한 현실을 반영하는 것이다. 이는 기존 입시 위주 교육이 한계에 직면해 학교교육 내적으로 학력 만능에서 교과 통합, 체험 중심, 현장 중심의 교육으로의 전환을 요청하는 것인데, 입시 위주에서 다양성과 유연성에 기초한 교육혁신이 진행되고 있다.

다. 미래 학교 시나리오

근대 교육의 중심 체계인 학교에 대한 미래 예측 시나리오와 관련된 논의가 새롭게 부각되고 있다. 미래의 학교는 어떤 모습일까? 지금처럼 아이들은 학교에 가서 배우고, 집과 학교는 엄격히 구분될까? 학교는 배움의 터전으로 여전히 건재할 수 있을까? 2001년 OECD에서 발표한 '미래 학교 시나리오'에서 미래의 학교는 [표 1]과 같이 변화될 것으로 예상하고 있다.OECD, 2001 크게 보아 관료 시스템과 시장경제 모델에 순응하여 '현상유지'하거나Status quo, 학교의 역할과 형태가 크게 바뀌어 '재구조화'되거나Re-Schooling, 또는 학교 시스템의 붕괴를 포함한 '탈학교De-Schooling'의 방향으로 갈 것이라고 내다보면서, 여섯 가지 미래학교 시나리오를 제시하였다.

[표 1] OECD의 미래 학교체제 개혁 시나리오

I. 현상유지형 (Status quo)	II. 학교개혁형 (Re-Schooling)	III. 탈학교형 (De-Schooling)
1. 완고한 관료제 학교	3. 중핵 사회센터로서의 학교	5. 학습자 네트워크와 네트워크 사회
2. 시장 모형 확대	4. 혁신적 학습조직으로서의 학교	6. 교사 엑소더스 학교 붕괴

출처: OECD(2001). *What Schools for The Future*.(Paris: OECD). p. 77-98.

여섯 가지 시나리오 중 Ⅱ-3은 학교가 "지역사회의 핵심 센터"로 재구성되는 것으로 현재 우리가 논의하고 있는 마을교육공동체 논의와 밀접한 관련을 갖는다. 학교와 지역의 연계를 강조하는 이 개념은 미래 사회의 변화와 함께 학교와 지역의 관계를 재설정해야 함을 지적하고 있다. 앞에서 지적한 바와 같이 21세기의 시대적 변화와 근대 학교체제는 그 지향이나 관계 원리 등에서 서로 미스 매칭되고 있다. 이러한 상황에서 학교와 지역의 새로운 관계를 어떻게 재구축할 것인가라는 관점에서 '마을교육공동체' 현상을 주목하고 싶다.

2) 한국 '마을교육공동체'의 기원

최근 마을교육공동체에 대한 논의가 확산되면서 그 기원起源에 대한 관심도 높아지고 있다. 물론 관점에 따라서 다양한 주장이 있을 수 있지만 이러한 움직임은 이미 오래전부터 다양한 형태로 존재해 왔다. 미국 지역사회학교 운동의 학교 개방 운동에서 그 연원을 찾는 견해들김종서·주성민, 1987; 양병찬 외, 2003; 김성열, 2017을 비롯하여, 풀무학교의 학교와 지역 연계 실천에 주목하는 관점들양병찬, 2008; 강영택, 2017 그리고 최근의 혁신 교육감 공약이나 마을공동체운동의 일환으로 그 움직임의 에너지가 나왔다고 보는 관점서용선 외, 2016 등 다양하지만 대부분 지역과 학교의 협력을 그 이념으로 하고 있다. 여기서는 우선 다양한 맥락에서 형성되어 온 마을교육공동체의 뿌리들을 검토해 보기로 한다.

가. 학교 개방

세계적으로 학교와 지역사회의 관계가 강조된 것은 1930년대 주창된 미국의 지역사회학교community school 운동에서 그 기원을 찾는다. 이 운동은 존 듀이J. Dewey의 생활 중심 교육에 그 이념적 기반을 두고 전 세계로 확산되었고 우리나라에도 영향을 주었다. 1953년 유네스코 한국 파견교육계획시찰단UNESCO-UNKRA은 지역사회학교를 권고하였다. 이는 학교의 자원(인적·물적)이 지역에 개방되어야 한다는 학교 개방을 강조하였다.중앙교육연구소, 1963: 13 이렇게 학교와 지역사회가 불가분의 관계에 있다는 것이 계속 강조되었고, 특히 지역 주민을 위한 학교 개방이 '향토학교', '새마을학교' 등의 명칭으로 시책화되어 1970년대까지 관 주도적 사업으로 진행되다가 그 후에 '한국지역사회학교후원회'(현재의 '한국지역사회교육협의회')라는 단체가 만들어져 개별 학교 단위로 민간 주도 지역사회교육운동의 형태로 추진되었다. 2000년대 이후로는 교육부 시책으로 '학교 평생교육 시범학교' 사업 등으로 전개되다가 2007~2010년까지 '지역과 함께하는 학교' 사업으로, 이후 그 사업을 이어서 2011년 '학부모교육 지원' 사업으로 변형되어 운영되고 있다. 현재 지방정부나 교육청별로 교육상생 사업이나 마을교육공동체(마을학교) 사업 등으로 다양화되고 있다.[표 2] 참조

[표 2] 한국 학교 개방(지역사회학교) 사업의 역사

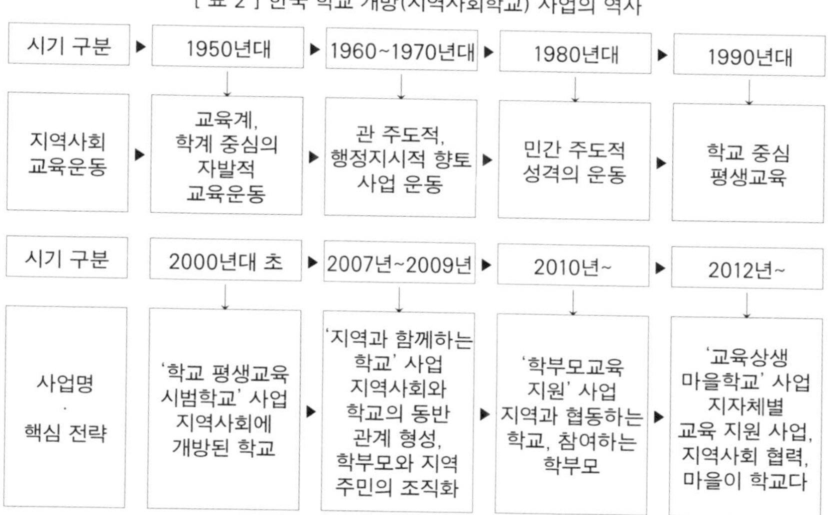

시기 구분	1950년대	1960~1970년대	1980년대	1990년대
지역사회 교육운동	교육계, 학계 중심의 자발적 교육운동	관 주도적, 행정지시적 향토 사업 운동	민간 주도적 성격의 운동	학교 중심 평생교육
시기 구분	2000년대 초	2007년~2009년	2010년~	2012년~
사업명 · 핵심 전략	'학교 평생교육 시범학교' 사업 지역사회에 개방된 학교	'지역과 함께하는 학교' 사업 지역사회와 학교의 동반 관계 형성, 학부모와 지역 주민의 조직화	'학부모교육 지원' 사업 지역과 협동하는 학교, 참여하는 학부모	'교육상생 마을학교' 사업 지자체별 교육 지원 사업, 지역사회 협력, 마을이 학교다

여기에서 주목할 것은 학교가 지역사회의 주민과 학부모들을 계몽하는 주체로서의 역할을 해 왔고 늘 학교 개방의 문제는 교직원들에게 부가적 업무로 인식되어 관리 문제로 귀결되었다.[양병찬 외, 2003: 164] 학교는 지역에 문호를 개방함으로써 아동뿐만 아니라 성인까지도 책임져야 하느냐는 부담감을 가지고 있었다. 이러한 주민과 학교의 갈등적 관계의 경험들은 오늘날의 마을교육공동체운동이나 실천에 큰 장애가 되고 있다. 이처럼 과거의 학교와 지역사회의 관계를 김성열[2017: 17]은 '학교 우위의 지역사회학교 모형'이라 규정하면서 이는 더 이상 유효하지 않으며

새로운 관계 모형으로 "지역사회로부터의 지원"을 받아야 하는 관계를 주장하고 있다.

> 학교는 지역사회보다 더 이상 여러 면에서 나은 기관이 아니다. 우리 사회의 여건 변화에 따라 학교와 지역사회의 관계도 변화되어야 한다. 앞으로 학교와 지역사회의 관계는 학교가 본래적으로 가지고 있는 교육 기능을 제대로 수행하기 위하여 지역사회로부터 다양한 자원을 지원받아야 하는 관계여야 한다. 지원을 받지만 학교는 지역사회로부터 자율적이어야 한다. 이러한 관계를 [   ]라고 이름 붙일 수 있을지 모르겠다.
> 김성열, 2017: 17

이러한 움직임은 학교 내부에서도 제기되고 있다. 구체적으로는 방과후교육을 비롯하여 교육복지, 진로교육, 학교협동조합 등 다양한 영역에서 이러한 필요가 제기되고 있는 것이다. 그런데 왜 갑자기 학교에서 학교 밖인 지역사회에 관심을 보이는 것일까? 원래 학교개방론의 주창자인 올센E. Olsen, 1958은 학교의 자원을 지역에서 그리고 지역의 자원을 학교가, 하는 쌍방향성을 제기하였다. 그러나 이러한 상호성을 이해하고 학교 개방 운동이 진행되는 경우는 매우 드물었다.

나. 학교 중심의 교육공동체

전통적으로 교육공동체는 '학교 구성원의 공동체'를 말하는 것으로 제한적으로 사용되어 왔다. 학교라는 공간에 한정하여 교사와 학생, 그리고 학부모의 관계를 중심으로 하는 경향이 주류를 이루어 왔다. '학교 중심의 교육공동체'라고 할 수 있다. 이러한 태도는 최근 마을교육공동체 정책의 방향을 선도하였던 경기도교육청의 관점에서도 확인할 수 있다. 경기도교육청 마을교육공동체론을 선도하였던 서용선 외2016: 39는 "우리가 그리는 마을교육공동체는 학교를 중심으로 마을을 만들어 가는 것"이라고 전제하면서 논리를 전개하고 있다.

이러한 사고방식은 그동안의 제도권 교육 중심의 사고체계와 연결되어 있다. 최근 확산되고 있는 진보 교육감들의 마을교육공동체 정책 속에도 여전히 녹아 있다. 마을교육공동체라고 언명하지만 실제는 '학교를 중심으로 한' 학교교육공동체를 말하는 것으로, 학교의 아동 청소년의 성장을 위해서 지역의 자원을 동원하고 학교 중심으로 지역 기관과의 네트워크를 구축해야 함을 강조하고 있다. 이는 거의 반세기 전에 근대 학교의 교육 독점에 대한 일리치I. Illich, 1970의 통렬한 비판이 떠오르는 지점이다. 학교 개방이라는 공간적 개방과 관계의 수평적 상호작용에 대해서 새로운 검토가 요청되는 시점임에도 불구하고 여전히 "교육=학교"라는 근대 학교 모형에 갇혀 있다는 사실을 지적하고 싶다.

다. 마을 만들기 추진 과정에서

최근 지방자치단체의 다양한 마을 만들기 사업 확산도 또 하나의 배경으로 제기되고 있다. 지방정부들이 앞다투어 독자적인 마을 만들기 정책을 추진하기 시작하였다. 그동안 행정 주도 성과주의적 지역개발 사업에 대한 대안으로 주민참여형의 마을공동체 만들기 사업이 활발하다. 이러한 마을공동체운동·사업의 확산 분위기 속에서 '마을학교' 개념이 광범위하게 사용되면서양병찬, 2014a; 김종선·이희수, 2015 "마을교육공동체의 출발에는 '마을공동체'가 자리하고 있다"서용선 외, 2015: 24는 인식도 존재하며 "마을 만들기 흐름 속에 마을교육공동체가 탄생했다"같은 책, 39는 주장도 나오고 있다.

마을공동체와 마을학교의 관계에 대해서 "마을 만들기 사업에서 마을학교는 애초부터 상정되어 있던 것"이라는 유창복 전 서울마을공동체 지원센터장의 인터뷰 내용최혜자, 2015: 11도 이러한 주장과 연결되어 있다. 이러한 생각은 마을공동체에서 자연스럽게 마을학교가 만들어지며 이를 '마을 만들기의 고유의 것'이라고 전제한 것이다. 서울시 마을공동체 지원센터에서 추진한 마을학교 사업은 이러한 측면의 관점을 가지고 있다.마을과 학교 상생 프로젝트 연구팀, 2015 마을이 학교와 연계할 수 있는 '고리'가 존재하며 이를 '마을학교'라 규정하는 것이다. 2015년 마을학교 형성을 위한 프로젝트로 '마을과 학교의 상생 프로젝트'를 실시하면서 '학교에서 마을' 유형과 '마을에서 학교' 유형으로 나누어 진행하는 것은 쌍방향성을 의식하고 있다. 그러나 이 역시 학생을 위한 교육에 편중되어 있다. 그들을 위한 주민들의 성장 과정에는 주목하지 않는 한계가 있다. 모든 마을이 이러한 요구에 준비되어 있는 것이 아니다. 결국은 지역 주민들의 성장이 기반이 되어 아동 청소년과 함께 의미 있는 경험을 할 수 있는 지속가능한 마을을 만드는 것이 필요하다.

라. 주민공동체 교육의 다양한 실천

시선을 지역으로 돌려 보자. 지역에는 오래전부터 다양한 주민공동체 운동들이 전개되어 왔다. 그 운동의 계기들은 다양하지만 그 가운데 교육활동을 중심으로 출발한 단체들이 많다. 특히 야학의 형태를 띠고 주민교육운동이 전개되었던 공동체운동으로는 '안양시민대학'을 비롯하여 노원의 '마들주민회,' 청주 '일하는 사람들' 등이 그 대표적인 단체들이다. 지역의 필요(글 모르는 성인들, 돌봄이 필요한 아동, 청소년들에 대한 관심 등)에 나름의 방식으로 대응하였던 단체들은 교육활동을 중심으로 사업을 전개하여, 교육을 마친 학습자들이 지역의 활동에 참가하면서 자신이 주체라는 의식도 성장하였다. 주로 학생운동 출신인 활동가들은 지역 활동 참여 그 자체를 '사회참여교육'라고 규정하기도 하였다.양병찬, 2008 이러한 사회교육 실천의 전통은 개인의 주체성과 지역 공동체성을 찾고자 하는 교육공동체의 원형이었다고 평가할 수 있다.

오래전에 시작된 마을공동체들은 어떻게 마을 만들기 활동을 전개해 오면서 나름의 공동 목표와 가치를 유지할 수 있었을까? 그리고 이들의 실천 동력은 어떻게 만들어졌을까? 그 해답은 선구적 마을공동체운동들이 나름의 주체 형성 메커니즘, 즉 고유의 교육구조와 활동을 가지고 있었다는 데서 찾을 수 있다. 이들은 참여적 교육과정을 통해서 주체 형성과 지역 과제에 대한 적극적 참여를 이어 왔다.양병찬, 2014a; 양병찬, 2016 이러한 실천들에서 볼 수 있는 것은 마을 만들기와 관련해서 주민의 평생학습은 지역의 과제에 주민의 적극적인 참여를 촉진시키며 지역 활동에서의 역량을 강화해 줄 수 있다는 것이다. 또한 주민들의 학습활동이 지역의 사회적·경제적 문제를 해결할 수 있는 '고리'로 작용할 수 있는 것이다. 주민 주도의 마을 만들기를 위해서는 공동체적 가치를 공유하고 실천력을 가진 풀뿌리 주민들의 역량 개발이 필요하다. 주민들이 함께 모여 지역의 문제에 대한 의견을 나누고 서로 배우고 가르치고 해법을 찾아 실천에 옮김으로써 결국 지역 변화에 공헌하게 된다.

3) 마을교육공동체의 개념

현재 학교가 직면한 교육 불신과 교육 주체 간의 갈등을 해소하기 위해서는 지역과의 연계를 강화해 나갈 필요성이 제기되고 있다. 지역과 연계된 학교로 거듭나기 위해서는 교육 주체인 주민과 학교, 아동, 행정 등의 활발한 교류가 필수적이다. 휴고Hugo2002는 이러한 교육 주체들의 연대를 '지역교육공동체'라고 칭하였는데, 이는 지역공동체와 교육이

융합된 것으로 "지역 주민들이 함께 모여서 자신들의 학습의 방향, 내용, 목적에 대한 통제와 영향을 행사하는 공동체"를 의미한다고 규정하였다. 현재 한국 사회에 빠르게 확산되고 있는 마을교육공동체 현장은 공간적·사회적 의미를 함축하고 있는 '마을'이라는 다분히 한국 고유의 개념양병찬, 2014a에서 출발하는 지역교육공동체를 말하고 있다.

가. 마을(지역) 기반

마을교육공동체는 작은 지역과 사회적 관계라는 속성을 가지고 있는 '마을(지역)'을 기반으로 하는 교육공동체이다. 여기서 마을의 범위가 논란이 있지만 현재 논의의 수준은 예산 등 자율적 의사결정이 가능한 기초자치단체를 전제로 논의한다. 이는 마을을 기반community based으로 한 교육운동의 보편적인 방향으로 다분히 지역 고유의 특성을 가지고 있으며, 마을 내의 주민 주체가 존재한다는 특징을 가지고 있다. 이에 서용선 외2015: 121-124는 마을을 기반으로 하는 공동체 교육은 '마을을 통한 교육', '마을에 관한 교육', '마을을 위한 교육'이라는 세 가지를 지향하면서 구현될 수 있다고 주장한다. 첫째, 마을을 통한 교육learning through community은 그 지역사회의 인적, 문화적, 환경적, 역사적 인프라를 적극적으로 활용하여 이루어지는 학습의 형태를 말한다. 둘째, 마을에 관한 교육learning about community은 학생이 속해 있는 지역에 대하여 배우는 것이다. 셋째, 마을을 위한 교육learning for community은 학생들이 지역사회 발전의 훌륭한 자원이 될 수 있도록 미래 진로 역량을 키워 주는 활동이다. 이상을 종합하여 김용련2015은 마을교육공동체를 '마을이 아이들을 함께 키우는 것,' '마을이 아이들의 배움터가 되는 것', '아이들을 마을의 주인(시민)으로 키우는 것'을 의미한다고 정의하고 있다.

나. 마을교육의 주체

앞에서 제시한 마을교육공동체에 내포된 개념인 세 가지 지향에 더해서 놓쳐서는 안 될 것이 그 주체에 대한 논의이다. 앞에서 미래의 주인으로 아이들을 키우는 것을 강조하고 있지만, 현재 그 지역의 의사결정권자인 주민들의 성장에 대한 논의가 필요하다. 마을교육공동체운동과 사업의 주체에 대한 이해를 보다 깊이 있게 논의해야 하는 것이다. 즉, 마을 주민에 의한 교육learning of community이 강조되어야 한다고 생각한다. 누가 마을교육에 대한 의사결정을 할 것인가? 그리고 이를 추진할 것인가? 학교인가? 아니면 마을 주민인가? 이에 대해서 홍동의 풀무학교나 청주의 일하는 사람들 등 다양한 지역에서 마을 고유의 방식으로 추진하고 있는 마을교육공동체를 보면, 마을교육공동체는 마을 주민의 주체 역량을 강조하고 있다. 이 장에서는 마을 주체 역량 형성의 필요성을 강조하는 것이다.

일부 지역에서는 마을교육공동체의 정책 사업화를 위해 관련 조례를 제정하였다. 여기에서 내린 조작적 정의를 통해서 마을교육공동체의 개념으로 주체에 대한 규정을 찾을 수 있다. 마을교육공동체란 “마을 내 학생, 교직원, 학부모, 마을 주민 등이 함께 학생의 교육활동 지원을 위해 자발적으로 참여하는 공동체(경기도교육청)”이다. 광주시교육청의 조례에서는 “학교교육력 제고와 지역사회 발전을 위하여 지방자치단체, 학교, 시민단체, 주민 등이 협력·지원·연대하는 공동체(광주시)”, 세종시교육청 조례에서는 “학교와 마을이 아이들을 함께 키우고 마을이 아이들의 배움터가 되도록 학교와 마을, 교육청과 지방자치단체 그리고 학부모와 시민사회가 협력하고 연대하는 교육생태계(세종시)”이다. 여기에서는 학생, 교직원, 학부모, 지역 주민이라는 자연인 주체와 함께 학교, 지방자치단체, 시민사회라는 조직으로서의 주체가 모두 거론되고 있다. 이들과의 관계성에 주목하여 양병찬 외2016는 다양한 주체들의 자발성과 주체성, 협력성 등을 마을교육공동체의 특징으로 제시하고 있다.

다. 마을과 학교의 관계성

마을교육공동체의 의미 논의에서 중요한 것은 '마을'과 '학교' 사이의 관계 맺음이다. 서용선 외2015는 마을교육공동체에서 말하는 '마을'은 학교와의 관계 속에서 논의된다고 강조한다. 마을교육공동체에서 말하는 '공동체'는 학교와 마을의 분리, 학교와 교육청의 분리, 교육청과 지자체의 분리, 교사와 교사의 분리, 학생과 교사의 분리, 학생과 학부모의 분리 등을 넘어서서 이들을 통합적으로 연결 짓고자 한다고 강조한다. 특정 지역의 학교-지역 연계 사례를 분석하여 교육공동체의 발전 가능성을 제시한 양병찬2008, 박경민2015, 강영택2012, 이태문2014 등의 연구들이 있다. 지역교육지원청이나 학교 등 개별 기관이 중심이 되어 마을과의 관계 형성의 실천을 보고하는 추창훈2017, 김혜영2017 등의 연구가 있다. 한편, 마을 만들기와 연계하여 마을학교를 연구한 양병찬2014, 김종선·이희수2015, 성미산학교2016 등이 있다. 최근 마을과 학교의 협력관계를 넘어, 마을 그 자체가 하나의 교육생태계로 발전할 수 있음을 강조하는 연구들김용련, 2015; 강영택, 2017은 마을과 학교의 관계에 대한 새로운 방향을 제안하는 것이다. 그동안 마을교육공동체 논의에서는 마을과 학교를 양자 대립적 관계로 인식해 왔었던 것은 아닐까? 그러나 마을과 학교의 관계는 "손을 그리는 손"과 같다. 결국 '마을×학교'의 상호적 관계를 어떻게 새롭게 구축할 것인지가 한국 마을교육공동체운동의 당면 과제이다.

3. 마을교육공동체운동과 정책의 상호작용

1) '마을교육공동체' 운동의 다양성

마을교육공동체는 그 참여 주체, 역할, 교육 내용과 방법 등에서 어느 것 하나 고정되고 정형화되어 있지 않다. 각각의 교육공동체가 자기만의 가치와 전략, 사업 등에서 고유한 환경을 가지고 있기 때문이다. 전국 마을교육공동체 사례들을 조사한 서용선 외2015: 42-44는 마을교육공동체의 유형을 공동체의 규모에 따라서 작은 마을, 중간 마을, 큰 마을로 나누고, 중심 주체에 따라서 학교 중심 유형, 마을 중심 유형(학부모 포함), 센터 중심 유형(기초지방자치단체, 교육지원청 포함)으로 구분하여 사례의 특성(재원, 진행, 리더), 방법론(계기, 프로그램), 성과, 한계 등을 제시하였다. 경기도 지역사회학교 연구양병찬 외, 2003에서도 지역의 특성과 지역의 규모에 따라 마을교육공동체를 9개로 나누어 유형화하였다. 그러나 본 연구자는 마을교육공동체운동의 실천활동들이 그 주체나 조직

[표 3] 마을교육공동체의 형태

형태		사용 연령	운동 주체	외부의 개입	대표적인 공동체 혹은 기획 사업
교육 복지형	도시부	교육(복지) 네트워크	지역교육 운동가 (시민사회 출신)	민간 재단 지원	노원구 '나란히교육센터' 청주 '함께 사는 우리' 광주 '지역교육네트워크화월주'
	농촌부	교육 공동체	지역 교사, 학부모, 농민회	민간 재단 지원	홍성군 홍동풀무지역공동체 완주군 고산향교육공동체
평생 학습형	학습 마을	학습마을 마을학교	주민 학습자, 학습 코디네이터	평생 교육센터 및 단체의 지원	시흥시 학습마을사업 남양주시 학습등대 대덕구 학습매니저사업 경기도 평생학습마을사업
마을 공동체 사업형	마을 공동체	마을활동가 교육/ 마을학교	마을 만들기 지원센터	중간지원 조직 지원	서울시 마을공동체 만들기사업 서울시 마을학교사업

화 방법, 학교(아동)와의 관련성, 목표 등이 너무 다양하여 유형화하는 데는 한계가 있다고 본다. 다만 여기서는 시론적으로 마을교육공동체 실천을 그 성격과 성장 배경에 따라 크게 범주화하여 전개 과정을 검토할 수 있을 것이다.

가. 주변부에서 확산되는 교육공동체운동: 교육복지형

사회경제적 여건이 취약한 주변부에서 일어나고 있는 교육복지형 교육공동체 활동이 다양하게 확산되고 있다. 이 활동은 지역 아동·청소년들의 교육 결손을 막기 위해서 지역 주체들의 다양한 노력을 시도하는 단체들을 중심으로 전개되고 있다. 이는 다시 지역의 특성에 따라 도시부와 농촌부로 나뉜다. 먼저 도시부의 대표적 사례로는 노원구의 '나란히교육지원센터'나 청주지역의 '함께 사는 우리'(원래 사회교육센터 일하는 사람들), 광주지역의 '지역교육네트워크화월주(花月珠는 지명)' 등이 있다. 이들은 지역의 교육 자원을 최대한 활용한 지역교육네트워크를 형성해서 교육(복지)공동체를 결성한 단체들의 운동 성과가 축적되고 있다. 활동 과정에서 교육청이나 지자체의 신뢰와 연결 구조를 가지고 협력을 끌어낼 수 있는 역량을 가지고 있다는 점에서 공공과의 파트너십에 적극적이다. 이들은 지역의 교육적 열위 상황을 스스로 주체적으로 해결하겠다는 내발적 의지와 지역의 자원을 총동원하기 위해 자원 네트워크 관점을 가지고 사업을 추진하고 있다.

농촌부의 경우는 FTA 등 경제적 곤란과 인구 유출로 인한 폐교로 공교육에 심각한 문제를 안고 있다. 농촌 학교 살리기를 위한 움직임은 학교와 지역의 주도성에 따라 나뉠 수 있다. 하나는 '작은학교교육연대'라는 교사 중심의 교육운동으로 혁신학교의 모델로서 큰 역할을 하였던 실천이다. '작아서 교육적'이라는 기치를 걸고 교사들의 자발적인 노력으로 학교의 독특한 교육과정을 만들어 가면서 학생들의 성장을 지원하였다. 여기에서 지역사회는 교육 주제와 자원으로 활용되었다. 초기 홍동 풀무학교와 지역의 관계에서 만들어진 공동체 활동과 유사한 모습이라 할 수 있겠다. 다른 하나는 주민들이 주도하는 지역교육공동체운동이다. 공동화되고 있는 농촌에서 주민들의 기획과 조정, 실천 등을 통해서 학교를 살리는 운동인데, 대표적 사례로 홍동면 풀무교육공동체나 다양한 지역에서 확산되고 있는 농산촌유학 실천 활동 등이 있다. 이는 학교 살리기가 지역사회로 확장되면서 마을 주민들의 주체화가 활발해진 지역들이다.

나. 학습마을운동의 주민참여형 마을학교

마을공동체운동과는 다소 거리가 있지만 평생학습도시 정책 가운데서 학습마을 사업이 전개되었는데 이는 마을이라는 공동의 공간에서 공동체 학습의 관계를 만들어 가는 실천활동을 의미한다(양병찬, 2015: 205). 주민의 평생학습에서 출발한 것으로 학습마을운동이라 불리는데, 시흥시 마을학교, 은평구 숨은 고수 찾기, 수원시 누구나 학교, 대덕구 학습마을 등이 대표적이다. 시흥시의 마을 만들기는 일반 지자체 마을 만들기가 주민자치나 지역개발 영역에서 출발한 것과 다르게 평생학습을 출발로 한 학습마을운동이다. 그래서 시흥시 마을 만들기는 다른 지역과는 다르게 평생학습과의 유기성을 가지면서 진행된다는 특징이 있다. 평생교육 관련 중간 조직과 행정의 지속적인 관계 맺기를 통해서 사업과 활동의 진화가 이루어졌다고 볼 수 있다. 또한 '마을학교'라는 고유의 교육 거점을 중심으로 지역을 만들어 가는 주민참여형 학습을 진행하였다. 여기서 마을학교는 아이들을 비롯해서 노인에 이르기까지 전 생애에 걸친 주민들이 참여하며, 마을 주민이 강사가 되어 아이들을 가르치는 경우도 많다. 마을 만들기의 주체로 마을 주민들이 지속적으로 활동해야 하는데, 이를 위해 지속적인 상호 학습, 실천을 통한 학습으로 지역 주체가 되는 과정을 만들어 냈다는 것이다.

다. 마을 만들기 사업의 마을학교

마을공동체 만들기 사업이나 평생교육 사업에서 각각 마을학교와 마을공동체 교육이 진행되고 있다. 특히 서울시 마을공동체 만들기 조례에는 마을공동체지원센터의 기능으로 '마을학교'가 명시되어 있어 마을활동가 양성 교육을 운영하는 등 다양한 용례로 마을학교라는 교육 장치의 개념 수용과 확산이 일어나고 있다.양병찬, 2014a: 12-18 양병찬2014a은 '마을학교'라는 개념은 시간의 흐름과 함께 중의적으로 해석된다고 보았다. 현실적으로 마을공동체 만들기 사업의 '마을일꾼 양성과정'이라는 목적 지향적 의미로부터 지역의 아동교육에 마을의 다양한 자원을 활용하여 교육과정을 제공할 수 있도록 하는 '마을의 교육 시스템'이라는 지역 자원의 학습네트워크적 개념이 적용되고 있다. 여기에 더 나아가 지역을 배우고 익히는 사회적 실천 학습과 활동의 공유 등 '성인의 사회적 학습'의 범위까지 계속 새롭게 개념화되고, 사용 주체에 따라 복합적으로 채용되어야 한다고 본다. 다양한 주체들이 만들어 낸 교육공동체는 자발적이고 그 지역 고유의 방식으로 추진되는 실천이며 운동이다. 따라서 이러한 지역 고유의 맥락은 지역 학교에 많은 도움을 주게 된다.

2) 혁신교육정책과 마을교육공동체 사업의 연동

최근 일부 시·도 교육청을 중심으로 마을교육공동체의 사업화, 정책화가 진행되고 있다. 경기도교육청의 '마을교육공동체 사업'과 서울시교육청의 '마을결합형학교' 등이 대표적인 예인데, 이는 마을과의 협력 혹은 연계를 통해 학교혁신을 모색하려는 움직임이다. 혁신학교 정책으로부터 출발한 이 사업은 학교혁신의 중요한 고리로 '지역 연계'를 강조하고 있다.양병찬, 2014b: 106 혁신학교 벨트화를 추진하는 양평 서종지역에서는 "그동안 내부의 공동체 형성에 집중했다면, 이제 학교 밖으로 적극적으로 나와 지역성을 키워야 한다"서용선 외, 2016: 49고 강조한다. 마을교육공동체는 "성공한 혁신학교의 자연스러운 발전 방향"위의 책, 65이라는 인식은 "마을이 아이를 함께 기르는" 정신의 확산을 의미한다.

경기도교육청의 마을교육공동체 사업은 교육감 공약으로 추진되어 혁신교육의 미래 방향으로 제시되었다. 기존의 폐쇄적이고 관료적인 형태를 띠어 온 학교를 학부모와 주민들이 주체가 되어 지역사회 내에서 동반 협력하는 모습으로 변화시키는 방향으로 이 사업을 상정하였다.서용선 외, 2015: 4 앞에서 언급한 경기도 조례를 다시 살펴보면, 마을교육공동체를 "… 학교, 마을, 교육청, 지자체, 시민사회, 주민 등이 협력·지원·연대하는 교육공동체"라고 규정하고 있다. 사업은 마을교육공동체 구축, 꿈의학교, 학부모지원, 교육협동조합 등 크게 네 개의 사업으로 운영되고 있다. 경기도가 선도적으로 추진하였던 '혁신교육지구사업'의 중심축을 2016년부터는 지역으로 이동하고 있는 가운데 마을교육공동체 사업을 별도로 추진하는 것이 특징이다. 혁신교육지구사업의 내용이 상당 부분 마을교육공동체의 주요 사업과 중첩되어 추진되고 있다. 주요 특징으로 지자체와의 교육 협력이 체계적으로 추진되고 있으며, 기초지자체별로 교육협력지원센터 구축과 학교혁신을 위한 주체 형성 등에 주력하고 있다.

한편, 서울시교육청의 '마을결합형학교' 정책은 그 명칭에서도 알 수 있듯이 마을과 학교의 연계에 초점을 두고 있다. 마을결합형학교 정책은 서울시교육청의 2016년 5대 정책 방향 중 세 번째인 "학생·교사·학부모·시민의 참여교육"을 실현하기 위한 세부 정책 과제 중 하나이다.서울특별시교육청, 2016: 69 서울시교육청의 2016년 주요 업무 계획에는 '마을과 함께하는 교육활동 확대' 과제의 세부 과제로 '마을결합형학교 운영'과 '지역사회 연계 교육활동 확대'가 포함되어 있다. 서울시교육청은 '마을결합형학교'를 통해서 "마을과 학교가 함께하는 배움과 돌봄의 성장 지원망을 구축"하고 "민·관·학 거버넌스 구축 및 마을생태계 조성을 통한 교육자치를 실현"할 수 있을 것으로 기대한다.서울특별시교육청, 2016: 81 서울시교육청은 마을결합형학교를 "학생들에게 학교 안팎에서 배움과 돌봄이 이루어지도록 마을과 학교가 협력하여 일체의 교육활동을 지원하는 학교"라고 정의하고 있다. 마을을 아이들, 학생들을 위한 교육활동의 주체로 '학교'와 '마을'을 함께 거론하면서, 학교와 마을의 연계와 협력을 강조하고 있다.

많은 시·도 교육청들이 교육문제 해결은 지역과 협력해야 가능하다는 인식하에 기초자치단체 단위로 혁신교육지구사업을 구상, 교육개혁 정책을 추진하고 있다. 혁신교육지구사업에는 공통적으로 마을교육공동체 관련 사업이 포함되어 있다. 혁신교육지구의 마을교육공동체 관련 사업을 살펴보면, 사업이 운영되는 기본 형태는 공공 영역(교육협력센터, 혁신교육센터, 평생교육센터 등)에서 사업을 종합 조정하면서 민간 영역의 다양한 기관과 단체(주민운영학교, 교육단체, 사회적기업 등)를 지원하는 형태이다. 사업의 주요 활동으로 유·초·중등학교의 정규 교육과정 운영을 지원하는 활동, 예컨대 교과교육, 창의적 체험활동, 자유학기제를 지원하거나 방과후학교 운영, 주민 평생교육 등이 진행되고 있다. 주목할 점은 주민 평생교육과 주민에 의한 학교교육 지원이 동시적으로 이루어지고 있으며, 지역 내 다양한 분야의 전문 역량을 갖추고 있는 주민들을 발굴하고 있다는 점이다. 아울러 이러한 주민 평생교육과 주민의 학교 참여를 계기로 지역 안에서 교육 기부가 활성화되고 있으며 미약한 수준이지만 고용창출이 이루어지고 있다. 또한 혁신교육지구의 마을교육공동체 관련 사업은 다양한 콘텐츠를 담고 있다. 교과 지식뿐만 아니라 창체활동, 핵심역량 교육, 건강관리, 문화예술 교육, 돌봄, 주민 평생교육 등 다양한 내용으로 개별 사업이 채워지고 있다. 이는 지역 주민의 교육 역량을 강화하는 효과, 지역사회와 함께하는 교육 활성화로 이어져서 지역사회의 지속가능한 발전의 토대 형성이라는 의미를 내포한다.

3) 마을교육공동체 현상의 상승작용

최근 많은 지역에서 마을교육공동체가 정책화되면서 '사업'으로서의 마을교육공동체만으로 한정되어 해석됨으로써 문제가 발생할 우려가 있다. 이를 피하기 위해서 마을교육공동체라는 현상을 중층적 의미로 개념화하고자 한다. 우리가 마을교육공동체라고 말하지만, 이는 실체적으로 다양한 개념들이 서로 얽혀서 진행되고 있다. 그리고 이 개념들은 '만들어진 것'이 아니라 '만들어 가는 것'으로 서로 상승작용을 할 수 있다. 이 개념들을 다음 세 가지로 나누어서 설명하기로 한다.양병찬 외, 2016b

첫 번째는 '가치'로서의 마을교육공동체이다. 이는 이념으로서의 마을교육공동체라고도 할 수 있다. 급격한 사회 변화는 교육 패러다임의 전환을 요청하고 있다. 이 개념은 교육의 새로운 패러다임으로 생활교육, 지역기반교육, 진로교육, 체험학습 등의 학교혁신에 대한 요구를 담고 있다. 또한 교육 이념으로서의 마을교육공동체는 우리가 살고 있는 지역에 대해, 또 그곳의 교육에 대해 스스로 판단하고 결정함은 물론, 실천하는 시민(주민)을 키우는 것이 교육의 궁극적 목표라고 할 수 있다. 결국 마을교육공동체는 학교혁신과 주민교육이란 두 기둥을 단단하게 지탱해 주는 이념적/실천적 원리를 통해 견고해질 수 있다. 즉 학생교육과 주민교육을 하나로 묶는 갓돌Capstone로서 통합적 마을교육공동체 형성이 가능해질 것이다.

두 번째는 '정책'으로서의 마을교육공동체이다. 이는 학교와 지역사회의 연계를 기반으로 하는 정책·사업을 의미한다. 학교혁신은 내부에서 이루어지는 것이 아니라 학교의 담장을 벗어나 지역과 함께해야 한다. 따라서 마을과 학교, 지역 주민과 교직원, 지자체와 교육청 간에 상호 지원 시스템을 구축해야 한다. 특히 학교는 방과후학교나 자유학기제/진로체험 등 교육현장의 변화에 따라 능동적으로 전략을 구상할 필요가 있다. 이에 대한 대안으로 학교 밖 주체들과의 연계를 통한 자원 확보에 노력을 기울이고 있다. 다만, 지역사회 안에서 학교혁신과 주민교육이 개별 과제로 실천되고 있으며, 연계를 구상하더라도 쉽게 분화되어 버리는 경향이 있다. 결국 학교혁신과 주민교육을 강하게 연결시켜줄 수 있는 사업(프로그램)이 그 역할을 담당하는 것이다. 실제 방과후학교를 비롯하여 진로체험, 문화예술교육 등 다양한 영역에서 주민들과 아이들을 연결시켜 실천할 수 있는 있는 다양한 루트를 사업화하여, 그 사업의 지속가능성을 확보하는 문제를 끊임없이 구상하고 실천해 가야 한다.

마지막은 '주체'로서의 마을교육공동체인데, 이는 활동의 실천 단위라고 볼 수 있다. 지역 주민의 교육 역량이 향상됨에 따라 지역 주민의 자발적 교육 역량을 발굴하고 이를 학생교육, 학부모교육, 지역주민교육에 연계할 당위성이 높아진다. 마을교육공동체 사업을 통해서 나타나는 변화와 성과는 아이들의 건강한 성장과 새로운 학교의 모습을 고민하고 참여하는 역량 있는 지역 주체들이 점점 증가하는 것이다. 이는 재능기부, 학습동아리, 자원봉사, 사회적기업, 협동조합 등과 같은 다양한 실천 및 활동을 통해 나타나고, 이들 간의 연계는 활동의 시너지를 극대화할 것이다.

4. 학교와 지역의 관계 재구축

1) 새로운 관계 구상

가. 지역에 대한 도구적 시각을 극복해야

오늘날의 학교 문제는 오랜 시간 견고해진 학교의 경직성으로 인해 교육의 생명력인 삶과의 연계 통합이 이루어지지 않고 있다는 것이다. 즉, 생활 공간으로서의 지역사회와 학교의 관계가 막혀서 상호작용이 일어나지 않는 것이다. "한 아이를 키우기 위해서는 온 마을이 필요하다"고 강조하는 마을교육공동체 사업 역시 학교 중심의 마을교육공동체를 어떻게 만들 것인가를 강조하고 있다. 그러나 학교 중심의 지역교육 자원의 '동원'은 학교를 더욱 힘들게 한다. 더 많은 사업과 일들이 학교로 들어오는 것이다. 학교에 모든 사업을 몰아주어 관련 행정이 늘어나면 교무행정사가 필요하다는 식의 정책적 모순이 반복되게 된다. 지역의 도움이란 학교의 짐을 어떻게 지역과 나눌 것인가에 달려 있다. 무엇보다 학교와 지역이 동등한 관계에서 아동·청소년을 포함한 지역 주민들의 성장을 도모할 것인가라는 방향이 설정되어야 할 것이다.

이를 위해서 학교와 지역의 새로운 관계가 시급하게 요청된다. 새로운 관계 설정을 위한 몇 가지 전제로, 우선 공간을 이분법적으로 나누는 개념에서 벗어나야 한다. 학교 밖에 또 다른 학교를 만드는 것 또한 경계해야 한다. 학교 밖 다른 교육의 장(지역사회교육)에 대한 심화된 논의가 필요하다. 따라서 지역사회라는 공간에서 학교를 지원할 수 있는 새로운 교육적 거점과 주체의 형성에 대해서 주의 깊게 확인해야 한다. 한국에서는 이러한 개념의 실체가 아직 불명확하다. "학교=학생, 평생교육=성인"이라는 도식은 학습 대상자(참여자)에 대한 이분법적 사고에 근거한다. 이러한 분리된 인식은 오늘날과 같은 초연결 네트워크 시대에 부합하지 않는다. 공간적 폐쇄성을 극복해야 한다. 현재 학교와 지역 연계를 요청하는 사업들(방과후학교, 교육복지, 자유학년제, 진로교육, 학부모교육 등)은 학교에서 지역으로 교육적인 요청을 하고 있다. 그러나 그것을 중간에서 매개할 공적 공간이 없어서 어려움을 겪는다. 이로 인해 혁신교육지구 기초지자체에 교육적 중간지원조직으로 만들어지고 있는 것이 혁신(행복)교육지원센터들이다. 교육지원청의 다양한 지원 기능과 중복되는 혁신교육지구사업의 연계·통합의 가능성을 검토해 볼 필요가 있다.

한편, 지역의 교육문제에 관심을 가지고 과제 해결에 나서는 주민은 어떻게 만들어지는가. 그리고 아동 청소년의 역량 개발을 위한 교육자는 어떻게 양성될 것인가. 지역의 주체 역량은 주민의 평생교육을 통해서 강화되고, 이를 통해서 학교교육을 지원하는 새로운 교육 구조가 만들어진다. 주민들은 지역의 아이들을 성장시키기 위해서 방과후학교 강사로, 자유학기제나 진로체험을 위한 진로 멘토로, 마을교육공동체의 마을 강사로 역할을 할 수 있다. 그러므로 지역 주민들의 생각과 가치, 역량의 성장에 대해서 관심을 가져야 한다. 학교 개방은 이렇게 지역 주민의 학습과 아동 청소년의 교육·생활 지원이 서로 유기적으로 연결된 마을교육공동체를 통해서 가능한 것이다. 2007년에 시작된 지역과 함께하는 학교는 학교와 지역의 쌍방향적 관계를 전제로 진행된 사업이었다. 이 사업은 지역 주민(학부모 포함)이 배워서 학교에 기여하는 순환적 구조로 구상되었다. 어른들의 배움은 인근 학교 학생들의 교육과 생활 지원에 기여하는 토대가 된다는 것이 이 사업의 핵심 원리였다. 3년 계획으로 추진되었던 이 사업은 정권이 바뀌면서 학부모교육 사업으로 예산이 넘어가고, 그 사업에 흡수 통합되었다. 지역의 교육 주체를 형성하기 위해 구상된 사업이 수동적인 학부모교육 사업으로 바뀌어 버린 것이다.

나. 학교와 지역이 함께 만드는 마을교육공동체

앞에서 지적한 바와 같이 마을교육공동체 사업·정책이 전국적으로 확산되고 있음에도 불구하고, 이 신개념 속에서 평생학습의 가능성은 발견되지 못하고 있다. 그 이유는 학교와 평생교육에 대한 이분법적 사고, 또 대중들에게 인식되어 있는 평생교육은 유한有閑 주민들의 '교양취미교육'이라는 낙인 때문이다. 이로 인해 교육은 사치품으로 소비적이라는 판단을 하게 되고, 그 범위나 내용에서 경험적인 한계를 넘어서지 못하고 있다.

이제 지역의 교육문제를 고민하고 주민의 역량을 향상시키는 평생교육이 학교와 대등하게 결합되는 실천을 확대해 가야 한다. 마을학교인 평생학습센터에서 아동과 청소년을 위한 프로그램을 만들고, 거기에 주민들의 학습과 생활 지원이 진행되어 방과후교실과 주말, 방학교실, 진로 멘토링 연계처, 세대 간 교류 공간의 역할을 할 수 있어야 한다. 이것이 우리나라에서 독특하게 생성된 지역사회학교community school 개념인 '마을교육공동체'라는 현상과 평생교육이 협력하는 관계를 새롭게 만드는 길이다. 이를 통해서 어른과 아이들이 함께 배우고 성장하는 공동체를 만들어 가야 할 것이다.

새로운 시대에 학교와 지역을 연계하는 평생학습의 방향성과 지역교육의 구상이 새롭게 구상되어야 하겠다. 지역 자원과 학교를 매개하는 새로운 교육에 대한 명명과 기구가 필요한 때이다. 지역과 학교의 연계가 잘되는 국가들은 지역에 공적 평생교육시설이 존재하는 특징이 있다. 독일의 시민대학Volkhochschule과 일본의 공민관公民館, 사회교육시설, 호주의 성인지역사회교육센터Adult & Community Education Centers, 미국의 지역사회대학Community College 등이 대표적이다. 학교와 지역 연계를 위한 전략적 영역이 필요한 것이다. 이에 적합한 용어로 지역사회교육community education을 제안함과 동시에 학교와 지역 연계의 중간 역할을 보다 명료하게 지역의 '평생학습관'에 부여할 필요가 있다.

2) 학교와 지역의 관계 재구축의 과제

가. 지역 주민의 교육적 책임

교육은 늘 학교(교사)의 문제, 학생·학부모의 문제로 수렴되어 버리고 만다. 학교가 존재하는 지역은 아이들이 생활하는 공간으로 모든 주민들이 학교와 직간접적으로 연결되어 있지만 학교 안에서 일어나는 일에는 속수무책이다. 학교가 교육 전문 기관이니 모든 교육문제는 학교의 권한과 책임하에 있다는 식이다. 결국 "학교는 학교, 지역은 지역"으로 학교와 지역은 분리되어 왔다. '한 아이를 키우는 데는 온 마을이 필요하다'는 생각은 지역사회 성원의 성장을 위해 지역 내 모든 구성원들의 상호작용과 협력이 필요함을 강조한다. 이는 '학교 울타리 안'에서의 교육을 넘어서 일상생활 속에서의 전체 학습 경험을 의식해야 그 의미가 더 잘 파악된다. 모든 개인은 지역사회라는 공간에서 성장하고 발달하기 때문에 학령기 아동·청소년뿐만 아니라 지역의 모든 구성원에 대한 교육적 책임이 지역사회에 있음을 의미한다.

이제 좋은 교육에 대한 지역적 합의community consensus가 필요하다. 우리가 사는 지역사회에 대해서, 또 그곳의 교육에 대해서 우리 스스로 판단하고 결정할 수 있는 그리고 그것을 이루기 위해 실천할 수 있는 시민들을 키우는 것이 우리 지역교육의 궁극적인 목표인 것이다. 새로운 교육의 희망은 교사의 책임을 넘어 지역 주민의 공적 참여로의 전환이 요구되며, 학교의 변화를 넘어서 지역으로 확대되어야 함을 의미한다.양병찬, 2014b 변화의 실마리는 '다른 교육의 가능성'에 대한 당사자들의 각성과 변화에 대한 신념에서 시작될 수 있다. 풀뿌리 주체 형성이라는 관점에서 혁신교육의 범위와 전략에 '지역사회'와 '주민'이라는 확장된 변화 접점이 요청된다. 지자체와 교육청의 관련 부처와 학교, 주민 협의체의 연계 사업에 대한 구상, 계획, 실행을 함으로써 학교로부터 동원된 학부모들의 학교 참여와는 구별된 힘을 가질 수 있다. 이처럼 지역의 교육적 논의 구조가 있는 것은 지역의 교육 과제에 대한 커뮤니티의 지속적인 관점 유지와 역할 담당의 힘을 가진다. 이는 현재 학교장이 누군가에 따라 학교 운영이 좌우되는 폐해를 극복하고 지역 전체의 교육적 의지를 견지할 수 있다는 장점이 있다.

나. 지역 자원의 동원에서 지역 (교육)네트워크로

앞에서 지적한 바와 같이 대부분의 마을교육공동체 논의는 학교를 위하여 지역 자원을 동원하는 '학교 중심'의 마을교육공동체를 추구한다. 현재 상황이 학교보다 더 다양한 교육 '경험적' 자원들을 많이 가지고 있는 지역에 학교 지원을 요청하는 것은 당연한 방향일 것이다. 그런데 여기에서의 모순은 학교 밖의 자원을 근대 학교의 방식으로 선별 동원한다는 데 있다. 이러한 방식은 언제나 학교가 먼저 발신하고 지역은 수동적으로 대응하게 된다. 지역은 이를 위해서 모든 것을 맞춤형으로 준비하는 것이 쉽지 않다. 현재 지역에 존재하는 다양한 자원과 주체들의 주체성, 자율성, 협력성, 생태성이라는 새로운 가능성이 발현되기는 쉽지 않다.

미국은 1974년 「커뮤니티스쿨법The Community School Act」을 제정하였다. 여기서는 다음과 같은 이념을 채택한 학교를 커뮤니티 스쿨이라고 규정하였다. 그 이념은 ① 학교는 지역사회의 불가결한 요소이다, ② 관련 기관·단체, 기업 등을 포함한 지역사회 전체를 학교 활동의 자원으로 한다, ③ 학부모는 아동의 교육활동의 파트너이며 아동의 교육에 의미 있는 관계의 기회가 부여되어야 하며, 학교 계획 작성 과정에 관여해야 한다, ④ 학생과 커뮤니티의 문화가 학교에 반영되어야 한다, ⑤ 학교 시설은 커뮤니티의 자원으로 교육위원회의 커뮤니티 이용 방침에 따라 공유되어야 한다고 제시되어 있다. 이는 스쿨 서비스와 커뮤니티 서비스양병찬 외, 2003라는 커뮤니티 스쿨의 양방향성을 전제로 하고 있다.

21세기 초연결 시대에 다양한 교육적 경험의 가능성이 점점 풍부해지는 지역사회에서 학교와 지역의 관계성에 구조적 전환이 필요할 것으로 보인다. 다양한 지역사회의 교육 자원을 시스템적으로 연결하는 교육네트워크의 구조를 구상해야 하지 않을까. 일리치I. Illich, 1970가 탈학교론에서 제안했던 '학습망Learning Web'을 통해서 독점적·관료적 근대 학교에서 협동적·실천적 교육네트워크로의 전환이 시작될 수 있지 않을까라는 구상을 다시 제안한다.

다. 시민과 행정의 협동적 교육거버넌스

지역과 교육을 살리기 위한 실천 방향의 출발점은 외부에서 결정하고 집행하는 방식이 아니라 지역(마을) 안의 구성원들의 자발성과 참여 의지를 기반으로 한다. 지역 주민과 학부모들의 적극적인 참여participation

를 보장하는 것은 학교가 계획한 것에 참여해 달라는 식이 아니라 우리 지역의 교육문제(이 안에 학교의 과제도 포함된다)를 스스로 규정하고 이의 해결 방안에 대한 논의와 기획, 실천에 이르는 전반적인 참여를 의미한다. 주민들의 적극적인 지원과 학부모들의 의식 변화가 지역교육 재생의 성공 열쇠이다. 우리가 하는 교육운동의 취지와 가능성에 대한 학부모와 지역 주민의 주체적인 인식이 선행되어야 가정교육의 역할과 지역 주민의 협력이 증대되기 때문이다. 북아일랜드의 1970년대 교육투자우선지역사업을 추진한 러벳Lovett의 지역사회 실천운동Comminity Education and Community Action은 이러한 주민의 주체적 참여를 통한 사회적 실천의 가능성을 제시하였다.Lovett, Clarke and Kilmurray, 1983: 29-43

새로운 교육의 가능성은 지자체가 교육 투자를 얼마나 더 하느냐, 학교가 어떤 프로그램을 넣을 것인가 이전에 교육에 대한 사회적 가치 합의와 실천의 주체 형성에 있다. 현시점에 지자체의 교육 지원 사업에 대한 새로운 주체의 형성과 기획 방식, 사업 추진 전략이 도모되어야 할 것이다. 즉, 지자체와 교육청 간의 행정적 협력을 넘어서 주민의 주체적인 참여를 통한 교육의 지역 거버넌스를 시도할 때가 되었다. 물론 경기도교육청의 혁신교육지구사업도 지역혁신교육협의회나 학부모와 함께하는 마을교육공동체 운영과 단위 사업을 과제로 하고 있지만 지역과 학교, 주민(학부모 포함)과 교사, 행정 등 주체들의 체계적인 협동 활동의 모색이 필요하다. 지역 차원에서는 지역사회 전체가 교육을 함께 고민하고 공부하면서 학교와 지역의 교육 전체를 지원하는 여건을 조성하는 움직임이다. 이를 통해서 주민과 당사자들이 삶의 중요한 과제로서 지역의 교육을 주체적으로 논의하게 된다.

라. 지속가능한 구조화

마을교육공동체 사업에서 하나의 고민은 사업이 중단되었을 때 어떻게 할 것인가이다. 마을교육공동체의 '지속가능한 구조'를 말하는 것인데, 관의 지원만으로 움직이는 사업이 아니라 주민 차원의 역동성으로 움직이는 활동이 되기 위한 토대를 마련하는 것이 지역에 던져진 과제이다. 지역 차원에서 지속적으로 진행할 수 있는 교육 사업의 틀이 무엇인지, 그것이 가능하기 위한 지역 차원의 조건을 어떻게 만들어 가야 할 것인지 등에 대해 함께 고민하면서 지역 운동으로서의 교육공동체 사업에 대한 상을 만들어 가야 할 것이다. 즉 마을교육공동체가 지역사회의 지속가능한 구조를 만들어야만 한다. 이를 위한 몇 가지 과제를 제시하면 다음과 같다.

첫째, 지역의 현안 교육문제를 지역 의제화하고 과제 해결을 위한 주민의 관심을 촉진하는 것이 요청된다. 이는 해당 지역에 요구되는 특정의 사업이나 운동이 추진되는 지역에서 "지역의 연대감"을 높여야 사업의 지속성이 보장되기 때문에 전략적으로 중요한 과제이다. 예를 들면 방과후교육 활성화를 비롯해 아동 안전, 보육, 청소년의 건전한 교류, 빈곤 청소년 지원, 이주민들의 교육문제, 생태·역사·문화 자원화 등의 지역 과제가 있을 수 있다. 이러한 지역 과제를 의제화하고, 사업화 및 학습 과제화하여 프로그램으로 만드는 것이 필요하다. 또한 지역 주민의 관심 촉진 및 인식 제고를 위해 캠페인 전개, 지역교육공동체 만들기를 위한 자료 개발·배포, 지역 언론 등과의 공동 홍보 등의 활동이 요청된다.

둘째, 지역의 연계 협력 구조를 만들기 위한 유관 공공사업과의 연계성을 확보하는 것이 중요한 과제이다. 지역에는 학교 외에도 교육·문화·복지 등과 관련된 공적 활동이 많이 있기 때문에 이러한 공공사업과 학교의 연계를 통한 공적 자원의 적극 활용이 가능하다. 예를 들면 교육복지지원사업, 진로교육지원센터사업, 청소년수련원사업, 문화예술교육지원센터사업, 전문상담 위센터사업, 지역아동센터사업, 소외계층평생교육사업, 사회적기업, 협동조합 등 다양한 사업들 간의 연계화가 필요하다. 호주의 학습도시 마운트 애블린은 지역사회교육센터를 학생의 방과후교육활동과 주민들의 성인교육센터, 타운미팅 공간으로 복합적으로 활용하고 있었고, 아산시의 청소년교육문화센터는 지역교육지원청과 학교와 방과후학교 프로그램의 적극적인 연계를 통해 지역 청소년들의 활동 지원을 하고 있는 좋은 사례이다.

셋째, 학교와 지역을 연결하는 중간 조직의 존재에 대해서 고민해야 한다. 일본은 학교와 지역 사이에 '학교지원지역본부'라는 기구를 만들어서 학교와 지역을 중개하려고 한다. 시흥시의 행복교육지원센터(교육지원청과 시청의 연계)나 완주군의 교육통합지원센터(민간전문교육조직) 등 한국에서도 다양한 모형이 실험되고 있다. 현재 교육지원청 내의 방과후학교 지원을 비롯한 교육복지, 학부모교육, 학습부진아 지원, 진로체험 및 자유학기제 지원, 마을교육공동체 등 다양한 사업 코디네이터들이 학교와 지역을 연계하는 관련 사업을 추진하고 있지만, 각각 분화되어서 실제적인 효과를 내지 못하고 있다. 이를 지역사회학습센터로 통합해서 전문성을 갖는 중간지원조직으로 재구성할 필요가 있다. 물론 학교 밖의 교육센터로서 청소년시설, 문화·예술교육단체, 평생교육시설 등의 지원을 통합적으로 재구축하는 것도 필수적이다. 학교 교사에 편중되어 있는 지역의 교육 전문적 책임도 분산될 수 있도록 다양한 교육 전문 인력들(평생교육사, 청소년지도사, 청소년상담사, 지역사회교육전문가 등)의 통합적 전문성도 이러한 과정에서 재구성될 수 있다. 지역사회에서 교육적 전문성이 성장하여 학교와 지역의 전면적 관계를 재구축할 수 있도록 이를 마을교육공동체 사업의 중심 과제로 공유해야 할 것이다.

5. 결론

우리 사회는 경쟁 교육, 사회 불평등 재생산 등의 교육 모순으로 고민하고 있다. 이렇게 계속 경쟁하는 교육으로 갈 것인지 아니면 함께 배우는 공동체를 만들어 갈 것인지 선택의 기로에 서 있다. 이는 학교만의 과제가 아닌 사회적 과제이기 때문에 어른들의 각성과 참여로부터 시작될 것이다. 마을교육공동체는 학교와 지역이 연계하여 좋은 교육을 함께 만들어 갈 수 있음을 사회에 발신한 것이라고 평가할 수 있다. 이제 학교에서 지역까지, 교사로부터 지역 주민에게로 그 운동의 범위와 주체를 넓혀 나가야 할 때가 되었다. 지역의 교육적 문제 해결은 학교와 지역의 협력을 통해서 가능함을 많은 교육 실천 사례들이 보여 주고 있다. 무엇보다 지역 주민들의 주체적 의지와 역량이 중요한 열쇠라고 생각된다. 이를 위해서는 앞에서도 지적한 바와 같이 원론적인 수준이 아닌 실제 학교와 지역이 함께 공동의 목표를 추진해 나가기 위한 일정한 준비가 필요할 것이다.

학교와 지역사회가 서로에게 다가서고 있다. 이때 학교는 지역 주민들을 위해 무엇을 할 것인가를, 지역은 지역의 학교를 위해 무엇을 해야 할 것인가를 고민해야 한다. 이를 위해 학교와 지역의 관계 재구축이 요청된다. 학교와 지역사회가 협력해야 한다는 원론적인 주장은 계속해 왔지만 막상 연계·협력 사업을 함께 하자면 협력 체계 구축은 어떻게 해야 하는지, 각 주체별 역할은 무엇인지, 함께 할 사업의 내용은 무엇인지 등과 관련해서 막연함을 느낀다. 선구적 지역교육공동체들의 사례에서 발견한 것은 지역과 학교의 협력 활동은 대단히 구체적이며, 다양한 지역 주체들과 학교의 협력이 지속적이고 구조적이라는 점이다. 학교는 지역의 협조를 얻기 위해 지역과 함께 논의하고 대화하고 소통하는 관계 맺음에서 출발하며, 지역은 기본적으로 지역의 학교교육활동 지원이라는 측면에서 자신의 역할을 정리해 가야 한다. 이 과정이 주민들에게는 사회적 실천으로서의 학습과정으로 지역 스스로 자신들의 교육적 이상을 합의하고 내부의 교육력을 재구조화하는 교육개혁을 시도할 수 있는 조건을 만드는 것이다. 학교에서 시작된 교육혁신이 지역 주민들의 참여와 학습을 통해서 지역사회 혁신으로 확장될 수 있도록 학교와 지역의 실질적인 협동이 시작되길 기대한다.

| 주석 |

1. 이 글은 저자의 "「한국 마을교육공동체운동과 정책의 상호작용-학교와 지역의 관계 재구축 관점에서」. 평생교육학회(2018). 『평생교육학연구』 24(3), 125-152"를 기본으로 가필하였음을 밝힌다.
2. 생산가능인구 100명당 유소년부양비는 1970년 78.2→1980년 54.6→2000년 29.4→2013년 20.1로 급감하고 있다.
3. "90%가 불행한 학교"(『조선일보』 2011년 12월 8일)에서 학업성취도만을 이야기해야 하는 것인가? "교육, 한국처럼 돼서는 안 돼"는 스웨덴 일간지의 기사에서 '한국의 교육기적? 사교육과 학생의 억압'에 대한 내용을 다루고 있으며, 한국과 함께 PISA 평가에서 1, 2위를 다투는 핀란드의 전 국가교육청장관인 에르끼 아호는 "교육은 배움과 돌봄이 함께해야"라고 주장하면서 한 아이라도 귀하게 여기겠다는 핀란드의 공동체 교육의 정신을 강조하고 있다.

강영택(2017). 『마을을 품은 학교공동체』. 서울: 민들레.
강영택·김정숙(2012). 「학교와 지역사회의 파트너십에 대한 사례 연구: 홍성군 홍동 지역을 중심으로」. 『교육문제연구』 44, 27-49.
김민조(2014). 「혁신학교 교육 거버넌스의 특징과 과제」. 『교육비평』 33, 74-97.
김성열(2017). 「학교와 지역사회 관계: 역사적 변천과 전망」. 『지역사회와 방과후학교: 실천과 과제』(한국방과후학교학회 춘계 학술대회 자료집), 3-18.
김용련(2015). 「지역사회 기반 교육공동체 구축 원리에 대한 탐색적 접근」. 『교육행정학연구』 33(2), 259-287.
김종선·이희수(2015). 「개념지도에 근거한 마을학교 정체성 연구」. 『평생교육학연구』 21(2), 73-107.
김혜영(2017). 『업무명, 마을교육공동체』. 서울: 좋은교사.
마을과 학교 상생 프로젝트 연구팀(2015). 「여섯 갈래의 마을학교로 가는 길」. 서울시 마을공동체종합지원센터.
박경민(2015). 「마을교육공동체 구축을 위한 실천 방안 연구: 노원구 마을교육공동체 사례를 중심으로」. 한국외국어대학교교육대학원 석사학위논문.
박상옥·양병찬·이영재·이진철·송두범·지희숙·박혜원(2016). 「충청남도 마을교육공동체 형성 및 운영 방안 연구」. 충남교육청·공주대학교교육연구소.
박상옥(2010). 「지역사회와 학습의 관계 탐색-지역사회 형성 및 발전과정으로서 학습활동」. 『평생교육학연구』 16(2), 145-164.
박제명(2014). 「마을과 학교가 함께 만들어 가는 교육공동체에 관한 사례 연구: 하늬교육마을을 중심으로」. 한국교원대학교대학원 석사학위논문.
박형충(2009). 「학교와 지역 요인 및 학교-지역사회 파트너십이 학교 평생교육 참여에 미치는 영향」. 홍익대학교대학원 박사학위논문.
서용선·김아영·김용련·서우철·안선영·이경석·임경수·최갑규·최탁·홍섭근·홍인기(2016). 『마을교육공동체란 무엇인가?』. 서울: 살림터.
성미산학교(2016). 『마을 학교-성미산학교의 마을 만들기』 서울: 교육공동체벗.
신명호(2003). 「도시공동체운동의 현황과 전망」(제4장). 한국도시연구소(편). 『도시공동체론』. 서울: 한울아카데미.
양병찬(2008). 「농촌 학교와 지역의 협력을 통한 지역교육공동체 형성-충남 홍동 지역 '풀무교육공동체' 사례를 중심으로」. 『평생교육학연구』 14(3), 129-151.
______(2014a). 「지자체 마을 만들기 사업에서 '마을학교'의 평생교육적 의미: 서울

시 마을공동체 만들기 사업을 중심으로」. 국가평생교육진흥원. 『한국평생교육』 2(1), 1-25.
______(2014b). 「혁신학교와 지역사회의 협동」. 『교육비평』 33, 98-120.
______(2015). 「마을 만들기 사업과 평생교육의 협동 가능성 탐색: 시흥시 '학습마을' 사업을 중심으로」. 평생교육학회. 『평생교육학연구』 21(3), 1-23.
양병찬·주성민·최운실·이희수·김득영·전도근(2003). 「건강한 지역교육공동체 조성을 위한 지역사회학교 운영 방안에 대한 연구」. 공주대학교교육연구소.
양병찬·김주선·이경아·황정훈(2008). 「'지역과 함께하는 학교' 사업 운영 모형 개발 연구」. 공주대학교교육연구소.
양병찬·지희숙·박혜원(2011). 「전업주부의 배움의 방식과 주체 형성: 대전지역의 두 마을도서관운동 사례 비교」. 평생교육학회. 『평생교육학연구』 17(4), 205-234.
양병찬·이다현·한혜정(2016a). 「세종형 마을교육공동체 실천 모델 개발」. 세종특별자치시교육청.
양병찬·이영재·전광수·장정숙·한혜정(2016b). 「세종마을교육공동체 지원 체제 구축 방안 연구」. 세종특별자치시교육청.
오늘의 교육 편집위원회(2011). 『교육이 불가능한 시대』. 서울: 교육공동체벗.
오혁진(2006). 『지역교육공동체와 평생학습』. 서울: 집문당.
유창복(2013). 「서울시 마을공동체 지원 사업의 배경과 과제」. 한국환경철학회. 『환경철학』 15, 173-226.
윤혜정(2007). 「지역 주민조직에 의한 지역 학습공동체 구성 원리에 관한 연구」. 동의대학교대학원 석사학위 청구논문.
이호(2013). 「한국 사회 마을 만들기의 전개와 발전」. 마을만들기전국네트워크(편). 『마을 만들기 중간지원: 마을만들기지원센터의 전국적 현황과 전망』. 경기도: 국토연구원, 265-286.
정현경(2012). 「학습공동체 운영 사례 연구: 반딧불이문화학교를 중심으로」. 아주대학교대학원 석사학위논문.
조한혜정(2007). 『다시, 마을이다. 위험 사회에서 살아남기』. 서울: 또하나의문화.
조한혜정(2012). 「마을공동체 사례집을 펴내며」. 김대근·김명희·김소연·김이준수·김윤환·백해영·서진아·유창복·조수빈. 『서울, 마을을 품다』. 서울: 서울특별시, 4-11.
중앙교육연구소(1963). 『문교통계요람』. 서울: 문교부.
지희숙(2008). 「지역공동체학습을 통한 지역 네트워크 형성 과정 연구: 부산 반송지역 사례를 중심으로」. 공주대학교대학원 석사학위 청구논문.
추창훈(2017). 『로컬에듀』. 서울: 에듀니티.
최혜자(2015). 「마을공동체에서 본 마을학교 연구」. 『마을과 학교 연계·결합을 위한 라운드 테이블 자료집』. 서울연구원, 8-49.
최혜자·김영현·김영삼·이창환·이희숙(2015).「2015 마을과 학교 상생 프로젝트 모니터링 및 사례 연구 보고서」.『여섯 갈래의 마을학교로 가는 길』. 서울시 마을공동체 종합지원센터.

小林文人(1996).「지역의 창조와 사회교육의 가능성」(제1장). 小林文人·猪山勝利(공편)(1996).『사회교육의 전개와 지역창조-규슈에서의 제언』. 東京: 東洋館出版社(일본어).
佐藤一子(편)(2003).『생애학습이 만드는 공공 공간』. 東京: 栢書房(일본어).
佐藤晴雄(2016).『커뮤니티 스쿨: '지역과 함께하는 학교 만들기'의 실현을 위해』. 東京: 에이텔연구소(일본어).
鈴木敏正(2000).『'지역을 만드는 학습'으로의 길』. 東京: 北樹出版(일본어).
Allen, G., J. Bastiani, I. Martin and K. Richards(ed)(1989). *Community Education: An agenda for educational reform*. MK; Open Univrsity.
Beck, U.(1992). 홍성태 옮김(1999).『위험사회-새로운 근대성을 향하여』. 서울: 새물결.
Foley, G.(1990). *Learing in social action: a contribution to understanding informal education*. London: Zed Books.
Freire, P.(1972). *The Pedagogy of The Oppressed*. NY: Herder and Herder. 성찬성 옮김(1979).『페다고지』. 서울: 한국천주교평신도사도직협의회.
Hamilton, E(1992). *Adult Education for Community Development*. New York: Greenwood Press.
Illich, I.(1970). *Deschooling Society*. 박홍규 옮김(2009).『학교 없는 사회』. 서울: 생각의나무.
Lovett. T., C. Clarke and A. Kilmurray(1983). *Adult Education and Community Action*. Beckenham: Croom Hela.
OECD(2001). *What Schools for The Future*. Paris: OECD.
Olsen, E(1958). *School and Community*. 김재은 옮김.『학교와 지역사회』. 서울: 대한교육연합회.

혁신교육 존 듀이에게 묻다
서용선 지음 | 292쪽 | 값 14,000원

다시 읽는 조선 교육사
이만규 지음 | 750쪽 | 값 33,000원

대한민국 교육혁명
교육혁명공동행동 연구위원회 지음 | 224쪽 | 값 12,000원

독일 교육, 왜 강한가?
박성희 지음 | 324쪽 | 값 15,000원

핀란드 교육의 기적
한넬레 니에미 외 엮음 | 장수명 외 옮김 | 456쪽 | 값 23,000원

한국 교육의 현실과 전망
심성보 지음 | 724쪽 | 값 35,000원

▶ 비고츠키 선집 시리즈
발달과 협력의 교육학 어떻게 읽을 것인가?

생각과 말
레프 세묘노비치 비고츠키 지음
배희철 · 김용호 · D. 켈로그 옮김 | 690쪽 | 값 33,000원

도구와 기호
비고츠키 · 루리야 지음 | 비고츠키 연구회 옮김
336쪽 | 값 16,000원

어린이 자기행동숙달의 역사와 발달 I
L.S. 비고츠키 지음 | 비고츠키 연구회 옮김
564쪽 | 값 28,000원

어린이 자기행동숙달의 역사와 발달 II
L.S. 비고츠키 지음 | 비고츠키 연구회 옮김
552쪽 | 값 28,000원

어린이의 상상과 창조
L.S. 비고츠키 지음 | 비고츠키 연구회 옮김
280쪽 | 값 15,000원

비고츠키와 인지 발달의 비밀
A.R. 루리야 지음 | 배희철 옮김 | 280쪽 | 값 15,000원

수업과 수업 사이
비고츠키 연구회 지음 | 196쪽 | 값 12,000원

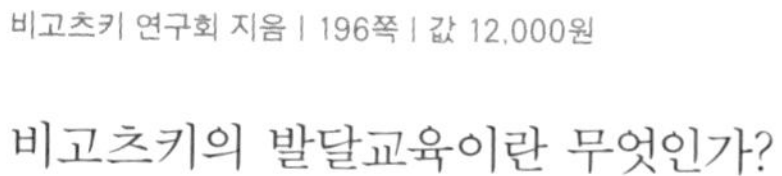
비고츠키의 발달교육이란 무엇인가?
비고츠키교육학실천연구모임 지음 | 412쪽 | 값 21,000원

비고츠키 철학으로 본 핀란드 교육과정
배희철 지음 | 456쪽 | 값 23,000원

성장과 분화
L.S. 비고츠키 지음 | 비고츠키 연구회 옮김
308쪽 | 값 15,000원

연령과 위기
L.S. 비고츠키 지음 | 비고츠키 연구회 옮김
336쪽 | 값 17,000원

의식과 숙달
L.S 비고츠키 | 비고츠키 연구회 옮김
348쪽 | 값 17,000원

분열과 사랑
L.S. 비고츠키 지음 | 비고츠키 연구회 옮김
260쪽 | 값 16,000원

성애와 갈등
L.S. 비고츠키 지음 | 비고츠키 연구회 옮김
268쪽 | 값 17,000원

관계의 교육학, 비고츠키
진보교육연구소 비고츠키교육학실천연구모임 지음
300쪽 | 값 15,000원

비고츠키 생각과 말 쉽게 읽기
진보교육연구소 비고츠키교육학실천연구모임 지음
316쪽 | 값 15,000원

교사와 부모를 위한 비고츠키 교육학
카르포프 지음 | 실천교사번역팀 옮김 | 308쪽 | 값 15,000원

▶ 살림터 참교육 문예 시리즈
영혼이 있는 삶을 가르치는 온 선생님을 만나다!

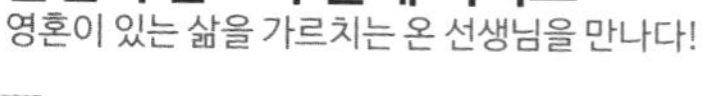
꽃보다 귀한 우리 아이는
조재도 지음 | 244쪽 | 값 12,000원

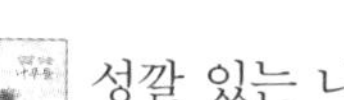
성깔 있는 나무들
최은숙 지음 | 244쪽 | 값 12,000원

선생님이 먼저 때렸는데요
강병철 지음 | 248쪽 | 값 12,000원

서울 여자, 시골 선생님 되다
조경선 지음 | 252쪽 | 값 12,000원

아이들에게 세상을 배웠네
명혜정 지음 | 240쪽 | 값 12,000원

밥상에서 세상으로
김흥숙 지음 | 280쪽 | 값 13,000원

우물쭈물하다 끝난 교사 이야기
유기창 지음 | 380쪽 | 값 17,000원

행복한 창의 교육
최창의 지음 | 328쪽 | 값 15,000원

북유럽 교육 기행
정애경 외 14인 지음 | 288쪽 | 값 14,000원

▶ 4·16, 질문이 있는 교실 마주이야기
통합수업으로 혁신교육과정을 재구성하다!

통하는 공부
김태호·김형우·이경석·심우근·허진만 지음
324쪽 | 값 15,000원

내일 수업 어떻게 하지?
아이함께 지음 | 300쪽 | 값 15,000원
2015 세종도서 교양부문

인간 회복의 교육
성래운 지음 | 260쪽 | 값 13,000원

교과서 너머 교육과정 마주하기
이윤미 외 지음 | 368쪽 | 값 17,000원

수업 고수들 수업·교육과정·평가를 말하다
박현숙 외 지음 | 368쪽 | 값 17,000원

도덕 수업, 책으로 묻고 윤리로 답하다
울산도덕교사모임 지음 | 320쪽 | 값 15,000원

체육 교사, 수업을 말하다
전용진 지음 | 304쪽 | 값 15,000원

교실을 위한 프레이리
아이러 쇼어 엮음 | 사람대사람 옮김 | 412쪽 | 값 18,000원

마을교육공동체란 무엇인가?
서용선 외 지음 | 360쪽 | 값 17,000원

교사, 학교를 바꾸다
정진화 지음 | 372쪽 | 값 17,000원

함께 배움
학생 주도 배움 중심 수업 이렇게 한다
니시카와 준 지음 | 백경석 옮김 | 280쪽 | 값 15,000원

공교육은 왜?
홍섭근 지음 | 352쪽 | 값 16,000원

자기혁신과 공동의 성장을 위한
교사들의 필리버스터
윤양수·원종희·장군·조경삼 지음 | 280쪽 | 값 14,000원

미래교육의 열쇠, 창의적 문화교육
심광현·노명우·강정석 지음 | 368쪽 | 값 16,000원

주제통합수업, 아이들을 수업의 주인공으로!
이윤미 외 지음 | 392쪽 | 값 17,000원

수업과 교육의 지평을 확장하는 수업 비평
윤양수 지음 | 316쪽 | 값 15,000원
2014 문화체육관광부 우수교양도서

교사, 선생이 되다
김태은 외 지음 | 260쪽 | 값 13,000원

교사의 전문성, 어떻게 만들어지나
국제교원노조연맹 보고서 | 김석규 옮김 392쪽 | 값 17,000원

수업의 정치
윤양수·원종희·장군 지음 | 280쪽 | 값 14,000원

학교협동조합,
현장체험학습과 마을교육공동체를 잇다
주수원 외 지음 | 296쪽 | 값 15,000원

거꾸로 교실,
잠자는 아이들을 깨우는 수업의 비밀
이민경 지음 | 280쪽 | 값 14,000원

교사는 무엇으로 사는가
정은균 지음 | 292쪽 | 값 15,000원

마음의 힘을 기르는 감성수업
조선미 외 지음 | 300쪽 | 값 15,000원

작은 학교 아이들
지경준 엮음 | 376쪽 | 값 17,000원

아이들의 배움은 어떻게 깊어지는가
이시이 쥰지 지음 | 방지현·이창희 옮김 | 200쪽 | 값 11,000원

대한민국 입시혁명
참교육연구소 입시연구팀 지음 | 220쪽 | 값 12,000원

함께 배움 이렇게 시작한다
니시카와 준 지음 | 백경석 옮김 | 196쪽 | 값 12,000원

함께 배움 교사의 말하기
니시카와 준 지음 | 백경석 옮김 | 188쪽 | 값 12,000원

교육과정 통합, 어떻게 할 것인가?
성열관 외 지음 | 192쪽 | 값 13,000원

학교 혁신의 길, 아이들에게 묻다
남궁상운 외 지음 | 272쪽 | 값 15,000원

프레이리의 사상과 실천
사람대사람 지음 | 352쪽 | 값 18,000원
2018 세종도서 학술부문

혁신학교, 한국 교육의 미래를 열다
송순재 외 지음 | 608쪽 | 값 30,000원

페다고지를 위하여
프레네의 『페다고지 불변요소』 읽기
박찬영 지음 | 296쪽 | 값 15,000원

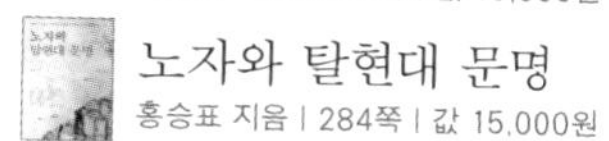
노자와 탈현대 문명
홍승표 지음 | 284쪽 | 값 15,000원

선생님, 민주시민교육이 뭐예요?
염경미 지음 | 244쪽 | 값 15,000원

어쩌다 혁신학교
유우석 외 지음 | 380쪽 | 값 17,000원

미래, 교육을 묻다
정광필 지음 | 232쪽 | 값 15,000원

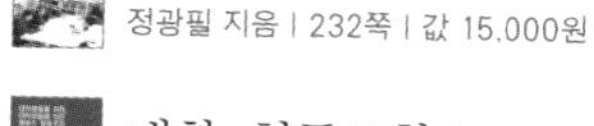
대학, 협동조합으로 교육하라
박주희 외 지음 | 252쪽 | 값 15,000원

입시, 어떻게 바꿀 것인가?
노기원 지음 | 306쪽 | 값 15,000원

촛불시대, 혁신교육을 말하다
이용관 지음 | 240쪽 | 값 15,000원

라운드 스터디
이시이 데루마사 외 엮음 | 224쪽 | 값 15,000원

미래교육을 디자인하는 학교교육과정
박승열 외 지음 | 348쪽 | 값 18,000원

흥미진진한 아일랜드 전환학년 이야기
제리 제퍼스 지음 | 최상덕·김호원 옮김 | 508쪽 | 값 27,000원

교사를 세우는 교육과정
박승열 지음 | 312쪽 | 값 15,000원

전국 17명 교육감들과 나눈
교육 대담
최창의 대담·기록 | 272쪽 | 값 15,000원

들뢰즈와 가타리를 통해
유아교육 읽기
리세롯 마리엣 올슨 지음 | 이연선 외 옮김 | 328쪽 | 값 17,000원

학교 민주주의의 불한당들
정은균 지음 | 276쪽 | 값 14,000원

교육과정, 수업, 평가의 일체화
리사 카터 지음 | 박승열 외 옮김 | 196쪽 | 값 13,000원

학교를 개선하는 교장
지속가능한 학교 혁신을 위한 실천 전략
마이클 풀란 지음 | 서동연·정효준 옮김 | 216쪽 | 값 13,000원

공자뎐, 논어는 이것이다
유문상 지음 | 392쪽 | 값 18,000원

교사와 부모를 위한
발달교육이란 무엇인가?
현광일 지음 | 380쪽 | 값 18,000원

교사, 이오덕에게 길을 묻다
이무완 지음 | 328쪽 | 값 15,000원

낙오자 없는 스웨덴 교육
레이프 스트란드베리 지음 | 변광수 옮김 | 208쪽 | 값 13,000원

끝나지 않은 마지막 수업
장석웅 지음 | 328쪽 | 값 20,000원

경기꿈의학교
진흥섭 외 지음 | 360쪽 | 값 17,000원

학교를 말한다
이성우 지음 | 292쪽 | 값 15,000원

행복도시 세종, 혁신교육으로 디자인하다
곽순일 외 지음 | 392쪽 | 값 18,000원

나는 거꾸로 교실 거꾸로 교사
류광모·임정훈 지음 | 212쪽 | 값 13,000원

교실 속으로 간 이해중심 교육과정
온정덕 외 지음 | 224쪽 | 값 13,000원

교실, 평화를 말하다
따돌림사회연구모임 초등우정팀 지음 | 268쪽 | 값 15,000원

폭력 교실에 맞서는 용기
따돌림사회연구모임 학급운영팀 지음 | 272쪽 | 값 15,000원

그래도 혁신학교
박은혜 외 지음 | 248쪽 | 값 15,000원

학교는 어떤 공동체인가?
성열관 외 지음 | 228쪽 | 값 15,000원

교사 전쟁
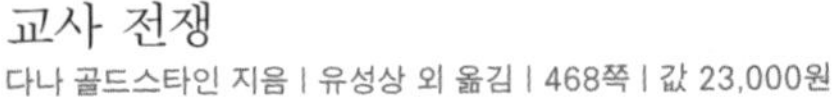

다나 골드스타인 지음 | 유성상 외 옮김 | 468쪽 | 값 23,000원

인공지능 시대의 사회학적 상상력
홍승표 지음 | 260쪽 | 값 15,000원

시민, 학교에 가다
최형규 지음 | 260쪽 | 값 15,000원

학교자율운영 2.0
김용 지음 | 240쪽 | 값 15,000원

학교자치를 부탁해
유우석 외 지음 | 252쪽 | 값 15,000원

국제이해교육 페다고지
강순원 외 지음 | 256쪽 | 값 15,000원

미래교육, 어떻게 만들어갈 것인가?
송기상·김성천 지음 | 300쪽 | 값 16,000원

선생님, 페미니즘이 뭐예요?
염경미 지음 | 280쪽 | 값 15,000원

혁신교육지구와 마을교육공동체는 어떻게 만들어지는가?
김태정 지음 | 376쪽 | 값 18,000원

▶ 교과서 밖에서 만나는 역사 교실
상식이 통하는 살아 있는 역사를 만나다

전봉준과 동학농민혁명
조광환 지음 | 336쪽 | 값 15,000원

남도의 기억을 걷다
노성태 지음 | 344쪽 | 값 14,000원

응답하라 한국사 1·2
김은석 지음 | 356쪽·368쪽 | 각권 값 15,000원

즐거운 국사수업 32강
김남선 지음 | 280쪽 | 값 11,000원

즐거운 세계사 수업
김은석 지음 | 328쪽 | 값 13,000원

강화도의 기억을 걷다
최보길 지음 | 276쪽 | 값 14,000원

광주의 기억을 걷다
노성태 지음 | 348쪽 | 값 15,000원

선생님도 궁금해하는 한국사의 비밀 20가지
김은석 지음 | 312쪽 | 값 15,000원

걸림돌
키르스텐 세룹-빌펠트 지음 | 문봉애 옮김
248쪽 | 값 13,000원

역사수업을 부탁해
열 사람의 한 걸음 지음 | 388쪽 | 값 18,000원

교과서 밖에서 배우는 역사 공부
정은교 지음 | 292쪽 | 값 14,000원

팔만대장경도 모르면 빨래판이다
전병철 지음 | 360쪽 | 값 16,000원

빨래판도 잘 보면 팔만대장경이다
전병철 지음 | 360쪽 | 값 16,000원

영화는 역사다
강성률 지음 | 288쪽 | 값 13,000원

친일 영화의 해부학
강성률 지음 | 264쪽 | 값 15,000원

한국 고대사의 비밀
김은석 지음 | 304쪽 | 값 13,000원

조선족 근현대 교육사
정미량 지음 | 320쪽 | 값 15,000원

다시 읽는 조선근대 교육의 사상과 운동
윤건차 지음 | 이명실·심성보 옮김 | 516쪽 | 값 25,000원

음악과 함께 떠나는 세계의 혁명 이야기
조광환 지음 | 292쪽 | 값 15,000원

논쟁으로 보는 일본 근대 교육의 역사
이명실 지음 | 324쪽 | 값 17,000원

진실과 거짓, 인물 한국사
하성환 지음 | 400쪽 | 값 18,000원

우리 역사에서 사라진 근현대 인물 한국사
하성환 지음 | 296쪽 | 값 18,000원

꼬물꼬물 거꾸로 역사수업
역모자들 지음 | 436쪽 | 값 23,000원

다시, 독립의 기억을 걷다
노성태 지음 | 320쪽 | 값 16,000원

한국사 리뷰
김은석 지음 | 244쪽 | 값 15,000원

경남의 기억을 걷다
류형진 외 지음 | 564쪽 | 값 28,000원

▶ 더불어 사는 정의로운 세상을 여는 인문사회과학

사람의 존엄과 평등의 가치를 배운다

밥상혁명
강양구·강이현 지음 | 298쪽 | 값 13,800원

도덕 교과서 무엇이 문제인가?
김대용 지음 | 272쪽 | 값 14,000원

자율주의와 진보교육
조엘 스프링 지음 | 심성보 옮김 | 320쪽 | 값 15,000원

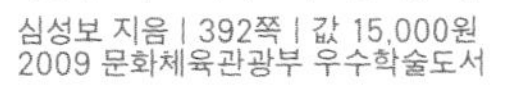
민주화 이후의 공동체 교육
심성보 지음 | 392쪽 | 값 15,000원
2009 문화체육관광부 우수학술도서

갈등을 넘어 협력 사회로
이창언·오수길·유문종·신윤관 지음 | 280쪽 | 값 15,000원

동양사상과 마음교육
정재걸 외 지음 | 356쪽 | 값 16,000원
2015 세종도서 학술부문

교과서 밖에서 배우는 철학 공부
정은교 지음 | 280쪽 | 값 14,000원

교과서 밖에서 배우는 사회 공부
정은교 지음 | 304쪽 | 값 15,000원

교과서 밖에서 배우는 윤리 공부
정은교 지음 | 292쪽 | 값 15,000원

한글 혁명
김슬옹 지음 | 388쪽 | 값 18,000원

우리 안의 미래교육
정재걸 지음 | 484쪽 | 값 25,000원

왜 그는 한국으로 돌아왔는가?
황선준 지음 | 364쪽 | 값 17,000원

좌우지간 인권이다
안경환 지음 | 288쪽 | 값 13,000원

민주시민교육
심성보 지음 | 544쪽 | 값 25,000원

민주시민을 위한 도덕교육
심성보 지음 | 500쪽 | 값 25,000원
2015 세종도서 학술부문

교과서 밖에서 배우는 인문학 공부
정은교 지음 | 280쪽 | 값 13,000원

오래된 미래교육
정재걸 지음 | 392쪽 | 값 18,000원

대한민국 의료혁명
전국보건의료산업노동조합 엮음 | 548쪽 | 값 25,000원

교과서 밖에서 배우는 고전 공부
정은교 지음 | 288쪽 | 값 14,000원

전체 안의 전체 사고 속의 사고
김우창의 인문학을 읽다
현광일 지음 | 320쪽 | 값 15,000원

카스트로, 종교를 말하다
피델 카스트로·프레이 베토 대담 | 조세종 옮김
420쪽 | 값 21,000원

일제강점기 한국철학
이태우 지음 | 448쪽 | 값 25,000원

한국 교육 제4의 길을 찾다
이길상 지음 | 400쪽 | 값 21,000원

마을교육공동체 생태적 의미와 실천
김용련 지음 | 256쪽 | 값 15,000원

▶ 평화샘 프로젝트 매뉴얼 시리즈
학교폭력에 대한 근본적인 예방과 대책을 찾는다

학교폭력 어떻게 만들어지는가
문재현 외 지음 | 300쪽 | 값 14,000원

학교폭력, 멈춰!
문재현 외 지음 | 348쪽 | 값 15,000원

왕따, 이렇게 해결할 수 있다
문재현 외 지음 | 236쪽 | 값 12,000원

젊은 부모를 위한 백만 년의 육아 슬기
문재현 지음 | 248쪽 | 값 13,000원

우리는 마을에 산다
유양우·신동명·김수동·문재현 지음 | 312쪽 | 값 15,000원

누가, 학교폭력 해결을 가로막는가?
문재현 외 지음 | 312쪽 | 값 15,000원

아이들을 살리는 동네
문재현·신동명·김수동 지음 | 204쪽 | 값 10,000원

평화! 행복한 학교의 시작
문재현 외 지음 | 252쪽 | 값 12,000원

마을에 배움의 길이 있다
문재현 지음 | 208쪽 | 값 10,000원

별자리, 인류의 이야기 주머니
문재현·문한뫼 지음 | 444쪽 | 값 20,000원

동생아, 우리 뭐 하고 놀까?
문재현 외 지음 | 280쪽 | 값 15,000원

▶ 남북이 하나 되는 두물머리 평화교육
분단 극복을 위한 치열한 배움과 실천을 만나다

10년 후 통일
정동영·지승호 지음 | 328쪽 | 값 15,000원

분단시대의 통일교육
성래운 지음 | 428쪽 | 값 18,000원

한반도 평화교육 어떻게 할 것인가
이기범 외 지음 | 252쪽 | 값 15,000원

선생님, 통일이 뭐예요?
정경호 지음 | 252쪽 | 값 13,000원

김창환 교수의 DMZ 지리 이야기
김창환 지음 | 264쪽 | 값 15,000원

▶ 창의적인 협력 수업을 지향하는 삶이 있는 국어 교실
우리말 글을 배우며 세상을 배운다

중학교 국어 수업 어떻게 할 것인가?
김미경 지음 | 340쪽 | 값 15,000원

토닥토닥 토론해요
명혜정·이명선·조선미 엮음 | 288쪽 | 값 15,000원

어린이와 시
오인태 지음 | 192쪽 | 값 12,000원

언어뎐
정은균 지음 | 268쪽 | 값 15,000원

토론의 숲에서 나를 만나다
명혜정 엮음 | 312쪽 | 값 15,000원

인문학의 숲을 거니는 토론 수업
순천국어교사모임 엮음 | 308쪽 | 값 15,000원

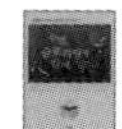
수업, 슬로리딩과 함께
박경숙 외 지음 | 268쪽 | 값 15,000원

민촌 이기영 평전
이성렬 지음 | 508쪽 | 값 20,000원

참된 삶과 **교육**에 관한
생각 줍기